William Siborne

Geschichte des Krieges in Frankreich und Belgien im Jahre 1815

Zweiter Band

William Siborne

Geschichte des Krieges in Frankreich und Belgien im Jahre 1815

Zweiter Band

ISBN/EAN: 9783955641047

Auflage: 1

Erscheinungsjahr: 2013

Erscheinungsort: Bremen, Deutschland

EHV
HISTORY

Geschichte des Krieges

in

Frankreich und Belgien

im Jahre 1815.

Mit einer genauen Darstellung

der

Schlachten von Quatre-Bras, Ligny, Wavre und Waterloo.

Von

W. Siborne,

Capitain, Sekretair und Adjutant des Invalidenhauses, Verfertiger des „Waterloo-Modells".

Nach der zweiten Ausgabe aus dem Englischen ins Deutsche übersetzt

von

E. Siber,

Lieutenant im 39sten Infanterie-Regiment.

Zweiter Band.

Mit den Plänen von Waterloo und Wavre.

Berlin, Posen und Bromberg.

Druck und Verlag von Ernst Siegfried Mittler.

1846.

Inhalt.

Verbesserungen.

I. Band.

Seite 4 Zeile 12 v. u. Souveraine statt Suveräne.
= 12 = 1 v. o. d'Erlon statt d'Erlac.
= 32 = 3 v. u. Quatre=Bras statt Quartre=Bras.
= 34 = 3 v. o. Donzelot statt Dongelot.
= 34 = 14 v. u. Domont statt Dumont.
= 35 = 1 v. o. Teste statt Jeste.
= 61 = 9 v. o. Chassé statt Chassee.
= 62 = 6 v. o. Vincke statt Bücke.
= 69 = 10 v. u. Quatre=Bras statt Quartre=Bras.
= 72 = 6 v. u. Wellington statt Welligton.
= 74 = 14 v. u. la garde statt le garde.
= 85 = 4 v. u. 3 Divisions=Fuß=Batterien statt 3te Divisions=Fuß=Batterie.
= 3 = 3 v. u. 1 Reserve=Fuß=Batterie statt 1ste Reserve=Fuß=Batterie.
= 128 = 11 v. o. der Anmerkung Brüssel statt Büssel.
= 137 = 7 v. u. 2te und 4te Kompagnie statt 2te und 3te.
= 185 = 9 v. o. Pirch II. statt Pirch I.
= 225 = 1 v. u. Gentinnes statt Gentennes.
= 233 = 12 v. u. battue statt battu.
= 273 = 6 v. u. Buttlar statt Buttlaw.
= 282 = 2 v. u. Jeannin statt Jeamin.
= 292 = 8 v. u. Sart à Wallain statt Sarra Walin (doch kann dieser Name auch in Soults Depesche so geschrieben sein).
= 327 = 4 v. u. Byng statt Lyng.
= 328 = 10 v. u. 2tes nass. Regt. 3 Bats. statt 3tes Bat.
= 328 über der 6ten Zeile v. u. fehlt: 3te holländisch=belgische Division General=Lieutenant Baron von Chassé.
= 329 Zeile 10 v. u. Sympher's statt Symphors.
= 330 = 7 v. o. Rettberg's statt Rottberg's.
= 333 = 18 v. o. Webber Smith's statt Vebber Shmith's.
= 333 = 20 v. o. Whinyates statt Whingates.
= 335 = 13 v. u. defense statt defence.
= 345 = 16 v. u. Strolz statt Sproty.

II. Band.

= 35 = 4 v. o. Ravin statt Ravain.
= 41 = 2 v. u. Cleeve statt Cleeves.
= 57 = 4 v. u. bestürmt statt bestimmt.
= 67 = 1 v. u. angreifen statt angegriffen.
= 75 = 10 v. u. Major statt Capitain.
= 80 = 14 v. u. Salzgitter statt Salzgitten.
= 196 = 1 v. u. 14724 statt 14728 (oder in den einzelnen Posten ist ein Fehler, doch stimmen die Summen der andern).
= 201 = 15 v. u. 12408 statt 12402.
= 217 = 15 v. o. Bierge statt Ligny.
= 217 = 12 v. u. la Bavette statt Lavette.
= 218 = 5 v. o. la Bavette statt Lavette.
= 291 = 7 v. o. Beane statt Brane.

Eilftes Kapitel.

Die Schlacht bei Waterloo.

Anfang des großen Angriffs gegen den linken Flügel und das Centrum der englisch-alliirten Schlachtlinie. — Rechts dieses Angriffs bemächtigen sich die Franzosen des Vorwerkes Papelotte, welches indessen von dem 3ten Bataillon des 2ten nassauschen Regiments sogleich wieder genommen wird. — Rückzug der holländisch-belgischen Infanterie-Brigade Bylandt. — Pictons Maßregeln. — Angriff der linken Kolonne des französischen Centrums. Tapfere Attake der Brigade Kempt. — Picton fällt. — Kampf zwischen den Kürassieren und den 2ten Leibgarden vor dem rechten Flügel der Brigade Kempt. — Angriff auf La Haye Sainte durch die linke Brigade der Division Donzelot. — Vorgehen der Kavallerie-Brigade Roussel auf der französischen Seite von La Haye Sainte. — Uxbridge beschließt, die feindlichen Angriffskolonnen mit den Reiterbrigaden Somerset und Ponsonby zu chargiren. — Attake der französischen Kürassiere und Karabiniers. — Die Reiter-Brigade Sommerset tritt ihnen entgegen. — Vorgehen der Kavallerie-Brigade Ponsonby. — Vordringen der französischen Infanterie-Divisionen Alix und Marcognet. — Sie erreichen den Kamm der englisch-alliirten Position. — Vorgehen der Brigade Pack. — Ihr Angriff auf die Tete der Kolonne Marcognets. — Attake der Kavallerie-Brigade Ponsonby. — Vollständiges Niederwerfen der französischen Kolonnen. — Die Greys erbeuten den Adler des 45sten französischen Regiments. — Sie greifen darauf eine Unterstützungs-Kolonne der Marcognetschen Angriffsmasse an und vernichten sie. — Die Royals erbeuten den Adler des 105ten französischen Regiments. — Die Innis-killings besiegen und zerstreuen die Kolonnen, welche ihnen gegenüberstehen. — Fortsetzung der Attake der Brigade Somerset. — Ungeordneter Zustand der beiden britischen Kavallerie-Brigaben. — Sie dringen in die Position des Feindes und hauen Artilleristen und Pferde in den französischen Batterien nieder. — Endlich ziehen sie sich zurück. — Der linke Flügel ihrer Linie leidet empfindlich durch einen Angriff der leichten Kavallerie-Brigade Jaquinot. — Die leichte Kavallerie Vandeleur's geht links zur Unterstützung vor. — Attake der 12ten und 16ten britischen leichten Dragoner. — Die französische Kavallerie wird zurückgetrieben. — Vivian zieht seine Brigade rechts und läßt 2 Geschütze seiner reitenden Batterie das Feuer eröffnen. — Die in dieser Affaire engagirte britische Kavallerie erleidet sehr bedeutende Verluste. — Vertheilung der Truppen auf dem englischen linken Flügel und dem Centrum. — Uebersicht der Schlacht in dieser Periode.

Der 18. Juni.

Als Napoleon die Vorsichtsmaßregel getrroffen hatte, ein Kavallerie-Korps zur Beobachtung in seine rechte Flanke zu senden, zögerte er nicht länger, Ney den Befehl zum Beginn des großen Angriffs auf das Centrum und den linken Flügel der englisch-alliirten Armee zu geben. Zu derselben Zeit zog Wellington auf dem rechten Flügel seines ersten Treffens einige Bataillone, gegen welche die Kanonade von Anfang an eröffnet und nun mit erhöheter Wuth gerichtet worden war, hinter den deckenden Kamm des Höhenrückens zurück. Es mochte jetzt ungefähr halb oder vielleicht ein Viertel vor 2 Uhr sein. Das gleichzeitige Avanciren der nahe an 18000 Mann starken vier Infanterie-Divisionen Erlons war großartig und imposant. Als die Kolonnen-Teten die Linie ihrer eigenen Batterien passirten, welche auf dem Kamme der zwischen liegenden Höhe aufgefahren waren, und als die Punkte, gegen welche ihr Angriff gerichtet war, sich ihren Blicken enthüllten, da erhob sich aus ihren Reihen der laute und wiederholte Ruf: „vive l'empereur", welchen plötzlich der Donner von 74 französischen Geschützen übertönte, als die Massen anfingen, den äußern Abhang dieser Position herabzusteigen. Die Wirkung derselben auf die Division Picton und auf die niederländsche Brigade Bylandt, welche, wie erwähnt, auf dem äußern Abhange der englisch-alliirten Position deployirt stand, wurde sogleich empfindlich gefühlt. Leichte Truppen gingen nun aus jeder Kolonne hervor und lös'ten sich in eine Tirailleur-Linie auf, welche sich über die ganze Länge des Thales verbreitete. Als die linke Flügel-Division Donzelot sich La Haye Sainte näherte, ging die eine ihrer Brigaden vor, um den Pachthof anzugreifen, während die andere rechts der Straße von Charleroi im Avanciren blieb; und kurz darauf bezeichnete ein scharfes Kleingewehrfeuer aus und bei den Hecken des Obstgartens von La Haye Sainte den ersten Widerstand gegen Erlons furchtbares Vordringen. Wenig später begann ein knatterndes Feuer aus den Hecken und Zäunen von Papelotte, La Haye und Smohain, welche von den nassauschen Bataillonen des Prinzen Bernhard von Sachsen-Weimar besetzt waren. Die rechte Brigade der Division Durutte wurde gegen die Truppen abgesendet, welche diese Lisieren vertheidigten, während die linke Brigade im Vorgehen über das Thal blieb, um links von ihr der Division Marcognet zur Unterstützung zu dienen und gleichzeitig diesen Angriff mit dem Vordringen der letzteren gegen das erste Haupttreffen des englischen linken Flügels zu verbinden.

Die Tirailleurs Durutte's drangen denen der Brigade des Prinzen von Weimar kühn entgegen, und es gelang ihnen bald, sich des Pachthauses Papelotte zu bemächtigen und die leichte Kompagnie des 2ten Bataillons 3ten nassauschen Regiments, unter dem Kapitain von Rettberg, daraus zu vertreiben. Dieser aber wurde mit weiteren vier Kompagnien verstärkt, ergriff nun die Offensive und nahm tapfer den Pachthof wieder. Der Kampf beschränkte sich hierauf in dieser Gegend auf ein hartnäckiges Tirailleurgefecht, welches sich über die vom Regiment Oranien-Nassau besetzten Punkte La Haye und Smohain ausdehnte. Begleitet von dieser Füsilade auf beiden Flanken des Erlonschen Korps, verfolgten die mittleren Kolonnen ihren Vormarsch und begannen den äußern Abhang der Position zu ersteigen.

Gleich nach dem Aufbrechen des Erlonschen Korps aus der französischen Stellung ging die Infanterie-Division Bachelu, welche den rechten Flügel des Reille'schen Korps bildete, bis zu der zwischen La Belle Alliance und La Haye Sainte gelegenen Höhe vor (da, wo dieselbe durch den von der Chaussee gebildeten Hohlweg überschritten wird), um diesen Punkt zu behaupten, um dort als Reserve für die Angriffs-Kolonnen bereit zu stehen und um die Verbindung zwischen dem rechten und dem linken Flügel des ersten französischen Treffens zu erhalten.

Die drei mittleren Kolonnen blieben im Avanciren auf dem äußern Abhange der alliirten Position. Die Beschaffenheit des Bodens erlaubte den französischen Batterien, noch immer über die Köpfe derselben wegzufeuern und eine große Verheerung unter Pictons ergebenen Schaaren anzurichten. Als die Teten der Kolonnen der deployirten Linie der Brigade Bylandt näher kamen, erneuerte sich das Rufen des „vive l'empereur". Die ihnen vorangehenden Tirailleurs wollten eben ihr Feuer auf die Brigade eröffnen, um den nachfolgenden Angriff der Kolonnen vorzubereiten und zu erleichtern, als die Holländer und Belgier, welche schon einen beträchtlichen Grad von Unentschlossenheit gezeigt hatten, einen übereilten Rückzug begannen und zwar nicht theilweise und abwechselnd, sondern in Masse und gleichzeitig, so daß es den Anschein hatte, als ob es auf Kommando geschehen wäre. Die Unordnung dieser Truppen mehrte sich rasch. Als sie die Hecke auf dem Kamme der Position erreichten, wurde zwar ein Versuch gemacht, sie bei dem 5ten holländischen Miliz-Bataillon zu sammeln, der Versuch mißlang indessen trotz der ernstlichsten Bemühungen ihrer Offiziere gänzlich. Das Reserve-Bataillon und die Artilleristen der Batterie Byleveld schienen für einen Augenblick den Strom aufhalten zu können, wurden aber bald durch die Gewalt desselben mit fortgerissen. Als sie bei den britischen Kolonnen vorbeiliefen, wurden sie mit Zischen, mit Hohn und mit Schimpfworten überschüttet und ein Theil derselben rannte in seiner Eile die Grenadier-Kompagnie des 28sten britischen Regiments fast um, wodurch die Leute derselben so wüthend wurden, daß man sie nur mit Mühe abhalten konnte, auf die Flüchtigen zu feuern. Ebenso machten einzelne Leute des 1sten Regiments (Royal Scots) Miene, auf sie zu schießen. So lange konnte Nichts ihre Flucht aufhalten, bis sie sich durch den Höhenrücken gänzlich geschützt sahen, auf welchem die englisch-alliirte Armee aufmarschirt war. Hier blieben sie, vergleichsweise in Sicherheit, während des übrigen Theiles der Schlacht und nahmen an derselben ferner keinen Antheil mehr; auch wurden ihre Dienste zum Gewinne derselben von diesem Augenblick an weder angeboten noch verlangt.

Picton hatte ruhig die Bewegungen der Franzosen bewacht; sein scharfes und geübtes Auge entdeckte sehr bald die vermehrte Unentschlossenheit und die steigende Unruhe der Niederländer, und er schien sich nur einen schwachen Widerstand von ihrer Seite zu versprechen. Als ihm sein Adjutant, der Kapitain Taylor, bemerkte, daß er sicher glaube, sie würden alle davon laufen, antwortete er: „Ich denke nicht, sie werden ihn auf jeden Fall doch wenigstens versuchen". Er hatte es sicherlich nicht für möglich gehalten, daß sie, wie es in der That geschah, in dem Augenblick weglaufen würden, in welchem die Franzosen auf Gewehrschußweite herankamen.

Jetzt indessen, als diese Truppen die Front völlig frei gemacht hatten, und ihm keine andern Mittel, dem kommenden Sturm zu trotzen, geblieben waren, als die schwachen Reste der Brigaden Pack und Kempt, welche den blutigen Kampf bei Quatre-Bras überlebt hatten, entwickelte er seine Macht sogleich und nahm die Haltung des geduldigen und entschlossenen Widerstandes an. Wenn man das Mißverhältniß zwischen der Zahl der Angreifer und Vertheidiger betrachtet, so wird man zugeben müssen, daß der Versuch, unter solchen Chancen den vordringenden Massen eines begeisterten und triumphirenden Feindes entgegenzutreten, sicherlich ein gewagtes und kritisches Unternehmen war. Ihre ganze Stärke belief sich auf nicht mehr als 3000 Mann, während von der französischen Streitmacht allein die mittleren Angriffs-Kolonnen, welche direkt gegen diese beiden Brigaden vordrangen, fast 13000 Mann stark waren. Ueberdies hatte Picton keine Infanterie-Reserve, von der er im Falle des Erfolges Unterstützung erwarten durfte oder die ihn im unglücklichen Falle aufnehmen konnte. Er war aber nicht der Mann, welchen die Annäherung starker Kolonnen, welchen die augenscheinliche, furchtbare Uebermacht schreckte, wenn er ihr mit einer wohlgeübten britischen Linie entgegentreten konnte, sollte diese auch nur zwei Mann tief stehen und nur den vierten Theil der numerischen Stärke des Gegners darbieten. Es ist wahr, fast alle Regimenter der Brigaden Kempt und Pack hatten die Hälfte ihrer Leute in dem Kampfe des 16ten verloren; aber Picton wußte sehr wohl, daß sie nicht jenen unbezähmbaren Muth verloren hatten, welcher sie unter seiner Führung auf jenem denkwürdigen Schlachtfelde unsterblich gemacht hatte. Dort hatte er sie in Linie gegen die starken Kolonnen der Infanterie und in Quarrees gegen die attakirenden Schwadronen der Kavallerie geführt. Was mochte durch solchen angebornen Muth, durch solche vollendete Disciplin nicht erreicht werden können? Das ganze Vertrauen, welches er auf seine Leute setzte, wurde herzlich von ihnen erwiedert. Mit solchem Führer an ihrer Spitze wären sie der ganzen französischen Armee entgegengetreten, wenn sie in Masse gegen sie angerückt wäre. Die Flucht der vom panischen Schrecken befallenen Niederländer machte keine Wirkung auf sie und erregte bei ihnen nur Hohn und Verachtung.

Das 28ste, 32ste und 79ste Regiment der Brigade Kempt deployirten in einem Treffen parallel der an der Straße nach Wavre befindlichen Hecke und 50 Schritte von derselben entfernt. Ihr rechter Flügel lehnte sich an den hohen Rand der Straße nach Charleroi und ihr linker endete dort hinter dem nach Wavre führenden Wege, wo derselbe sich nach links rückwärts zu winden beginnt. Rechts vor ihnen, und den Schneidungspunkt beider ebengenannten Straßen dominirend, stand das Soutien des 1sten Bataillons 95sten Jäger-Regiments; dasselbe hatte zwei Kompagnien unter dem Major Leach in die links der Chaussee liegende Sandgrube und eine Kompagnie unter dem Kapitain Johnstone bei der Hecke des Hügels, rückwärts jener Sandgrube, postirt. Der kommandirende Oberst Sir Andrew Barnard und der Oberst-Lieutenant Cameron befanden sich bei diesen vorgeschobenen Kompagnien und bewachten die feindlichen Bewegungen. Die Linie Packs stand links hinter der Brigade Kempt und ungefähr 190 Schritt von dem Wege nach Wavre entfernt. Ihr linker Flügel ruhte auf dem Hügel, zwischen diesem Wege und einem kleinen Gebüsch auf dem rückwärtigen Abhange der Position, aber das Centrum und der rechte Flügel dehnten sich über einen bedeutenden Hohlweg aus, welcher rechts von diesem Gebüsche ausläuft. Der Zwischenraum zwischen beiden

Brigaden war nach dem Rückzuge der Niederländer vollständig blosgestellt und ungedeckt.

Die linke der mittleren französischen Angriffs-Kolonnen war nahe der Chaussee und parallel mit ihr im Avanciren geblieben, bis ihre vorangehenden Tirailleurs plötzlich vor den in der Sandgrube postirten Kompagnien der 95sten britischen Jäger stutzten; es war dieses Hinderniß bis dahin durch die eigenthümliche Formation des Terrains und durch die Höhe des vorliegenden Kornes ihren Augen fast gänzlich verborgen geblieben. Die Entdeckung desselben und die Erscheinung des Verhaus auf der großen Straße bewog die Kolonne, rechts auszubiegen, um die Sandgrube zu umgehen; ihre Tirailleurs drangen daher in dieser neuen Richtung vor, umgingen die Kompagnien des 95sten Regiments und zwangen dieselben, sich auf die andere Kompagnie, welche längs der kleinen Hecke hinter der Sandgrube aufgestellt war, zurückzuziehen. Das Feuer der dort postirten britischen Jäger gegen die feindlichen Tirailleurs und Kolonnen war so kräftig und wirksam, daß die letzteren nochmals rechts ausweichen mußten. Da indessen durch den Rückzug der Brigade Bylandt jedes Hinderniß gegen das Vorrücken der mittleren Angriffs-Kolonnen verschwunden war, sahen sich die drei Kompagnien des 95sten Regiments bald von den französischen Tirailleurs gänzlich flankirt und zogen sich nach und nach auf ihr Soutien zurück. Die leichten Kompagnien der übrigen Regimenter der Brigade Kempt, welche ebenfalls ausgeschwärmt waren, wichen in derselben Art vor den anrückenden französischen Kolonnen. Um die linke Flanke des Angriffs zu sichern und gleichzeitig die Bewegungen desselben mit denen auf der andern Seite der Chaussee zu verbinden, bedeckten die Franzosen den Raum zwischen derselben und der linken mittleren Kolonne mit einer starken Tirailleur-Linie oder vielmehr mit einer Tirailleur-Masse.

Als die Kolonnen sich nun rasch dem Kamme der englisch-alliirten Position näherten, hörte der größere Theil der Batterien auf der französischen Höhe, nämlich alle diejenigen, welche bisher den Angriffspunkt beschossen hatten, zu feuern auf. Dem theilweisen Aufhören ihres Donners folgte sogleich das laute und wiederholte „Vive l'empereur"! der Kolonnen, während man in kurzen Zwischenräumen das ermuthigende „En avant! en avant!" hörte und die unausgesetzt rollenden Trommeln den „pas de charge" schlugen. Die linke der mittleren Kolonnen ging in einer Richtung vor, welche sie in unmittelbare Berührung mit dem rechten Flügel des 28sten britischen und dem linken des 79sten Bergschotten-Regiments gebracht hätte, und war schon bis auf eine Entfernung von 50 Schritt an die Hecke gelangt, welche den Weg nach Wavre begleitet, da führte Picton die Brigade Kempt bis nahe an die Hecke; hier schlossen sich ihr die leichten Kompagnien, im Trabe sich sammelnd, wieder an. Einige der kühnsten französischen Tirailleurs waren ihnen gefolgt, wurden aber bald wieder zurückgetrieben. Plötzlich machte die Kolonne halt und begann sich rechts zu entwickeln, wobei die hintersten Bataillone eiligst ihre Front frei zu machen suchten. Diesen günstigen Moment benutzte Picton und ließ die Brigade eine Salve in die deployirende Masse geben; kaum war der kurze aber volle und tiefe Schall derselben vorüber, als man seine Stimme von Neuem ein lautes „Marsch! Marsch! Hurrah!" ausrufen hörte. Seine treuen Krieger antworteten ihm durch ein donnerndes „Hurrah" und brachen sogleich durch die nächste der beiden Hecken, welche den Weg nach Wavre begränzen. Hierdurch wurde ihre Ordnung in Etwas gebrochen, und als sie sich auch durch die zweite Hecke ihren Weg bahnten, da empfing sie das Feuer derjenigen ihrer Gegner, welche ihre Front bereits frei gemacht hatten. Die feindlichen Tirailleurs, welche sich vorher auf die Flanken der Kolonnen zurückgezogen hatten, eilten nun vorwärts, um durch ihr lebhaftes und nahes Feuer die augenscheinliche Verwirrung der Brigade Kempt zu vermehren. Die 79sten Hochländer litten bedeutend und konnten nur mit Mühe die Hecke überschreiten. Der Fähnrich Birtwhistle, welcher die Fahne des Regiments trug, wurde schwer verwundet. Lieutenant Belcher, welcher die linke Sub-Division kommandirte, nahm ihm die Fahne ab. Gleich darauf wurde sie von einem französischen Offizier erfaßt, dem sein Pferd so eben unter dem Leibe erschossen worden war. Es entspann sich hierdurch ein Kampf zwischen ihm und dem Lieutenant Belcher; aber während der erstere noch versuchte, seinen Degen zu ziehen, versetzte ihm der zur Deckung der Fahne bestimmte Sergeant (Switzer) mit seiner Hellebarde einen Stoß in die Brust, während ihn gleichzeitig der rechte Flügelmann der Sub-Division (Lacy) in demselben Augenblick niederschoß, als der Brevet-Major Toole, welcher die rechte mittlere Sub-Division kommandirte, leider zu spät ihm zurief: „Rette den braven Kerl!" aber der französische Offizier fiel todt zu den Füßen des Lieutenants Belcher. Der Aufenthalt bei Ueberschreitung der Hecken war nur momentan; die Ordnung wurde schnell wieder hergestellt, die Bajonnete gefällt und dem Feinde das glänzende Schauspiel einer attakirenden britischen Infanterie-Linie gegeben.

Während dieses kurzen Kampfes traf ein schwerer, ein unheilvoller Schlag die britische Armee und versetzte eine ganze Nation in Trauer über den Verlust eines Führers, dessen glänzende Laufbahn ihre Bewunderung gewonnen, dessen ruhmvolle Thaten ihren Stolz erregt hatten*). Der wahrhaft

---

*) Man sagt, daß eine der ersten Fragen Napoleons am Morgen dieses Tages gewesen ist: „**Où est la division de Picton?**"

tapfere und edle Picton wurde durch eine Flintenkugel in die rechte Schläfe getroffen. Sein augenblicklicher Tod wurde zuerst von dem Adjutanten des Grafen Uxbridge, dem Kapitain Seymour, bemerkt, da er diesen so eben noch aufgefordert hatte, die Hochländer zu sammeln. Seymour, dessen Pferd in demselben Augenblick niederstürzte, machte sogleich den Kapitain Tylor, Pictons Adjutanten, auf die Verwundung seines Generals aufmerksam, und im nächsten Augenblick wurde der leblose Körper des Helden mit Hülfe eines Soldaten durch diesen Offizier vom Pferde gehoben. So fiel der tapfere Soldat, welcher schon in dem Kriege auf der Halbinsel sich einen unvergänglichen Namen in der Geschichte der britischen Armee erworben hatte. Da sein Leben dem Ausfechten der Schlachten seines Vaterlandes gewidmet war, so war sein Tod ein angemessenes Ende für seine bewegte Laufbahn. Er hauchte seinen tapfern Geist unter dem Donner und dem Toben des blutigen Kampfes aus und schloß seine Augen auf diesem seinem letzten Schlachtfelde gerade in dem Augenblick, als seine Truppen zum Siege vorgingen*).

Die französische Kolonne, in dem Versuch des Deployirens überrascht und von dem kühnen und entschlossenen Anlauf der

*) Welch schöneres Beispiel des Patriotismus kann es geben, als die Thatsache, daß er Allen eine bei Quatre-Bras erhaltene Wunde verbarg, um sicher bei der erwarteten großen Schlacht gegenwärtig zu sein. Man entdeckte diesen Umstand erst, als sein Leichnam nach derselben in Brüssel ausgestellt wurde. Es zeigte sich da, daß die Haut gerade über der einen Hüfte zu einer sehr bedeutenden Blatter angeschwollen und mit einer Masse geronnenen Blutes untermischt war, ohne jedoch abgerieben zu sein. Es rührte sicherlich von einer Kartätschkugel her, die eine bedeutende Kontusion verursacht hatte, und die dunkle Farbe zeigte klar, daß die Verwundung schon vor dem 18ten geschehen sein mußte. So war Picton, so sein eisernes Pflichtgefühl, so sein unbegränzter Eifer für die Ehre seines Standes, so seine vollkommene Hingebung für die Sache seines Souverains und seines Vaterlandes!

Linie Kempts betäubt, schien wie vom panischen Schrecken erfaßt zu werden, stürzte in unrettbare Verwirrung und floh mit Uebereilung vor ihren Verfolgern. Gerade als die britische Brigade den Abhang hinunterstieg, jagten rechts vor ihrer Front die französischen Kürassiere, gefolgt von den 2ten britischen Leibgarden, vorüber und stürmten unter ihre eigenen dichten Tirailleurschwärme, welche sich auf den Boden warfen und die Flüchtigen und ihre Verfolger über sich wegjagen ließen, dann aber einzeln sich wieder erhoben und den letzteren nachschossen. Obgleich aber der größere Theil der Kürassiere Front machte und unter vielen Einzelkämpfen dem Gegner Widerstand leistete, erlangten die 2ten Leibgarden doch bald die Oberhand und zwangen sie, ihre Flucht fortzusetzen, während die 95sten Jäger rasch auf die ungeordnete Infanteriemasse losgingen, durch welche dieser Theil der Kavallerie durchgegangen war und in welcher die größte Verwirrung und Bestürzung überhand genommen hatte. Viele flohen wild, sie wußten kaum wohin, andere ergaben sich freiwillig, mehrere wurden zu Gefangenen gemacht.

Rechts wurde der Angriff der Brigade durch das 1ste leichte Bataillon der deutschen Legion unterstützt, welches zu diesem Ende die Chaussee überschritten hatte.

Unmittelbar nach Ueberschreitung der Hecke sah sich der linke Flügel des 28sten Regiments unerwartet einer wohlgeordneten französischen Kolonne gegenüber, welche noch im Vorrücken gegen die alliirte Stellung begriffen war. Der rechte Flügel des Regiments war zu tief mit der gerade vor ihr stehenden Kolonne engagirt, um seine Aufmerksamkeit nach irgend einer andern Seite hinwenden zu können; aber der linke Flügel hatte eine freiere Front, nahm daher kühn seine rechte Schulter vor, lös'te sich so von dem rechten Flügel ab und feuerte gerade in dem Augenblick auf die linke Flanke der vorgehenden Kolonne, als die Tete derselben von dem rechten Flügel-Regiment (den Royals) der schweren Kavallerie-Brigade Ponsonby angefallen wurde. Als Kempt die Verlängerung des feindlichen Angriffs über seinen linken Flügel hinaus wahrnahm und die Blöße dieser Flanke bemerkte, sah er sich genöthigt, da er keine Infanterie-Reserve mehr hatte, seine Leute von einer weitern Verfolgung abzuhalten; er ließ deshalb die Brigade Halt machen und sich wieder formiren. Nur der linke Flügel des 28sten Regiments, welcher seine ganze Aufmerksamkeit auf die von den Royals attakirte Kolonne gerichtet hatte, folgte diesen Dragonern noch eine Strecke den Abhang hinunter und half ihnen, eine große Menge Gefangener in Sicherheit zu bringen, worauf er sich zurückzog und sich dem rechten Flügel des Regiments wieder anschloß. Die 95sten Jäger blieben im Vorgehen und trieben die französischen Tirailleurs wieder über die Sandgrube hinaus.

An diesen im hohen Grade tapfern und entscheidenden Angriff der Brigade Kempt müssen wir die Beschreibung der nicht weniger glänzenden Attake der Reiter-Brigade Somerset und Ponsonby anreihen; um aber einen bessern Ueberblick über diesen Akt der Schlacht zu gewinnen, wird es vorerst noch nöthig werden, den Angriff und die Vertheidigung von La Haye Sainte zu berichten.

Die von der linken Brigade der Division Donzelot ausgeschwärmten Tirailleurs drangen kühn und entschlossen gegen den Obstgarten von La Haye Sainte vor. Der erste Schuß riß dem Major Baring den Zaum, nahe an der Hand, entzwei und der zweite tödtete den Major Bösewiel, den nächst ältesten Offizier. Die 3 Kompagnien des 2ten leichten Bataillons der deutschen Legion, welche, wie erwähnt, in dem Obstgarten postirt waren, leisteten im Verein mit den beiden Kompagnien des 1sten leichten Bataillons derselben, unter den Kapitains von Wynecken und von Gröben, und einer Kompagnie hanöverscher Jäger, unter dem Major von Spörken, welche auf der rechten Seite des Pachthofes ausgebreitet waren, einen tapfern Widerstand gegen den Feind; als dieser aber unausgesetzt mit Uebermacht vordrang und das Gros der französischen Brigade zwei Angriffs-Kolonnen bildete, welche die eine gegen den Obstgarten, die andere gegen die Gebäude, rasch vordrangen, zog sich Major Baring mit seinen Leuten nach der Scheune zurück. In diesem Augenblick erreichte der Oberst von Klencke den Pachthof mit dem Feld-Bataillon Lüneburg, welches Wellington vom linken Flügel der Brigade Kielmannsegge zur Verstärkung der Truppen in La Haye Sainte abgesendet hatte, als er das Vorrücken der Franzosen bemerkte. Baring bemühte sich sogleich, den Obstgarten wieder zu nehmen und hatte den Feind schon zurückgedrängt, als er eine starke Kürassier-Linie sich rechts vorwärts der Hecke formiren sah. Gleichzeitig meldete der Lieutenant Meyer, daß der Feind den Garten umgangen habe, in welchem seine Kompagnie aufgestellt war und daß derselbe nicht länger zu halten sei. Baring befahl ihm, sich in die Gebäude zurückzuziehen und die Vertheidigung derselben zu verstärken. Die rechts stehenden Tirailleurs liefen bei der plötzlichen Erscheinung der Kavallerie nach dem großen Obstgarten, um sich daselbst zu sammeln, kamen hier aber in Berührung mit den neu angekommenen Hanoveranern und brachten diese dadurch in Unordnung; die Wirkung, welche der Anblick der auf ihre Front losstürmenden Kürassier-Linie und das Geschrei der französischen Infanterie, welche sich in ihrem Rücken des Gartens bemächtigte, auf sie hervorbrachten, war so groß, daß diese ganze Truppenmasse, trotz aller Bemühungen Barings, seine Leute zum Stehen zu bringen und zu sammeln, ihr einziges Heil in einer schnellen Flucht nach der Haupt-Position der alliirten Armee zu finden glaubte.

Sie wurde aber schnell enttäuscht. Die Kavallerie holte sie auf ihrem ungeordneten Rückzuge ein, ritt und hieb sie nieder und zerstreute den Rest; um die Größe ihres Verlustes noch zu vermehren, geriethen sie hierauf in das Flankenfeuer der feindlichen Infanterie, welche die Hecke des Gartens besetzt hatte. Einem Theil von ihnen gelang es, die Haupt=Position zu gewinnen, während der Rest sich in die Gebäude warf und die kleine Garnison, unter den Lieutenants Carey und Gräme und dem Fähnrich Frank, noch vermehrte, welche den Posten trotz der kräftigen Angriffe der französischen leichten Truppen tapfer behaupteten. Das handversche Bataillon Lüneburg hatte sehr bedeutend gelitten, viele waren getödtet und verwundet worden; unter den letzteren befand sich der kommandirende Oberst=Lieutenant von Klencke, unter den Gefangenen der Major von Dachenhausen. Einige retteten sich durch einen eiligen Rückzug links nach der Chaussee. Die Wenigen, welche während des Restes des Tages wieder gesammelt werden konnten, bildeten einen höchst unbedeutenden Theil der ursprünglichen Stärke des Bataillons.

Als der Graf von Uxbridge bei La Haye Sainte und auf der britischen rechten Seite der Straße nach Charleroi das Vorrücken der französischen Kavallerie bemerkte (derselben, welche, wie erwähnt, das handversche Bataillon Lüneburg und Barings Tirailleurs zerstreut hatte) und die Annäherung der Infanterie=Kolonnen wahrnahm, welche den Angriff gegen den alliirten linken Flügel auf der andern Seite der Chaussee formirten, beschloß er, eine gleichzeitige Attake mit den schweren Kavallerie=Brigaden des Lord Edward Somerset und Sir William Ponsonby, mit der ersteren gegen die feindliche Kavallerie, mit der letzteren gegen die Infanterie=Massen, auszuführen. Der Entschluß war kaum gefaßt, als er sogleich zur Ausführung desselben schritt. Er ritt an Lord Somerset heran und befahl ihm, sich zum Aufmarsche vorzubereiten, die Blauen aber in Reserve zu behalten; sodann gallopirte er zu der Brigade Ponsonby, auf der andern Seite der Chaussee, und befahl diesem Offizier, sich in Linie zu entwickeln, sobald er die andere Brigade aufmarschiren sähe, die Scots Greys aber zur Reserve zu bestimmen. Hierauf kehrte er zur Leibgarde-Brigade zurück und setzte das Ganze sogleich in Bewegung.

Da dies der erste große Angriff war, welchen die Franzosen an diesem Tage im offnen Felde unternahmen, so wünschte Lord Uxbridge, bei der Bewegung desselben die überlegene Tapferkeit der britischen Kavallerie geltend zu machen, ihr Vertrauen einzuflößen und dem Feinde Achtung abzuzwingen, und ihren Enthusiasmus zu erhöhen, stellte er sich selbst vor den linken Flügel der Brigade Somerset, damit er sich ungefähr in der Mitte beider Brigaden befände, wenn sie sich beim weitern Vorrücken vorwärts der Position vereinigt haben würden. Treu und edel erfüllten diese tapfern Dragoner seine ängstlichen Erwartungen.

Um der wirksamen Unterstützung seiner Kavallerie-Angriffe gewiß zu sein, hatte Lord Uxbridge vor Anfang der Schlacht seinen Brigade-Generalen bemerklich gemacht, daß er nicht überall gegenwärtig sein könne und daß er daher von ihnen erwarte, daß sie stets, den Umständen gemäß, selbstständig handeln und Offensiv-Bewegungen vor ihrer Front unterstützen würden. Da er bei dieser Gelegenheit seinen Angriff auf beiden Flanken durch leichte Kavallerie-Brigaden gedeckt und jeder der schweren Brigaden ihre eigene Reserve zugetheilt hatte, glaubte er, sich ohne Nachtheil für das Ganze an die Spitze des ersten Treffens stellen zu können. Wenn ihn diese Vorsichtsmaßregeln auch einigermaßen entschuldigen, so war es doch wohl für den Ober-Befehlshaber der Kavallerie einer ganzen Armee kein Akt der Klugheit. Denn bei der Attake einer ausgedehnten Kavallerie-Linie gegen einen nahen Feind wird der Führer nach begonnener Karriere so sehr in diese Linie verwickelt, daß seine Wirkungssphäre bald zu der eines Schwadrons-Offiziers herabsinkt, wogegen er vom 2ten Treffen aus, jene Linie, den Umständen gemäß, zurücknehmen oder verstärken kann. Aber sein heißes Verlangen, diesen ersten Angriff so glänzend als möglich zu machen, und sein eigener ritterlicher Sinn führten ihn auf den Posten der Ehre und der Gefahr, um seine Reiter durch das Beispiel eines tapfern und entschlossenen Soldaten zu beleben. Er baute auf die getroffenen Maßregeln und hoffte von der Aufmerksamkeit seiner Brigadiers, daß sie den Angriff angemessen unterstützen würden; wie sich aber später zeigen wird, geschah dies nicht in dem Augenblick, in welchem es dringend nöthig geworden war.

Die vorgehende französische Kavallerie-Linie gewährte einen imposanten Anblick. In den Mienen dieser Veteranen drückte sich das Vertrauen auf ihre Ueberlegenheit, die Hoffnung auf einen sichern Triumph und jener Frohsinn aus, welcher sie bei dem Gedanken beseelte, jetzt ihre unerbittlichsten Feinde niederwerfen zu können. Bis jetzt war ihr Vorrücken und das der Infanterie zu ihrer Rechten noch siegreich gewesen, die Flucht der Holländer schien der letzteren einen leichten Sieg zu versprechen, und die Zerstreuung der Hanoveraner wurde von diesen Reitern als ein glückliches Vorspiel ihres Angriffs bewillkommnet. Sie hatten nun den Kamm der Höhe erstiegen, auf welcher die englisch-alliirte Infanterie zu ihrem Empfange bereit stand. Die vier Geschütze der britischen reitenden Batterie Roß und die britische Fuß-Batterie Lloyd, welche rechts der Chaussee aufgestellt waren, eröffneten auf sie ein kräftiges Feuer, aber wenige Minuten reichten hin, um die Ordnung ihres Vorrückens wiederherzustellen. Einen Augenblick darauf schmetterten die Trompeten zur Attake, und unter lautem „Vive l'empereur"! stürzten diese tapfern Reiter, in all dem Glanze von Küraß und Helmschmuck prangend, zum Sturme vorwärts. Ihnen gegenüber entwickelte die britische Leibgarde-Brigade eine schöne Linie und hatte, beseelt von gleichem Enthusiasmus, sich schon zum Angriff in Gallop gesetzt; als daher die Kürassiere nahe an die Quarrees herangekommen waren und von den Frontseiten derselben eine Salve erhielten, da stürzten beide Linien mit unbeschreiblicher Heftigkeit gegen einander. Der Choc war schrecklich. Um den Kürassieren näher zu kommen, suchten sich die Briten zwischen die Pferde ihrer wüthenden Gegner einzudrängen, da deren Schwerter viel länger und deren Körper in Eisen gekleidet waren, während sie selbst keine Schutzwaffen hatten. Mit der reißenden Schnelligkeit des Blitzes zuckten die Schwerter hoch in der Luft, jetzt heftig zusammenschlagend und dann wieder schwer auf die widerstehende Rüstung fallend, während mit dem Getöse der Schlacht das Schreien und Lärmen der Kämpfer sich mischte. Vergebens um die Meisterschaft kämpfend, fielen die Reiter in rascher Folge durch einen tödtlichen Stoß oder unter einem wohlangebrachten Hiebe und die Pferde stürzten zur Erde nieder oder brachen, wild sich bäumend, aus den Reihen heraus. So verzweifelt und blutig dieser Kampf aber auch war, so kurz war dennoch seine Dauer. Die größere physische Stärke der Briten und ihre überlegene Tapferkeit machten bald sich geltend, und die Kürassiere wurden trotz des tapfersten und entschlossensten Widerstandes von der Höhe hinuntergeworfen, welche sie mit all dem Stolz und dem Vertrauen von sieggewohnten Kriegern erstiegen hatten. Dieses erste Zusammentreffen geschah indessen nicht auf der ganzen Ausdehnung der gegenüberstehenden Linien. Die Linie Somersets war nicht parallel mit der der Kürassiere und da er seinen rechten Flügel etwas vorgenommen hatte, so kam dieser mit dem Feinde zuerst in Kontakt und die Berührung setzte sich in der reißenden Geschwindigkeit der Attake bei rascher Folge nach dem linken Flügel hin fort, bis der Hohlweg, welchen der in die Straße nach Charleroi mündende Querweg bildet, der weitern Ausbreitung ein natürliches Hinderniß setzte. Die Kürassiere des rechten Flügels der französischen Linie mußten plötzlich in der Schnelligkeit ihres Laufes einhalten, als sie unverhofft an diesen Hohlweg geriethen; sie stiegen darauf eiligst und in Unordnung in denselben hinab und spornten eben ihre Pferde den jenseitigen Rand hinauf, als sie das 2te britische Leibgarde-Regiment, welches den linken Flügel der Brigade Somerset bildete, in voller Eile auf sich zukommen sahen. Jeder Gedanke des Widerstandes in solcher Lage wurde als erfolglos aufgegeben. Sie zogen sich in diesem Hohlwege sogleich rechts ab und jagten, über die Chaussee weg, in das offene Feld, vorwärts des 95sten britischen Jäger-Regiments; die 2ten Leibgarden folgten ihnen in derselben Unordnung nach, da sie so gut als möglich die steilen Ränder an dem Schneidungspunkt beider Straßen herunterklettern mußten. Da die Kürassiere aber auf die dicht und verwirrt in dieser Gegend zusammengedrängten französischen Tirailleurs geriethen, hielten sie ihre Pferde an, machten gegen die Verfolger Front und engagirten sich mit ihnen in einen Kampf, Mann gegen Mann. Bald aber ward ihnen die Ueberlegenheit der Gegner in dieser Gefechtsweise fühlbar und sie ergaben sich daher entweder den Siegern, oder suchten ihr Heil in schneller Flucht. Zu derselben Zeit avancirte die Brigade Kempt ruhmvoll den äußern Abhang der Position hinab und stürmte auf die Infanterie los, unter welche jene Reiter gerathen waren.

Kaum bemerkte Ponsonby die Leibgarden in Bewegung, als er, den erhaltenen Befehlen zufolge, seine eigene Brigade vorführte. Da er aber den Stand der Dinge auf der andern Seite der Straße nach Wavre nicht kannte und seine Reiterlinie erst im günstigen Augenblick gegen des Feindes Massen zu schleudern wünschte, so ließ er dieselbe Halt machen und ritt bis zur Hecke vor, um durch eigene Beobachtung den richtigen Zeitpunkt zu erspähen. Den Oberst Muter, Kommandeur der Inniskilling Dragoner, welcher ihn dahin begleitete, sandte er zurück, um sich an die Spitze der mittlern Schwadron zu setzen und die Bewegung in dem Augenblick zu befehlen und zu leiten, wo er das Signal mit seinem Hute geben würde. Die Scots Greys, welche bei diesem Angriff die Reserve bilden sollten, standen auf einer Stelle, wo die feindlichen Granaten, über den vorliegenden Höhenrücken weg, in rascher Folge einschlugen und ihnen einigen Verlust zufügten. Man zog sich daher etwas mehr zurück. Aber kaum hatten sie ihren neuen Platz eingenommen, als die Brigade vorging und die Greys ihr daher folgen mußten.

Während des Avancirens der französischen Division Alix (der 1sten) hatte sich ihre hintere Brigade, welche aus dem 54sten und 55sten Regimente bestand, von der Masse getrennt und sich rechts gewandt; sie formirte darauf zwei Kolonnen, welche en échelon der Teten-Brigade (dem 28sten und 105ten Regiment) folgten. In ähnlicher Weise hatte sich die hintere Brigade der Division Marcognet (der 3ten), welche aus dem 21sten und 46sten Regiment bestand, in zwei Kolonnen, zu je zwei Bataillonen, gebrochen und folgte en échelon unmittelbar hinter ihrer vordern Brigade (dem 25sten und 45sten Regiment).

Während die Brigade Kempt tapfer den Abhang hinunter attakirte, drangen auf ihrer linken Seite die vordern Brigaden der Divisionen Alix und Marcognet mit großer Kühnheit und unter Triumphgeschrei über den Kamm der Position und überschritten den Weg nach Wavre und die dortige Hecke, wodurch ihre Ordnung etwas gestört wurde. Die Teten-Brigade des General Alix ging bei dem linken Flügel Kempts vorbei und fand keine Infanterie sich gegenüber, aber die Tete der Kolonne Marcognet, welche rechts von der handverschen Fuß-Batterie des Kapitain von Rettberg passirte und durch das Feuer derselben bei ihrem Vorrücken bedeutend gelitten hatte, sah die Brigade Pack sich entgegenkommen. Die drei schottischen Regimenter, die 1sten (Royals), die 42sten und 92sten Hochländer avancirten unter den belebenden Tönen ihrer heimathlichen Pibrochs mit der edlen Miene und der kühnen Haltung von Männern, welche in jedem Falle die Ehre und den Ruhm ihres Vaterlandes aufrecht erhalten wollen. Das 44ste Regiment, welches den linken Flügel der Brigade bildete, war noch durch die Hanoveraner Vests maskirt und blieb als Reserve auf dem Hügel stehen, der links vor dem Ravin liegt, in welchem die Brigade aufgestellt worden war. Der Theil der französischen Kolonne, welcher um diese Zeit die Hecke überschritten hatte, befand sich in vollkommener Ordnung und zeigte eine kühne und geschlossene Front. Ihm standen die 42sten und 92sten Hochländer, besonders die letztern, gegenüber. Als die Brigade sich der Kolonne näherte, erhielt sie von derselben Feuer, sie erwiederte dasselbe indessen nicht, sondern blieb ungestört im Avanciren, bis sie auf 30 oder 40 Schritt herangekommen war, da gaben die 92sten und 42sten Bergschotten eine konzentrische und mörderische Salve in die Masse. Die Franzosen stutzten, erholten sich jedoch sogleich und erwiederten mit großer Lebhaftigkeit das Feuer ihrer Gegner, welche eben zum Angriff übergehen wollten, als die Brigade Ponsonby herankam. Der Oberst Muter hatte kurz vorher den erhobenen Hut bemerkt und führte daher die Brigade sogleich vorwärts. Man wird sich erinnern, daß die

Scots Greys zur Reserve der Royals und der Inniskillings bestimmt wurden, da sie aber etwas mehr links hinunter geführt worden waren, um besser vor dem feindlichen Feuer gedeckt zu sein und sie nun hinter dem linken Flügel der beiden Regimenter folgten, so sahen sie sich der Tete der Division Marcognet direct gegenüber, als dieselbe sich eben auf der Höhe etablirte. Es läßt sich leicht denken, was sie nun zu thun hatten. Sie eilten sogleich in die vordere Linie und schlossen sich dem allgemeinen Angriff an. Als die Brigade Ponsonby an die Infanterie herankam, ging sie so gut und so rasch als möglich durch dieselbe; auf einzelnen Stellen machten die Kompagnien durch Abschwenken den Dragonern Platz, auf andern thaten es die Halbzüge oder Sectionen, im Allgemeinen aber wurde die Passage auf sehr unregelmäßige Weise bewerkstelligt und unter den bestehenden Umständen war dies auch nicht anders möglich.

Als die Scots Greys durch die Bergschotten durchgingen, war der Enthusiasmus beider ungemein. Sie feuerten sich gegenseitig an, „Schottland für immer"! war ihr Feldgeschrei. Der Pulverdampf, welcher die Tete der französischen Kolonne umhüllte, war noch nicht verschwunden, als die Greys sich auf die Masse stürzten. Das Verlangen der Hochländer, ihren Landsleuten bei der Vollendung des glorreich begonnenen Werkes zu helfen, war so mächtig, daß man viele von ihnen sich an die Steigbügel der Reiter festhalten sah, als alle vorwärts eilten und nur die Verwundeten zurückblieben. Die Tete der Kolonne wich bald diesem wüthenden Anlaufe. Der hintere Theil derselben, welcher noch im Ersteigen des äußern Abhanges begriffen war, stutzte bei der plötzlichen Erscheinung der Kavallerie, da er aus dem Knallen des Musketenfeuers geschlossen hatte, daß er es nur mit Infanterie zu thun habe; er stürzte daher in Verwirrung vor der Heftigkeit des Stoßes zurück. Die Dragoner hatten den Vortheil des Bergabsteigens; sie schienen die Masse nieder zu mähen, welche nun nach allen Richtungen sich zerstreute. Aber in dieser Masse befanden sich viele tapfere Geister, welche nicht ohne Kampf zur Ergebung gebracht werden konnten. Diese fochten tapfer bis zum Tode, sie konnten dadurch aber den reißenden Strom nicht aufhalten und dienten nur dazu, den Lauf desselben zu bezeichnen, als er wild über sie fortströmte und jene Merkmale der Einzelnkämpfe zurückließ, an welchen das Auge des Kenners die Spur einer Kavallerie-Attake erkennt. In dieser Masse befand sich auch der kaiserliche Adler des 45sten Regiments, welcher stolz auf seinem entfalteten Banner die Namen Jena, Austerlitz, Wagram, Eylau und Friedland führte, — Schlachtfelder, auf welchen dieses Regiment sich mit Ruhm bedeckt und den Namen „des Unüberwindlichen" erworben hatte. Eine dem Tode geweihte Schaar umgab die heilige Fahne, welche die Aufmerksamkeit und den Ehrgeiz eines kühnen und unternehmenden Soldaten der Greys, des Sergeant Ewart, auf sich zog. Nach einem verzweifelten Kampfe, in welchem er große physische Kraft und eine außerordentliche Geschicklichkeit entwickelte, gelang es ihm, die theure Trophäe zu erbeuten. Der tapfere Mann wurde mit derselben nach Brüssel gesendet, wo er unter dem Willkommen und dem Beifall von Tausenden ankam.

Ohne einen Augenblick zur Wiederherstellung der Ordnung anzuhalten, jagten diejenigen der Greys, welche durch die Kolonne hindurchgedrungen oder bei derselben vorübergestürmt waren, gegen die vordere Unterstützungs-Kolonne der rechten Brigade Marcognets vor. Bestürzt durch die Wildheit und die Schnelligkeit der Charge und durch die Wirkung, welche sie auf ihre Landsleute vor ihnen gehabt hatte, benutzte diese Menschenmasse entweder nicht die wenigen Augenblicke, welche ihr blieben, um sich zur Abwehr der Kavallerie vorzubereiten oder sie hatte nicht mehr Zeit, die nöthige Formation zu vollenden. Die äußern Glieder richteten auf ihre Angreifer zwar ein mörderisches Feuer, indessen die Heftigkeit der Attake war durch den immer steiler sich senkenden Abhang so groß geworden, daß diese tapfern Dragoner nicht mehr die Schnelligkeit ihres Laufes verringern konnten und daher mit wirklich unwiderstehlicher Gewalt in die Masse hineinstürmten. Als die vordersten Glieder derselben mit unaufhaltsamer Heftigkeit zurückgedrängt wurden, schwankte die ganze Kolonne einen Augenblick und versank dann unter der übermächtigen Welle. Hunderte wurden niedergeworfen, um nicht wieder aufzustehen und Hunderte standen nur wieder auf, um sich den Siegern zu ergeben, welche nun ihre Gefangenen zurückführten, während die Hochländer sich derjenigen der Teten-Kolonne versicherten.

Auf der ganzen übrigen Ausdehnung der Linie war die Attake der „Union-Brigade" eben so glänzend und erfolgreich. Auf dem rechten Flügel wandten sich die Royals im Vorgehen etwas rechts, um ihre mittlere Schwadron gerade auf die Tete der vorderen Kolonne der Division Alix zu bringen, welche eben die Hecken an der Straße überschritten hatte und, da sie keinen Widerstand fand, rasch über den Kamm der Höhe vorging. Ihr lautes Triumphgeschrei verstummte plötzlich, als sie die Kavallerie schnell den innern Abhang der englisch-alliirten Position heraufkommen sah. Ob es das Bewußtsein der Gefahr, welche ihr bei der durch das Passiren der Hecken erzeugten Unordnung drohte oder ob es die Furcht war, in der Herstellung der Quarree-Formation überrascht oder von ihren Reserven abgeschnitten zu werden, welche der Tete der Kolonne einen panischen Schrecken einflößte, das ist schwer zu entscheiden. Nachdem dieselbe ein unregelmäßiges

Rottenfeuer abgegeben und hierdurch höchstens einige zwanzig der Dragoner außer Gefecht gesetzt hatte, machte sie augenblicklich Kehrt und suchte die andere Seite der Hecke zu gewinnen. Die Royals holten sie aber ein, bevor sie diesen Terrain-Gegenstand erreichen konnten. Denn die hintern Glieder der Kolonne drängten in Unkenntniß des Hindernisses vor der Front immer vorwärts und begegneten denen, welche durch die Attake der Royals den äußern Abhang hinunter auf sie zurückgeworfen wurden, während diese unausgesetzt gegen Front und Flanken der Masse losdrängten. Das Ganze war in einem Augenblick so zusammengedrängt, daß es vollständig hülflos geworden war. Die Leute versuchten vergeblich, ihre Musketen zu gebrauchen, sie wurden ihren Händen entwunden oder gingen bei dem Versuche durch Zufall los. Nach und nach lös'te eine zerstreute Flucht der hintern Glieder die unbeholfene Masse, welche nun hoffnungslos den Abhang hinunterrollte. Viele tapfere Soldaten, welche bisher von dem Gedränge mit fortgerissen waren, schienen entschlossen, einen Kampf zu wagen; unter ihnen richteten die Schwerter der Royals eine schreckliche Verheerung an. Viele warfen die Waffen weg und ergaben sich in der Verzweiflung, sie wurden von den Siegern hinter die britische Linie zurückgeführt.

Das 28ste französische Regiment*), welches das unmittelbare Soutien der angegriffenen Kolonne, nämlich des 105ten Regiments bildete, wurde zwar durch diese Scene überrascht und von den erschreckten Flüchtlingen fast umgerissen, behielt indessen noch immer einen ziemlichen Grad von Ordnung und Festigkeit. In dem Gedränge, welches auf diese Unterstützungs-Kolonne losstürzte, um bei ihr Schutz und Schirm zu suchen,

*) Diese beiden Regimenter bestanden aus je zwei Bataillonen, und bildeten unter dem General Quiot die linke Brigade der Division Allix.

befand sich ein Offizier mit dem Adler des 105ten Regiments. Diese Fahne war dem Regimente von der Kaiserin Marie Louise geschenkt worden und jetzt von einem Häuflein umgeben, welches augenscheinlich zu ihrer Vertheidigung entschlossen schien. Als Kapitain Clark, der Chef der mittleren Schwadron, die Gruppe bemerkte, kommandirte er sogleich: „Rechte Schulter vor — greift die Fahne an"! und führte seine Leute gerade auf den Adler los. Bei demselben angekommen, stieß er dem Fahnenträger den Degen durch den Leib und bei dem Falle desselben flatterte der Adler auf den Kopf von Clarkes Pferd. Er bemühte sich, ihn mit der linken Hand aufzufangen, konnte aber nur die Frangen der Fahne erfassen, und dieselbe wäre zu Boden gefallen und in der Vewirrung verloren gegangen, wenn nicht der Korporal Stiles, welcher als Deckungsunteroffizier der eigenen Standarte seinen Platz hinter dem Eskadron-Führer hatte, vorgesprengt wäre, und die Fahne beim Falle ergriffen hätte.

Durch die Flucht des Restes der Teten-Kolonne, durch die Ankunft der Dragoner und das Niederwerfen der Kolonnen zu ihrer Rechten entstanden auch in dem zweiten Regiment Verwirrung und Schrecken, so daß die ganze Masse dem Drucke wich und eine ungeordnete Flucht begann. Die Royals folgten bis zu dem Fuße des Thales, welches die beiden Positionen von einander trennte.

Die Inniskillings, das mittlere Regiment der Brigade, kamen nicht so schnell mit der französischen Infanterie in Berührung, als die beiden Flanken-Regimenter. Die ihnen gegenüberstehenden Kolonnen bestanden aus dem 54sten und dem 55sten französischen Regiment, zu je 2 Bataillonen, und folgten, wie schon erwähnt, der Teten-Brigade der Division Alix rechts zur Unterstützung nach. Nur die linke und ein Theil der mittleren Schwadron der Inniskillings waren genöthigt, sich durch die britische Infanterie durchzuziehen, die Front der rechten Schwadron war vollkommen frei. Das irische „Hurrah", laut, wild und durchdringend, zerriß die Luft, als die Inniskillings, über die Hecke und den Weg hinweg, kühn den Abhang hinunter auf die französischen Kolonnen losstürmten, welche noch etwa 120 Schritt entfernt sein mochten. Dieser Zwischenraum vermehrte die Wucht ihrer Attake und trug dazu bei, ihnen ein eben so glänzendes Resultat zu sichern, als die übrigen beiden Regimenter erhalten hatten. Die rechte und die mittlere Schwadron gingen auf das 55ste französische Regiment los, während die linke Schwadron allein das 54ste chargirte. Man gab diesen Kolonnen ebensowenig wie den übrigen Zeit, sich von ihrer Bestürzung über die unerwartete, plötzliche und heftige Kavallerie-Attake zu erholen. Ein schwaches und unregelmäßiges Feuer war der einzige Versuch, den sie zur Abwendung der drohenden Gefahr machten. Im nächsten Augenblick waren die Dragoner unter ihnen, ihre Schwerter blitzten mit schrecklicher Schnelligkeit und bahnten ihnen einen Weg durch die Massen, welche zurückrollten, auseinanderstäubten und eine Scene der grenzenlosesten Verwirrung darboten.

Mit der ausgezeichnetsten Tapferkeit und dem größten Erfolge setzte die Leibgarde-Brigade ihre Attake, den Abhang rechts und theilweise links von La Haye Sainte hinunter, fort. Die ersten Leibgarden nahmen die rechte Schulter vor und gewannen den Rücken der Kürassiere, als dieselben in bedeutender Stärke aber ohne Zusammenhang gegen den Theil der Chaussee jenseits des Obstgartens von La Haye Sainte vorgingen, welcher zwischen hohen Rändern liegt und daher mit Flüchtlingen vollgepfropft war. Als jene ihren Rückzug so ernstlich bedroht sahen, machten sie von Neuem gegen ihre Gegner Front, und es erfolgte nun ein verzweifeltes Handgemenge. Dasselbe endete aber plötzlich, da die Tirailleurs der Division Bachelu, welche die von der Chaussee durchschnittenen Höhen besetzt hatte, von den hohen Rändern aus ein mörderisches Feuer auf die Leibgarden richteten. Die königlichen Garde-Dragoner ließen diesen Kampf rechts liegen, rasselten über das Plaster der Chaussee und erstiegen kühn die feindliche Position. Auf ihrem linken Flügel schlossen sich ihnen die 2ten Leibgarden an, welche links von La Haye Sainte vorgegangen waren. Mit ihnen vermischten sich die Royals und Inniskillings, während die Greys sich noch weiter links hielten. Diese ganze Linie verfolgte, ohne die geringste Ordnung, tollkühn ihre wilde Bahn, als ob sie von dem übergroßen Triumphe berauscht worden wäre. In diesem Augenblicke suchte Lord Uxbridge, welcher tapfer die Attake geführt und Alle durch sein Beispiel begeistert hatte, sehnsüchtig nach der sicher gehofften Unterstützung und entdeckte zu seiner großen Ueberraschung und bitterem Verdruß, daß keine zur Hand war. Ponsonbys eigene unmittelbare Reserve, welche die Greys bilden sollten, hatte nothgedrungen im ersten Treffen verwendet werden müssen, ein Faktum, welches dem Führer desselben ganz unbekannt geblieben war. Die unmittelbare Reserve der Brigade Somerset, welche aus den Blauen bestand, war ebenfalls während der Attake ins erste Treffen gezogen worden. Das Regiment war indessen noch in der Hand seines Führers und erleichterte durch seine verhältnißmäßig gute Ordnung das Zurückhalten der Brigade von der weitern Verfolgung. Am meisten aber war links der Chaussee hinter der Brigade Ponsonby eine Reserve erforderlich. Jedoch kann man es dem Ober-Befehlshaber der Reiterei nicht zur Last legen, daß keine der leichten Kavallerie-Brigaden des äußersten linken Flügels seinen Instruktionen gemäß handelte und als Soutien der vorgegangenen Brigade Ponsonby folgte. Die Brigade Vandeleur, welche am nächsten zur Hand war, ging zwar vor, um Hülfe zu bringen, wurde aber unglücklicherweise auf ihrem Marsche dadurch aufgehalten, daß sie eine rückgängige Bewegung machen mußte, um einen trennenden Hohlweg zu passiren. Vergebens ließ Lord Uxbridge Halt und Sammeln blasen — die Trompete wurde eben so wenig wie seine Stimme gehört. Wenige Minuten darauf sah man die vordere Linie auf der Höhe der feindlichen Stellung. Die Garde-Dragoner geriethen plötzlich in ein heftiges Feuer der Batterien und der Infanterie-Kolonnen Bachelu's zu ihrer Rechten; als sie darauf auch eine starke und wohlgeordnete Masse von Kürassieren aus dem Thale jenseits des stürmisch erstiegenen Höhenrückens hervorkommen sahen, traten sie mit denjenigen der Royals und Inniskillings, welche sich ihnen angeschlossen hatten, eiligst den Rückzug an. Die Greys mit vielen andern von den Royals und Inniskillings stürmten in die Batterien, schwenkten dann scharf links und jagten, Artilleristen und Pferde niedersäbelnd, längs der Linie der Geschütze fort, bis sie merkten, daß eine Masse französischer Lanciers sich schräg von links her dem Schauplatze dieses merkwürdigen Kampfes näherte. Jetzt traten sie ihren Rückzug an, wurden bald aber mit ihren athemlosen und ermüdeten Pferden von den Lanciers eingeholt. Diese bildeten die Tete der leichten Kavallerie-Brigade Jaquinot, welche unverantwortlicherweise verabsäumt hatte, den angreifenden Infanterie-Kolonnen schnelle und nahe Hülfe zu bringen.

Die britischen schweren Kavallerie-Brigaden befanden sich jetzt im vollen Rückzuge. Die Brigade Somerset erreichte ohne ernstliche Belästigung die Position wieder, aber Ponsonbys Dragoner, vorzüglich die Greys, welche auf dem äußersten linken Flügel waren, litten durch die Lanciers und Chasseurs Jaquinots bedeutend, indem sie sich größtentheils in einem

Zustande äußerster Erschöpfung und Unordnung befanden, während die letzteren ihnen an Zahl bedeutend überlegen, in guter Ordnung und mit frischen Pferden beritten waren. Auf ihrem rechten Flügel griffen die Lanziers in geöffneter Kolonne an, der Rest derselben aber lösete sich links in ungebundener Ordnung auf, zerstreute rasch sich über die Ebene, fiel über diejenigen Nachzügler und Verwundeten der britischen Kavallerie her, welche er erreichen konnte, und gab hierdurch der eigenen zerstreuten Infanterie, welche sich noch in Unordnung und Verwirrung zurückzog, neues Vertrauen.

Endlich kam die der Brigade Ponsonby so nöthige Hülfe auf ihrer linken Flanke an. Vandeleur hatte jetzt den Hohlweg und das Ravin passirt, welche sein Vorgehen nach dem Kampfplatze hinderten und den Theil des Kammes der Position erreicht, welchen die handversche Brigade Best inne hatte; durch diese ging er nun in geöffneten Divisions-Kolonnen vor. Die 12ten leichten Dragoner hatten die Tete und eilten rasch den Abhang hinunter, das 16te Regiment hielt sich mehr aufwärts der Anhöhe, während das 11te auf der obern Krete der Höhe als Reserve aufmarschirte. Die 12ten und 16ten Dragoner schwenkten rechts in Linie ein. Der Oberst-Lieutenant Friedrich Ponsonby, Kommandeur des 12ten Regiments, bemerkte die Verwirrung, welche unter der französischen Infanterie im Thale herrschte, und die äußerst kritische Lage der vielen roth gekleideten Dragoner auf dem Kamme der französischen Position, und chargirte daher sogleich eine Masse wankenden französischen Fußvolks, welche sich zwischen ihm und jenen Dragonern befand. Sie war die hinterste Unterstützungs-Kolonne der Division Marcognet und die einzige noch intakte Angriffs-Masse. Auch sie sollte ihrem Schicksal nicht entgehen. Schon durch die Unordnung der ganzen Infanterie zu ihrer Linken beunruhigt und nun so plötzlich und unerwartet in ihrer Rechten attakirt, wurde sie von den 12ten Dragonern durchbrochen. Nachdem diese sich einen Weg durch die Infanterie-Massen gebahnt und hierdurch ihre Ordnung einigermaßen verloren hatten, kamen sie den Lanciers, welche die Brigade Ponsonby verfolgten, in die rechte Flanke. Mit vermehrter Schnelligkeit stürzten sie fast senkrecht auf die Flanke der französischen Kavallerie und rollten Alles das auf, was sie vor sich hatten. Die 16ten leichten Dragoner, Vandeleur an ihrer Spitze, chargirten tapfer in schräger Richtung gegen die Front der Lanciers, deren weitere Fortschritte durch diesen doppelten Angriff vollständig aufgehalten wurden. Auf ihrem äußersten rechten Flügel stießen die 16ten mit einigen der zurückkommenden Dragoner zusammen, aber die beiden Regimenter rissen Alles mit sich fort und trieben die leichte französische Kavallerie bis zur Sohle des Thales, über welche hinaus die Verfolgung nicht ausgedehnt werden sollte. Einige wenige vom 12ten und 16ten Regiment jagten aber dennoch tollkühn die gegenüberliegende Höhe hinauf, wo jetzt frische Truppen angekommen waren und sie ihre Verwegenheit theuer bezahlen ließen.

Die niederländische Kavallerie-Brigade Merle war während dieser Zeit links von der Brigade Vandeleur bis zum Kamme der Hauptposition vorgegangen, aber nur ein kleiner Theil derselben folgte den 12ten leichten Dragonern den Abhang hinunter. Wahrscheinlich wurden sie durch das lebhafte Feuer zurückgeschreckt, welches die Tirailleurs der Division Durutte aus einer Hecke am Fuße der Position gegen sie richteten und durch welches auch die 12ten Dragoner gelitten hatten.

Vivian war in Person von dem äußersten linken Flügel aus vorgegangen, um sich von dem Stande der Dinge zu überzeugen. Als er die Brigade Ponsonby in Unordnung die französischen Höhen hinaufjagen sah, sandte er sogleich den 10ten und 18ten britischen Husaren den Befehl, den rechts gelegenen Hohlweg zu passiren, während das 3te Regiment, die 1sten Husaren der deutschen Legion, zur Beobachtung auf dem linken Flügel zurückbleiben sollten. Kurz darauf fuhren zwei Geschütze, welche vorwärts seiner reitenden Batterie gestanden hatten, auf dem vordern Rande des Höhenrückens auf und eröffneten eben ihr Feuer, als eine wohlgezielte französische Kugel den Munitionskasten der einen Protze durchschlug und eine Explosion verursachte, welcher das Triumphgeschrei der französischen Artilleristen unmittelbar nachfolgte. Da die Attake der Brigade Vandeleur, ohne die Verwendung ihrer eigenen unmittelbaren Reserve, der 11ten leichten Dragoner, gelungen war, so war das Vorgehen der 10ten und 18ten Husaren nicht mehr nöthig, sie blieben daher rechts des nach Verd-cocou führenden Weges und die beiden Geschütze schlossen sich ihrer Batterie wieder an.

Der Raketentrupp des Major Whinyates war aus seiner Reserve-Stellung bei Mont St. Jean nach dem Kamme der Position vorgezogen worden; die Raketen-Sektionen desselben gingen nach dem Fuße des äußern Abhanges hinunter und schossen mehrere Raketen gegen die französischen Truppen ab, welche sich auf den gegenüberliegenden Höhen von Neuem formirten. Nach geschickter Abgabe mehrerer Schüsse schloß sich der Trupp seinen Geschützen auf der Höhe der Position wieder an.

In dem allgemeinen Handgemenge, welches sowohl aus der Attake der britischen schweren Dragoner, als aus dem Niederwerfen so großer Infanterie-Massen entstand und welches durch die spätern Attaken der französischen Lanciers, sowie der beiden leichten britischen Kavallerie-Regimenter noch vermehrt wurde, hatten beide Theile schwere Verluste erlitten und die britische Armee einige ihrer schönsten Zierden verloren. Der tapfere Führer der „Union=Brigade" fiel als ein Opfer seines ritterlichen und patriotischen Eifers, auf der Rückkehr nach der alliirten Position und nach fruchtlosen Bemühungen, seine Leute von ihrer wilden Verfolgung abzuhalten und aus einem Kampfe zurückzuziehen, in welchem sie schon unsterblichen Ruhm erlangt hatten. Er wurde von einem Trupp Lanciers in dem weichen Erdboden eines frisch gepflügten Feldes abgeschnitten, und da sein ermüdetes Pferd sich nicht aus demselben herausarbeiten konnte, fiel er unter ihren tödtlichen Streichen. Sir William Ponsonby hatte sich als Kavallerie-Offizier in Spanien glänzend hervorgethan und neben seinen allgemein anerkannten Verdiensten als Soldat, durch Liebenswürdigkeit und persönliche Tugenden die Liebe aller seiner Kameraden erworben. Sein gleich ritterlicher Namensvetter, der Oberst Friedrich Ponsonby, bemühte sich, nach der glänzenden Attake, welche er mit dem 12ten Dragoner=Regiment gegen eine Infanterie=Kolonne und gegen die rechte Flanke der Lanciers ausgeführt hatte, seine Leute von einer weitern Verfolgung abzuhalten, als er an beiden Armen verwundet und von seinem Pferde nach der französischen Position geführt wurde, woselbst er unter einem Säbelhiebe besinnungslos zu Boden sank. Man glaubte damals allgemein, daß er todt auf dem Felde geblieben wäre*). Der Oberst=Lieutenant Hay, Kommandeur

*) Als er einige Zeit nach seinem Sturze wieder zu sich kam und sich ein wenig erhob, um sich umzusehen, bemerkte ihn ein vorbeisprengender Lancier, welcher ihm grausam und feig mit den Worten „**Ah! coquin, tu n'es pas mort!**" die Lanze durch den Nacken stieß. Kurz darauf wurde er von einem Tirailleur geplündert; aber kaum war dieser weiter gegangen, als ihn ein französischer Offizier sah, welcher eine Truppen=Abtheilung auf diesen Platz geführt hatte. Dieser Mann erzeigte ihm einen großen Liebesdienst. Da er über Durst klagte, hielt er seine Brantweinflasche an seine Lippen und ließ ihn, mit

der 16ten leichten Dragoner, wurde schwer und gefährlich verwundet. Oberst Hamilton, Kommandeur der Scots Greys, hatte tapfer sein Regiment durch die feindlichen Kolonnen über das Thal hinweg- und die gegenüberliegenden Höhen hinaufgeführt, zuletzt sah man ihn weit voraus, und da er nie wieder zum Vorschein kam, so scheint es, daß er mitten in den französischen Linien als ein Opfer seiner ausgezeichneten, aber unbesonnenen Tapferkeit fiel. Oberst Fuller, welcher die 1sten oder Garde-Dragoner befehligte, wurde bei der Verfolgung der Kürassiere getödtet, als er kühn sein Regiment links der Chaussee die französische Höhe hinaufführte. Außerdem erlitt die in diesem Kampfe engagirte britische Kavallerie einen schweren Verlust an Menschen und Pferden.

Mit Ausnahme der Körper der Erschlagenen und derjenigen Verwundeten, welche wegen all zu großer Entfernung nicht hatten zurückgeschafft werden können, war jetzt der Schauplatz dieses schrecklichen Kampfes von Menschen geräumt, aber Pferde ohne Reiter bedeckten ihn in großer Zahl und graseten, entweder ruhig auf den Feldern oder jagten wild umher und stürzten, vor Schmerz den Boden zerstampfend, nieder. Die retirirenden Haufen französischer Infanterie waren hinter dem vordersten Höhenrücken ihrer Stellung verschwunden, um dort ihre zersplitterten Reste zu sammeln und wieder zu formiren.

Hülfe einiger Leute, auf eine Seite legen und einen Tornister ihm unter den Kopf schieben. Hierauf ging derselbe weiter vor, und Sir Friedrich Ponsonby hat niemals erfahren, wem er die Erhaltung seines Lebens zu danken habe. Spät am Tage wurde er von zwei Schwadronen preußischer Kavallerie im vollen Trabe übergeritten und dadurch seine Schmerzen bedeutend vermehrt. Am andern Morgen wurde er von einigen Engländern entdeckt und nach dem Dorfe Waterloo zurückgeschafft. Zur unaussprechlichen Freude seines Regiments und aller, die ihn kannten, genaß er nach und nach von seinen fürchterlich schweren Wunden, trotz der großen Zahl derselben und ihrer äußerst kritischen und hoffnungslosen Beschaffenheit.

Dasselbe that die britische Kavallerie; die Brigade Somerset rechts der Straße nach Charleroi in der Nähe des Obstgartens des Vorwerks Mont St. Jean, die Brigade Ponsonby links derselben hinter einem Gebüsch, welches das Ravain unterhalb des Pachthofes begrenzt, die Brigade Vandeleur endlich auf dem innern Abhang der Position, etwas mehr rechts ihres ersten Aufstellungsortes. Die Brigaden Pack und Best schlossen rechts an die Brigade Kempt heran, um den Raum auszufüllen, welcher durch den Rückzug der Brigade Bylandt entstanden war. Der Hügel vor der Brigade Kempt wurde wiederum von drei Kompagnien des 95sten Regiments und die Meierei La Haye Sainte wiederum durch das 2te leichte Bataillon der deutschen Legion, verstärkt durch zwei Kompagnien des 1sten, besetzt. Die Infanterie-Brigade des General-Major Sir John Lambert, welche in Reserve bei Mont St. Jean zurückgehalten worden, war in dem Augenblicke, wo die Dragoner Ponsonby's zum Angriffe vorgingen, in Marsch gesetzt worden und wurde jetzt links der Chaussee nach Charleroi, in Kolonnen mit Viertel-Distance, zur Unterstützung hinter der 5ten Division aufgestellt.

Das wichtige Resultat dieser empfindlichen Niederlage der französischen Angriffsmassen stand im richtigen Verhältniß zu dem Ruhme, mit welchem es errungen worden war. Der Zweck dieser Attake — die Durchbrechung des Centrums und des linken Flügels der englisch-alliirten Armee und die Festsetzung einer bedeutenden Truppenmasse in der Nähe von Mont St. Jean — wurde vollständig verfehlt; 3000 Gefangene waren gemacht, 2 Adler erbeutet und zwischen 30 und 40 Stück Geschütz für den größten Theil des Tages außer Gefecht gesetzt worden.

So endete eine der großartigsten Scenen, welche das erschütternde Drama der ewig denkwürdigen Felder von Waterloo auszeichnen, eine Scene, welche in kühnem Vordergrunde ächte britische, von glänzendem Triumphe gekrönte Tapferkeit darstellt, eine Scene, welche unauslöschlich in dem Gedächtniß der jetzt lebenden und der zukünftigen britischen Krieger eingegraben sein müßte. Briten! ehe andere Scenen Euren Augen enthüllt werden, blickt noch einmal zurück auf dieses ruhmvolle, dieses lehrreiche Schauspiel. Stellt Euch die Gegend hinter jener berühmten Position und etwas links der Straße vor. Seht in dem Vordergrunde rechts eine britische Kavallerie-Linie zur Attake vorgehen, freudestrahlend in dem Bewußtsein ihres angebornen Muthes, ihres unbezähmbaren Geistes und der Kraft ihres Armes. Während Ihr noch die schöne Ordnung und die vollständige Festigkeit ihres Vorgehens bewundert, werden Eure Augen plötzlich von dem funkelnden Glanze einer Linie eisengekleideter Reiter angezogen, welche den Abhang ersteigen und nun auf den Gipfel der Höhe gelangt sind. Es sind die weitberühmten Kürassiere Frankreichs, geführt von einem Kellermann, tapfere Krieger, welche bisher noch die schönsten Truppen der Welt überwunden hatten und unter Siegen ergraut waren. Die Trompeten schmettern zur Attake, einen Augenblick darauf hört Ihr den dumpfen Donner der Hufe ihrer Pferde und Eure athemlose Aufregung ist bis auf den höchsten Grad gespannt, als Ihr die feindlichen Linien in einem Choc zusammentreffen seht, welcher mit ihrer beiderseitigen Vernichtung enden zu müssen scheint. Beobachtet die Briten, als sie scheinbar einen Augenblick zweifeln, wie sie ihre Gegner zu fassen haben. Dann spornen sie ihre mächtigen Rosse in die Zwischenräume zwischen die Hälse jener der Kürassiere. Die Schwerter werden hoch in der Luft geschwungen, zucken dann in rascher Folge durch die Reihen, schlagen hier zusammen und treffen dort auf Helm und Küraß, welche unter ihren verdoppelten Hieben erklingen. Seht! der

Kampf ist nur einen Augenblick zweifelhaft — die Kürassiere, gleichsam erschöpft unter der Last ihrer Panzer, weichen der überlegenen Stärke, Geschicklichkeit und Tapferkeit — Reiter und Pferde stürzen zu Boden — Lücken entstehen in ihrer Linie — viele brechen heraus — andere machen geradezu Kehrt — ihre ganze Linie wankt nun und bricht in Trümmer zusammen — im nächsten Augenblick seht Ihr sie wie durch ein Wunder vom Kamme der Position weggeschwemmt und hitzig von den Siegern verfolgt; so stürzt das Ganze den Abhang hinunter und verschwindet Euren Blicken. Jetzt wird Eure Aufmerksamkeit unwiderstehlich von dem Theile des Vordergrundes angezogen, welcher unmittelbar vor Euch liegt; dort habt ihr kaum Zeit, einen Blick auf die britische Infanterie-Linie zu werfen, als sie sich einen Weg durch die Hecken auf dem Kamme des Höhenrückens bricht, um eine Kolonne zu attakiren, welche auf der andern Seite herauf kommt. In demselben Augenblick, wo ihr Triumphgeschrei Euer Ohr erreicht, überrascht Euch ganz nahe zu Eurer Linken das majestätische Vorgehen einer andern britischen Reiterlinie. Diese macht hinter dem Kamme der Höhe Halt. Links vor ihr zeigt sich nun Euren Blicken eine neue britische Infanterie-Linie, welche rasch den Abhang hinaufdringt, während Ihr gleichzeitig die Teten zweier feindlichen Kolonnen durch die Hecken gehen und die Höhe unter dem Geschrei des „Vive l'empereur"! erreichen seht. Die eine, welche Euch zunächst ist, findet keinen Widerstand und setzt sich rasch auf der Höhe fest, der andern tritt die vorgehende Infanterie-Linie entgegen. Ein Kampf erfolgt; die vorderste Kolonne ist Euren Augen durch den Dampf verborgen, welcher sie plötzlich umhüllte. Aber in dem nämlichen Augenblick, wo vielleicht Zweifel wegen des Ausganges bei Euch aufsteigen konnten, eilt schon die Kavallerie vorwärts, geht durch die geöffneten Reihen der Infanterie, attakirt beide

Kolonnen-Teten und schneidet sie vollständig ab; sobald sie dann über die Hecke gesetzt ist, verschwindet Alles wie durch Zauberei. Laßt Euch nun von Eurer Phantasie und von der Macht der durch solche Scene aufgeregten Gefühle auf den Gipfel der Höhe führen. Schaut hier auf einmal das ruhmvolle Schauspiel, welches vor Euch ausgebreitet liegt! Die Dragoner sind in der Mitte der feindlichen Kolonnen — die wüthende Heftigkeit ihres Anlaufs überwindet jeden Widerstand — die erschreckten Massen sind wie versteinert durch die plötzliche Erscheinung der Kavallerie in ihren Reihen, haben weder die Zeit noch die Kraft, Quarree zu formiren und beschränken ihre Vertheidigung auf ein schwaches, übereiltes Rottenfeuer ihrer schlecht geschlossenen äußern Glieder — die Flucht beginnt von den hintern Reihen und wird durch den unausgesetzt wachsenden Druck auf die Front noch bedeutend vermehrt — der ganze Abhang ist bald mit zerstreuten Trümmern der Angriffsmasse bedeckt — Infanterie-Abtheilungen eilen über den Kamm des Höhenrückens, um ihrer Kavallerie bei der Sicherung der Gefangenen zu helfen — 3000 derselben werden zurückgeführt und zwei Adler ruhmvoll erbeutet. Nach kurzer Betrachtung dieser Trophäen eilen Eure Augen den Siegern nach, welche Ihr jetzt etwa in der Mitte der Bühne erblickt — eine ungeordnete Linie verwegener Reiter stürmt die gegenüberliegende Höhe hinauf. Von ihrem Triumphe berauscht, kennen sie keine Schranken mehr. Sie hören nicht das Signal der Trompete zum Halten und zum Sammeln, sondern stürzen wild mitten in die furchtbare Linie der Batterien, welche längs der französischen Stellung aufgefahren sind, sie hauen die Artilleristen nieder, erstechen die Pferde und scheinen den Boden von jedem lebenden Wesen zu reinigen. Aber physische Kräfte haben ihre Grenze, so mächtig sie auch entfaltet werden können; der erschöpfte Körper giebt zuletzt nach und ihre feurigen

Rosse ziehen nicht durch Gewalt, sondern durch Ermüdung bezwungen, erschöpften, wankenden Schrittes zurück. Ihr sucht vergeblich nach einer Reserve — es ist keine vorhanden — aber plötzlich wird Euer Auge von den flatternden Lanzenflaggen einer feindlichen Kavallerie-Kolonne angezogen, welche sich von links her nähert und mit Besorgniß seht Ihr die den tapfern Schaaren Eurer Helden drohende Gefahr, welche jetzt erst einsehen, daß es nothwendig sei, sich zu sammeln und die zerstreuten Reihen neu zu formiren. Da sie kein Soutien zu ihrer Aufnahme bereit sehen und die große Nähe der ankommenden feindlichen Kavallerie gewahren, machen sie eine letzte und verzweifelte Anstrengung. Denjenigen, welche am besten beritten und deren Pferde am wenigsten außer Athem sind, gelingt es, unbelästigt die alliirte Position wieder zu gewinnen, aber eine große Zahl wird von den Lanciers eingeholt und muß unter sehr ungünstigen Chancen gegen dieselben kämpfen. Aber seht! Hülfe ist zur Hand — eine tapfere Linie befreundeter Kavallerie wirft sich den Lanciers in die rechte Flanke, nachdem sie mit ihrem linken Flügel vorher noch eine wankende Infanterie-Kolonne, die letzte der feindlichen Angriffsmassen, niedergeritten hatte. Der Strom der Zerstörung wendet sich jetzt gegen die Lanciers. Ihre Verfolgung wird gehemmt. Die schweren Dragoner werden von dem Drängen erlös't. Ein Handgemenge entsteht. Ihr bleibt jedoch nicht lange in Ungewißheit wegen des Resultates, denn einen Augenblick darauf treibt die zuletzt angekommene Reiterschaar die Lanciers in Verwirrung nach dem Fuße des Thales hinab. Die Bühne vor Euch ist bald von Feind und Freund geräumt — und die Decharge der Raketen, welche jetzt Eure Aufmerksamkeit fesselt, scheint nur ein Feuerwerk zur Feier des ruhmvollen Triumphes zu sein — der Kampf ist zu Ende. Aber bleibt und schaut nun noch den Schluß des Schauspiels.

Beobachtet die glänzende Gruppe, welche oberhalb La Haye Sainte erscheint. An ihrer Spitze ist einer, den ihr nicht verkennen könnt — der berühmte Wellington. Lord Uxbridge, von seiner glänzenden Attake zurückgekehrt, nährt sich dem Herzoge, während das ganze corps diplomatique et militaire in den schmeichelhaftesten Ausdrücken ihm seine Bewunderung über das große militairische Schauspiel ausspricht, von dem es Zeuge gewesen war. In demselben befinden sich die Repräsentanten fast aller Nationen des Kontinents, so daß man sagen kann, der ruhmvolle Sieg eurer tapfern Landsleute ist vor den Augen des verbündeten Europa's errungen worden. Ehre, unvergängliche Ehre jedem britischen Soldaten, welcher Theil an dem unvergeßlichen Kampf genommen! Wenn Britanien wiederum seine Stärke in der Schlacht bekunden wird, mögen dann die Garden seines Souverains denselben heldenmüthigen Geist ererbt haben, welcher die des Prinz Regent begeisterte, mögen dann sie von dem Verlangen beseelt sein, die ihnen von dem Schlachtfelde von Waterloo überkommenen Lorbeeren in all' ihrer frühern Frische und Reinheit zu bewahren, und wenn die Soldaten der drei vereinigten Königreiche wiederum neben einander im Kampfe gegen den gemeinsamen Feind gefunden werden, mögen sie dann der Welt beweisen, daß sie keine entarteten Söhne der Männer der „Union-Brigade"*) sind, welche an diesem großen Tage durch ihre heroischen Thaten so treu die militairischen Tugenden des britischen Volkes entfaltet haben!

*) Die Brigade Ponsonby wurde so genannt, weil sie aus einem englischen Regimente — den Royals — einem schottischen — den Greys — und einem irischen — den Inniskillings — bestand.

Zwölftes Kapitel.

Die Schlacht bei Waterloo.

Fortsetzung des Kampfes in Hougomont. — Ein versuchter Flanken-Angriff auf diesen Posten wird durch die Fuß-Batterie des Kapitain Cleeve der deutschen Legion vollständig vereitelt. — Die Hauptgebäude von Hougomont, einschließlich des Schlosses, werden von den Franzosen in Brand gesteckt. — Napoleon bereitet einen großen Kavallerie-Angriff auf Wellingtons rechten Flügel vor. — Erneuerter Angriff auf La Haye Sainte. — Schreckliche Kanonade längs der französischen Höhen. — Große französische Kavallerie-Attake. — Ihr Fehlschlagen. — Ihre Erneuerung. — Nochmaliges Fehlschlagen. — Ney wird durch das schwere Kavallerie-Korps Kellermann und durch die schwere Kavallerie-Division Guyot der Garde verstärkt und erneuert den Angriff. — Es wird demselben erfolgreich Widerstand geleistet. — Ney richtet einen neuen Angriff gegen La Haye Sainte und schiebt eine starke Masse der Infanterie-Division Bachelu gegen die Mitte des englisch-alliirten rechten Flügels vor. — Wellington zieht die niederländische Division Chassé von Braine-la-leud nach dem eigentlichen Kampfplatze und bringt die Division Clinton ins erste Treffen vor. — Kampf bei La Haye Sainte. — Das 5te und 8te Bataillon der deutschen Legion gehen zum Angriff auf die französische Infanterie hinter La Haye Sainte vor, werden aber plötzlich von französischer Kavallerie bestürmt und das 8te Bataillon fast ganz vernichtet. — Die Artillerie des ersten englisch-alliirten Treffens wird verstärkt. — Der Angriff einer Kolonne französischer schwerer Kavallerie auf den englisch-alliirten rechten Flügel wird durch die britische reitende Batterie des Major Mercer vollständig vereitelt. — Eine starke Kolonne französischer Infanterie, unterstützt von Kavallerie, geht gegen die Mitte des englisch-alliirten rechten Flügels vor. — Sie wird von der schweren Kavallerie-Brigade Somerset attakirt. — Benehmen der niederländischen Karabinier-Brigade Trip. — Tapfere Attake der 3ten Husaren der deutschen Legion. — Erneuerter

Angriff der Kolonne französischer schwerer Kavallerie, vorwärts der reitenden Batterie des Major Mercer. — Er wird ebenso abgewiesen, wie der erstere. — Wellington verstärkt den rechten Flügel seines ersten Treffens durch die Infanterie-Brigade du Plat und die reitende Batterie des Kapitain Sympher von der deutschen Legion. — Dieselbe wird von französischen Kürassieren attakirt. — Diese werden von den Bataillonen der Brigade du Plat abgewiesen. — Eine nochmalige Attake der Kürassiere ist eben so erfolglos. — Fehlschlagen einer französischen Kavallerie-Attake gegen das rechte Centrum der englisch-alliirten Linie. — Die britische leichte Infanterie-Brigade Adam geht in das erste Treffen rechts der Brigade Maitland vor, überschreitet den Höhenrücken und nimmt auf dem äußern Abhange Stellung. — Hier wird sie wiederholt von französischer Kavallerie attakirt. — Vorgehen der hanöverschen Brigade Halkett. — Die Franzosen bestürmen den Posten La Haye Sainte mit der äußersten Kraft. — Er fällt in ihre Hände. — Napoleon befiehlt Ney, diesen Vortheil durch einen kräftigen Angriff auf das Centrum der englisch-alliirten Linie zu verfolgen und gleichzeitig den Sturm auf Hougomont zu erneuern. — Neys Dispositionen und Anordnungen. — Attake auf die Division Alten. — Das 5te Linien-Bataillon der deutschen Legion, geführt von Ompteda, attakirt tapfer die französische Infanterie, wird aber von einem französischen Kürassier-Regiment wüthend in der Flanke angefallen und fast ganz vernichtet; Ompteda wird getödtet. — Tapferes Zurücktreiben eines gegen Theile der Brigaden Maitland und Adam gerichteten Angriffs. — Erneuerter aber erfolgloser Angriff auf Hougomont. — Die Brigade Adam wird nach dem innern Abhange der Haupt-Position zurückgezogen. — Allgemeiner Ueberblick über die englisch-alliirte Linie.

Der 18. Juni.

So sehr auch die Aufmerksamkeit beider Feldherren durch den eben beschriebenen Kampf in Anspruch genommen worden war, so wurde der Angriff und die Vertheidigung von Hougomont nichts desto weniger mit ungeschwächter Wuth erneuert und unterhalten. Die Angreifer, welche im Besitze des Gehölzes geblieben und durch Abtheilungen der Divisionen Jerome und Foy bedeutend verstärkt worden waren, eröffneten jetzt ein heftiges aber regelloses Feuer auf die Gartenmauer, gleichsam als ob sie hofften, dieselbe durch einen Kugelhagel in Bresche zu legen. Sie machten indessen keinen Eindruck auf die kleine Garnison, trotz der partiellen Erfolge, welche sie auf den Flanken errungen hatten, welchen aber von Seiten der Vertheidiger mit Hülfe von Detaschements des Gros der Byngschen Garde-Brigade und der natürlichen Vortheile der Lokalität immer wieder entgegen gearbeitet wurde. So brachte auf der rechten Seite der Rückzug der Garden von der Hecke, welche den zum Schlosse führenden Eingang begrenzte, die nachfolgenden Franzosen stets in ein mörderisches Feuer, welches von den Dämmen, aus den Gebüschen und von andern deckenden Gegenständen hinter dem Eingang ausging, so wie außerdem in das Flankenfeuer der Gebäude. Wenn es dagegen auf der linken Seite den Feinden gelungen war, die Vertheidiger von der vordern nach der hintern Hecke zurückzudrängen, so waren sie stets dem kräftigen Feuer der Truppen hinter der östlichen Gartenmauer ausgesetzt, während sie gleichzeitig durch das neue Feuer litten, welches die zurückgehende Abtheilung aus dem Hohlwege hinter jener letzten Hecke gegen sie richtete.

Es war ungefähr 2 Uhr, als Byng das zunehmende Drängen gegen die Truppen im Obstgarten und die große Verminderung ihrer Zahl wahrnahm; er befahl daher dem Oberst Hepburn, welcher das 2te Bataillon des 3ten Fuß-Garde-Regiments kommandirte, mit dem Reste seiner Leute zur Verstärkung hinunterzueilen. Als Hepburn den Hohlweg erreichte, fand er ihn von Lord Saltoun mit einer Hand voll Leute besetzt, deren Kommando ihm dieser übergab und zur Brigade Maitland zurückkehrte, da er kaum einen Mann seines eigenen Bataillons mehr übrig hatte. Gleich darauf machte Hepburn von dem Hohlwege aus mit seinem Bataillon einen plötzlichen und kräftigen Versuch auf den Obstgarten. Die französischen Tirailleurs wichen, und da sie sich bei dem Rückzuge in dem nach dem Walde führenden Durchlaß zusammendrängten, litten sie durch das konzentrische Feuer der Garden bedeutend. Diese setzten sich schnell hinter der vordern Hecke des Obstgartens fest.

Dies geschah fast gleichzeitig mit dem Zurücktreiben des großen Angriffs der Franzosen gegen das Centrum und den linken Flügel der Wellingtonschen Schlachtlinie. Es mochte ungefähr halb drei Uhr sein. Die Schlacht beschränkte sich jetzt auf eine allgemeine Kanonade, deren Donner unaufhörlich rollte und deren Wirkung bei den jetzt genau bekannten Distancen höchst zerstörend für die Truppen war, welche auf den innern Abhängen beider Positionen standen. Die leichten Truppen Altens schwärmten sogleich wieder aus, als die Kürassiere Kellermanns vom äußern Abhange der englisch-alliirten Position verschwunden waren. Kaum hatten sie sich in eine Tirailleur-Linie aufgelös't, als sie eine starke Infanterie-Kolonne aus der Gegend von La Belle Alliance augenscheinlich gegen La Haye Sainte vorgehen sahen. Es war die Division Bachelu, welche nach dem Fehlschlagen des Erlonschen Angriffs, dessen Reserve sie gebildet hatte, etwas zurückgegangen war. Oberst-Lieutenant Vigoureux des 30sten britischen Regiments, welcher die genannten Tirailleurs der Division Alten befehligte, warf dieselben sogleich der Kolonne entgegen. Sie richteten ein umfassendes und heftiges Feuer auf die Masse, welche sogleich links schwenkte und sich, entweder in Folge dieses Feuers oder vorher erhaltenen Befehlen gemäß, gegen Hougomont wandte. Das Terrain, über welches sie ihren Weg nahm, senkte sich hinreichend, um die Bewegung den britischen Batterien in der Position zu verbergen; als aber der Kapitain Cleeves der deutschen Legion, dessen Fuß-Batterie auf dem beherrschendsten

Punkte des Höhenrückens rechts der Straße nach Charleroi aufgefahren war, von derselben in Kenntniß gesetzt wurde, verlor er keinen Augenblick, die nöthigen Gegenmaßregeln zu treffen. Er ließ die Kolonne unbelästigt ihren Marsch fortsetzen, bis sie einen Punkt vor seiner Front erreicht haben würde, auf welchen er seine Geschütze richtete, um das Feuer seiner ganzen Batterie auf die Masse zu konzentriren. Die Kolonne setzte ihren Marsch fort und hatte mehr als zwei Drittel des Raumes zwischen La Haye Sainte und Hougomont zurückgelegt, als sie in die Schußlinie der Batterie Cleeves kam, von der jedes Geschütz drei Kugelschüsse mit erstaunlicher Schnelligkeit und schrecklicher Wirkung auf dieselbe that. In einem Augenblick war der größere Theil der Kolonne zerstreut, floh Schutz suchend in Verwirrung nach dem Thale hinab und ließ eine ungeheure Menge von Todten und Sterbenden als Beweise für die unheilvolle Genauigkeit des Feuers der Batterie zurück. Da keine feindliche Infanterie oder Kavallerie ihm entgegentrat, so gelang es Bachelu sehr bald, seine Division zu sammeln und das Vorgehen zu wiederholen. Das Resultat aber war dasselbe, worauf man jeden weitern derartigen Versuch aufgab und so ein sehr gefährlicher Flanken-Angriff auf Hougomont durch das Feuer einer einzigen gut geführten Batterie vereitelt wurde. Bachelu nahm darauf wieder rechts von Foy Stellung und es blieb ein bedeutender Zwischenraum zwischen ihm und der Chaussee unbesetzt.

Als die verschiedenen und wiederholten Angriffe auf Hougomont fehlgeschlagen waren, nahm Napoleon zu Brandgeschossen seine Zuflucht. Er ließ zu dem Ende eine Haubitz-Batterie formiren, welche Granaten in die Gebäude warf. Die große Scheune, die Nebengebäude auf der Nordseite des Schlosses, das Wirthschaftsgebäude und endlich das Schloß selbst geriethen bald in Brand. Dichte Rauchwolken umhüllten den ganzen Posten mit seinen Vertheidigern und schwebten dann nach der englisch-alliirten Schlachtlinie hinüber; bald stürzten die Dächer der Gebäude ein und kurz vor drei Uhr brachen die Flammen mit glänzender Helle hervor. Viele Verwundete waren in die Gebäude hineingeschafft worden oder waren selbst hineingekrochen. Obgleich aber ihre Kameraden bangen Herzens für ihre Sicherheit besorgt waren, so mußte ihrem eisernen Pflichtgefühl und ihrer Ehre doch die Erhaltung des Postens über Alles gehen. Da der Platz von einem so übermächtigen und so wachsamen Feinde umgeben war, konnte kein Mann erübrigt werden, um die Unglücklichen aus ihrer gefährlichen Lage zu erlösen. Die natürlichen Gebote der Menschlichkeit mußten den strengen Forderungen der Disciplin nachstehen. So kamen Viele in den Flammen um. Andere, denen es gelungen war, in den offnen Hofraum zu kriechen, konnten bei der versengten und erstickenden Atmosphäre kaum noch athmen. Viele hatten in der Kapelle Schutz gesucht oder waren in dieselbe geschafft worden; ihr Schrecken war daher groß, als sie den krachenden Fall der brennenden Balken, als sie die fallenden Granaten um sich herum explodiren hörten und endlich die Flamme in die Thüre des Heiligthums dringen sahen. Die brünstigen Bitten, welche schweigend von diesem heiligen Orte aufstiegen, waren sicherlich erhört worden, als das Feuer den Fuß des hölzernen Bildes des Erlösers, welches über der Thür stand, erreichte, schien es die geheiligte Gegenwart zu fühlen; denn hier endeten seine Fortschritte und zwar ohne menschliches Zuthun.

Die Feuersbrunst verursachte bei den tapfern Vertheidigern von Hougomont keinen Augenblick der Ermattung in ihren heroischen Anstrengungen. Der Muth und die Hingebung der Leute hielten gleichen Schritt mit dem Eifer und der Einsicht ihrer Offiziere, und entstehende Schwierigkeiten wurden sogleich durch die angemessensten Maßregeln, verbunden mit der vollendetsten Tapferkeit überwunden.

Es war jetzt halb vier Uhr. Die englisch-alliirte Schlachtlinie stand noch immer fest und ungebrochen in ihrer anfänglichen Stellung. Die vorgeschobenen Posten La Haye Sainte und Hougomont hatten erfolgreich den furchtbarsten Stürmen getrotzt. Der linke Flügel hatte bei der Begegnung und Zurückwerfung des Angriffs des französischen rechten bedeutend gelitten, aber die Verluste dieses waren ungleich größer gewesen. Ganze Infanterie-Kolonnen waren vollständig niedergeworfen und zerstreut worden, Schwadronen der glänzendsten, vom besten Geiste beseelten Kavallerie hatten ein gleiches Schicksal gehabt, während an 30 bis 40 Geschütze fast für den ganzen übrigen Theil des Tages unschädlich gemacht worden waren. Der französische Kaiser hielt es deshalb nicht für rathsam, den Angriff auf den linken Flügel der englisch-alliirten Armee, wenigstens sobald schon, zu erneuern. Er beschloß, eine große Attake gegen den rechten Flügel und das Centrum derselben auszuführen. Da die Infanterie Reille's bei ihren Angriffen auf Hougomont schon bedeutend gelitten hatte, bestimmte er zur Ausführung seines Planes die Kavallerie, und zwar um so mehr, da der Boden vorwärts dieses Theiles der feindlichen Stellung die Bewegungen dieser Waffe sehr zu begünstigen schien. Die Einnahme vou La Haye Sainte und Hougomont wäre sicherlich die beste Einleitung zu diesem Angriff gewesen; bisher aber waren alle Versuche zur Erringung dieses Vortheils fehlgeschlagen und er sah sich daher gezwungen, gleichzeitig neue Stürme gegen die Posten auszuführen, um so doch wenigstens die Aufmerksamkeit des Feindes zu theilen. Als eine andere mächtigere Diversion ließ Napoleon die leichte

Kavallerie Piré's eine Demonstration gegen Wellingtons rechte Flanke ausführen.

Zur Ausführung dieses Planes wurden von den Angreifern von Hougomont neue Anstrengungen zur Gewinnung dieses Postens gemacht, während zwei Kolonnen der Division Donzelot nach La Haye Sainte hinabstiegen.

Major Baring hatte während dessen um Verstärkung gebeten, und es wurden daher zwei Kompagnien des 1sten leichten Bataillons der deutschen Legion nach seinem Posten gesandt. Diesen und einem Theile seines eigenen Bataillons übertrug er die Vertheidigung des kleinen Gartens, den Obstgarten verließ er dagegen ganz und vertheilte den Rest seiner Leute in die Gebäude, wo noch immer die drei Offiziere befehligten, welche dieselben während des vorherigen Angriffs so tapfer behauptet hatten. Die französischen Kolonnen gingen mit der kühnsten Entschlossenheit und der ausgezeichnetsten Tapferkeit auf den Posten los. Die wohlgezielten Kugeln der deutschen Jäger trafen schnell und furchtbar in ihre Massen, konnten aber keinen Augenblick ihre Fortschritte aufhalten. Sie liefen schnell bis nahe an die Mauern heran, erfaßten die Büchsen, welche aus den Schießlöchern hervorragten, und suchten sie den Händen der Vertheidiger zu entwinden. Gleichzeitig stürmten sie wüthend die Thorwege und Thüren, bei deren Vertheidigung viel Blut floß. Der größte Kampf war bei der westlichen Oeffnung der großen Scheune, wo das Thor fehlte. Die Franzosen, fest entschlossen, den Eingang zu erzwingen, drangen gegen dieselbe vor und begegneten den tapfern Deutschen, welche ebenso fest entschlossen waren, sie daran zu hindern. Die vordersten Franzosen fielen unter den sichern Schüssen der Jäger, sobald sie die Schwelle überschreiten wollten, und 17 ihrer Todten bildeten schon einen Wall für diejenigen, welche unausgesetzt zur Fortsetzung des Kampfes vordrangen.

Es war beinahe vier Uhr, als gewisse Bewegungen der Lanziers auf dem äußersten französischen linken Flügel den Herzog einen Angriff von dortiger Gegend her argwöhnen ließen, welcher bei der fast isolirten Lage seiner nach Braine-la-leud und Vieux-Foriez detaschirten Streitkräfte ernstliche Folgen haben konnte. Er lenkte die Aufmerksamkeit des Lord Uxbridge auf diesen Punkt; dieser sandte sogleich den General Grant mit den 13ten leichten Dragonern und den 15ten Husaren seiner Brigade mit dem Befehl ab, die Lanciers zu attakiren und detaschirte die 2ten leichten Dragoner der deutschen Legion (der Brigade Dörnberg zugehörig) nach Braine-la-leud, um die Attake durch eine Demonstration gegen die linke Flanke der Lanciers zu erleichtern und überhaupt die Bewegungen des Feindes in dieser Richtung zu bewachen.

Das Artillerie-Feuer war von beiden Seiten mit größter Heftigkeit fortgesetzt worden. Jetzt aber wurde eine wüthende Kanonade gegen den Theil der englisch-alliirten Linie gerichtet, welcher zwischen den beiden Chausseen liegt. Während einige französische leichte Batterien mehr vorwärts placirt worden waren, eröffneten andere, welche der Garde zugehörten und zum Theil 12pfündige waren, von den Höhen hinter und oberhalb La Belle Alliance ihr Feuer. Da die Batterien längs der französischen Schlachtlinie auf dem Bogen der Sehne standen, welche die alliirte Frontlinie bildete, konnte die französische Artillerie bei ihrer großen numerischen Ueberlegenheit ein übermächtiges Feuer auf jeden Punkt der Position des Herzogs richten. Die auf dem innern Abhange des Höhenrückens aufgestellte alliirte Infanterie war aber den Augen der Franzosen gänzlich entzogen, und diese konnten von ihren Feinden nur die britischen und deutschen Artilleristen sehen, welche trotz der Heftigkeit des Feuers ihrer Gegner mit wunderbarer Ruhe und Kühnheit, sowie mit seltener Präcision ihre Geschütze bedienten.

Der Donner der Artillerie rollte ununterbrochen und die Scene wurde furchtbar großartig. Als die Geschütze die richtigen Schußweiten erlangt hatten, wurden sie ohne Unterlaß abgefeuert. Kurze Blitze trafen das Auge überall längs der Höhen, Rauchwellen folgten ihnen nach, hüpften über den Boden weg und hüllten die Batterien in Wolken. Die Erde erzitterte bei der furchtbaren Erschütterung. Die ältesten Soldaten hatten nie solche wüthende, solche verzweifelte Kanonade erlebt. Die alliirten Infanterie-Kolonnen legten sich nieder, um sich so viel als möglich vor dem Eisenschauer zu sichern, der schnell und schwer auf sie herabfiel — Vollkugeln rissen schreckliche Lücken durch die Kolonnen oder wühlten die Erde neben ihnen auf; Granaten platzten in der Mitte von gedrängten Massen, sprüheten Verderben bei ihrem Fall oder gruben sich in dem weichen Erdreiche ein, um Eisen, Lehm und Steinmassen hervorzuschleudern und dieselben gleich vulkanischen Bruchstücken um sich zu werfen.

Während dieses schrecklichen Geschützkampfes traf Ney die nöthigen Maßregeln, um die von Napoleon zu seiner Disposition gestellte Kavallerie gegen den englisch-alliirten rechten Flügel zu schleudern. Er formirte das, 21 Schwadronen starke, Kürassier-Korps Milhaud zur Attake und befahl der leichten Garde-Kavallerie-Division Lefebvre-Desnouettes, welche aus sieben Schwadronen Lanciers und 12 Schwadronen Chasseurs bestand, dem ersteren zur Unterstützung zu folgen — im Ganzen 40 Schwadronen, welche einen prachtvollen Aufzug tapferer Reiter bildeten. Als sie anfingen zu avanciren, glänzte die erste Linie, die der Küraßiere, in polirtem Stahl, gehoben durch die bunten Roßschweife der Helme; hierauf kamen die rothen Lanciers der Garde in ihrer bunten Uniform, auf reich beschirrten Pferden, die flatternden Lanzenflaggen erhöhten die Pracht ihres Aufmarsches; während das 3te Treffen, die

Chasseurs der Garde, in ihrem reichen Kostüme von Grün und Gold mit pelzverbrämten Pelissen à la hussard und schwarzen Bärenmützen, das prunkende, aber harmonische Farbenspiel dieses militairischen Schauspiels vollendeten. Anfänglich waren sie in drei Linien, kolonnenweise in der Tiefe links von La Haye Sainte formirt worden, um dort einigermaßen vor der wüthenden Kanonade über ihnen gedeckt zu sein, beim Avanciren zogen sich aber die hintern Treffen in schräger Richtung links, echelonnirten sich dem ersten und bildeten eine allgemeine Front von der Chaussee zu ihrer Rechten bis zu den Hecken von Hougomont zu ihrer Linken. Als sie die Höhe erstiegen, stellte die französische Artillerie ihr Feuer ein, aber die alliirten Batterien überschütteten ihre Reihen mit einem mörderischen Kartätschregen. Wild und verderblich rasselte dieser Eisenhagel gegen die behelmten und in Stahl gekleideten Kürassiere, prallte hier von der Rüstung ab, durchdrang sie dort und verwundete oder tödtete manchen tapfern Krieger gerade in dem Augenblick, als die schönsten Ruhmgebilde vor seiner heißen Einbildungskraft aufgestiegen waren. Der Eisenschauer verursachte aber keinen merkbaren Aufenthalt in ihrem Vorrücken; unter einem lauten „Vive l'empereur" beschleunigten sie ihren Vormarsch, bis sie ungefähr 50 Schritt vor den Kanonen eine letzte und wohlgezielte Salve erhielten. Die Wirkung derselben war schrecklich; aber wenn auch ihre Ordnung dadurch etwas gestört wurde, so blieb ihr Muth doch ungebrochen. Es wurde zur Attake geblasen und unter Geschrei jagten sie in dem Augenblick darauf bis zu den Mündungen der Geschütze. Frühern Bestimmungen Wellingtons gemäß, zogen sich die Artilleristen bei der Annäherung der Kavallerie zurück und suchten seitwärts oder hinter den Quarrees Schutz, oder warfen sich dringenden Falls unter die Bajonnete der äußern niedergeknieten Glieder. Als die Kürassiere den Kamm der Höhe gewonnen und sich so unerwartet im Besitze einer Linie von Batterien sahen, brachen sie in lautes Triumphgeschrei aus, setzten dann die Attake fort und waren in Kurzem den Blicken der Lanciers und Chasseurs der Garde entschwunden. Fortgerissen von dem Enthusiasmus des Augenblicks und dem eifrigen Verlangen, Theil an dem eingebildeten Siege zu nehmen, gingen diese Truppen mit derselben ungestümen Heftigkeit vor, und die ganze Masse war bald jenseits der Höhe. Die alliirte Infanterie stand schachbrettförmig in Quarrees auf dem innern Abhange und war vollkommen zum Empfange des Angriffs bereit. Einigermaßen fürchtete man für die Sicherheit des rechten Flügels des ersten Treffens, wo die Braunschweiger, wie erwähnt, meistens junge, unerfahrene Truppen, den Platz der Byngschen Garde-Brigade eingenommen hatten, welche ganz bei der Vertheidigung von Hougomont verwendet worden war (nur zwei Kompagnien derselben waren übrig geblieben und als Reserve mit den Fahnen nach einer mehr gedeckten Stellung rechts der Niveller Straße zurückgesendet worden). Als die französische Kavallerie vorging, wurde das 23ste britische Regiment in das erste Treffen zwischen die braunschweigschen Quarrees vorgeführt. Kaum hatte dasselbe den Kamm der Höhe erreicht, als es den Befehl erhielt, Halt zu machen und Quarree zu formiren; hierauf gab es auf die vor der Front erscheinenden Chasseurs der Garde eine übereilte Salve, von der kaum ein Schuß den Feind getroffen haben konnte. Es kam jedoch bald von dieser unzeitigen Uebereilung wieder zu sich und leistete einen ernsten und entschlossenen Widerstand. Ebenso benahmen die Braunschweiger sich bei dieser Gelegenheit auf eine Weise, welche den erfahrensten Veteranen Ehre gemacht haben würde.

Die Kanonade hatte nothwendigerweise auf dem rechten Flügel des englisch-alliirten ersten Treffens und bei den ihm gegenüberstehenden französischen Batterien aufgehört. Das heftige Kriegsgeschrei der französischen Kavallerie wurde daher desto hörbarer und desto aufregender. Ein dumpfes Schweigen herrschte bei den alliirten Quarrees, welche alle zum Empfang derselben bereit standen — die äußern Glieder waren niedergekniet, die zweiten hatten „Fertig" gemacht und bildeten so einen spanischen Reiter, über welchen die hintern Glieder wegfeuern konnten, sobald der günstige Augenblick gekommen sein würde. Als nun die Kavallerie auf die Quarrees herabstürzte, gaben die Frontseiten derselben auf der Entfernung von 30 Schritt Feuer. Hierdurch gerieth die jedesmalige vordere Schwadron oder Halb-Schwadron in Unordnung und Verwirrung, öffnete sich von der Mitte aus, schwenkte rechts und links ab, jagte bei den Flanken des angegriffenen Quarrees vorbei und war so dem Feuer desselben vollständig ausgesetzt. Die folgende Abtheilung wiederholte das Manöver der vordern und ihre Unordnung wurde größer und größer, als die fortwährend wachsenden Hindernisse vor ihrer Front, die gestürzten Reiter und Pferde in Menge sich mehrten. Hier, wie bei Quatre-Bras, führte die französische Kavallerie gegen keins der britischen Quarrees den Choc wirklich aus, denn die Reiter, welche das Feuer der vordern Abtheilungen überlebten, stürmten nicht mit ungeschwächter Wuth in der Richtung und Geschwindigkeit ihres Laufes weiter, noch stürzten sie sich, jede Gefahr verachtend, auf das Quarree, um hierdurch den Nachfolgenden einen Weg zum Einhauen zu bahnen. Der Theil der Kavallerie, welcher durch die Intervalle der vordersten Quarrees durchging, eilte gerade auf die hinter stehenden los, und da die Quarrees im Allgemeinen en échiquier aufgestellt waren, so vermengte das Oeffnen und Theilen der attakirenden Schwadronen bald die Reiter verschiedener Regimenter und vermehrte bedeutend die Unordnung, welche das von allen Seiten sie bestürmende Feuer verursacht hatte. Die englisch-alliirte Kavallerie ging nun zur Attake vor und, da sie den Vortheil der vollkommnen Ordnung hatte, überwand sie den geringen Widerstand, welchen sie auf einzelnen Punkten erfuhr, sehr bald, befreite schnell die Quarrees von der Gegenwart des Feindes und verfolgte diesen über den Kamm der Höhe den äußern Abhang hinab. Kaum war die Kavallerie Ney's aus der Position vertrieben, als die alliirten Artilleristen aus ihrer Deckung an die Kanonen eilten und die französischen Batterien ihr Feuer wieder begannen. Die ersteren schleuderten Zerstörung in die zurückziehenden Massen, sobald sie von der alliirten Kavallerie demaskirt worden waren: aber einzelne britische Regimenter ließen ihrer Hitze zu sehr den Zügel schießen und setzten die Verfolgung zu weit fort. Zu diesen gehörten besonders die 23sten britischen leichten Dragoner, welche das Ravin rechts von La Haye Sainte überschritten, die Kürassiere und Lanciers bis zu deren Batterien auf den jenseitigen Höhen zurücktrieben und so Verwirrung unter den französischen Artilleristen anrichteten; diese aber ließen sie ihre Verwegenheit theuer bezahlen, als sie nach der eigenen Position zurückkehrten.

Dem alliirten rechten Flügel gegenüber hatten die Lanciers, welche von den 1sten leichten Dragonern der deutschen Legion verfolgt worden waren, sich schnell wieder formirt, waren wieder zur Attake übergegangen und nun selbst die Verfolger geworden. Als sie aber bis über den Höhenrücken vorgingen, geriethen sie wieder in das Feuer des Quarrees und erhielten unerwartet noch eine Decharge von Vollkugeln aus der britischen Fuß-Batterie des Kapitain Bolton, welche rasch vorgegangen war und nahe an der rechten Seite der Niveller Straße unmittelbar hinter dem Haupt-Höhenrücken eine günstige Aufstellung genommen hatte. Ihr Feuer richtete sich mit großer Sicherheit auf die französische Kavallerie in den Intervallen der Quarrees, und durch diese kräftige Unterstützung wurde der Feind sehr bald gezwungen, sich wieder über die Höhe zurückzuziehen. Es war diese Hülfe um so wesentlicher, wenn man bedenkt, daß zu dieser Zeit die 7ten Husaren, die 1sten leichten Dragoner der deutschen Legion, die braunschweigschen Husaren und die Schwadron braunschweigscher Ulanen die einzigen Kavallerie-Regimenter waren, welche zwischen der Niveller Straße und der Stellung der britischen Infanterie-Brigade Halkett hinter dem ersten Treffen aufgestellt waren; hinter der letzteren standen dann noch die 23sten leichten Dragoner. Die Art und Weise, in welcher diese Regimenter die gegenüberstehende französische Kavallerie attakirten, gereichte ihnen zur größten Ehre.

Die französische Kavallerie suchte mit großer Lebhaftigkeit, ja mit Ungeduld ihre Ordnung wiederherzustellen — ohne Zweifel beseelt durch das Gefühl der Schaam und des Unwillens über die Fruchtlosigkeit ihrer Bemühungen und über den geringen Erfolg ihrer Tapferkeit, trotz dem, daß sie im Besitze der feindlichen Batterien gewesen war und die Freiheit gehabt hatte, ihre ganze Kraft gegen die Quarrees zu verwenden. Das Vorgehen wurde schnell wiederholt, augenscheinlich mit größerer Vorsicht, doch mit nicht geringerem Enthusiasmus. Nach einmal trotzte diese glänzende Reiterschaar kühn dem eisernen Kartätschenhagel und erstieg tapfer die Höhe des englisch-alliirten rechten Flügels. Aber diesesmal attakirten sie nicht alle zugleich, sondern bestimmten dazu nur einen Theil, während der Rest geschlossen blieb, um dem Anlaufe der alliirten Kavallerie zu begegnen, von der sie vorher so schnell zurückgeworfen worden waren. Die Attaken wurden in derselben Art und nach demselben System wie vorher wiederholt und hatten einen ebenso geringen Erfolg. Dieser Theil der feindlichen Angriffsmasse wurde nach und nach erschöpft und gerieth in Unordnung, aber der Rest blieb wohl formirt und ging nun zum Angriff gegen das alliirte zweite Treffen vor, welches aus Kavallerie bestand. Dasselbe aber wartete seine Ankunft nicht ab, sondern eilte ihm sogleich entgegen. Sie bestand links aus der Brigade Somerset, welche durch ihre Verluste bei der früheren großen Attake sehr vermindert worden war, aus den 23sten britischen leichten Dragonern hinter der britischen Infanterie-Brigade Halkett, aus der niederländischen Karabinier-Brigade Trip hinter den 23sten leichten Dragonern, weiter rechts aus den braunschweigschen Husaren und Ulanen, dann nahe bei der Niveller Chaussee aus den 1sten leichten Dragonern der deutschen Legion, endlich aus den 7ten britischen Husaren auf dem innern Abhang desjenigen Theils des Höhenrückens, welcher unmittelbar links hinter Hougomont liegt — eine Reitermasse, welche kaum die Hälfte der von den Franzosen bei diesem Angriffe entwickelten Schwadronen zählte. Der Kampf war verzweifelt und blutig, aber die französische Kavallerie, in der Front von den alliirten und in den Flanken von dem Feuer der Quarrees bestürmt, machte endlich Kehrt und wurde wie zuvor den äußern Abhang hinunter verfolgt. Hinter dem rechten Flügel der englisch-alliirten Schlachtlinie war um diese Zeit die Kavallerie so schwach, daß das 1ste Dragoner-Regiment der deutschen Legion in Linie aufmarschirt war, um eine größere Front zu zeigen und mehr Terrain einzunehmen. Als die französischen Lanciers die Quarrees attakirten und trotz des erneuerten Feuers der Batterie Bolton durch die Intervallen derselben vorgingen, eilte das Regiment zum Angriff vorwärts. Die Deutschen waren noch nicht weit vorgegangen, als sie entdeckten, daß eine Abtheilung feindlicher Kavallerie in den unbesetzten Raum zu ihrer Linken gedrungen war. Der Major von Reitzenstein bemerkte die

Gefahr, welcher das Regiment durch diesen beabsichtigten Flanken-Angriff ausgesetzt war, ließ daher mit großer Geistesgegenwart und wunderbarer Schnelligkeit einen bedeutenden Theil desselben links schwenken und den in voller Karriere ankommenden Gegnern entgegengehen. Der Ungestüm der Attake und die Heftigkeit des Chocs waren schrecklich. Beide Linien stießen zusammen und brachen durch einander hindurch; diejenigen Reiter, welche noch fest im Sattel saßen, machten kurz Kehrt und jagten mit der entschlossensten Tapferkeit noch einmal auf einander los. Die zerstreuten Reiter aber wechselten en passant noch einige Säbelhiebe und suchten dann ihre verschiedenen Korps wieder auf.

Als die Kavallerie sich zurückzog, stand auch die Infanterie, welche La Haye Sainte angegriffen hatte, von ihren fruchtlosen Versuchen ab, die tapfere kleine Garnison zu überwinden. Bald darauf bemerkte Major Baring, daß die Munition seiner Leute durch das fortwährende Feuer auf weniger als die Hälfte ihres Bestandes reducirt worden war, und in der Befürchtung, sie bald ganz erschöpft zu sehen, sandte er einen Offizier mit der Bitte um Komplettirung derselben ab. Während dieser Zeit waren die Deutschen fleißig beschäftigt gewesen, die erlittenen Beschädigungen auszubessern und sich zum Empfang des folgenden Angriffs in bestmöglichste Bereitschaft zu setzen.

Bei dem ersten Vorgehen der französischen Kavallerie rechts von Hougomont war ein Tirailleur-Trupp die Grenzhecke des großen Obstgartens entlang gekrochen und hatte so das 3te Garde-Regiment umgangen, welches gleichzeitig in der Front mit erneuerter Kraft bestimmt und daher gezwungen wurde, sich in den Hohlweg hinter der Hecke zurückzuziehen. Als aber die Kavallerie wieder zurückging, folgten ihr diese leichten Truppen sehr bald; Oberst-Lieutenant Hepburn brachte daher seine Leute wieder vor, vertrieb die französischen Tirailleurs aus dem Obstgarten und besetzte die vordere Hecke wieder.

Der Kampf zwischen dem alliirten linken und dem französischen rechten Flügel beschränkte sich um diese Zeit auf eine unausgesetzte Kanonade und ein Tirailleur-Gefecht in dem Thale, welches beide Positionen trennte. Die nassauschen Truppen des Prinzen Bernhard von Weimar behaupteten mit großer Tapferkeit ihre Stellung hinter den Dörfern und Hecken des äußersten linken Flügels der englisch-alljirten Armee.

Grant war, wie erwähnt, mit den 13ten leichten Dragonern und den 15ten Husaren nach dem äußersten rechten Flügel detaschirt worden, um die 5ten und 6ten französischen Lanciers anzugreifen, da dieselben drohende Bewegungen gemacht hatten. Er bemerkte aber sehr bald, daß diese nur eine Demonstration waren, um einen Theil der alliirten Kavallerie von dem wahren Angriffspunkte abzuziehen, und gleich darauf sah er die Franzosen auf dem Kamm der Höhe im vollen Besitz der Batterien und im Angriff gegen die auf dem innern Abhange stehenden Quarrees begriffen. Da er die Vorbereitungen zur Wiederholung des Angriffs und den Mangel an Kavallerie auf jenem Theile der Position beobachten konnte, so führte er sehr richtig nach eigenem Entschlusse die beiden Regimenter dorthin zurück und kam, wie wir später sehen werden, daselbst in einem höchst kritischen Augenblicke an, wo seine Abwesenheit die unglücklichsten Folgen hätte haben können. Zur Vorsicht blieb die rechte Schwadron der 15ten Husaren unter dem Kapitain Wodehouse in ihrer anfänglichen Aufstellung zurück, um den äußersten linken Flügel der französischen Linie zu beobachten, und die 2ten leichten Dragoner der deutschen Legion rekognoszirten nach wie vor die Gegend bis Braine-la-leud.

Napoleon fühlte die Nothwendigkeit, dem Angriffe Neys eine unmittelbare Unterstützung zu gewähren, und befahl daher dem General Kellermann mit seinem schweren Kavallerie-Korps vorzugehen. Dasselbe bestand aus den beiden Divisionen L'Heritier und Roussel d'Urbal und war zu Anfange der Schlacht sieben Schwadronen Dragoner, eilf Schwadronen Kürassiere und sechs Schwadronen Karabiniers stark. Gleichzeitig hatte Ney in derselben Absicht die schwere Garde-Kavallerie-Division Guyot, welche sechs Schwadronen Grenadiere zu Pferde und sieben Schwadronen Dragoner enthielt, vorbeordert. Diese 37 Schwadronen bildeten in Verbindung mit der schon ins Gefecht verwickelten anfänglich 40 Schwadronen starken Streitmacht und im Vergleiche zu der wenigen Kavallerie, welche hinter dem rechten Flügel der englisch-alliirten Armee stand und die nur durch die fünf Schwadronen Grants verstärkt worden war, eine imponirende Reitermasse. Da die Garde-Division Guyot von Napoleon zu Neys Disposition gestellt worden war, als er ihm vorher befohlen hatte, den großen Kavallerie-Angriff zu formiren, so war der Marschall freilich wohl berechtigt, sie nach Gutdünken zu verwenden, es bleibt indessen zweifelhaft, ob Napoleon nach Vorsendung des Kellermannschen Korps die Absicht hatte, die vereinte Reitermasse so frühzeitig zu verwenden und sich hierdurch seiner einzigen Kavallerie-Reserve zu berauben. Wenn man indessen die begrenzte Ausdehnung des Schlachtfeldes und die Leichtigkeit betrachtet, mit welcher er entweder die Verwendung der Garde-Kavallerie hindern, oder Kellermann Gegenbefehle zusenden konnte, so scheint es fast, als ob der französische Kaiser nicht ganz unzufrieden mit dem großen Versuche war, welches er unternehmen sah und welches zu den sanguinischesten Erwartungen eines ruhmvollen Triumphes ermuthigte.

Der kommenden Attake ging, wie der vorigen, eine heftige Kanonade voraus. Wie vorher konzentrirten die französischen Batterien ihr Feuer auf die Artillerie und die Quarrees der Alliirten. Der ganze Raum unmittelbar hinter dem Kamme des Höhenzuges, welcher das erste Treffen des Herzogs bezeichnete, wurde nochmals mit einem Guß von Kugeln und Granaten überschüttet. Wiederum wurden ganze Reihen niedergestreckt und geschlossene Sectionen aus einandergerissen. Aber die außerordentliche Geschicklichkeit und die unermüdliche Energie der britischen und deutschen Artilleristen, verbunden mit der heroischen Ausdauer und der wunderbaren Festigkeit der Quarrees, gaben Wellington die Ueberzeugung, daß die furchtbare und unverhältnißmäßige Uebermacht seines mächtigen Feindes dennoch moralisch und physisch erschöpft und in dem Augenblick vollständig hülflos werden würde, wo nur ihre äußerste Spannung, ihre ganze Verwendung den Kaiser aus der gefährlichen Krisis ziehen konnte, welche sich durch des Herzogs meisterhafte Anordnungen ihrer Vollendung immer mehr näherte. Sich ausschließlich auf die Defensive zu beschränken, seinen Platz trotz aller Stürme, trotz aller Stratageme zu behaupten und dennoch seinen Feind bis aufs Aeußerste zu ermüden und zu schwächen; dies war der Punkt, um den sich die praktische Entwickelung dieser Anordnungen drehete. Eine Niederlage und Zerstreuung seiner Armee vor Ankunft der Preußen würde zu neuen Maßregeln, zu neuen Opfern — vielleicht zu unheilbaren Unfällen geführt haben. Aber sein Entschluß stand unwiderruflich fest, denn er wußte, daß er furchtlos sich auf die Hingebung, die Ausdauer und die Tapferkeit seiner britischen und deutschen Soldaten verlassen konnte. Dieses unverholene Vertrauen wurde edelmüthig erwiedert. Wenn die Truppen die Heiterkeit seiner Stirne und die Ruhe seines Benehmens bei der Herstellung der Ordnung und der Entwickelung einer Verwirrung bemerkten oder wenn sie sich bezaubert fühlten durch den magischen Einfluß einiger wenigen einfachen und liebevollen Worte von seinen Lippen, dann hegten sie keinen Zweifel mehr an dem Resultate ihrer ruhmvollen Bemühungen.

Als die furchtbare Reitermacht, welche Ney versammelt hatte, zum Angriff vorging, erschien der ganze Raum zwischen La Haye Sainte und Hougomont als eine bewegte, funkelnde Masse, und als sie den Formen des Terrains sich anschmiegend gegen die englisch-alliirte Position heranwallte, glich sie der bewegten See. Als sie den Kamm der Höhe erreichte und wiederum in den temporären Besitz der Batterien kam, erschallte ihr lautes Siegesgeschrei und traf das ferne Ohr wie das Tosen der Brandung an der Küste. Gleich Wellen in rascher Folge schien nun die ganze Masse über die Höhe zu rollen, und wenn der leichte wolkige Pulverdampf aus dem Feuer aufstieg, welches die Quarrees eröffneten, um den Lauf des vordringenden Schwarmes zu hemmen, so glich er dem Meeresschaum, welchen die mächtigen Gewässer ausstoßen, wenn sie an hervorragenden Felsenriffen sich brechen; als endlich die Masse sich theilte, nach allen Richtungen fortströmte und den innern Abhang vollständig bedeckte, gewährte sie den Anblick unzähliger Strömungen und Strudel, welche droheten, die Hindernisse ihres Fortschrittes zu überwältigen und zu verschlingen. Der Sturm rasete unausgesetzt mit der größten Heftigkeit, und die der Vernichtung geweihten Quarrees schienen in der Mitte des tumultuarischen Anlaufs verloren. Aber vergeblich verschwendete die rasende Masse ihre Kraft an den uneinnehmbaren Barrieren, welche, basirt auf den heiligen Grundsätzen der Ehre, der Disciplin und der Pflicht und begründet durch den Zauber des Patriotsimus und den Antrieb des nationalen Ruhmes, stolz und unzugänglich, dastanden.

Aus der Mischung der Regimenter und durch das kreuzende Feuer der schachbrettförmig gestellten Quarrees entstanden Unordnung und Verwirrung; diese führten nach und nach zu dem Rückzuge einzelner Reiter-Abtheilungen, welchen bald zertrümmerte Schwadronen nachfolgten, bis endlich die rückgängige Bewegung allgemein wurde. Dann stürmten auch die klüglich zurückgehaltenen alliirten Dragoner wieder an, um die Verwirrung der jetzt zurückströmenden Wellen der französischen Kavallerie zu vervollständigen.

Die Artillerie der Alliirten hatte kaum Zeit, den zurückziehenden feindlichen Massen einige wenige Kugeln nachzusenden, als des Feindes furchtbare Reserven rasch zur Erneuerung der Attake vorgingen, und als ob sie wußten, daß der rechte Flügel der englisch-alliirten Linie wegen des Mangels an Kavallerie der schwächste Theil war, schienen sie ihre Anstrengungen hauptsächlich gegen diesen Punkt zu richten. Eine Kolonne schwerer Dragoner marschirte in Linie auf und avancirte, die Hecken von Hougomont ganz nahe zu ihrer Linken lassend, die Höhe hinan. In diesem Augenblick traf Grant jedoch sehr gelegen mit den 13ten leichten Dragonern und den 15ten Husaren vom äußersten rechten Flügel her daselbst ein. Er entwickelte das 13te Dragoner-Regiment, welches die Tete hatte, sogleich in Linie, führte es auf den Kamm der Höhe, chargirte und warf die französischen Dragoner, trieb sie fast 400 Schritt weit bis nach der Tiefe und nahe der Nordostecke des großen Obstgartens von Hougomont zurück. Die 15ten Husaren hatten sich links der 13ten leichten Dragoner formirt und griffen eine Kolonne Kürassiere an, welche bis zu den größern Kavallerie-Massen verfolgt wurde. Als diese Miene machten, Front und Flanke der beiden Regimenter zugleich anzugreifen, wurde zuerst das 13te und dann das 15te gezwungen, sich nach der Haupt-Position zurückzuziehen und hinter den Quarrees wieder aufzustellen. Sie thaten dies indessen mit solcher Ordnung und Regelmäßigkeit, daß ihre Gegenwart und ihr Beispiel neues Leben und Vertrauen den jungen braunschweigschen Soldaten einflößten, deren Festigkeit auf dem rechten Flügel im Laufe der großen Kavallerie-Attake ernstlich erprobt worden war. Trotz dieser Unfälle, trotz des entschiedenen Fehlschlagens ihrer früheren Versuche erneuerten die französischen Reiter tapfer und entschlossen ihr Vorgehen und stürzten nochmals in Massen mitten unter die alliirten Quarrees. Als ihr direkter Angriff keinen Erfolg hatte, ritten sie durch die Intervallen zwischen den Quarrees in allen Richtungen umher und entwickelten hierbei eine außerordentliche Todesverachtung und Verwegenheit. Einige der kühnsten sprengten nahe an die äußern Glieder heran, um dem Quarree das Feuer abzulocken und so der Schwadron, welche bereit war, diesen Vortheil zu benutzen und zu chargiren, bessere Chancen des Erfolges zu bieten. Kleine Trupps verwegener Reiter versuchten auch auf irgend einem schwachen Punkte eine Oeffnung zu erzwingen, indem sie die Bajonnete zur Seite schlugen und mit ihren Pistolen auf die Vertheidiger schossen. Aber die Quarrees trotzten jedem Sturm und jeder Kriegeslist. Noch mehr Kavallerie überschritt den Gipfel des Höhenrückens und der größere Theil des vom englisch-alliirten rechten Flügel besetzten Abhanges schien mit Reitern aller Art bedeckt — Kürassiere, Lanciers, Karabiniers, Chasseurs, Dragoner und reitende Grenadiere. Die Franzosen schwangen wutherfüllt ihre Säbel, regten durch das Rufen des „Vive l'empereur"! sich gegenseitig auf und wiederholten ihre Attaken mit verdoppelter aber fruchtloser Kraft. Gleich den majestätischen Eichen des Waldes, welche ihre Wurzeln nur tiefer, nur fester in den Erdboden zu schlagen scheinen, je größer die Wuth des Sturmes wird, standen die englisch-alliirten Quarrees da, groß in der imposanten Entfaltung ihrer Kraft und den wilden Elementen Trotz bietend, welche sie von allen Seiten bestürmten. Endlich gaben sich bei den Angreifern Symtome der Erschöpfung kund, die Attaken wurden weniger häufig und weniger kräftig, Unordnung und Verwirrung mehrten sich rasch, der Geist des Enthusiasmus und das Vertrauen der Ueberlegenheit machten einem Gefühle der Verzagtheit, einem Sinne der Hoffnungslosigkeit Platz. Die englisch-alliirte Kavallerie ging wiederum vor und schwemmte noch einmal den bunten Schwarm von Reitern aller Art von dem Boden weg, auf welchem sie ihre Kraft so erfolglos vergeudet hatten.

Bei dieser Gelegenheit mußte sich eine Abtheilung Kürassiere ergeben, da ihnen ein Trupp britischer leichter Dragoner die gerade Rückzugslinie abgeschnitten hatte. Sie benutzten indessen die Schwäche ihrer Eskorte, brachen plötzlich aus und jagten die Chaussee nach Nivelles entlang, hoffend, auf derselben nach der französischen Stellung zurückkehren zu können. Sie wurden schrecklich enttäuscht. Als sie den mit Gesträuch bedeckten hohen Rand rechts der Straße passirten, fanden sie daselbst ein Detaschement des 51sten Regiments als Soutien der auf dem äußersten rechten Flügel vorgeschobenen Tirailleurs postirt. Sie erhielten von demselben nur einige wenige Schüsse, da ihnen die leichten Dragoner auf dem Fuße nachfolgten. Dies zog jedoch die Aufmerksamkeit des Kapitain Roß desselben Regiments auf sich, der mit seiner Kompagnie weiter vorwärts und dicht bei dem Verhau aufgestellt war, welcher in der Nähe des Zugangs nach Hougomont die Chaussee sperrte. Roß gab auf die Kürassiere Feuer, worauf der kommandirende Offizier derselben beim Anblick des Verhau's einsah, daß jeder weitere Versuch unmöglich sei und sich dem Kapitain Roß übergab. Auf dieser Stelle wurden 80 Kürassiere und 12 ihrer Pferde getödtet, der Rest, ungefähr 60, entweder gefangen genommen oder zerstreut.

Als Ney den schlechten Erfolg seiner Kavallerie-Attaken bemerkte, entschloß er sich, dieselben mit Infanterie zu kombiniren. Zwischen den Korps Erlon und Reille war jetzt ein großer, unbesetzter Zwischenraum und die einzigen Truppen, welche er zur Ausführung seines Planes verwenden konnte, bestanden in der Division Bachelu auf dem rechten Flügel des letzteren, denn die Division Donzelot auf dem linken Flügel des ersteren war noch immer mit dem Angriff von La Haye Sainte beschäftigt. Er befahl jetzt, daß dieser Angriff kräftig erneuert werden sollte, während er eine starke Kolonne der Infanterie Bachelu's gegen das Centrum des englisch-allürten rechten Flügels vorschob. Wellington hatte geahnet, daß den Kavallerie-Attaken andere folgen würden, in denen diese Waffe mit Infanterie kombinirt sein würde und war daher vollständig auf diesen Fall vorbereitet. Als er sich nämlich versichert hatte, daß der Feind keinen ernstlichen Versuch gegen seinen rechten Flügel beabsichtige, sandte er Chassé den Befehl zu, Braine-la-leud und die dortige Gegend zu räumen und sich mit seiner niederländischen Division längs des Thales durch Merbe-braine dem eigentlichen Kampfplatze zu nähern. Hierdurch wurde der Herzog in den Stand gesetzt, sein erstes Treffen durch Truppen des zweiten zu verstärken und deren Platz durch andere von gleicher Stärke auszufüllen. Der Marsch Chassé's wurde mit vieler Geschicklichkeit ausgeführt und großentheils, wenn nicht ganz der Beobachtung des Feindes entzogen. Die 2ten leichten Dragoner der deutschen Legion, welche fortwährend in der linken Flanke der französischen Armee blieben, deckten geschickt diese Bewegung.

Während dessen war der Angriff von La Haye Sainte mit derselben Wuth, wie früher, erneuert worden. Als Major

Baring das Vorgehen der feindlichen Kolonnen bemerkte, sandte er einen Offizier mit der Nachricht davon und der wiederholten Bitte um Munition nach der Position zurück. Die leichte Kompagnie des 5ten Linien-Bataillons der deutschen Legion wurde ihm zur Verstärkung geschickt, aber die Munition, welche er so nothwendig bedurfte, kam nicht an; er sandte daher nach einer halben Stunde, während welcher der Kampf ohne Unterbrechung fortgedauert hatte, einen Offizier zu demselben Zwecke aus. Diese Bitte wurde jedoch ebensowenig erfüllt. Er erhielt indessen eine Verstärkung von zwei Flügel-Kompagnien des 1sten nassauschen Regiments. Der heftigste Kampf war wieder an dem offnen Thore der Scheune, und die Franzosen, deren Bemühungen, den Eingang zu erzwingen, hartnäckig und erfolglos vereitelt worden waren, nahmen jetzt zum Feuer ihre Zuflucht. Die kleine Garnison gerieth in die größte Bestürzung, denn wenn auch ein Brunnen in dem Hofe war, so hatte sie doch keine Mittel, das Wasser auf den bedrohten Punkt zu schaffen. In seiner äußersten Angst bemerkte Major Baring die großen Feldkessel der eben angekommenen Nassauer und riß einem derselben einen solchen sogleich vom Rücken. Mehrere Offiziere folgten seinem Beispiel, füllten die Kessel mit Wasser und trugen sie Angesichts eines fast sichern Todes nach dem Feuer. Die Leute zauderten keinen Augenblick. In einer Minute wurden alle Kessel zu demselben Zwecke verwendet und das Feuer, freilich mit dem Opfer manches braven Soldaten, glücklich gelöscht. Mehrere Leute wollten, trotz dem sie mit Wunden bedeckt waren, sich auf keine Weise zurückziehen. Ihre stete Antwort war: „So lange unsere Offiziere fechten und wir noch stehen können, wollen wir nicht von dem Platze weichen“.*) Endlich zog

*) Ein Soldat, mit Namen Friedrich Lindau, welcher aus zwei Kopfwunden blutete und in seiner Tasche eine große Börse voll Gold

sich der Feind, durch solche entschlossene und tapfere Vertheidigung erschöpft, noch einmal zurück.

Während ein Theil der feindlichen Macht sich hauptsächlich gegen den westlichen Eingang der großen Scheune gewandt hatte, ließ ein anderer schon beim Beginn des Angriffs die Gebäude rechts liegen und drang den Abhang hinan, als ob er beabsichtige, durch den Garten in den Pachthof zu dringen und die Kommunikation desselben mit der Haupt-Position zu unterbrechen. Der Prinz von Oranien hielt dies für eine günstige Gelegenheit, die französische Kolonne anzugreifen, und befahl deshalb dem 5ten und 8ten Linien-Bataillon der Brigade Ompteda der deutschen Legion, zu deployiren und vorzugehen. Die Linie wurde rasch formirt, die Bataillone sprangen über den schmalen, eingesunkenen Feldweg, stürmten im Attakeschritt vorwärts und trieben den Feind vor sich her. Aber eine Abtheilung Kürassiere hatte während des Vorgehens jener Bataillone die linken Quarrees der Brigade Kielmannsegge erfolglos chargirt und fiel ihnen nun unerwartet in die Flanke. Das 5te Linien-Bataillon, welches den rechten Flügel hatte, wurde noch zeitig genug von der schweren Kavallerie-Brigade Somerset unterstützt und erlitt nur geringen Verlust, aber das 8te Linien-Bataillon, welches auf dem linken Flügel stand und weiter vorgegangen war, wollte eben angegriffen, als die Kürassiere erschienen, es wurde daher

trug, die er einem französischen Offizier abgenommen hatte, stand an der nach dem Hofe führenden kleinen Scheunenthür und vertheidigte von da aus den offenen westlichen Eingang. Major Baring sah, daß das Tuch, welches er um den Kopf gebunden hatte, nicht hinreichend war, um das hervorquellende Blut zu stopfen, und rief ihm daher zu, daß er sich zurückziehen möchte. Er achtete aber seiner Wunden ebensowenig, wie seines Goldes, und antwortete: „Nur ein Schurke könnte Sie verlassen, so lange sein Kopf noch auf den Schultern sitzt!“ Dieser brave Mann wurde nachher gefangen und verlor seinen Schatz.

vollständig überrascht und fast ganz vernichtet. Der Kommandeur des Bataillons, Oberst von Schröder, wurde tödtlich blessirt, verschiedene andere Offiziere fielen. Der Fähnrich de Moreau, welcher die Fahne trug, wurde bei ihrer Vertheidigung schwer verwundet, ebenso der Sergeant, welcher sie ihm abnahm, und so gelang es dem Feinde, die Trophäe zu erbeuten. Major von Petersdorff, der nächste im Kommando, sammelte den zerstreuten Rest des Bataillons und postirte ihn hinter dem Hohlwege.

Sobald als der englisch-alliirte rechte Flügel von der Gegenwart der französischen Kavallerie befreit wurde, war er wiederum einer wüthenden Kanonade ausgesetzt. Viele Geschütze längs des Haupthöhenrückens waren um diese Zeit demontirt worden. Major Bull, welcher schon in einer früheren Periode der Schlacht gezwungen gewesen war, seine Haubitz-Batterie nach dem 2ten Treffen zurückzuziehen, um sie wieder auszubessern und zu komplettiren, ging während der zweiten allgemeinen Attake der französischen Kavallerie mit der reitenden Batterie des Major Ramsay wieder auf seinen vorigen Platz im ersten Treffen vor. Diese Batterien litten empfindlich von dem Feuer der Kanonen Pirè's, welche auf dem äußersten linken Flügel der französischen Linie standen. Bull befahl daher dem Lieutenant Louis, die beiden rechten Geschütze gegen sie zu richten. Es gelang diesem Offiziere auch wirklich, sie zum Schweigen zu bringen und dadurch allen Batterien und Truppen dieses Theiles des Schlachtfeldes einen wesentlichen Dienst zu leisten, da jene feindliche Batterie den alliirten rechten Flügel vollständig enfilirte. Eine Verstärkung der Artillerie war ganz besonders vorwärts der Division Cooke und der braunschweigschen Infanterie, gegen welche der Feind augenscheinlich neue Angriffe vorbereitete, erforderlich. Es wurde daher die britische reitende Batterie des Oberst-Lieutenant

Dickson, befehligt vom Major Mercer und die reitende Batterie des Major Sympher der deutschen Legion in das erste Treffen vorbeordert; die erstere links der reitenden Batterie des Oberst-Lieutenant Smith und vor den Braunschweigern, die andere mehr links. Die Batterie des Major Mercer hatte kaum Zeit, in Thätigkeit zu kommen, als man eine starke Kolonne reitender Grenadiere und Kürassiere die Höhe ersteigen und in scharfer Gangart sich auf den Punkt richten sah, wo die Batterie aufgefahren war. Die Geschütze waren 9pfünder und wurden jedes mit einem Kugel- und einem Kartätschschuß geladen; hierauf brachte man sie nahe an den zwei bis drei Fuß hohen Rand, welcher von dem engen Querwege längs des Höhenrückens abfiel und so eine Art Kniehöhe für die Batterie bildete. Vorwärts bestand der Bergrücken aus einer ebenen Fläche von 50 bis 60 Schritt Breite und von ihr aus senkt sich das Terrain steil nach dem Thale hinab, welches beide Armeen trennte. Die Kolonne blieb im Avanciren, bis sie ganz nahe an die Geschütze herankam, deren Mündungen fast in gleichem Niveau mit dem Querwege waren. Plötzlich prallte sie vor dem heftigen Feuer zurück, mit welchem sie empfangen wurde. Die Reiter der vordern Schwadronen drehten um und suchten sich einen Rückweg zu bahnen, Verwirrung folgte und die ganze Masse brach sich in ein ungeordnetes Gedränge. Mehrere Minuten vergingen, ehe es ihr gelang, von dem Gipfel der Höhe herunterzukommen; während dieser Zeit war sie dem Feuer fortwährend ausgesetzt und bei der Kürze der Distancen, der Größe des Objekts und der Erhebung des Bodens, auf welchem sie stand, war das Blutbad wahrhaft entsetzlich. Statt ihr Heil in der Flucht zu suchen, jagten viele durch die Intervallen zwischen den Geschützen und ergaben sich, der größere Theil indessen gerieth in Verzweiflung, als er sich vorn durch die Batterie aufgehalten sah und einen Weg durch die eigenen Reihen erkämpfen mußte. Hiebe wurden von allen Seiten gewechselt. Erst nachdem sie den Gipfel mit ihren Todten und Verwundeten bedeckt hatten, fanden endlich die Trümmer dieser furchtbaren Kolonne auf dem Abhange der Höhe Schutz.

Zu derselben Zeit drang eine starke Kolonne französischer Infanterie, unterstützt von Kavallerie, gegen das Centrum des englisch-alliirten rechten Flügels vor. Während die ihr gegenüberstehenden Batterien ein kräftiges Feuer auf dieselben konzentrirten, zog Lord Uxbridge die schwere Kavallerie-Brigade Somerset aus ihrer Aufstellung rechts der Straße nach Charleroi vor, um die Kolonne zu attakiren, und befahl gleichzeitig der niederländischen Karabinier-Brigade Trip, jener als Reserve zu dienen. Die Leibgarden attakirten mit großer Tapferkeit und hemmten das Vorgehen des Feindes, die Kolonne aber empfing sie mit einem kräftigen Feuer und bei ihrer geringen Stärke vermochten sie nicht in dieselbe einzudringen. Als Somerset sich zurückzog, machte die französische Kavallerie, welche der Kolonne zur Unterstützung folgte, Miene, vorzugehen. Die niederländische Kavallerie Trip's war jetzt zur Hand. Uxbridge, von ihrem schönen Aussehen bestochen und von dem Wunsche beseelt, in ihnen einen muthigen Enthusiasmus anzuregen, stellte sich selbst an ihre Spitze, befahl die Attake und führte sie gegen den Feind. Er war erst eine kurze Strecke vorgegangen, als sein Adjutant, Kapitain Horace Seymour, an ihn heransprengte und ihm bemerklich machte, daß ihm nicht ein Mann folge. Er wandte sogleich sein Pferd um, ritt an Trip heran und richtete sich an ihn mit großer Wärme. Hierauf wandte er sich an die Brigade in den ermuthigendsten Ausdrücken, suchte sie durch die belebendsten und bezeichnendsten Mienen aufzuregen, wiederholte den Befehl, zu chargiren und zeigte ihr wiederum den Weg; aber dieser Versuch hatte einen gleich schlechten Erfolg. Uxbridge wurde hierdurch so erbittert, daß er wegritt und der Brigade zu thun überließ, was ihr Kommandeur für gut hielt. Sobald die französische Kavallerie, welche nur zu deutlich ihr Schwanken bemerkt hatte, hierauf rasch zur Attake vorging, machten die Niederländer Kehrt und flohen in solcher Eile und Unordnung zurück, daß die beiden rechten Schwadronen des 3ten Husaren-Regiments der deutschen Legion die größte Schwierigkeit hatten, ihren Platz zu behaupten und von diesen Reitern in der Wildheit ihrer Flucht fast mit fortgerissen worden wären. Die 3ten Husaren waren, als dieses geschah, so eben erst hinter der nassauschen Brigade Kruse ins 2te Treffen gerückt. Ihre linke Schwadron, welche von keiner solchen Unterbrechung zu leiden hatte, ging tapfer auf die gegenüberstehenden Kürassiere los und warf sie vollständig über den Haufen. Sobald als die beiden andern Schwadronen ihre durch die flüchtigen Niederländer so unerwartet gestörte Ordnung wieder hergestellt hatten, ging das ganze Regiment bis zum Kamme der Position vor. Hier befahl Lord Uxbridge demselben, eine französische Kavallerie-Linie zu attakiren, welche ungefähr 180 Schritt entfernt war und aus drei Schwadronen Kürassiere und drei Schwadronen Dragoner bestand. Es begann die Attake im scharfen Trabe, fiel dann in Galopp und brach durch die feindliche Linie, welche im kurzen Trabe, ich möchte fast sagen, im Schritt herankam, vollständig hindurch, wurde aber so gänzlich in Flanke und Rücken umgangen, daß ein großer Theil abgeschnitten wurde. Der Rest jagte zerstreut und von der französischen Kavallerie verfolgt nach den Infanterie-Quarrees zurück, hinter welchen das Regiment sich wieder formirte. Hier zeigte sich der große Verlust, welchen es in diesen beiden Angriffen erlitten hatte. Es war bis auf 60 oder 70 Mann zusammengeschmolzen. Diese wurden in zwei Schwadronen formirt und hinter der handverschen Brigade Kielmannsegge postirt.

Als jetzt der Graf von Uxbridge den Stand seiner Kavallerie überschaute, bemerkte er das handversche Husaren-Regiment Kumberland, etwas hinter der Brüsseler Straße. Er beorderte es sogleich vor und postirte es da, wo es keinesweges exponirt stand, sondern wo es wenigstens die durch die großen Verluste der Brigaden Somerset und Ponsonby entstandene Lücke auszufüllen schien, denn das Benehmen des Kommandeurs in dieser Aufstellung ließ den Lord sehr zweifeln, daß es dort, im Falle des Angriffs, bleiben würde. Daß er Ursache hatte, etwas derartiges zu fürchten, zeigte sich sogleich, denn als der Oberst von Hake bemerkte, daß die Kugeln um ihn her sausten, zog er sich und sein Regiment von dem Schlachtfelde zurück; Lord Uxbridge bemerkte es und ließ ihm durch seinen Adjutanten, den Kapitain Seymour, befehlen, zurückzukehren. Als Seymour diesen Befehl überbrachte, erwiederte der Oberst, daß er kein Vertrauen zu seinen Leuten habe, daß es Freiwillige und die Pferde ihr Eigenthum wären. Das Regiment blieb also im Rückzuge, trotz dem, daß Kapitain Seymour den Befehl, Halt zu machen, wiederholte und den nächst ältesten Offizier aufforderte, die Ehre und den Ruf des Korps zu retten, das Kommando zu übernehmen und das Regiment Front machen zu lassen. Als auch diese Aufforderungen ohne Wirkung blieben, faßte er das Pferd des Obersten am Zügel und rügte sein Benehmen in Ausdrücken, welche kein Mann von Ehre ruhig hätte mit anhören können. Dieser Offizier schien jedoch völlig unempfindlich für jedes Schamgefühl zu sein und geneigt, lieber diese Angriffe auf seine Ehre zu ertragen, als sich den Angriffen des Feindes auf seine Person und sein Regiment auszusetzen. Als Kapitain Seymour zum Grafen Uxbridge zurückkehrte und ihm das Geschehene erzählte, sandte ihn dieser nochmals zu dem Kommandeur zurück, um ihn zu bewegen, doch wenigstens das Regiment außerhalb des Feuers à cheval der Chaussee zu formiren, wenn er durchaus nicht seinen früheren Platz wieder einnehmen wolle. Aber selbst dieser Befehl wurde nicht befolgt, das Regiment eilte weiter zurück und verbreitete Unruhe und Verwirrung auf der ganzen Straße bis Brüssel*).

Dem rechten Flügel der englisch-alliirten Linie gegenüber war die französische Kolonne reitender Grenadiere und Kürassiere, welche von der reitenden Batterie des Major Mercer so blutig zurückgewiesen worden war, zu einem neuen Angriff formirt worden. Die britischen Artilleristen waren indessen zu ihrem Empfange vollständig bereit, da die französischen Reiter den Abhang nicht so weit hinuntergegangen waren, daß die hohen Grenadiermützen der vordern Schwadronen nicht mehr zu sehen gewesen wären. Diesem zweiten Versuch ging eine Wolke von Blänkern voraus, welche sich bis auf geringe Entfernung der Batterie näherten und mit ihren Karabinern und Pistolen den Artilleristen vielen Schaden zufügten; da sie indessen augenscheinlich beabsichtigten, der Batterie das Feuer zu entlocken, so wurden sie nicht weiter berücksichtigt. Hierauf erstieg die Kolonne nochmals die Höhe und ging zum Angriffe vor. Es lagen indessen zu viele Hindernisse auf ihrem Wege, um eine schnelle Gangart zuzulassen und so geschah das Avanciren nur im schnellen Schritt oder im kurzen Trabe. Die Artilleristen kannten jetzt aus Erfahrung die nahe Wirkung eines mörderischen Feuers und ließen daher die Teten-Schwadronen bis auf die Mitte des Weges zwischen dem

---

*) Wie sich erwarten ließ, wurde Oberst von Hake wegen seines Benehmens vor ein Kriegsgericht gestellt und verurtheilt, aus dem Soldatenstande, als dessen unwürdiges Mitglied er sich bekundet hatte, entfernt zu werden.

Rande des vorderen Abhanges und dem bekannten schmalen Feldwege herankommen, ehe sie das ihrige abgaben. Das Resultat war, wie sich leicht denken läßt, dem des beschriebenen vorigen Angriffs ganz ähnlich. Wiederum stürzten die französischen Reiter in Unordnung zurück und wiederum waren sie einige Minuten hindurch in der Entfernung von nicht mehr als 25 Schritt einem wohlgezielten, nicht fehlenden Kartätschfeuer ausgesetzt, so daß die Masse von Todten, welche sie unmittelbar vor der Batterie zurückließen, jetzt ungeheuer groß wurde.

Die andern Batterien auf diesem Theile der Position schlugen mit gleichem Erfolge die Angriffe der feindlichen Kürassiere zurück, welche sich in bedeutender Stärke am Fuße des äußern Abhanges nahe bei den Hecken von Hougomont sammelten und augenscheinlich die Absicht hatten, die direkte Verbindung mit diesem Posten abzuschneiden und den rechten Flügel des alliirten ersten Treffens zu forciren. Der Zeitpunkt schien der Ausführung dieses Planes günstig. Viele der alliirten Geschütze waren jetzt vollständig demontirt, das 2te Bataillon des 3ten britischen Garde-Regiments war schrecklich gelichtet und bis in den Hohlweg hinter dem Obstgarten von Hougomont zurückgetrieben worden, die junge braunschweigsche Infanterie hatte schwere Verluste erlitten und die zur Unterstützung disponible Kavallerie war durch die wiederholten Attaken aufs höchste erschöpft. Wellington fühlte sehr wohl die Wahrscheinlichkeit eines Versuchs gegen diesen geschwächten Punkt seiner Linie. Als er daher die Division Chassé herankommen sah, befahl er Lord Hill, Truppen aus dem zweiten Treffen vorzubringen. Der Eifer, die Einsicht und die Thätigkeit, welche zu allen Zeiten den Helden von Almaraz und Arroyo del Molino charakterisirten, wenn er die Pläne des Feldherrn ausführte, unter dem er unvergänglichen Ruhm erworben hatte, schienen nur diesen Ruf nach der eigentlichen Scene des Kampfes abgewartet zu haben, um wiederum in ihrer gewohnten Kraft aufzutreten. Er setzte sogleich die Infanterie-Brigade du Plat der deutschen Legion in Bewegung. Als diese über die Niveller Straße hinweg links abmarschirte, wurde das 2te Linien-Bataillon die vordere Kolonne. Ihm folgte das 4te, dann das 3te und zuletzt das 1ste Linien-Bataillon. Als das 2te sich dem Kamme der Höhe näherte, liefen mehrere Artilleristen auf dasselbe zu, um Schutz vor den feindlichen Kürassieren zu suchen, deren Gros jetzt direkt gegen dieses Bataillon vordrang. Die vier leichten Kompagnien hatten sich so eben bei den drei kleinen Bäumen, welche auf diesem Theile des Kammes standen, postirt und gaben aus ihren Büchsen ein so mörderisches Feuer auf die Kavallerie, daß dieselbe zum Rückzuge gezwungen wurde. Einige Abtheilungen der allürten Reiterei gingen darauf zur Verfolgung vor und die Brigade du Plat blieb im Avanciren, bis das 2te Linien-Bataillon nahe an die Hecke des großen Obstgartens von Hougomont herangekommen war; die französischen Tirailleurs eröffneten aus derselben ein knatterndes Feuer auf die Deutschen. Die Dragoner zogen sich plötzlich und rasch durch die Intervallen der Kolonnen zurück und eine frische Linie feindlicher Kavallerie erschien vor dem linken Flügel derselben. Kapitain Sympher, welcher mit seiner reitenden Batterie von der Legion die vorgehende Brigade du Plat begleitet hatte, protzte sogleich ab und schoß mit Kugeln durch die Intervallen der Kolonnen, während diese gleichzeitig ein sehr wirksames Gliederfeuer unterhielten. Trotz dieses furchtbaren Widerstandes gingen die Kürassiere tapfer vor. Sie geriethen zuerst in das Flankenfeuer der linken Seite des Quarrees des 4ten und dann in das der linken Seite des 3ten Linien-Bataillons, attakirten aber nichts desto weniger tapfer die Batterie, deren Bedienungs-

Mannschaften entweder in das letztere eilten oder unter den Fahrzeugen Schutz suchten. Nachdem die französische Kavallerie durch das unausgesetzte Feuer der nächsten Quarrees bedeutende Verluste erlitten hatte, zog sie sich in Unordnung zurück und erhielt dann noch eine neue Ladung der Batterie, welche wieder in voller Thätigkeit war. Als die Brigade du Plat den Abhang hinunter stieg, gingen links hinter ihr das 2te und 3te braunschweigsche leichte und das 2te Linien-Bataillon eine kurze Strecke über den Kamm des Abhanges vor. Hier erhielten sie ein mörderisches Artillerie- und Kleingewehrfeuer, letzteres von französischen Tirailleurs, welche längs der östlichen Hecke von Hougomont bis nahe an die vordere Krete der englisch-alliirten Position vorgeschlichen waren. Sie widerstanden diesem Feuer und den nachfolgenden Kavallerie-Attaken mit großer Festigkeit und Tapferkeit und zogen sich erst dann aus ihrer exponirten Stellung nach dem innern Abhange zurück, als die alliirte Kavallerie, nämlich die 23sten britischen leichten Dragoner, die 1sten leichten Dragoner der deutschen Legion und die braunschweigschen Husaren, die französischen Reiter wieder vertrieben hatte.

Die französischen Tirailleurs, welche während dieser letzten Attake ihrer Kavallerie in bedeutender Stärke durch den großen Obstgarten von Hougomont und längs dessen östlicher Hecke vorgegangen waren, konzentrirten nun ihr heftiges Feuer auf die Quarrees der Legions-Brigade, deren Kommandeur du Plat tödtlich verwundet wurde. Mehrere Offiziere fielen und allen denen, welche beritten waren, wurden die Pferde unter dem Leibe erschossen. Das Feuer hörte auf uud im nächsten Augenblick erneuerten die wieder gesammelten Kürassiere ihren Angriff, jedoch ohne bessern Erfolg als vorher. Eine dritte Attake zeigte sich ebenso unwirksam gegen die entschlossene Tapferkeit und die geduldige Ausdauer der Soldaten der Legion.

Um die Zeit, als die Brigade du Plat in die erste Linie einrückte, kam eine starke Abtheilung französischer Kürassiere, welche noch in dem Ravin westlich von La Haye Sainte geblieben und dort dem Feuer der alliirten Batterien ausgesetzt war, im Schritt heran, um einen neuen Versuch zur Durchbrechung des rechten Centrums der Wellingtonschen Linie zu machen. Derselbe war ebenso erfolglos wie die vorhergegangenen Angriffe. Die Quarrees behielten ihr Feuer, bis die feindliche Kavallerie ganz nahe herangekommen war und gaben es dann mit größter Kaltblütigkeit und Sicherheit ab. Die Wirkung war bei dem mangelnden Stoß einer Attake im Schritt ungeheuer und zwang die gebrochenen Schwadronen wiederum, von einem Kampfe abzulassen, welchen die beispiellose Festigkeit der alliirten Infanterie fast hoffnungslos für sie gemacht hatte.

Kaum war die französische Kavallerie, welche die Quarrees der Brigade du Plat unmittelbar hinter Hougomont attakirte, durch den tapfern Widerstand der Deutschen abgewiesen worden, als die Tirailleurs, welche, wie erwähnt, in so bedeutender Stärke längs der östlichen Umfassung dieses Postens vorgegangen waren, sich bis unter den vordern Rand desjenigen Theiles des Höhenrückens geschlichen hatten, auf dessen innern Abhange die große Masse der braunschweigschen Infanterie postirt war. In diesem Augenblick kam aber die leichte britische Infanterie-Brigade Adam an. Lord Hill hatte ihr den Befehl ertheilt, die Niveller Straße zu überschreiten und den Kolonnen den Abhang hinter den Braunschweigern hinauf zu dringen. (Die Brigade war einige Zeit vorher von dem rechts gelegenen Plateau bis zu dem Rande der Niveller Straße gezogen worden und daselbst als unmittelbare

Reserve geblieben.) Plötzlich war der Kamm vor ihrer Front mit französischen Tirailleurs übersäet, die aber bald von dem Pulverdampf des knatternden Feuers, welches sie gegen die alliirte Artillerie und die Quarrees eröffneten, verhüllt wurden. Die an Zahl schrecklich zusammengeschmolzenen Artilleristen wurden sehr bald von ihren beschädigten Batterien auf die nächste Infanterie zurückgetrieben, und auch auf diese drohete die Konzentrirung solch heftigen Feuers die ernsthaftesten Folgen zu äußern. Aber die Hülfe war bei der Hand. Wellington sprengte mitten im Kugelregen vor die Front der Brigade Adam, befahl ihr, vier Mann tief Linie zu formiren und rief, auf die kühnen Tirailleurs auf der Höhe zeigend, mit vollkommener Kaltblütigkeit und unbesorgter Sicherheit aus: „Jagt die Kerle fort!“ Unter lautem Geschrei ging die Brigade schnellen Schrittes den Abhang hinan. Aus Mangel an Raum war das 52ste Regiment nicht in einer Linie mit dem 71sten und dem 2ten Bataillon des 95sten formirt worden, sondern blieb hinter demselben und bildete somit ihr Soutien. Die französischen Tirailleurs begannen zu weichen, als die feste und kühne Front der Brigade sich ihren Blicken zeigte. Adam blieb im Vorgehen und trieb die französische Infanterie vor sich her. Als die Brigade die Höhe überschritt, nahm sie die rechte Schulter vor, machte Halt und stand nun in einer sanften Schlucht, welche vor dem rechten Flügel der von der Garde-Brigade Maitland eingenommenen Position beginnt und nach der Nordost-Ecke des großens Obstgartens von Hougomont hinzieht. In dieser Stellung bildete das 2te Bataillon des 95sten Regiments den linken und das 71ste Regiment mit den beiden Kompagnien des 3ten Bataillons 95sten Regiments den rechten Flügel. Da man bemerkte, daß die feindliche Kavallerie Anstalten zum Angriff träfe, so bildeten die Bataillone der Brigade Quarrees, und da die Intervalle zwischen dem 71sten und dem 2ten Bataillon des 95sten Regiments in dieser Aufstellung größer als wünschenswerth geworden war, so führte Oberst Sir John Colborne das 52ste in halben Bataillons-Quarrees hinab, um diesen Raum auszufüllen. Er erreichte denselben noch zeitig genug, um ein wirksames schräges Feuer auf die Kavallerie zu geben, welche eben das 71ste Regiment attakirte.

Die französischen Karabiniers und die reitenden Grenadiere der Garde machten einige tapfere Angriffe auf die Brigade. Sie gingen stets rechts von Hougomont vor und fielen auf das 71ste Regiment; ihr Anlauf brach sich aber unveränderlich an demselben. Hierauf stürmten diejenigen Abtheilungen, welche noch einige Ordnung bewahrt hatten, thörigt auf das rechte halbe Quarree des 52sten Regiments los und erhielten von der Front und der rechten Seite desselben ein nahes und wohlgezieltes Feuer, welches ihre Unordnung und Verwirrung vervollständigte. Bei einem dieser Angriffe zog der Major Eeles (dessen Kompagnie, die 3te des 95sten Jäger-Regiments, dem 71sten attaschirt war), als er die Annäherung der Kavallerie gegen die rechte Ecke der Front des Quarrees bemerkte, seine Kompagnie rechts in eine Linie mit der Queue, stellte sich vor dieselbe und hielt seine Leute ab, auf die Karabiniers zu feuern, bevor diese sich bis auf 40 oder 50 Schritt genähert hatten, dann aber ließ er eine Salve geben, welche im Verein mit dem Kreuzfeuer des 71sten Regiments so viele Leute und Pferde auf einmal außer Gefecht setzte, daß der weitere Fortschritt der Attake sehr wirksam aufgehalten wurde. In einem Augenblick bedeckte die Hälfte der Angreifer den Boden; einige wenige Leute und Pferde wurden getödtet, mehrere wurden verwundet, aber bei weitem der größere Theil stürzte über die Todten, die Sterbenden und die Verwundeten nieder. Diese begannen in kurzer Zeit sich aus der Masse herauszuwickeln und eilten so gut sie konnten, einige zu Pferde, andere zu Fuß, nach ihren Reserven zurück.

Durch diese vorgeschobene Stellung, welche die Brigade Adam auf dem Raume zwischen Hougomont und dem rechten Flügel der Brigade Maitland eingenommen hatte, setzte sie dem Vorrücken der französischen Kavallerie gegen den rechts des letzteren Punktes stehenden Theil des alliirten ersten Treffens eine wirksame Barriere entgegen. Während der Pause zwischen den Kavallerie-Attaken litt sie durch das feindliche Artillerie-Feuer empfindlich, hauptsächlich das 71ste Regiment und das 2te Bataillon der 95sten Jäger, welche mehr exponirt standen, als das 52ste.

Die hanöversche Brigade Halkett war aus ihrer Aufstellung bei Merbe-braine bis in den Winkel vorgegangen, welcher vor der Niveller Chaussee und dem von dem rechten Flügel des ersten Treffens nach dem Thale von Hougomont hinabsteigenden Hohlwege gebildet wird. Kurz nachdem Adam seine vorgeschobene Stellung eingenommen hatte, ging Halkett mit den Landwehr-Bataillonen Salzgitten und Osnabrück vor und stellte sich auf dem äußern Abhang des Haupt-Höhenrückens hinter der Brigade du Plat auf.

Es war jetzt ungefähr 6 Uhr. Die furchtbaren Angriffe, welche die Franzosen gegen die ganze Front der alliirten Stellung unternommen hatten, waren ohne positiven Erfolg geblieben, die vorgeschobenen Posten Hougomont und La Haye Sainte hatten den wüthendsten Stürmen getrotzt, und die vorgeschobene Stellung, welche die britische Brigade Adam eingenommen hatte, zeigte dem französischen Kaiser deutlich, daß trotz der Tapferkeit, dem Enthusiasmus und der Hingebung, welche die schönsten Truppen, die er je versammelte, unter der Führung hoch berühmter Generale entfaltet hatten, noch größere Anstrengungen, noch größere Opfer erforderlich seien, um den britischen Löwen aus seiner stolz und fest behaupteten Stellung zu treiben, ehe der preußische Adler, der schon längere Zeit über seinem rechten Flügel schwebte und nun auf denselben losschoß, in der ganzen Fülle seiner Macht zu erscheinen vermochte, seinen Rachedurst in hartnäckigem und blutigem Kampfe zu kühlen.

Napoleon ließ Ney befehlen, den Angriff zu erneuern. Um dieses mit Erfolg auszuführen, war jedoch frische Infanterie erforderlich und der Marschall hatte keine mehr zu seiner Disposition. Er sandte daher seinen ersten Adjutanten, den Obersten Heymes, zum Kaiser, um ihm den erschöpften Zustand seiner Truppen vorzustellen; die eine Hälfte derselben befände sich schon gefechtsunfähig und die andere wäre aufs Höchste ermüdet und ohne Munition. Um diese Zeit mußte aber das Lobausche Korps und die junge Garde zur Sicherheit der rechten Flanke gegen die Offensiv-Bewegungen der Preußen verwendet werden; die Bataillone der alten Garde bildeten also die einzige übrig gebliebene Reserve und konnten nicht verbraucht werden. Auf Ney's Forderung frischer Truppen erwiederte daher Napoleon: „Où voulez-vous que j'en prenne? voulez-vous que j'en fasse?" Als Ney diese Aufnahme seiner Bitte erfuhr, sah er klar, daß die Schlacht weit entfernt davon wäre, gewonnen zu sein und eilte vor, um durch seine Gegenwart den Angriff auf La Haye Sainte zu beleben. Derselbe wurde jetzt wiederum erneuert und durch ein kräftiges Artillerie-Feuer gegen die englisch-alliirten Truppen hinter diesem Posten gedeckt, um hierdurch jeden Versuch zur Ablösung oder Unterstützung der Vertheidiger desselben zu verhindern. Die vereinigten Reste der Brigaden Somerset und Ponsonby, welche auf dem innern Abhang hinter der Legions-Brigade Ompteda und, um eine größere Front zu zeigen, in einem Gliede formirt waren, litten durch diese Kanonade empfindlich.

Lord Uxbridge sandte daher dem General Somerset durch einen Adjutanten die Erlaubniß zu, seine Leute aus dem Bereiche des feindlichen Geschützfeuers zurückzunehmen. Dieser ließ aber zurückmelden, daß dann die in Reserve stehende niederländische Kavallerie sogleich vom Schlachtfelde abziehen würde! Somerset hielt daher bis zum Ende der Schlacht auf seinem Posten aus.

Kurz vor Beginn dieses neuen Angriffs der Division Donzelot gegen La Haye Sainte war eine Abtheilung der mit Raketen versehenen reitenden Batterie Whinyates unter dem Kapitain Dansey auf der Chaussee vor die Mitte der englisch-alliirten Schlachtlinie vorgegangen, hatte ihre beiden Geschütze unter dem Lieutenant Wright hinter dem Pachthof zurückgelassen und begann mit Raketen zu feuern. Kapitain Dansey wurde bald schwer verwundet und mußte daher zurückkehren. Seine Abtheilung feuerte einige wenige Raketen ab und zog sich dann bis dahin zurück, wo die Pferde standen. Sie wurde jetzt von einem Sergeanten (Daniel Dunnett) befehligt. Als dieser das Vorrücken der nächsten französischen Kolonne gegen den Pachthof bemerkte, ließ er, obgleich kein Soutien zur Hand war, seine Leute so kaltblütig und ruhig absitzen, als ob er auf dem Exerzierplatze von Woolwich manövrirte, legte die Raketen auf den Boden nieder und feuerte sie, eine nach der andern, gegen die Masse ab — jede von ihnen schien ihre Wirkung zu haben. Die Kolonne wurde aufgehalten und konnte erst dann weiter vorgehen, als Sergeant Dunnett alle seine Raketen verbraucht und sich mit seiner Abtheilung nach den rückwärts stehenden Geschützen zurückgezogen hatte.

Das Detaschement des Major Baring war nach der glücklichen und erfolgreichen Zurücktreibung der früheren Stürme schrecklich decimirt worden, aber der außerordentliche Geist und die ungewöhnliche Tapferkeit seiner Leute blieben ungebrochen.

Ein Umstand jedoch mußte alle ihre Anstrengungen, ihren Muth und ihre Ausdauer erfolglos machen. Trotz der wiederholten Bitten Barings, um frische Munition, ließ man seine Leute noch immer ohne die Mittel, ihren Posten mit gleichen Waffen gegen den Schwarm von Feinden zu vertheidigen, welcher sie bestürmte*). Freudig besserten sie, so gut als sie konnten, die Schäden aus, welche die französische Artillerie gemacht hatte und ließen keine Entmuthigung blicken, wenn sie die zahlreichen und traurigen Beweise ihrer ungeheuren Opfer um sich herumliegen sahen. Als sie aber beim Nachzählen der Patronen bemerkten, daß nach einem Ueberschlage auf jeden Mann nur noch drei oder vier kamen, da führte das Bewußtsein ihrer verzweifelten Lage und der Unmöglichkeit, unter solchen Umständen noch länger auszuhalten, zu Vorstellungen, welche ihr braver Kommandeur als begründet anerkennen mußte. Als derselbe aber wiederum zwei französische Kolonnen gegen den Pachthof vorgehen sah und seine Leute ermahnte, neuen Muth zu fassen und ökonomisch mit der Munition umzugehen,

---

*) Man führt zwei verschiedene Gründe an, aus welchen die Gesuche Barings um frische Munition nicht erfüllt worden wären, nämlich: die Unterbrechung der Kommunikation zwischen dem Posten und die Schwierigkeit, Büchsen-Munition zu verschaffen. Der erstere scheint kaum haltbar, denn wenn die Kommunikation von den Franzosen auch häufig abgeschnitten worden ist, als sie den Pachthof bei ihren Angriffen gegen die Haupt-Position passirten, so war dieselbe doch oft auch offen und zugänglich. Dies beweisen die verschiedenen nach dem Pachthof gesandten Verstärkungen. Man konnte daher Munition mit eben so großer Leichtigkeit hineinschaffen und doch mußte Baring drei bestimmte Bitten um Zuschuß thun, ehe man ihm das nassausche Detaschement schickte. Die Schwierigkeit, Büchsen-Munition herbeizuschaffen, scheint ein triftigerer Grund zu sein, aber auch hierbei darf man den Umstand nicht übersehen, daß der Posten unmittelbar vor der Brigade lag, zu welchem die Vertheidiger desselben gehörten und daß zwei von den vier Bataillonen, aus denen sie bestand, mit Büchsen bewaffnet waren.

erhielt er einstimmig die Antwort: „Kein Mann wird Sie verlassen — wir wollen mit Ihnen fechten und sterben!"

Erhitzt durch den langen Widerstand dieser Hand voll tapferer Vertheidiger kamen die Franzosen mit verdoppelter Wuth heran. Das offene Ende der großen Scheune wurde zuerst erstürmt. Es gelang ihnen nochmals, das Gebäude in Brand zu setzen, aber die Deutschen nahmen zu derselben Maßregel ihre Zuflucht, welche sie früher mit Erfolg angewendet hatten und erstickten nochmals glücklich die Flammen. Barings Unruhe und Besorgnisse wuchsen mit jedem Schusse, welchen seine Leute thaten. Er ließ abermals um frische Munition bitten und fügte die bestimmte Meldung hinzu, daß er den Platz verlassen müsse und würde, wenn er dieselbe nicht erhielte. Dieses Gesuch blieb jedoch gleich erfolglos. Das Feuer der Garnison ermattete nach und nach, Bestürzung malte sich auf allen Gesichtern, viele Leute forderten laut Munition und riefen: „Wir wollen ja gern bei Ihnen aushalten, aber wir müssen doch die Mittel haben, uns zu vertheidigen!" Ihre Offiziere selbst, welche während des ganzen Tages den größten Muth bewiesen hatten, stellten ihrem Kommandeur die Unmöglichkeit vor, unter solchen Umständen den Posten noch länger zu halten. Die Franzosen bemerkten sehr bald die verzweifelte Lage der Vertheidiger und erbrachen nun kühn die Thür an demjenigen Ende des langen westlichen Gebäudes, welches dem so oft bestürmten Eingang der großen Scheune am nächsten lag. Da der Durchgang durch das Gebäude von dieser Thür nach dem Hause barrikadirt worden war, so konnten nur wenige Leute auf einmal hineindringen. Diese wurden sogleich niedergestoßen, die hintern zögerten daher, ihnen zu folgen. Sie erkletterten nun die äußere Wand des langen Stalles, stiegen auf das Dach und schossen von demselben auf die Vertheidiger, welche nicht die Mittel hatten, ihnen zu antworten und daher vollständig ihrer Gnade anheimgegeben waren. Gleichzeitig drangen sie durch die offene Scheune vor, die jetzt nicht länger zu vertheidigen war. Baring sah sich mit schwerem Herzen genöthigt, den Posten zu verlassen und den Befehl zu geben, sich durch das Wohnhaus in den Garten zurückzuziehen. Viele wurden in dem engen Durchgang von den Siegern eingeholt, welche ihre Wuth durch den schändlichsten Mißbrauch und die brutalste Behandlung an ihnen ausließen*).

Als Baring sich überzeugt hatte, daß die Besetzung des Wohnhauses durch den Feind den Garten ganz unhaltbar

---

*) Der Durchgang durch das Wohngebäude nach dem Garten war schmal, die Offiziere bemühten sich daher, hier ihre Leute zum Stehen zu bringen und einen neuen Angriff zu machen; da die Franzosen aber schon anfingen, denselben entlang zu schießen, so wurde es unausführbar. Fähnrich Frank sah, daß ein französischer Soldat seine Muskete auf den Lieutenant Gräme anschlagen wollte, und rief ihm daher zu, sich in Acht zu nehmen; dieser aber bemühete sich noch immer, seine Leute zu sammeln und antwortete ihm daher: „Kümmere Dich nicht darum, laß den Schurken schießen!“ In demselben Augenblick wurde das Gewehr angelegt, fiel aber zu Boden, da Frank noch zeitig zur Rettung seines Freundes den Eigenthümer niederstieß. Die Franzosen drangen hierauf in das Haus, die vordersten schossen auf Frank und es wurde ihm ein Arm zerschmettert. Trotz dem gelang es ihm, in einer Schlafstube Schutz zu finden und sich unter dem Bette zu verbergen. Zwei Soldaten flüchteten in dasselbe Zimmer, die Franzosen folgten ihnen aber auf dem Fuße nach und schossen sie unter dem Ausruf: „Pas de pardon à ces coquins verds!“ ganz nahe von Frank nieder. Dieser hatte das wohlverdiente Glück unentdeckt zu bleiben, bis das Haus wieder in den Besitz der Verbündeten kam. Lieutenant Gräme war in dem Gange geblieben und wurde plötzlich von einem französischen Offizier beim Kragen erfaßt, wobei derselbe seinen Leuten zurief: „C'est ce coquin!“ Mehrere Bajonnete kreuzten sich gegen ihn, er parirte indessen die Stöße derselben mit seinem Säbel und floh in dem Augenblick, wo der französische Offizier ihn los ließ, den Gang entlang. Die Franzosen sandten ihm noch zwei Kugeln und ihr „Coquin!“ nach, folgten aber nicht weiter. Es gelang ihm daher, sich dem Rest seines Bataillons wieder anzuschließen.

machen mußte und seine Offiziere hierüber ganz derselben Meinung waren, ließ er die Leute sich einzeln nach der Haupt-Position zurückziehen. Der größere Theil derselben, geführt von ihrem tapfern aber niedergeschlagenen Kommandeur, stieg durch eine Oeffnung des hohen Randes auf der Nordost-Ecke des Gartens in die Chaussee hinab und zog sich längs der andern Seite derselben zurück. Baring sandte die Reste der erhaltenen Verstärkungen ihren verschiedenen Regimentern zurück und schloß sich mit den wenigen Leuten seines Bataillons, die ihm noch geblieben waren, an die beiden Kompagnien des 1sten leichten Bataillons der deutschen Legion an, welche in dem Hohlwege nahe zur Rechten der Straße postirt waren.

Die Uebergabe von La Haye Sainte war unter den beschriebenen Umständen ebenso ehrenvoll, als die Vertheidigung des Postens gegen einen übermächtigen und wüthenden Schwarm von Feinden tapfer gewesen war. Die vollkommene Ueberzeugung, daß ein fernerer Widerstand die Aufopferung des ganzen Restes seiner tapfern Bande zur Folge haben müsse, machte einen Befehlshaber wie Baring, der mit dem Urtheile und der Voraussicht eines wahren Soldaten begabt war, um die Erhaltung seiner tapfern Krieger für einen andern Theil des großen Kampfes besorgt, damit sie nochmals ihren Feinden unter günstigeren Umständen entgegentreten und ihre Tapferkeit und Hingebung in dem großen Ringen geltend machen konnten*).

Ein lautes und wiederholtes Triumphgeschrei verkündete dem französischen Kaiser die Einnahme von La Haye Sainte. Er befahl daher sogleich, daß derselben ein kräftiger Angriff

---

*) Die namentliche Liste der Offiziere, welche bei der ruhmvollen Vertheidigung von La Haye Sainte gegenwärtig waren, ist enthalten Beilage I.

gegen das Centrum der englisch-alliirten Schlachtlinie und eine Erneuerung des Sturmes auf Hougomont folgen solle.

Ney sah deutlich, daß ohne eine Verstärkung von Infanterie es unmöglich wäre, den Vortheil, welchen die Einnahme von La Haye Sainte darbot, wirksam zu verfolgen. Die von Napoleon zu seiner Disposition gestellte Kavallerie war durch ihre zahlreichen Attaken gegen die englisch-alliirte Front fast gänzlich vernichtet, durch jene Attaken, welche mit der größten Tapferkeit ausgeführt wurden und dennoch ohne ein bestimmtes und entscheidendes Resultat gegen irgend einen Punkt dieser Front geblieben waren. Wenn diese Waffe, welche die Blüthe der ritterlichen Kavallerie Frankreichs umfaßte, ohne Erfolg geblieben war, als sie prangend in der Frische ihrer Kraft, stolz in dem Bewußtsein der imposanten Erscheinung ihrer Massen und ungeduldig in der Erwartung des Kampfes vorging, der ihren großen Ruf noch erhöhen sollte, wie konnte er jetzt auf ihre Wirksamkeit rechnen, da alles dies so ganz anders war? Der Zustand, auf welchen seine Infanterie herabgesunken war, bot eine fast gleich hoffnungslose Aussicht dar. Das Korps Erlon hatte durch seinen höchst unglücklichen Angriff gegen den linken Flügel und das Centrum der Alliirten empfindlich gelitten, war dann auf dem linken Flügel durch die wiederholten Stürme gegen La Haye Sainte noch mehr geschwächt worden und mußte seit der Ankunft Bülows auch auf dem rechten Flügel noch thätige Vorsichtsmaßregeln treffen. Das Korps Reille dagegen hatte durch seine unaufhörlichen aber erfolglosen Versuche, sich in den Besitz des wichtigen Postens Hougomont zu setzen, ganz ungeheure Verluste erlitten. Aber Ney — „le plus brave des braves" — in dessen Charakter Entschlossenheit und Ausdauer überwiegend waren, konnte nicht durch solchen traurigen Anblick abgehalten werden, die ihm von seinem kaiserlichen Herrn gestellte Aufgabe nach Kräften zu lösen. Ohne Zweifel hatte er zu der Zeit, als er den Kaiser dringend um frische Infanterie bat, einen Sturm gegen den englisch=alliirten rechten Flügel beschlossen; er beabsichtigte, denselben in der beliebtesten taktischen Form der Kaiserzeit — in Angriffs=Kolonnen von Bataillons=Massen — auszuführen und durch seine Kavallerie zu unterstützen, da diese Waffe noch immer kräftig und gefechtsfähig geblieben war. Jetzt aber schlossen seine erschöpften Streitkräfte die Ausführung dieses Angriffsplanes aus, er nahm daher, soweit es bei der reducirten Stärke seiner Truppen möglich war, zu einem andern Systeme seine Zuflucht, welches in den Zeiten der Republik so große Erfolge hervorgebracht und bei den französischen Soldaten stets in großer Gunst gestanden hatte — zu dem Angriff en tirailleurs. Hierdurch konnte er besser den geschwächten Zustand seiner Truppen verbergen und vielleicht auf einem wichtigen Punkt der alliirten Frontlinie einen solchen Eindruck hervorbringen, daß der Kaiser den gewonnenen Vortheil verfolgen, seine Reserve vorbringen und den entscheidenden Schlag thun konnte.

Die ganze Division Donzelot, unterstützt von einem Theil der des General Alix und einer starken Abtheilung Kürassiere, welche aus den tapfern Resten ganzer Regimenter zusammengesetzt war, wurde gegen das Centrum der englisch=alliirten Linie in Bewegung gesetzt, während frische Verstärkungen des Reille'schen Korps in die Umgränzungen von Hougomont hinabströmten.

Die erste Maßregel der Eroberer von La Haye Sainte war die Benutzung des Vortheils, welchen ihnen der Besitz des Pachthauses, des Gartens und des anliegenden hohen Randes darbot, um ein beherrschendes Feuer auf die beiden Kompagnien der 95sten britischen Jäger zu richten, welche den Hügel bei der Sandgrube auf der andern Seite der Straße besetzt hielten. Da diese gleichzeitig auch in der Front ange=

griffen wurden, so war ihr Posten nicht länger zu halten, weshalb sie sich auf ihr Gros nach der Straße von Wavre zurückzogen. Während dessen war es den Franzosen auch gelungen, zwei Kanonen um die Hecke des Gartens herum nach dem hohen Rande der Chaussee vorzubringen und aus denselben ein Kartätschfeuer gegen die Brigade Kempt zu eröffnen, welche längs und hinter der Straße nach Wavre auf der andern Seite der Chaussee aufgestellt war. Dieses Feuer wurde jedoch durch das 1ste Bataillon der 95sten britischen Jäger sehr bald zum Schweigen gebracht, in dem die Artilleristen niedergeschossen wurden, bevor sie eine zweite Decharge abgeben konnten. Hierauf ging eine starke Infanteriemasse unter Deckung des Pachthofes vor, erstieg den Haupt-Höhenrücken und breitete sich in eine dichte Tirailleur-Linie aus, welche kühn gegen den linken Flügel der Division Alten vordrang.

Das konzentrirte Feuer derselben wirkte schrecklich gegen die geduldigen Quarrees. Alten sandte Ompteda den Befehl zu, wo möglich eins seiner Bataillone deployiren zu lassen und gegen den Feind vorzugehen. Ompteda, ein Soldat, so tapfer und so hoch begabt, als je einer das Waffenhandwerk ergriff, war gern bereit, diesen Befehl zu erfüllen, wußte aber aus eigener Beobachtung, daß hinter dem Vorhange der Tirailleur-Linie eine starke Abtheilung feindlicher Kavallerie laure. Er hielt es daher für seine Pflicht, auf die große Gefahr aufmerksam zu machen, welche einer solchen Bewegung drohete. In diesem Momente der Unschlüssigkeit ritt der Prinz von Oranien an Ompteda heran und befahl ihm, zu deployiren. Dieser sprach nochmals seine schon vorher geäußerte Meinung aus, worauf der Prinz, ungeduldig werdend, den Befehl wiederholte und sich alle weitere Einwendungen verbat. Ompteda, beseelt vom wahren militairischen Geiste, ließ sogleich das 5te Linien-Bataillon aufmarschiren, stellte sich selbst an die Spitze desselben und führte es gegen die Tirailleur-Masse, welche unausgesetzt vorgedrungen war und unter deren lästigem Feuer die Deutschen die größte Tapferkeit und Festigkeit entwickelt hatten. Die Franzosen wichen, als die Linie zur Attake vorging, und als dieselbe sich dem Garten von La Haye Sainte näherte, suchten sie plötzlich und rasch in den Hecken Schutz. Im nächsten Augenblick aber wurde das Bataillon von einem Kürassier-Regiment wüthend angefallen und von der rechten Seite her vollständig aufgerollt. Diese Kavallerie-Attake, welche mit großer Geschicklichkeit eingeleitet und mit bewunderungswürdiger Schnelligkeit ausgeführt worden war, hatte die muthigen aber unglücklichen Deutschen mit schrecklicher Zerstörung betroffen und bestätigte vollkommen und unheilvoll die Wahrheit der ungehörten Voraussagung ihres kühnen Führers. Der erlittene Verlust war so bedeutend, daß von dem ganzen Bataillon nach und nach nicht mehr als 30 Mann mit einigen wenigen Offizieren in dem Hohlweg versammelt werden konnten, der längs der Front des linken Flügels der Brigade sich hinzog. Unter den Erschlagenen befand sich Ompteda selbst und fiel so mit seinen Soldaten als ein Opfer des Mangels an jener Vorsicht, von deren Nothwendigkeit er vergeblich seinen Vorgesetzten zu überzeugen suchte.

Während die französischen Kürassiere nach allen Richtungen hin niederhieben und ihr Werk der Zerstörung unter den unglücklichen Deutschen vollendeten, waren die 95sten britischen Jäger, auf der andern Seite der Chaussee, aus Furcht, ihren Verbündeten zu schaden, unthätige Zuschauer dieser Scene geblieben, gaben nun aber in demselben Augenblick, wo die 3ten Husaren der deutschen Legion ihren Landsleuten zu Hilfe eilten, eine mörderische Salve auf die Feinde, welche nach allen Richtungen zerstäubten und die Front der Brigade Ompteda vollständig frei machten. Kurz darauf gingen die 3ten

Husaren vor, trafen aber auf die Reserven der Kürassiere, als diese den Abhang erstiegen und wurden, bei ihrer großen Minderzahl, nach kurzem Kampfe zum Rückzuge gezwungen.

Eine Tirailleur-Masse stieg nun links aus dem Thale westlich von La Haye Sainte herauf und drang mit großer Kühnheit gegen das vom 3ten Bataillon 1sten Fußgarde-Regiments gebildete vorderste Quarree der britischen Brigade Maitland vor. Auf dieses Quarree konzentrirten sie ein mörderisches und wohlgenährtes Feuer und fügten dadurch den britischen Garden einen empfindlichen Verlust zu. Ebenso beschoß noch weiter links ein anderer Theil dieser Tirailleurs mit großer Heftigkeit das linke Quarree der Brigade Adam, welches aus dem 2ten Bataillon des 95sten Jäger-Regiments bestand. Die exponirte Lage des 3ten Garde-Bataillons, dessen Quarreefeuer dem der feindlichen Schützen so sehr an Wirksamkeit nachstand, erregte die Aufmerksamkeit des Herzogs von Wellington. Er ritt sogleich an das Bataillon heran und befahl demselben, in Linie aufzumarschiren und die Tirailleurs den Abhang hinunter zu treiben. Der Kommandeur desselben, Oberst-Lieutenant D'Oyley, ließ sogleich die rechte und linke Seite des Quarrees in Linie einschwenken — die rechte Hälfte der hintern Seite folgte der ersteren, die linke der andern Seite nach — und attakirte den Feind den Berg hinunter. Da bemerkte man die Annäherung einer Abtheilung französischer Kavallerie, worauf das Bataillon mit großer Schnelligkeit und Regelmäßigkeit Quarree formirte. Die Kavallerie wich diesem Quarree aus, erhielt aber das Feuer desselben, jagte dann längs der Front des 52sten Regiments fort und gerieth hierdurch in ein neues wirksames Feuer, wodurch sie fast vernichtet wurde. Das 3te Garde-Bataillon zog sich während dessen in vollkommener Ordnung nach seiner anfänglichen Aufstellung zurück.

Als die Verstärkungen des Reille'schen Korps an Hougomont herangekommen waren, wurden die Tirailleurs in und um diesen Posten auf allen Punkten abgelös't. Der Wald und die Hecken auf beiden Seiten schwärmten bald voll Tirailleurs, und das lebhafte Geknatter des Musketenfeuers, vermischt mit dem Rufe „En avant!", bekundete den Entschluß der Franzosen, daß die Einnahme von La Haye Sainte nicht der einzige Triumph sein sollte, den sie auf der Front der englisch-alliirten Armee erringen wollten. Ueberall traten die braven Vertheidiger des Postens dem Sturme tapfer entgegen. Die Flügel-Kompagnien der Garden trotzten hinter den Mauern und in den Gebäuden jedem Versuche ihrer Angreifer, sie daraus zu vertreiben. In diesem Augenblick brannten alle Nebengebäude, mit Ausnahme derjenigen, welche dem Walde gegenüber lagen. Das Dach und die oberste Etage des Schlosses waren eingestürzt und die Flammen brachen unausgesetzt mit der größten Heftigkeit auf allen Seiten heraus. Die Hitze wurde so stark, daß sie die Menschen fast erstickte, und die hervorquellenden Wolken dicken Rauches machten alle Gegenstände unkenntlich. Aber das Vertheidigungs-System, die Disciplin und die Ordnung, welche die begeisterte Garnison während der ganzen Dauer dieser Prüfungszeit entwickelte, waren so bewunderungswürdig und so vollkommen, daß des Feindes Bemühungen, auf irgend einem Punkte den Eingang zu forciren, vollständig fehlschlugen. Das wohlunterhaltene Feuer der Mauer hielt die Franzosen stets ab, eine Eskalade zu versuchen. Während die Mitte der Tirailleur-Linie ein ununterbrochenes Feuer von den Hecken und Bäumen aus eröffnete, welche der Südseite der Gebäude und der Gärten gegenüber lagen, drangen die Flügel in Schwärmen gegen die Umfassungen vor, welche den Posten flankirten. Auf der rechten Seite widerstand das 2te Bataillon der Coldstream-Garde hinter der Hecke, welche den Haupt=Zugang zum Schlosse begrenzte, mit Erfolg diesem wüthenden Anlaufe. Auf der linken Seite dagegen hatte das 2te Bataillon des 3ten Garde=Regiments sehr bedeutende Verluste erlitten, konnte daher den übermächtigen Strom nicht aufhalten und zog sich schnell nach dem schützenden Hohlwege zurück. Die französischen Tirailleurs folgten nach, stutzten aber vor dem plötzlichen heftigen Feuer, welches sie von der östlichen Gartenmauer her erhielten, und da die Leute des 3ten Garde=Regiments während dessen durch das 2te Linien=Bataillon und die leichten Kompagnien der Brigade du Plat verstärkt worden waren, so wurde der Feind wieder bis zur vordern Hecke des Obstgartens zurückgetrieben. Als er kurz darauf nochmals vordrang, zwang ihn das Flankenfeuer der östlichen Gartenmauer, verbunden mit dem Frontalfeuer der Vertheidiger des Obstgartens, wiederum zur Umkehr. Das 3te Garde=Regiment besetzte von Neuem die vordere Hecke und erzwang, im Verein mit den leichten Truppen der Brigade du Plat und den Resten des braunschweigschen Avantgarden=Bataillons, sowie des 1sten Bataillons des 2ten nassauschen Regiments, nahe an der Südost=Ecke der Gartenmauer den Eingang in den Wald, in welchem es jetzt wieder festen Fuß faßte.

Beim Beginn dieses eben beschriebenen Angriffs auf Hougomont bemerkte man, daß der rechte Flügel der Brigade Adam zu nahe an der Umfassung von Hougomont stände und einem Flanken=Angriffe von dort her zu sehr ausgesetzt sei. Man zog dieselbe daher den Abhang weiter hinauf und bald darauf nach dem innern Abhange zurück, um sie dem hauptsächlich gegen sie gerichteten feindlichen Kanonenfeuer mehr zu entziehen.

Es war jetzt beinahe 7 Uhr. Die Truppen, welche Hougomont und die dortigen Hecken vertheidigten, hatten glücklich den letzten Sturm zurückgeschlagen und der Kampf in und um diesen Punkt war wieder in ein Tirailleur-Gefecht ausgeartet, welches mit mehr oder weniger Kraft auf allen Punkten unterhalten wurde. Längs der Front des äußersten rechten Flügels der englisch-alliirten Linie behaupteten die Tirailleurs der britischen Infanterie-Brigade Mitchell ihren Platz mit großer Festigkeit und Tapferkeit. Das Gros der braunschweigschen Infanterie stand auf dem innern Abhange hinter der Brigade Adam und die niederländische Infanterie-Division Chassé, welche von Braine-la-leud angekommen war, marschirte längs und hinter der Niveller Straße so auf, daß ihr Centrum von dem engen Wege, der von der Chaussee nach dem Dorfe Merbe-braine führt, durchschnitten wurde; sie hatte diese Stellung schon in dem Augenblick eingenommen, als die Brigade Adam ins erste Treffen rückte. Vorwärts des englisch-alliirten linken Flügels waren die Tirailleurs fortwährend engagirt, und auf dem äußersten linken widerstanden die Truppen in Smohain, La Haye und Papelotte allen Versuchen des Feindes, sie zu vertreiben. Das Centrum der englisch-alliirten Armee wurde von dem Augenblick an, als die Franzosen in den Besitz von La Haye Sainte gekommen waren, ohne Unterlaß angegriffen. Auf der linken Seite der Chaussee debuschirten sie aus dem Pachthof und erstiegen die Position in Wolken von Tirailleurs. Ein Theil derselben besetzte ganz dicht den Wall, welcher an den hohen Rand der Straße stieß und ungefähr nur 75 Schritt vorwärts des von der Brigade Ompteda besetzten Hohlweges lag. Auf der andern Seite der Chaussee unterhielten die französischen Truppen, welche auf dem Hügel oberhalb der Sandgrube standen, ein merkwürdig schnelles und dauerndes Feuer. Sie deckten sich so gut als möglich hinter dem Kamm des Hügels und exponirten ihre Körper nur so weit, als es nöthig war, um über die Krete desselben in knieender Stellung hinwegfeuern zu können. Dieses Feuer wurde mit der größten Lebhaftigkeit und Entschlossenheit von den Brigaden Kempt nnd Lambert beantwortet. Auf der alliirten rechten Seite der Chaussee waren die erschöpften Ueberreste der Brigade Ompteda nicht länger ein bedeutendes Hinderniß für die verwegenen Tirailleurs, welche sich ihr gegenüber zusammengedrängt hatten. Die Munition fing an, ihnen zu fehlen, viele, welche keine Patronen mehr hatten, zogen sich zurück und eine mehr als gewöhnliche Zahl war mit Wegschaffung der Verwundeten beschäftigt. Die Division Alten war den wüthendsten Stürmen von Artillerie, Kavallerie und Infanterie ausgesetzt gewesen und ihre britischen und deutschen Brigaden waren daher schrecklich zusammengeschmolzen. Der Besitz von La Haye Sainte gewährte den Franzosen eine große Leichtigkeit, ihre verzweifelten Versuche zur Forcirung dieses Theiles der Front der Allürten fortzusetzen und machte die Lage jener Truppen äußerst kritisch. Alten hatte während des ganzen Tages dieselbe Kaltblütigkeit, Kühnheit und Geschicklichkeit bewiesen, welche seine Laufbahn in dem Kriege der pyrenäischen Halbinsel charakterisirten und durch seine Gegenwart und sein Beispiel die Energie seiner Leute mächtig aufgeregt. Er sollte aber nicht mehr Zeuge der Schlußscene ihrer ruhmvollen Anstrengungen sein, denn um diese Zeit wurde er verwundet, mußte das Schlachtfeld verlassen und den Befehl über seine Division seinem tapfern Landsmann Kielmannsegge übergeben.

Auf kurze Entfernung hinter der Brigade Lambert stand die Brigade Pack (ausgenommen die 1sten Royal Scots, welche im ersten Treffen waren) in zusammenstoßenden Kolonnen mit Viertel-Distance und rechts an die Chaussee gelehnt, während noch weiter rückwärts die handversche Brigade Vinke die Reserve bildete und zwei ihrer Bataillone, Hameln und Gifhorn, in zusammenstoßenden aufgeschlossenen Kolonnen links der Straße, die andern beiden, Peine und Hildesheim, in ähnlicher Formation rechts derselben bei dem Pachthofe Mont St. Jean stehen hatte.

Die Hartnäckigkeit und der Eifer, mit welchen die Franzosen ihre Angriffe gegen das Centrum der englisch-alliirten Linie ausführten und die vermehrte Kraft, mit welcher sie dieselben jetzt noch verfolgten, stimmten mit dem großen Plane Napoleons überein, dieses Centrum zu durchbrechen und den rechten Flügel der Armee des Herzogs über den Haufen zu werfen. Zur Ausführung dieses letztern Planes bereitete er einen andern furchtbaren Schlag selbst jetzt noch vor, wo die Preußen mit den Truppen seines äußersten rechten Flügels in und um Planchenoit schon vollständig im Gefecht begriffen waren. Bevor wir aber zu der Schlußscene des Kampfes zwischen der englisch-alliirten und der französischen Armee übergehen, wird es nothwendig sein, zu den Operationen des preußischen Heeres zurückzukehren, um zu der vollen und verständlichen Entwickelung und der nöthigen Verbindung aller der leitenden Züge und der verschiedenen Gestaltungen der großen Schlacht zu gelangen, deren Resultat die Entscheidung des Feldzuges in Belgien sein mußte.

Dreizehntes Kapitel.

Die Schlacht bei Waterloo.

Vorrücken der Preußen gegen das Schlachtfeld von Waterloo. — Schwierigkeiten und Hindernisse, welche ihrem Marsch entgegenstanden. — Die 15te und 16te preußische Infanterie-Brigade erreichen den Wald von Paris. — Um halb 5 Uhr beschließt Blücher, die rechte Flanke der französischen Armee anzugreifen, ohne die Ankunft seiner andern Truppen abzuwarten. — Die preußische Kavallerie wird von Domont zurückgetrieben. — Drei preußische Bataillone greifen den äußersten rechten Flügel des französischen ersten Treffens bei Smohain an, werden aber zum Rückzuge nach dem Dorfe gezwungen. — Napoleon sendet das Korps Lobau zur Unterstützung Domonts ab. — Blüchers Angriffs-Disposition. — Die französischen Regimenter der alten und mittleren Garde nehmen die vom Lobauschen Korps verlassene Reserve-Stellung auf den Höhen von La Belle Alliance ein. — Lobau geräth mit Bülow in ein Gefecht. — Der Rest des Bülowschen Armee-Korps erreicht das Schlachtfeld. — Blüchers Disposition zum weitern Angriffe. — Gegenseitige Stärke der Bülowschen und Lobauschen Truppen. — Napoleon sendet zur Unterstützung des rechten Flügels Lobau's die junge Garde nach Planchenoit. — Um 6 Uhr erhält Blücher die Nachricht, daß Thielemann von einem überlegenen Feinde bei Wavre angegriffen worden sei. — Dieser Umstand hält ihn aber von der Ausführung seines Planes nicht ab. — Bülow greift Planchenoit an. — Kampf in diesem Dorfe. — Die Preußen werden wieder hinausgeworfen. — Sie sammeln sich und erneuern den Angriff. — Napoleon sendet zwei Bataillone der alten Garde nach Planchenoit. — Die Preußen werden nochmals hinausgeworfen und bis in ihre Stellung verfolgt. — Die französische und die preußische Kavallerie gerathen an einander. — Napoleon bemerkt die Vorbereitungen der Preußen zu einem erneuerten Angriff auf Planchenoit und detaschirt den General Pelet mit einem andern Bataillon der alten Garde nach diesem Dorfe. — Kritische Lage

Napoleons. — Er beschließt einen neuen, furchtbaren Angriff gegen die Schlachtlinie Wellingtons. — Wellington sendet den Oberst-Lieutenant Freemantle in der Richtung seiner linken Flanke ab, um die dort erwarteten preußischen Truppen zu suchen. — Lage des Herzogs und Zustand der alliirten Truppen. — Napoleons Anordnungen zum Angriffe. — Die Avantgarde des Ziethenschen Armee-Korps nähert sich dem äußersten linken Flügel der englischen Schlachtlinie. — Die leichten Kavallerie-Brigaden Vivian und Vandeleur werden von diesem Flügel weg nach dem Centrum gezogen. — Die Anordnungen Wellingtons. — Das Centrum der Armee des Herzogs wird von den in und um La Haye Sainte gesammelten französischen Truppenmassen kräftig angefallen. — Ein plötzliches und zerstörendes Feuer wird aus französischen, bis auf den Kamm des Höhenrückens vorgebrachten Geschützen gegen die Brigade Kielmannsegge eröffnet. — Der Prinz von Oranien wird in dem Augenblick verwundet, als er die Nassauer vorführt, um den französischen Angriff auf diesem Punkt abzuschlagen. — Wellington verstärkt dieselben mit fünf Bataillons braunschweigscher Infanterie. — Diese und die Brigaden Kielmannsegge, Ompteda und Kruse sind genöthigt, sich eine kurze Strecke zurückzuziehen. — Der Herzog sammelt die Braunschweiger, welche jetzt ebenso wie die andern Brigaden ihren Platz behaupten. — Die Husaren-Brigade Vivian marschirt hinter diesen Truppen auf. — Kielmannsegge, auf den das Kommando der 3ten Division übergegangen war, führt dieselbe auf ihren früheren Platz zurück.

Der 18. Juni.

Blüchers Dispositionen für den großen Flankenmarsch seiner Armee nach der Gegend hin, in welcher Wellington im Falle der preußischen Kooperation die Annahme der Schlacht beschlossen hatte, sind im achten Kapitel beschrieben worden. Man hatte schon am frühen Morgen Rekognoszirungs-Detaschements und Patrouillen abgeschickt, um den linken Flügel der englisch-alliirten Armee aufzusuchen und die Verbindung mit derselben zu eröffnen. Es war überhaupt wünschenswerth, die Gegend in der Richtung des französischen rechten Flügels aufzuklären, damit man diejenigen Maßregeln Napoleons kennen lernte, durch welche er vielleicht die Vereinigung der alliirten Feldherren zu verhindern trachten möchte. Zu diesem Zwecke wurde der Major von Lützow des Generalstabes mit einem Detaschement des 2ten schlesischen Husaren-Regiments ausgesandt. Als er den Wald von Paris erreichte, fand er denselben nicht blos unbesetzt, sondern bemerkte auch sehr bald, daß die Franzosen gar keine Maßregeln zur Deckung ihrer rechten Flanke getroffen hatten. Ein Trupp preußischer Husaren ging jenseits des Waldes von Paris bis auf einen Punkt in der Nähe von Frischermont vor, von dem aus man eine gute Uebersicht über die französische und die alliirte Stellung und die Bewegungen in denselben hatte. Die Husaren stießen hierbei nicht einmal auf eine feindliche Patrouille.

Der Major von Lützow erkannte die Wichtigkeit einer schnellen Besetzung des Waldes von Paris und wollte eben zurückeilen, um diesen Umstand dem Fürsten Blücher mitzutheilen, als er dem General-Quartiermeister der Armee, dem General von Grolmann, begegnete und denselben über den Stand der Dinge unterrichtete. Dieser sandte sogleich die schlesischen Husaren und zwei Infanterie-Bataillone der Avantgarde des Bülowschen Korps, welche glücklicherweise so eben das Defilee von St. Lambert passirt hatten, zur Besetzung des Waldes vor. Gleichzeitig veranlaßte der General Grolmann beim Feldmarschall, daß die 15te und 16te Brigade den Befehl erhielten, der Avantgarde zu folgen, sobald sie auf der französischen Seite des Defilee's sich wieder gesammelt haben würden.

So groß auch die Schwierigkeiten waren, welche die Preußen bei ihrem Marsche zu überwinden hatten, so erschien doch die Passage des Defilee's von St. Lambert fast unausführbar. Der Regen, welcher während des Nachmittags des 17ten begonnen und ohne Unterbrechung die ganze Nacht hindurch gedauert hatte, verwandelte das Thal der Lasne in einen vollständigen Morast. Der aufgeweichte und grundlose Zustand der Wege zwischen Wavre und St. Lambert hatte so viele Aufenthalte, so viele Unterbrechungen in den Kolonnen verursacht, daß sie bedeutend verlängert worden waren. Blücher zeigte sich auf jedem Punkt seiner Marschlinie, überall seine erschöpften Soldaten ermunternd und sie zu neuen Anstrengungen aufregend. Die Truppen betraten nach kurzem Halt zur Wiederherstellung ihrer aufgelös'ten Reihen das Defilee. Da der Boden dem Drucke nachgab, so wurden Kavallerie und Infanterie entmuthigt; als die Geschütze bis zu den Achsen einsanken und die ermüdeten Soldaten sie herausziehen sollten, da brach ihr Unmuth in dem Gemurmel aus: „Wir können nicht weiter!" „Aber wir müssen!" war die Antwort des alten Helden, „ich habe Wellington mein Wort gegeben und ihr werdet doch nicht wollen, daß ich wortbrüchig werde; strengt euch nur noch wenige Stunden an, Kinder, und der Sieg wird unser sein!" Dieser Anruf ihres verehrten Führers wurde nicht vergeblich gemacht, er belebte die schwindenden Kräfte der Ermüdeten und regte die Starken und Gewandten zu neuen Leistungen auf.

Nach beträchtlichem Aufenthalte und beständigen Schwierigkeiten war endlich der Uebergang der 15ten und 16ten Brigade, der Reserve-Kavallerie und Artillerie vollendet. Um 4 Uhr hatten diese Truppen den jenseitigen Thalrand erstiegen und erreichten das Plateau des schmalen Höhenrückens zwischen der Lasne und dem Smohain, welches steil gegen diese beiden Bäche hin abfällt, einen vergleichungsweise festen und trockenen Erdboden besaß und für die weitern Operationen der Preußen höchst günstig war.

Als die Truppen den Wald von Paris erreichten, stellten sie sich mit breiter Front und in dichtaufgeschlossenen Kolonnen zu beiden Seiten des Weges von Lasne nach Planchenoit auf. Die Artillerie blieb auf dem Wege selbst, die Kavallerie aber war hinter dem Walde aufmarschirt und bereit, der Infanterie zu folgen.

Die 13te und 14te Brigade wurden binnen Kurzem erwartet und das Pirchsche Korps folgte auf demselben Wege. Es war Blüchers Absicht gewesen, die Ankunft dieser Truppen abzuwarten und mit versammelter Macht den Angriff zu unternehmen, indeß als er den Gang der Schlacht beobachtete, die fürchterliche Kanonade und den erneuerten Angriff nach 4 Uhr bemerkte, fürchtete er, daß der Feind eine noch größere Macht gegen die Schlachtlinie Wellingtons verwenden und sie durchbrechen möchte, bevor er von seiner Seite her den Angriff begonnen habe. Er konnte deutlich unterscheiden, wie die Reserven Napoleons hinter La Belle Alliance bereit waren, gegen die englische Linie, welche schon den verzweifeltsten Stürmen getrotzt hatte, losgelassen zu werden. Die vom Herzoge erhaltenen, dringenden Nachrichten zeigten ebenfalls, wie ängstlich dieser auf seine Hülfe rechnete. Diese Betrachtungen überzeugten den Fürsten, daß der Augenblick gekommen sei, in welchem sein Erscheinen auf dem Schlachtfelde den günstigsten Einfluß auf die Lage seines Verbündeten und auf die Entwickelung ihrer vereinigten Bestrebungen haben konnte. Er gab daher den Befehl, den Angriff mit der geringen entwickelten Macht zu beginnen und hoffte, daß dadurch der Marsch der noch zurückgebliebenen Truppen beschleunigt werden würde.

Es war halb 5 Uhr, als die 15te und 16te Brigade aus dem Walde von Paris hervorbrachen, die erstere rechts, die andere links sich entwickelten und beide in der der preußi-

begannen. Die Richtung des Angriffs war senkrecht zu der Flanke der französischen Armee, also auch senkrecht zu der Straße nach Charleroi, der Haupt-Operations-Linie des Feindes.

Zur Deckung der linken Flanke sandte der Oberst von Hiller, Kommandeur der 16ten Brigade, die beiden 3ten Bataillone des 15ten Infanterie- und des 1sten schlesischen Landwehr-Regiments, unter dem Major von Keller, in dieser Richtung bis zum Lasne-Bache aus, jenseit dessen der Major von Falkenhausen mit 100 Reitern des 3ten schlesischen Landwehr-Kavallerie-Regiments die Gegend durchstreifte. General von Losthin, welcher die 15te Brigade befehligte, detaschirte drei Bataillone nach Frischermont und Smohain, um die rechte Flanke zu decken. Es war das 2te Bataillon des 18ten und das 3te des 3ten schlesischen Landwehr-Regiments, gefolgt von dem 1sten Bataillon des ersteren. Die Kavallerie Domonts blieb im Haken aufgestellt und war noch ziemlich weit von den Preußen entfernt, als Blücher die Kanonade beginnen ließ, mehr um der englischen Armee seine Ankunft bekannt zu machen und die Franzosen dadurch abzuhalten, noch mehr Truppen gegen sie zu verwenden, als um eine unmittelbare Wirkung hervorzubringen.

Domont sandte ein Chasseur-Regiment vor, um die preußischen Kolonnen anzufallen und folgte demselben mit dem Reste seiner ganzen Kavallerie. Hierauf gingen die 2ten schlesischen Husaren und das 2te neumärksche Landwehr-Kavallerie-Regiment durch die Infanterie und marschirten vor derselben auf, die Husaren links, die Landwehr mehr rechts. Sie gingen darauf, von dem 2ten neumärkschen Landwehr-Kavallerie-Regiment gefolgt, vor und warfen die Chasseurs zurück; da sie aber bald in der Flanke bedroht wurden und die ganze Linie Domonts im Vorrücken begriffen sahen, mußten sie ihrerseits sich wieder zurückziehen. Diese Bewegung wurde durch die reitende Batterie No. 11, und vorzüglich durch die Fuß-Batterie der 15ten Brigade, unter dem Kapitain Schmidt, welche zur Aufnahme der Kavallerie vorgezogen worden waren, gedeckt. Das wirksame Feuer beider Batterien und das Avanciren der preußischen Infanterie-Kolonnen zwangen Domont für den Augenblick, von seinem Angriff abzustehen.

Die drei nach dem rechten Flügel entsendeten Bataillone erreichten um diese Zeit Smohain. Ihr Vorgehen geschah mit solcher Vorsicht, daß sie eben so unerwartet für die dort befindlichen alliirten Truppen, wie für den rechten Flügel der Franzosen aus der südöstlichen Lisiere des Dorfes debuschirten. Die Preußen drangen sogleich weiter vor, überschritten den Haupt-Hügelrücken, welcher sie von dem französischen äußersten rechten Flügel trennte, und marschirten senkrecht zu der feindlichen Front auf — zwei Bataillone in Linie, das 3te als Reserve. Dieses geschah um halb 6 Uhr. Die Franzosen gingen den Preußen sogleich entgegen, worauf diese sich zurückzogen, die Hecken des Dorfes mit Tirailleurs besetzten und ihre Gegner mit einem kräftigen und wirksamen Kleingewehrfeuer empfingen.

Napoleon schloß aus der Kühnheit des Vorgehens der Preußen, daß bedeutende Verstärkungen ihnen folgen mußten. Er fürchtete, daß dasselbe einen bösen Eindruck hervorbringen möchte, wenn ihm nicht zeitig und wirksam begegnet würde und befahl daher dem 6ten Korps, unter dem Grafen Lobau, aus seiner Reserve-Stellung rechts abzumarschiren, vereinigt mit der Kavallerie Domonts, eine günstige Stellung einzunehmen nnd den Angriff auf dieser Seite des Schlachtfeldes zurückzuweisen. Als Blücher diese mit großer Schnelligkeit und in guter Ordnung ausgeführte Gegenmaßregel bemerkte, entwickelte er seine Truppen sogleich in einer breitern und imposanteren Front. Er dehnte die rechte Flanke bis zu den bewaldeten Höhen von Frischermont aus und lehnte die linke an ein Ravin, welches nahe beim Walde von Virère zum Lasnethal hinabsteigt. Die Reserve-Kavallerie, unter dem Prinzen Wilhelm von Preußen, marschirte in zwei Kolonnen nach der linken Flanke und formirte sich daselbst.

Als Lobau's Korps rechts abmarschirte, gingen die Regimenter der alten und mittleren Garde vor und nahmen die Reserve-Stellung desselben auf den Höhen hinter La Belle Alliance ein.

Sobald das Korps die Kavallerie Domonts passirt, formirte diese sich zur Unterstützung hinter demselben, und sobald es das Thal überschritten hatte, welches von dem Bergrücken oberhalb Planchenoit auf der Nordseite des Dorfes gegen Smohain hin abfällt, eröffnete es aus seinen Geschützen ein lebhaftes Feuer gegen die Bülowsche Front. Es entspann sich eine heftige Kanonade, bei welcher der preußischen Fuß-Batterie No. 14 drei Geschütze demontirt wurden. Bald darauf kamen aber auch die übrigen Brigaden des Bülowschen Korps, die 13te und die 14te, heran. Die Batterien derselben eilten vor und verstärkten mächtig das preußische Geschützfeuer.

Blücher hatte jetzt das ganze Bülowsche Korps bei der Hand und dirigirte daher, seinem anfänglichen Plane gemäß, den Angriff gegen den Rücken des Feindes. Er ließ deshalb die 16te Brigade sich links ziehen und die 14te ihr zur Unterstützung folgen, während die 13te Brigade den Platz der ersteren einnahm und sich links von der 15ten aufstellte. General von Hacke, Chef der 13ten Brigade, sandte das 1ste und 3te Bataillon des 2ten neumärkschen Landwehr-Regiments zur Unterstützung der Truppen in Smohain ab. Ein Theil dieses Detaschements besetzte Frischermont, wodurch der preußische rechte Flügel eine Anlehnung erhielt und die Verbindung mit der Brigade des Prinzen von Sachsen-Weimar, welche die Gartenzäune vor dem linken Flügel der alliirten Armee besetzt hatte, gesichert wurde. Diese Flanke wurde auch durch das 1ste westpreußische Ulanen- und das 2te neumärkische Landwehr-Kavallerie-Regiment gedeckt, während der Rest der Reserve-Kavallerie des 4ten Korps, unter dem Prinzen Wilhelm, dem linken Flügel Bülows in der Richtung auf Planchenoit zur Unterstützung folgte. Die Artillerie längs der preußischen Front gewährte bald einen imposanten Anblick, da die übrigen Batterien des Korps nach und nach ebenfalls in Wirksamkeit getreten waren. Es waren die 12Pfünder-Batterien No. 3 und 5, die 6Pfünder No. 2, 13, 14 und 21 und die reitenden No. 11 und 21, im Ganzen 64 Geschütze entwickelt worden.

Die zur Verfügung Lobau's gestellte Macht war bedeutend schwächer als das Korps, welchem er widerstehen sollte. Er hatte nur 16 Bataillone, 18 Schwadronen und 42 Geschütze, während das letztere (mit Ausschluß der rechts detaschirten sechs Bataillone und acht Schwadronen) aus 30 Bataillonen, 27 Schwadronen und 64 Geschützen bestand. Er konnte demselben keine hinreichend breite und starke Front entgegenstellen und ebensowenig sich vor der Umgehung seiner Flügel sichern. Sobald er daher bemerkte, daß nach diesem wohldurchdachten Angriffsplane die Hauptmasse des Feindes sich gegen Planchenoit wendete, welches damals unbesetzt hinter seinem rechten Flügel lag, zog er sich mit seinen Brigaden en échequier gegen die Brüsseler Chaussee zurück.

Kurz vorher hatten schon mehrere Granaten der preußischen Batterien die Chaussee erreicht und waren in der Nähe von La Belle Alliance, dem Standpunkt Napoleons, niedergefallen. Es wurde diesem daher klar, daß seine schon so sehr gefährdete rechte Flanke bald umgangen sein würde, wenn nicht Lobau sogleich Verstärkungen erhielt. Seine treue Garde, mit welcher er in früheren Schlachten so oft plötzlich hereingebrochenen, übermächtigen Stürmen getrotzt hatte, bildete jetzt seine einzige Reserve. Seit so vielen Stunden war er auf seiner ganzen Front in einen verzweifelten Angriff verwickelt, ohne bisher die geringsten Vortheile errungen zu haben. Er konnte deutlich sehen, daß ohne neuen Kraftaufwand, ohne die Einwirkung einer mächtigen Reserve auf dieser Seite des Schlachtfeldes kein Siegesstrahl mehr seinen Waffen leuchten würde. Aber jetzt, da er sich gegen einen neuen Feind in Defensiv-Operationen verwickelt, da er durch denselben seinen Rücken und seine Haupt-Rückzugslinie gefährdet sah, war die Nothwendigkeit, einen Theil jener Reserven anderweitig zu verwenden, immer dringender geworden. Der Anblick des Bülowschen linken Flügels, welcher nach Planchenoit hinabstieg und den rechten Lobau's umging, und die mächtigen Batterien längs der preußischen Front, in wunderbarer Uebereinstimmung mit der günstigen Beschaffenheit des Bodens, auf welchem sich die Linie immer mehr näherte, zeigten deutlich, daß die schnelle und starke Besetzung dieses Dorfes die einzig richtige Maßregel zur Abwendung der drohenden Gefahr sei. Die beiden Divisionen der jungen Garde, welche rechts der Chaussee, dicht bei Rossomme, aufgestellt waren und aus vier Bataillonen Voltigeurs und vier Bataillonen Tirailleurs bestanden, waren die nächsten zur Hand; Napoleon befahl daher dem General Duhesme mit ihren und 24 Geschützen der Garde-Artillerie augenblicklich dorthin zu eilen und sich rechts des Lobau'schen Korps aufzustellen. Dies war der Zeitpunkt (6 Uhr), wo Napoleon dem Marschall Ney, der ihn um frische Infanterie bat, antwortete: Où voulez-vous que j'en prenne? voulez-vous que j'en fasse? — ein Ausdruck, dessen Stärke die kritischen Verhältnisse seiner Lage deutlich genug zeigt.

Um diese Zeit erhielt auch Blücher die Nachricht, daß Thielemann von überlegenen Streitkräften bei Wavre angegriffen worden sei und daß es zweifelhaft wäre, ob er seinen Platz behaupten könne. Der Entschluß des Fürsten, seinen gegenwärtigen Angriffsplan durchzuführen, blieb aber fest und unwiderruflich. Er fühlte es tief, daß auf dem Schlachtfelde vor sich das Schicksal des Feldzuges entschieden werden mußte und daß er den einzig wahren und richtigen Weg zur Vernichtung der französischen Hauptarmee einschlüge, wenn er mit Aufbietung aller Kräfte den mit Wellington verabredeten und mit so vieler Aussicht auf Erfolg begonnenen Operationsplan verfolgte. Es beruhete dieser Entschluß auf dem leitenden Grundsatze der ganzen Strategie, die größte Masse auf den entscheidenden Punkt zu bringen. Er gab daher sogleich den Befehl, daß Thielemann sich so gut vertheidigen möchte als er könnte und daß er seinem Gegner jeden Zoll des Bodens streitig machen solle. Gleichzeitig aber befahl er Bülow, mit seinem linken Flügel weiter vorzudringen und sich in den Besitz des Dorfes Planchenoit zu setzen.

Der Oberst von Hiller formirte die 16te Brigade in drei Angriffs-Kolonnen. Zwei Bataillone des 15ten Regiments, unter dem Major von Wittig, marschirten rechts gegen das Dorf; zwei Bataillone des 1sten schlesischen Landwehr-Regiments, unter dem Major von Fischer, bildeten die mittlere und zwei Bataillone des 2ten schlesischen Landwehr-Regiments, unter dem Oberst-Lieutenant von Blomdowsky, die linke Angriffs-Kolonne. Die 14te Brigade folgte als Reserve nach und sandte die 1sten Bataillone des 11ten Linien- und des 1sten pommerschen Landwehr-Regiments zur nähern Unterstützung der Angriffs-Kolonnen vor.

Während dessen hatte die junge Garde Planchenoit besetzt und sich zur Vertheidigung desselben eingerichtet. Als die den preußischen Angriffs-Kolonnen vorangehenden Tirailleurs sich der östlichen Lisiere des Dorfes näherten, wurden sie mit einem mörderischen Kleingewehrfeuer empfangen. Einige Stücke Geschütz feuerten gleichzeitig auf die Kolonnen, welche nichtsdestoweniger mit großer Tapferkeit und Festigkeit eine Haubitze und zwei Kanonen nahmen und sich des Kirchhofes bemächtigten. Die Besetzung dieses von Natur starken Postens, welcher mit einer niedrigen außerhalb fast überall durch einen steilen Erdrand verstärkten Mauer umgeben ist und durch seine Lage den größern Theil des Dorfes dominirt, schien den Preußen große Vortheile zu gewähren. Die junge Garde warf sich indessen, augenscheinlich auf diesen Fall vorbereitet, in die umgebenden Häuser und Gärten und richtete von da aus ein konzentrisches Feuer auf die Besitzer des Kirchhofes. Diese beantworteten dasselbe mit großer Lebhaftigkeit, und da die Entfernung der feindlichen Parteien äußerst gering war, so fielen auf beiden Seiten in rascher Folge sehr viele Opfer. Als endlich die französischen Soutiens herangekommen waren, in den Kampf eingriffen und eine der Kolonnen sich im Rücken der Preußen zeigte, wurden diese gezwungen, die errungenen Vortheile wieder aufzugeben und sich aus dem Dorf zurückzuziehen. Sie wurden dabei von einem Theile der Lobau'schen Kavallerie verfolgt, welche jedoch in das Feuer der Batterie No. 2 gerieth und daher wieder umkehren mußte.

Die aus Planchenoit geworfenen preußischen Truppen sammelten sich sogleich und formirten sich wieder. Die 2ten Bataillone des 11ten und des 1sten pommerschen Landwehr-Regiments vereinigten sich sodann mit ihren 1sten Bataillonen, welche die Soutiens der Angriffs-Kolonnen gebildet hatten, und gingen, vom 15ten Regimente gefolgt, zu einem neuen Sturm vor.

Napoleon erkannte hieraus den festen Entschluß des preußischen Feldherrn, den Angriff auf Planchenoit fortzusetzen und den französischen rechten Flügel vollständig zu umgehen. Er schickte daher den General Morand, colonel en chef der Chasseurs der alten Garde, mit einem Bataillon von jedem der 2ten Grenadier- und Chasseur-Regimenter nach dem Dorfe. Diese Bataillone erreichten den Kampfplatz eben, als die Preußen wieder in das Dorf gedrungen waren, gingen sogleich zum Angriff über, trieben die letzteren nochmals aus dem Dorfe und verfolgten sie bis zu ihrer Hauptstellung. Hierbei drangen französische Tirailleurs bis in die preußischen Batterien, wurden aber von der 4ten Schwadron des 2ten schlesischen Husaren-Regiments niedergehauen. Die französische Kavallerie machte Miene, vorzugehen, wobei das 8te Husaren-Regiment Gelegenheit fand, ein feindliches Lancier-Regiment zurückzuwerfen. Bei der Verfolgung geriethen die Husaren aber in das Feuer eines französischen Infanterie-Bataillons und mußten sich wieder zurückziehen. Ebenso wurde ein französisches Chasseur-Regiment von einem preußischen Bataillon abgewiesen.

Durch das Vorrücken der 16ten und 14ten Brigade gegen Planchenoit war in der preußischen Schlachtlinie ein leerer Raum zwischen diesen und der 13ten und 15ten Brigade entstanden, welche letzteren mit großer Tapferkeit ihre Stellung auf dem offnen Felde rechts behaupteten. Dieser Zwischenraum wurde jetzt von der Hauptmasse der Bülowschen Reserve-Kavallerie, unter dem Prinzen Wilhelm, ausgefüllt. Dieselbe zwang durch ihre gute Haltung und vollkommene Festigkeit den Feind, in der Defensive zu bleiben, rückte zur Unterstützung der preußischen Infanterie selbst bis ins feindliche Kleingewehrfeuer vor und nahm an diesem Orte den Platz des Fußvolks ein. Der Verlust der preußischen Reiterei war bei dieser Gelegenheit bedeutend. Die Brigadiers Oberst Graf von Schwerin und Oberst-Lieutenant von Watzdorf wurden getödtet. Der Letztere, obgleich vorher schon verwundet, wollte den Kampfplatz nicht verlassen; er wurde bald darauf durch eine Kugel niedergestreckt, und so die preußische Armee eines höchst ausgezeichneten Offiziers beraubt.

Als Napoleon die Vorbereitungen Bülows zur Erneuerung des Angriffs auf Planchenoit bemerkte, hielt er es für nöthig, eine weitere Verstärkung in das Dorf zu senden. Diese bestand aus dem 1sten Bataillon des 2ten Chasseur-Regiments der Garde, unter dem General Pelet, welchem er die große Wichtigkeit des Besitzes von Planchenoit vorstellte. Außerdem wurde das 1ste Bataillon des 1sten Chasseur-Regiments, welches sich bei der Bagage des Kaisers zu Caillou befand, beordert, in den Wald von Chantelet zu eilen, um die rechte Flanke des Dorfes zu decken und es vor einer Umgehung zu sichern.

Die Lage Napoleons war im höchsten Grade kritisch geworden. Der preußische Angriff schien zwar für den Augenblick gehemmt und die Besetzung von Planchenoit in hinreichender Stärke gewährte hier wenigstens die Aussicht eines verlängerten Kampfes, wenn der Angriff erneuert werden sollte. Es mußte aber dem Kaiser einleuchten, daß Blücher nur die Ankunft eines größeren Theiles seiner Armee oder einen günstigen Augenblick erwartete, um seinen Hauptstoß mit einem gleichzeitigen Angriffe Wellingtons zu kombiniren. Gelang es dem preußischen General, den im Haken aufgestellten französischen rechten Flügel zu schlagen, so wurde die Rückzugslinie Napoleons, nämlich die Chaussee nach Charleroi, vollständig unterbrochen und sein vorderstes Treffen, in Flanke und Rücken angegriffen, eine leichte Beute für die englisch-alliirte Armee. Noch konnte er einen geschickten Rückzug auf Nivelles bewerkstelligen, mit einer Armee aber, welche durch die vielen erfolglosen Angriffe auf Wellingtons ungebrochene Front so sehr erschöpft war, wäre auch dieses eine gewagte Unternehmung gewesen. Es ist übrigens sehr die Frage, ob die Idee des Rückzuges je in seiner Absicht gelegen hat; denn ein Rückzug nach so großen Opfern, welcher durch beide feindliche Armeen nach ihrer Vereinigung beunruhigt und unterbrochen worden wäre, mußte ebenso unheilvoll für ihn werden, als eine empfindliche Niederlage, mußte wie diese den Umsturz seiner militairischen und politischen Macht zur Folge haben. Daher sein verzweifelter Entschluß, das Schicksal seiner tapfern Armee und seiner wiedererlangten Herrschaft auf einen neuen, einen entscheidenden Stoß gegen Wellington zu setzen, dessen Truppen mit so wahrhaft heroischem Muthe und solcher unbeugsamen Ausdauer den wüthendsten Stürmen widerstanden hatten, welche er den ganzen Tag hindurch gegen sie los ließ. Durch einen Sieg allein, gleichviel mit welchen Opfern er erkauft war, konnte er den nationalen Enthusiasmus lebendig erhalten, welchen er zwar wieder erweckt hatte, welcher aber sicherlich in unrettbare Apathie übergehen würde, wenn der Schimmer des wiederkehrenden Ruhmes von dem Idole der französischen Soldaten gerissen und das Reich dem Einfalle jener fremden Legionen wieder ausgesetzt worden wäre, welche die Waffen mit dem festen Entschlusse ergriffen hatten, eine Macht für immer zu vernichten, deren Bestehen mit der Sicherheit und der Unabhängigkeit Europa's unverträglich schien.

Da diese Aussichten der Folgen einer Niederlage Napoleon vorschwebten, so beschloß er, gleich einem verzweifelten Spieler, der sein Letztes auf eine Karte setzt, Alles in einem neuen Versuche zu wagen. Der beabsichtigte Schlag sollte seinen kühnen Gegner Wellington treffen, die ganze Front desselben sollte mit Aufbietung aller Kräfte angefallen, sein Centrum und rechter Flügel auf jeden Fall durchbrochen werden. Er befahl sogleich dem General Drouot, alle die Bataillone der Garde zu sammeln, welche vorwärts von La Belle Alliance sich noch in Reserve befanden. Diese gingen nun aus ihrer Stellung in der Nähe des Hauses von De Coster vor. Die beiden Bataillone des 1sten Grenadier-Regiments, welche vorher auf der Höhe hinter La Belle Alliance gestanden hatten, sollten die Reserve der Angriffs-Kolonnen bilden. Erlon und Reille erhielten den Befehl, zur Unterstützung des Haupt-Angriffs gleichzeitig alles das vorzuführen, was ihnen an disponiblen Truppen noch übrig geblieben war. Das Centrum der alliirten Schlachtlinie hinter La Haye Sainte sollte keinen Augenblick vor den Angriffen Ruhe haben, welche beständig von den Truppen aus diesem Pachthof gegen dasselbe unternommen wurden. Sobald als die Garde die Höhe erreicht hatte, sollten diese Truppen das Centrum in einem neuen Sturme durchbrechen.

Wellington fühlte mit tiefer Einsicht in die Pläne seines Gegners, daß seine Stellung bald von einer furchtbaren Macht bestürmt werden sollte und erwartete daher mit größter Ungeduld das Eintreffen der preußischen Truppen auf seinem linken Flügel. Er sandte seinen Adjutanten, den Oberst-Lieutenant Freemantle, nach dieser Richtung ab, um den Marsch aller ihm begegnenden Truppen zu beschleunigen und ihrem Kommandeur vorzustellen, daß der Herzog nicht allein seinen Platz zu behaupten, sondern auch den Sieg zu erringen hoffe, wenn man ihm nur die Mittel gewähre, diejenigen Punkte seiner Schlachtlinie zu verstärken, welche durch die wiederholten Angriffe so sehr geschwächt worden wären.

Obgleich Wellington überzeugt war, daß das Bülowsche Korps sich in voller Thätigkeit gegen den äußersten rechten Flügel der französischen Armee befand, so war das Terrain, auf welchem dieser Angriff ausgeführt wurde, doch zu entfernt von seiner unmittelbaren Wirkungssphäre, um von ihm etwas Anderes hoffen zu können, als eine Diversion gegen die Macht des Feindes. Nur von der Höhe, auf welcher der alliirte Flügel stand, hatte man eine Aussicht auf die Bewegungen der Preußen. Von dem Dorfe Planchenoit konnte man jedoch nur das Dach der Kirche sehen und daher unmöglich unterscheiden, welche Partei auf diesem Punkte im Vortheil war. Napoleon konnte (wie er es auch that) den preußischen Angriff wirksam hemmen und gleichzeitig eine hinreichende Reserve zurückhalten, um mit ihr einen neuen kräftigen Stoß gegen die alliirte Armee auszuführen. Wenn der Herzog daher bei einem Blick auf die schrecklich geschmolzene Stärke seiner Linie (welche er nicht wieder vermehren konnte und welche nur der unüberwindliche Muth seiner britischen und deutschen Truppen zu ersetzen im Stande gewesen war) eine gewisse Ungeduld für die Ankunft desjenigen Theiles der preußischen Armee äußerte, welcher mehr unmittelbar mit der seinigen zusammen wirken sollte, so darf dies nicht befremden. Mit Ausnahme der holländischen und belgischen Truppen, welche noch immer als Reserve zurückgehalten wurden, da es vollkommen nutzlos war, sie ins Gefecht zu ziehen, zeigten seine Regimenter nur die Trümmer jener stolzen Pracht, welche sie noch am Morgen entfaltet hatten. Aber wenn auch das eitle Vertrauen auf die Stärke verschwunden war, so blieb doch der edlere Stolz eines unbeugsamen Muthes unverändert. Da sie jedoch während so vieler Stunden einer fürchterlichen Kanonade ausgesetzt gewesen waren, und dieselbe nur aufhörte, um den Attaken der Kavallerie und Infanterie Platz zu machen, so schien ihre exemplarische, passive Ausdauer manchmal ihrem Ende nahe zu sein. Oft wurde der Herzog von seinen Offizieren um Verstärkungen, um Hülfe angesprochen, aber unveränderlich erhielten sie die Antwort, daß keine Verstärkungen gewährt werden könnten und daß sie ihren Platz bis auf den letzten Mann behaupten müßten. Wenn er die Reihen hinunter ritt, dann thaten ihm seine Soldaten oftmals in einem Gemurmel kund, daß sie wünschten, gegen den Feind geführt zu werden. Dies entlockte seinem Munde die ermuthigenden Worte: „Wartet noch ein wenig, meine Kinder, und eure Wünsche sollen befriedigt werden!"

In allen drei Waffen waren die Verluste Schrecken erregend gewesen. Bataillone zu einer Hand voll Leute herabgesunken, wurden von Kapitains oder Subaltern-Offizieren befehligt. Viele Geschütze auf der ganzen Ausdehnung seiner Schlachtlinie waren demontirt. Die britischen und deutschen Kavallerie-Brigaden, mit Ausnahme der von Vivian und Vandeleur auf dem linken Flügel, waren bis auf weniger als die gewöhnliche Stärke eines Regiments reducirt — die vereinigten Brigaden Somerset und Ponsonby bildeten keine zwei Schwadronen mehr. Es ist wahr, viele hatten die Reihen verlassen, um den Verwundeten beizustehen, aber wenn unter ihnen sich die Schwachen und Feigen befanden, so bewahrten die zurückgebliebenen Muthigen edelmüthig die Tapferkeit und Hingebung, welche, unter der Leitung einer Meisterhand, bestimmt waren, mit endlichem Triumphe gekrönt zu werden. Die Leute waren mit den schnell sich folgenden Scenen des gewaltsamen Todes unter jeder Gestalt, von dem plötzlichen Aushauchen des Lebens bis zu dem langsamen und qualvollen Dahinschmachten, von dem stillen und ruhigen Schlaf, welcher kein Erwachen kennt, bis zu den gespenstigen Konvulsionen des Todeskampfes, endlich vertraut geworden, und wenn das kurze und oft wiederholte Kommando: „Schließt auf!" beim Falle ihrer Kameraden ertönte, dann gehorchte man ihm, als wäre es ein gewohnter Paradebefehl in einem Uebungslager. Solches war die Beschaffenheit der Truppen, gegen die Napoleon mit allen Kräften, welche er aufbieten konnte, einen Sturm beabsichtigte, hoffend — es war seine letzte, seine einzige Hoffnung — seine Adler auf jenen Höhen triumphirend zu entfalten, auf denen die britischen Fahnen noch immer mit stolzer Herausforderung weheten.

Es waren zehn Bataillone der kaiserlichen Garde, welche vorwärts von La Belle Alliance konzentrirt worden waren und bei dem allgemeinen Angriffe auf die englische Stellung den Hauptstoß ausführen sollten. Die beiden Bataillone des 1sten Grenadier-Regiments waren zu ihrer Reserve bestimmt. Jene ersten zehn Bataillone bildeten zwei Angriffs-Kolonnen. Die erste enthielt vier Bataillone der mittleren Garde, nämlich das 1ste und 2te Bataillon des 3ten Grenadier- und das 1ste und 2te Bataillon des 3ten Chasseur-Regiments. Sie war in Bataillons-Massen formirt und bestimmt, gegen die Mitte des englischen rechten Flügels vorzudringen. Die zweite Angriffs-Kolonne bestand aus den vier übrigen Bataillonen der mittleren Garde, nämlich dem 1sten und 2ten Bataillon des 4ten Grenadier- und dem 1sten und 2ten des 4ten Chasseur-Regiments, endlich aus zwei Bataillonen der alten Garde, nämlich dem 1sten und 2ten Bataillon des 1sten Chasseur-Regiments. Diese sechs Bataillone zogen sich in ein Ravin am südöstlichen Winkel der Umgränzungen von Hougomont hinab und bildeten dort eine Infanterie-Masse, welche die erste Kolonne unterstützen und selbst etwas weiter links vordringen sollte*).

Neben und hinter diesen Kolonnen standen die Reste jener glänzenden Kavallerie, von welcher die Wellingtonsche Front

*) Um diese Zeit kam ein französischer Kürassier-Offizier, als Deserteur, an die englische Front heran gejagt. Er wandte sich an den Oberst-Lieutenant Sir Augustus Fraser (Kommandeur der britischen reitenden Artillerie) und benachrichtigte ihn, daß Napoleon in einer halben Stunde mit der Garde die englische Stellung angreifen würde. Oberst-Lieutenant Fraser meldete dies sogleich dem Herzoge.

so wüthend, so hartnäckig bestürmt worden war und deckte die immer größer werdende Intervalle zwischen den Korps Reille und Erlon. Es war die einzige Kavallerie-Reserve, welche Napoleon der Garde mitgeben konnte, um errungene Vortheile zu verfolgen oder im unglücklichen Falle den Rückzug derselben zu decken.

Etwas früher, als diese Angriffs-Kolonnen in Bewegung gesetzt wurden, hatte Vivian, dessen Brigade noch immer auf dem äußersten linken Flügel der englischen Position stand, durch links abgesandte Patrouillen die Nachricht erhalten, daß die Preußen in beträchtlicher Stärke auf dem Wege von Ohain im Anmarsche wären. Sobald er sich persönlich überzeugt hatte, daß die Kavallerie ihrer Avantgarde heran kam, jede Befürchtung für eine Umgehung des linken Flügels der alliirten Armee also aufhöre und er von Sir William Delancey und andern Generalstabs-Offizieren gehört hatte, daß man im Centrum frischer Kavallerie sehr nöthig bedürfe, so machte er dem General Vandeleur, der rechts von ihm stand und älterer Offizier war, den Vorschlag, mit beiden Brigaden dorthin zu marschiren. Vandeleur wollte dies nicht ohne Befehl unternehmen; Vivian setzte daher seine Brigade allein in Bewegung, marschirte hinter der Vandeleurs weg und begegnete bald darauf Lord Uxbridge, welcher sich freute, daß die Wünsche des Herzogs im Voraus erfüllt worden seien. Er ließ Vandeleur befehlen, sogleich nachzufolgen und führte die erstere Brigade selbst längs des Fußes der innern Böschung der Position nach dem Centrum.

Die preußischen Truppen, durch deren Ankunft Vivian veranlaßt worden war, den äußersten linken Flügel zu verlassen, bildeten die Avantgarde des Ziethenschen Korps und bestanden aus der 1sten Infanterie-Brigade, nämlich dem 3ten Bataillon 12ten Regiments, dem 1sten und 2ten Bataillon

24sten Regiments, dem 3ten Bataillon 1sten westphälischen Landwehr-Regiments und der 1sten und 3ten schlesischen Schützen-Kompagnie, sowie aus einem Theile der Reserve-Kavallerie, nämlich dem 1sten schlesischen Husaren-, dem brandenburgschen Dragoner- und dem 2ten kurmärkschen Landwehr-Kavallerie-Regiment. Oberst-Lieutenant Freemantle war ihnen schon früher begegnet und hatte dem General Ziethen den Wunsch des Herzogs ausgesprochen. Derselbe wollte hierauf aber nicht eingehen, da er sich nicht für ermächtigt hielt, sein Korps in der vorgeschlagenen Art zu detaschiren, fügte jedoch hinzu, daß die große Masse der preußischen Armee alsbald auf dem Schlachtfelde eintreffen würde.

Der Rest der Reserve-Kavallerie, unter dem General-Lieut. von Röder, und das Gros des Korps waren indessen noch beträchtlich zurück. Ihnen begegnete der zu ihrer Aufsuchung ausgeschickte Kapitain Jackson vom britischen Generalstabe. Diese Truppen trafen erst auf dem Schlachtfelde ein, als der Sieg schon entschieden war*).

Wellington fühlte also, daß er keine Hoffnung habe, seine geschmolzene Linie durch die zeitige Ankunft preußischer Truppen verstärkt zu sehen, mit welchen er die schwachen Punkte seiner Vertheidigungsstellung unterstützen könnte und daß er nur auf seine eigenen Hülfsquellen rechnen müsse, um den verzweifelten Stoß abzulenken, den Napoleon so eben ausführen wollte. Er traf daher sogleich diejenigen Anordnungen, welche die Umstände von ihm verlangten. Die seit der Einnahme von La Haye Sainte ohne Unterbrechung fortdauernden Angriffe der französischen leichten Truppen gegen das Centrum seiner Stellung hatten eine große Verwüstung auf diesem Theile der alliirten

---

*) Ueber die wirkliche Stärke der preußischen Truppen auf dem Schlachtfelde — siehe Beilage II.

Schlachtlinie angerichtet, und das Bedürfniß der Verstärkung wurde hier äußerst dringend. Um diesem Mangel abzuhelfen, befahl er der damals hinter den Brigaden Maitland und Adam stehenden braunschweigschen Infanterie, nämlich den 2ten und 3ten leichten und den 1sten, 2ten und 3ten Linien-Bataillonen, links in die Intervalle zwischen die Brigaden Halkett und Kruse einzurücken. Um den von den Braunschweigern verlassenen Platz wieder zu besetzen, wurde die niederländische Brigade d'Aubremé aus ihrer Stellung hinter der Straße von Nivelles dahin beordert, während die andere Brigade der Division Chassé, unter dem General-Major Dittmer, kurz darauf nach dem linken Flügel der britischen Brigade Maitland vorgeschoben wurde. Die Reste der englischen Kavallerie standen hinter dem Centrum, wohin auch, wie gesagt, die Brigaden Vivian und Vandeleur marschirten*).

Während die kaiserliche Garde sich zum Angriff formirte, erneuerten die französischen Truppen in La Haye Sainte, welche jetzt aus der ganzen Division Donzelot von Erlons linkem Flügel bestanden, mit verdoppelter Heftigkeit ihren Angriff auf das Centrum der alliirten Stellung. Es war augenscheinlich, daß sie diesen Punkt entweder vor Ankunft der Garde zu ihrer Linken forciren und so den Sturm derselben erleichtern, oder daß sie ihn doch so mürbe machen wollten, daß sie nach glücklichem Ausgange des Angriffs der Garden das ganze Centrum über den Haufen werfen konnten. Das Feuer der Tirailleurs,

*) Um diese Zeit bemerkte der Herzog rechts von der Batterie des Kapitain Bolton sechs von den Belgiern verlassene Geschütze, und forderte den Obersten Sir George Wood auf, dieselben zurückschaffen zu lassen. Dies wurde vom Lieutenant Anderson und einem Theile der Mannschaft der genannten Batterie sogleich ausgeführt; nur eine Kanone blieb stehen, da sie zu weit vorgeschoben war und die französischen Kolonnen mit ihren Tirailleuren schon zu nahe herangekommen waren.

welche sich zwischen dem Pachthof und der Position eingenistet und derjenigen, welche auf der andern Seite der Straße den Hügel bei der Sandgrube besetzt hatten, hatte seit Einnahme jenes Postens unaufhörlich fortgedauert. Die Brigade Ompteda der deutschen Legion, welche fortwährend den in die Chaussee mündenden Hohlweg besetzt gehabt hatte, war bis auf eine Hand voll Leute zusammengeschmolzen. Die beiden Quarrees, in welchen die Brigade Kielmannsegge rechts von jener ihren Platz behauptet hatte, waren furchtbar vermindert worden. Die nassausche Brigade Kruse, noch weiter rechts in drei kleine Kolonnen formirt (zwei im ersten, eine im zweiten Treffen), begann Zeichen des Schwankens zu geben, und der Raum zwischen ihr und der britischen Brigade Halkett war größer geworden, als mit der Sicherheit dieses Theiles der Schlachtlinie verträglich schien. Diese war jetzt in der That so geschwächt worden, daß man mehr zum Scheine als zur wirksamen Unterstützung die schwachen Reste der Scots Greys und der 3ten Husaren der deutschen Legion nahe hinter ihr aufmarschiren ließ. Links von der Chaussee unterhielten das 95ste und 4te britische Regiment, welche deployirt hinter der vordern Hecke der Straße nach Wavre und das 40ste, 79ste, 1ste und 28ste britische Regiment, welche hinter der mit Erde angeschütteten hintern Hecke dieser Straße standen, ein ununterbrochenes Feuer auf ihre Gegner. Das 27ste britische Regiment war von Lambert, in Quarree formirt, auf dem Vereinigungspunkt beider Straßen so aufgestellt worden, daß eine Flanke parallel der Chaussee lief, um die französischen Truppen, auf der rechten Seite der Straße mit einem Flankenfeuer begrüßen zu können, sobald es ihnen gelänge, die Brigaden Ompteda und Kielmannsegge zurückzuwerfen oder um eine nahe mörderische Salve auf jede Kolonne zu geben, welche es versuchen möchte, auf der Chaussee selbst vorzudringen.

Die alliirte Artillerie rechts derselben war jetzt vollständig demontirt. Man sah zwei britische Artilleristen sich vergeblich bemühen, ein Paar Geschütze zu bedienen, aber der Mangel alles zum Laden nöthigen Materials zwang sie, davon abzustehen.

Solches war der Stand der Dinge im Centrum der alliirten Armee, als das fortwährende Knattern des französischen Tirailleurfeuers plötzlich in eine heftige Füsillade überging, welche Alles zu vernichten drohete, was ihr gegenüber stand. Der hohe Rand der Chaussee jenseits des Gartens von La Haye Sainte und der Wall, welcher sich an denselben lehnte, wurden auf einmal dicht von französischen Tirailleurs besetzt. Diejenigen, welche den Chausseerand inne hatten, richteten ihr Feuer auf die britischen Regimenter der Brigaden Kempt und Lambert, während die anderen, unter Benutzung des kleinen vorliegenden Walles, den Zweck der Aufstellung des 27sten britischen Regiments und die Nothwendigkeit erkannten, die rechte Flanke des Angriffs zu decken, ein so nahes und mörderisches Feuer auf dieses Regiment richteten, daß es in wenigen Minuten die Hälfte seiner Mannschaft verloren hatte. Ebenso benutzten die Franzosen auch den trostlosen Zustand der alliirten Artillerie auf diesem Theile der Position und brachten zwei Geschütze bis vor die Nordwest-Ecke des Gartens von La Haye Sainte, woselbst sie vor jedem Feuer von der andern Seite der Chaussee durch die Tirailleurs geschützt waren, welche den Chausseerand und den Erdwall besetzt hatten. Aus diesen Geschützen eröffneten sie ein heftiges Kartätschfeuer auf das linke Quarree der Brigade Kielmannsegge (aus den Feld-Bataillons Grubenhagen und York bestehend) aus der geringen Entfernung von 150 und später sogar von 100 Schritt. Trotz der steigenden Verwüstung, welche hierdurch in seinen Reihen hervorgebracht wurde, bewies das Quarree die ausgezeichnetste

Ausdauer und Resignation. Es war dieses um so bewunderungswürdiger, da es aus Furcht, der hinter der Höhe verborgenen feindlichen Reiterei eine günstige Gelegenheit zur Attake zu geben, das Feuer nicht zu beantworten wagte. Das rechte Quarree (die Feld-Bataillone Bremen und Verden) litt ebenfalls empfindlich. Hierauf wurden noch mehrere Geschütze, welche die französischen Angriffs-Kolonnen hinter ihren Tirailleurs begleitet hatten, vorgebracht und eröffneten ein so mörderisches Feuer auf das letztere Quarree, daß eine seiner Seiten, im wahren Sinne des Wortes, vollständig weggeblasen wurde und der Rest in Form eines Dreiecks stehen blieb. Der Kommandeur und viele andere Offiziere wurden verwundet. Die Munition fehlte bald gänzlich. Das verejnte Musketen- und Kartätschfeuer nahm fortwährend an Heftigkeit zu, und das Quarree schwand endlich bis auf einen Haufen von Menschen zusammen. Die französischen Tirailleurs drängten in dichten Schwärmen vorwärts, während der Schall der Trommeln, welche den Sturmschritt schlugen, das Vorrücken der nachfolgenden Kolonnen verkündete. Der Prinz von Oranien fürchtete, daß das Centrum der alliirten Schlachtlinie durchbrochen werden möchte, wenn nicht irgend eine große Anstrengung gemacht würde, das Vorrücken des Feindes aufzuhalten; er befahl daher dem 1sten und 2ten Bataillon der nassauschen Brigade zu attakiren, und stellte sich selbst an ihre Spitze. Der Prinz wurde aber durch einen Schuß in die linke Schulter getroffen, die Attake mißlang und die Nassauer zogen sich eben zurück, als die von Wellington geschickte Verstärkung ankam. Es waren fünf Bataillone braunschweigscher Infanterie, welche rasch in den Raum zwischen den Brigaden Kruse und Halkett eilten. Aber die Braunschweiger fanden sich so unerwartet einem höchst mörderischen Feuer ausgesetzt, und die Teten ihrer Kolonnen wurden so plötzlich angefallen, daß es in dem dichten Pulverdampf ihnen nicht gelang, zum Bewußtsein ihrer Lage zurückzukommen und ihre Ordnung wieder herzustellen, als sie mit dem Feinde zusammentrafen. Sie wurden daher ebenso wie die Brigaden Kruse, Kielmannsegge und Ompteda durch den kräftigen Angriff der Franzosen um etwa 100 Schritt zurückgedrängt.

In diesem kritischen Moment eilte Wellington persönlich auf den bedrohten Punkt, um die Katastrophe der Durchbrechung des Centrums abzuwenden — eine Katastrophe, die um so unheilbringender sein mußte, da gleichzeitig ein furchtbarer Angriff auf den rechten Flügel ganz in der Nähe dieses Centrums zu erwarten stand. Er wandte sich daher an die Braunschweiger und bewirkte durch den elektrischen Einfluß seiner Stimme und seiner Gegenwart, daß die geschlagenen Kolonnen sich wieder sammelten. Das 3te Linien-Bataillon, unter dem Major von Normann, stellte zuerst seine Ordnung wieder her, behauptete dann kühn seinen Platz und empfing die näher kommende feindliche Infanterie mit einem so mörderischen Feuer, daß das Vordringen derselben sogleich ins Stocken gerieth.

Durch das Beispiel und die Anregung aller kommandirenden Offiziere wurden auch die übrigen Brigaden links von den Braunschweigern wieder ermuthigt und zur Ordnung zurückgeführt. Sobald dies der Herzog sah, ritt er nach dem rechten Flügel hin.

Gerade um diese Zeit marschirte die Husaren-Brigade Vivian unmittelbar hinter diesen Truppen auf — die 10ten und 18ten Husaren im ersten und die 1sten Husaren der deutschen Legion im zweiten Treffen. Sie lös'ten die erschöpften Trümmer der Scots Greys und der 3ten Husaren der deutschen Legion ab. Die Erscheinung und Gegenwart dieser frischen Kavallerie trugen wesentlich dazu bei, auf diesem Theile der Schlachtlinie das Vertrauen wieder zu erwecken. Die Brigade hatte vorher in Folge eines Mißverständnisses links der Chaussee in der Mitte zwischen dem ersten Treffen und dem Pachthofe Mont St. Jean Halt gemacht, war aber rasch von Lord Uxbridge weitergeführt worden*).

Der Prinz von Oranien, Alten, Halkett und fast alle höheren Offiziere der 3ten Division waren verwundet worden.

*) Den Soldaten der Brigaden Vivian und Vandeleur, welche ganz frisch vom äußersten linken Flügel ankamen, konnte der Anblick der Zerstörung und Verwüstung, welche sie hinter dem Centrum der Stellung antrafen — der verzweifelte Kampf, welcher auf dem Haupt-Höhenrücken durch eine einzige offenbar erschöpfte Infanterie-Linie geführt zu sein schien — der beinahe gänzliche Mangel an britischer Kavallerie, um diese Linie zu unterstützen — die Menge Verwundeter, welche einzeln und in Gruppen sich zurückzogen — konnte die ganze Scene keineswegs Siegesgedanken einflößen. Sie theilten sehr bald jenes Gefühl des Zweifels und der Ungewißheit über den Ausgang der Schlacht, welches in dem übrigen Theile der Armee vorwaltete und viele waren der Meinung, daß sie nur vorgezogen worden seien um den beabsichtigten Rückzug zu decken. „Wo ist ihre Brigade?" sagte Sir Hussey Vivian zu Lord Edward Somerset. „Hier", erwiederte dieser, zeigte zuerst auf eine kleine Bande von Reitern, welche etwas mehr als eine Schwadron bildeten, und dann auf den Boden umher, der mit rothgekleideten Todten und Sterbenden, mit verstümmelten Pferden bedeckt war und enthüllte ihm so das Wrak der vereinigten Leibgarde- und Union-Brigaden — einer Reitermasse, welche sich zu Anfang der Schlacht auf mehr als 2000 Dragoner belaufen hatte. Sir Denis Pack, dessen Brigade — gleichfalls nur noch eine Hand voll Leute — sich rechts an die Chaussee lehnte, ritt an Sir John Vandeleur heran und fragte ihn um Rath wegen seines Verhaltens bei etwa eintretendem Rückzuge. Aber trotz dieses düstern Anscheines konnte man dennoch keine Entmuthigung bei dem Theile der Armee wahrnehmen, welcher die ganze Last des Kampfes zu tragen hatte und der im festen Vertrauen auf seinen eigenen unbezähmbaren Muth und die oft erprobte Geschicklichkeit ihres Führers noch immer die Hoffnung hegte, daß seine heroischen Anstrengungen, auch ohne die Unterstützung, auf die er gerechnet hatte, mit Erfolg gekrönt werden würden, wenn er nur noch eine kurze Zeit dieselbe Ausdauer bewiese, durch die er den Feind so lange zurückgehalten hatte. Dieses Gefühl drückte sich in dem Ausrufe des Oberst Sir Felton Harvey vom Generalstabe des Herzogs sehr bezeichnend

Aber Kielmannsegge, welcher jetzt auf diesem Theile des Schlachtfeldes befehligte, erkannte sehr wohl die kritische Lage der 3ten Division. Er entwickelte große Geschicklichkeit, Ruhe und Entschlossenheit und es gelang ihm wirklich, die Ordnung wieder herzustellen. Aber die hartnäckige und unausgesetzte Füsillade der Franzosen war so heftig, daß das Feuer der geschmolzenen und geschwächten alliirten Reihen nicht dagegen aufkommen konnte. Die französischen Tirailleurs drangen unter einem lebhaften und mörderischen Feuer wiederum gegen dieselben an, und noch einmal stand die alliirte Infanterie auf dem Punkt, dem Andrange zu weichen. Ein Bataillon Braunschweiger, welches seine Munition verbraucht hatte, zog sich in dicht aufgeschlossener Kolonne, aber in guter Ordnung, zurück. Die Nassauer wichen in Masse bis vor die Köpfe der Pferde des 10ten Husaren-Regiments zurück, welches seine Reihen aber nicht öffnete und dadurch ihren ferneren Rückzug verhinderte. Vivian und der Kapitain Shakespeare (sein Extra-Adjutant) ließen es sich in diesem Augenblick ganz besonders angelegen sein, die Nassauer zum Stehen zu bringen und zu ermuthigen. Da stürmten die Hanoveraner und die deutsche Legion, geführt von Kielmannsegge, unter Trommelschall, im Sturmschritte heran. Der Feind wich zurück. Die Braunschweiger gingen gleichfalls wieder vor, hierauf auch die Nassauer, während die Husaren ihnen unmittelbar nachfolgten. Auf diese Weise gelang es Kielmannsegge, die schwachen Reste seiner Division auf den Platz zurückzuführen, welchen sie so lange und so ehrenvoll auf dem Höhenrücken behauptet hatten.

Die Brigade Vivian wurde bei ihrer geringen Entfernung von den Truppen, gegen welche ein so nahes und ununter-

---

aus, als er sein verwundetes Pferd gegen ein Schwadronspferd des 18ten Husaren-Regiments vertauschte: „Der Herzog hat die Schlacht gewonnen, wenn wir die verdammten T . . . . . . nur zum Vorrücken bewegen könnten!"

brochenes Feuer unterhalten worden war, in eine für Kavallerie höchst kritische Lage verwickelt und litt daher bedeutend. Sobald sich die Infanterie gesammelt und ihre frühere Stellung wieder eingenommen hatte, nahm Vivian seine Leute fast 40 Schritt weit hinter die Krete der Höhe zurück, um sie dem feindlichen Feuer mehr zu entziehen und besser zu einem Angriff bereit zu sein.

Das Feuer der feindlichen Infanterie ließ auf diesem Punkt plötzlich nach, und bald sah man, daß dieselbe sich zurückzog. Der Grund dieses Rückzuges lag in Vorfällen, welche sich links von ihr zutrugen und welche im nächsten Kapitel näher erörtert werden sollen.

Vierzehntes Kapitel.

Die Schlacht bei Waterloo.

Anfang des letzten großen Angriffs Napoleons gegen die Schlachtlinie Wellingtons. — Napoleon stellt sich so, daß die Garde bei ihm vorbeidefilirt, als sie zum Angriffe vorgeht. — Verwendung der Korps Erlon und Reille. — Die Teten-Kolonne der Kaisergarde nähert sich der alliirten Stellung nnd leidet empfindlich durch das Artilleriefeuer derselben. — Kampf zwischen der vorderen Kolonne der französischen Kaisergarde und der britischen Garde-Brigade Maitland. — Die erstere wird vollständig geschlagen und zerstreut. — Benehmen der niederländischen Brigade d'Aubremé. — Vorrücken der zweiten Angriffs-Kolonne der Kaisergarde. — Attake einer Schwadron der 23sten leichten Dragoner gegen die französischen Kürassiere. — Die zweite Kolonne der Kaisergarde wird durch die Brigade Adam in der Flanke angegriffen. — Sie wird durch diesen Angriff vollständig besiegt und zerstreut. Die Brigade Adam geht, rechts von einem Bataillon der hannöverschen Brigade Halkett unterstützt, weiter vor. — Zustand der niederländischen Brigade d'Aubremé. — Auf dem äußersten linken Flügel der englisch-alliirten Position suchen die Tirailleurs der Division Durutte sich in den Häusern und Hecken des

Thales festzusetzen und treffen mit den Preußen in und bei Smohain zusammen. — Blüchers Anordnungen. — Formirung und Vorrücken des Bülowschen linken Flügels zu einem dritten Angriffe auf Planchenoit und seines rechten zu einem gleichzeitigen Angriff gegen Lobau. — Vereinigung der Avantgarde Ziethens mit den Truppen des äußersten linken Flügels der englisch-alliirten Armee. — Allgemeiner Ueberblick über die Vertheilung der preußischen Truppen im Verhältniß zu der der englisch-alliirten. — Allgemeine Uebersicht des Zustands der englisch-alliirten Armee zur Zeit des Angriffs und der Niederlage der französischen Kaisergarde. — Die schnelle Entscheidung und merkwürdige Geschicklichkeit Wellingtons bei Benutzung des Vortheils, welchen ihm die Niederlage der französischen Garden darbot. — Vorgehen der Husaren-Brigade Vivian zum Angriff der Reserven Napoleons bei La Belle Alliance. — Aufstellung dieser Reserven. — Glänzende Attake der 10ten britischen Husaren. — Attake der 2ten leichten Dragoner der deutschen Legion. — Die Brigade Adam geht weiter vor und gewinnt die französische Höhe, da wo dieselbe von der Chaussee nach Charleroi überschritten wird und drei Quarrees der Kaisergarde aufgestellt sind. — Allgemeines Vorrücken der englisch-alliirten Linie. — Der Herzog befiehlt Adam, die Quarrees der Garde zu attakiren. — Der Graf von Uxbridge fällt schwer verwundet. — Die Kaisergarde weicht vor dem Angriff der Brigade Adam zurück. — Tapfere Attake der 18ten britischen Husaren bei La Belle Alliance. — Attake einer Abtheilung des 10ten britischen Husaren-Regiments gegen ein Quarree der Garde, welches sich zurückzieht und dann zerstreut. — Die rechte und ein Theil der mittleren Schwadron der 10ten Husaren setzen nach ihrer ersten Attake die Verfolgung fort und greifen die Infanterie rechts und jenseits La Belle Alliance an. — Eine Abtheilung der 18ten Husaren chargirt kühn aber erfolglos ein weiter vorwärts stehendes Quarree. — Tapfere Attake der 2ten leichten Dragoner der deutschen Legion. — Oberst-Lieutenant Halkett verfolgt mit dem Landwehr-Bataillon Osnabrück eine Kolonne der alten Garde und nimmt den General Cambronne gefangen. — Eigenthümliche Lage des Herzogs von Wellington.

Der 18. Juni.

Während des eben beschriebenen hartnäckigen und verzweifelten Kampfes im Centrum der englisch-alliirten Position ging die französische Kaisergarde zum Angriff vor. Dies war das Signal zum gleichzeitigen Avanciren aller noch disponiblen Bataillone der Korps Erlon und Reille. In der vorübergehenden Pause des Feuers der französischen Batterien, welche so lange dauerte, bis die Angriffs-Kolonnen tief genug von den Höhen herabgestiegen sich unter den Schußlinien ihrer Geschütze bewegten, wurde der Donner der Artillerie Bülows und der gegen den äußersten französischen rechten Flügel aufgefahrenen Geschütze so deutlich hörbar, daß Napoleon eine üble Wirkung auf die Truppen fürchtete, von deren Tapferkeit, Disciplin und Hingebung jetzt sein Schicksal abhing. Er ließ daher durch Adjutanten das falsche Gerücht von der Ankunft Grouchy's unter den Truppen aussprengen und ihnen erklären, daß es nur noch eines geringen Standhaltens bedürfe, um den Sieg zu sichern, welchem sie entgegengingen. Der laute Jubel, mit welchem diese Nachricht von den Truppen aufgenommen wurde, als sie unter die Schußlinien der Geschütze gekommen waren, wurde schnell von dem Donner übertönt, welcher aus der ganzen Linie der französischen Batterien hervorbrach. Die Wirkung dieser schrecklichen Kanonade gegen das zum Skelett zusammengeschmolzene alliirte erste Treffen, verbunden mit dem Anblick der vorgehenden Schwärme, vermochte auf keine Weise jenen edlen und unvergänglichen Muth zu brechen, mit welchem die britischen und deutschen Truppen bisher allen Stürmen getrotzt hatten. Die Scene des Mordes und der Verwüstung, welche ihre Augen traf, wenn sie um sich schauten, die beständigen Verheerungen, welche sie so viele Stunden geduldig ertragen mußten, das oftmalige Wegreißen ihrer Rotten, das Auseinandersprengen ihrer Reihen, wenn Kugeln und Granaten unter sie fielen — Alles dies trug nur dazu bei, in Männern von solcher felsenfesten Masse ein Gefühl der Freude und der Erlösung hervorzubringen, als sie die Annäherung der feindlichen Infanterie bemerkten und den lang ersehnten Augenblick herankommen sahen, der sie in ein nahes Handgemenge mit ihrem tödtlichen Feinde bringen sollte. Vollständig erfüllten sie die Erwartungen des braven General Foy, ihres Feindes und zugleich ihres Bewunderers, welcher es für seine Pflicht gehalten hatte, schon vor Beginn der Schlacht seinem Kaiser zu erklären, daß Sr. Majestät eine Infanterie gegenüberstände, welche er niemals habe weichen sehen.

Als die französischen Truppen bemerkten, daß ihr ganzes erstes Treffen in Bewegung sei, fühlten sie, daß die Entscheidung herannahe und daß das wechselnde Glück des Tages durch einen glänzenden Triumph gefesselt werden müsse. Bei diesem großen Angriffe nahm die Garde stolz die Tete — diese geweihte Schaar, deren Ruhm noch immer hell erglänzt war, wenn eine große Krisis die Anwendung jener energischen Tapferkeit und Kühnheit forderte, durch welche sie einen unvergänglichen Namen erworben hatte. Der größte Enthusiasmus herrschte unter den begeisterten Vertheidigern des kaiserlichen Diadems, welches jetzt durch den Ruf ihrer neuen Siege befestigt und mit frischen Kränzen nie welkender Lorbeeren geschmückt werden sollte.

In der fieberhaften Besorgniß, den verwegenen Geist und die kühne Entschlossenheit seiner Truppen bis zum höchsten Grade zu spannen, gallopirte Napoleon nach dem innern sanften Abhange des Hügels hinab, welcher auf der linken Seite der Straße nach Charleroi den Pachthof überschaute und den hervorragendsten Punkt seiner ganzen Stellung bildete. Hier mußte die Teten-Kolonne der Garde passiren, hier wollte er durch den magischen Zauber seiner Gegenwart die Kette stählen, welche ihr Glück an seine Laufbahn und an das Schicksal des Kaiserthums fesselte. Als sie sich näherten, zeigte er bedeutungsvoll nach der alliirten Position. Durch ein wiederholtes „Vive l'empereur!" beantworteten sie sein Zeichen. Die liebevollen Blicke, welche er auf diese seine alten, versuchten Krieger zu werfen schien, die Miene des Vertrauens, welche er annahm, als er ihren Vormarsch musterte, zogen die bewundernden Augen der ergebenen Schaar auf ihn, aber für Hunderte derselben war es der letzte Blick auf das Idol, welchem sie ihr Leben opferten.

Um dieselbe Zeit sah man das Erlonsche Korps in Kolonnen en echelon zwischen der Chaussee und seiner mit den Preußen engagirten rechten Flanke avanciren, während das Korps Reille in Kolonnen, theils in den Wald, theils in die Hecken rechts, theils in die Tiefe außerhalb Hougomont und nahe dem Centrum der Schlachtlinie, hinabstieg, den Posten mit Gewalt wegnehmen und den Haupt-Angriff der Garde durch eine kräftige Diversion unterstützen zu wollen schien. Den überall avancirenden Kolonnen ging ein Schwarm Tirailleurs voraus, deren Linie sich längs des Thales vor der Front des Erlonschen Korps ausdehnte und sich nach und nach mit den leichten Truppen des linken Flügels der englisch-alliirten Armee engagirte. Ein plötzlicher Impuls, welchen das knatternde Gewehrfeuer im Walde von Hougomont erhielt, bekundete, daß die tapfern Vertheidiger dieses Postens schon in einen erneuerten und verzweifelten Kampf um den Besitz desselben verwickelt waren. Die französischen Tirailleurs zwischen dem Walde von Hougomont und dem äußersten linken Flügel ihrer Armee setzten während dessen ihr zerstreutes Gefecht mit den gegenüberstehenden alliirten leichten Truppen fort; diese bestanden aus dem 3ten Regiment britischer Garden, den leichten Kompagnien des 14ten und des 23sten, so wie aus sechs Kompagnien des 51sten britischen Regiments. Die leichte Kavallerie-Brigade Piré stand noch immer in ihrer anfänglichen

Aufstellung auf dem äußersten linken Flügel des ersten französischen Treffens und hatte einige wenige Vedetten vorgesandt, welche durch die britischen Posten der detaschirten Schwadron des 15ten Husaren-Regiments, unter dem Kapitain Wodehouse, scharf im Auge behalten wurden.

Als die Teten-Kolonne der Kaisergarde die sanft geneigte Terrainzunge hinaufzusteigen begann, die von dem Theile des englischen Höhenrückens vorspringt, hinter dessen Kamme die britische Garde-Brigade Maitland damals sich niedergelegt hatte, gerieth sie in das konzentrirte Feuer fast aller Batterien des englisch-alliirten rechten Flügels und eine schreckliche Verheerung wurde unter ihren begeisterten Reihen angerichtet. Die ihr vorausgehende Tirailleur-Linie stürmte jetzt schnell und kühn den Gipfel der Position des Herzogs hinan, um durch einen Schleier von Pulverdampf die genaue Direktion der vorgehenden Kolonnen zu verhüllen und die Artilleristen von den Geschützen zu vertreiben, durch deren Feuer die Garde empfindlich litt.

Trotz der schrecklichen Verheerung, welche in den Reihen der Teten-Kolonne der Kaisergarde angerichtet worden war, setzte sie ihren Marsch in wunderbarer Ordnung und mit dem größten Enthusiasmus fort. Mehrere ihrer höhern Offiziere stellten sich an ihre Spitze. Dem Marschall Ney wurde das Pferd unter dem Leibe erschossen; ritterlich zeigte er den Weg zu Fuße, so bis zum letzten Augenblicke seinen eigenthümlichen und wohlerworbenen nom de guerre: — „le plus brave des braves" — aufrecht erhaltend. General Friant, der Kommandeur der Grenadiere, fiel schwer verwundet. General Michel, colonel en second der Chasseurs, wurde einige Augenblicke darauf getödtet. Der Fall dieses letzteren verursachte ein kurzes Stocken — das 1ste Bataillon des 3ten Regiments Grenadiere machte Halt, aber auf den Ruf seines Kommandeurs, des Generals Poret de Morvan, setzte es im Sturmschritt und unter lautem „Vive l'empereur!" seinen Vormarsch fort. Als die Kolonne sich dem erhöheten Terrain näherte, welches den dominirendsten Punkt des rechten Flügels des Herzogs bildete, hatte sie nach und nach die Feuerlinie aller auf sie gerichteten Batterien dieses Flügels passirt. Wellington ritt daher zu der britischen Fuß=Batterie, welche unmittelbar rechts von der Brigade Maitland stand und ihren rechten Flügel etwas vorgenommen hatte, wandte sich an einen Artillerie=Offizier (Lieutenant Scharpin) und fragte eiligst, wer dieselbe kommandire. Der letztere erwiederte, daß Kapitain Bolton so eben getödtet wäre und sie jetzt unter den Befehlen des Kapitain Napier stände. Der Herzog befahl ihm hierauf, diesem zu sagen, daß er auf seine linke Seite Obacht nehmen möchte, da die Franzosen bald bei ihm sein würden. Kaum war dieser Auftrag ausgerichtet, als die Bärenmützen der vorderen Abtheilungen der Kolonne der Kaisergarde auch schon über dem Gipfel des Hügels erschienen. Die Kanonade, welche die fernen französischen Batterien bisher auf diesen Punkt gerichtet hatten, hörte jetzt auf, aber ein Schwarm von Tirailleurs eröffnete ein heftiges und lästiges Feuer gegen die britischen Artilleristen. Im nächsten Augenblick aber stürzten sie zerstreut vor einem plötzlichen Schauer von Kartätschen und Shrapnel=Granaten der Geschütze Napiers auf ihr Gros zurück, worauf diese auf eine Distance von nur 50 bis 60 Schritt ein schreckliches Feuer gegen die Kolonne eröffneten. Trotz dem blieben die französischen Garden im Avanciren. Sie hatten jetzt den Gipfel erreicht. Zum Erstaunen der Offiziere an ihrer Spitze, zeigte sich unmittelbar vor ihnen kein Hinderniß. Sie konnten durch den Dampf nur undeutlich die Hüte einiger wenigen berittenen Offiziere erkennen und ahneten wohl kaum, daß der hervorragendste der große Herzog selbst war. Kühn vorwärts dringend, waren sie bis auf 50 Schritt Entfernung von dem Raume gelangt, auf welchem die britischen Garden lagen, als Wellington das magische Kommando: „Auf Garden! Fertig!“ gab und Maitland zu attakiren befahl. Es war ein Augenblick der größten Spannung. Die britischen Garden sprangen so plötzlich in einer festen vier Mann tiefen Linie auf, daß die Franzosen fast meinten, sie wären aus dem Boden emporgeschossen. Als diese dagegen den Gipfel der Höhe erreichten, erschienen sie mit ihren hohen Bärenmützen durch den wolkigen Pulverdampf hindurch, als ein Korps von Riesen, welches gegen jene hinabstiege. Die britischen Garden eröffneten augenblicklich ihr Feuer mit einer furchtbaren Salve, welche mit einer so großen Kaltblütigkeit, Ueberlegung und Präcision abgegeben wurde, daß die Tete der Kolonne durch die Erschütterung zusammenzukte und fast die ganze Masse unter der Wirkung derselben wankte. In weniger als einer einzigen Minute, stürzten mehr als 300 dieser braven, alten Krieger zu Boden, um nie wieder aufzustehen. Aber der hohe Sinn und der angeborene Muth, welche die Masse durchdrangen, konnten nicht durch eine erste Abweisung gelähmt werden. Ihre Offiziere stellten sich tapfer vor ihre Front und auf die Flanken, kommandirten laut, schwangen ihre Säbel, suchten sie durch Worte und Mienen zu ermuthigen und begannen ein Deployement, um eine größere Front zu erlangen. Da jedoch die Tete der Kolonne durch ein schnelles, wohlgenährtes und bei der äußerst geringen Entfernung höchst mörderisches Feuer unaufhörlich niedergeschmettert und auf die Masse zurückgetrieben wurde, so mißlang der Versuch gänzlich. Die Front der Kolonne gerieth schnell in immer größere Unordnung und war bald gänzlich gebrochen; viele machten Kehrt und verschwanden um die Flanken, während andere aus den hintern Reihen anfingen, über die Köpfe der vordern wegzufeuern.

Die Verwirrung, in der die Garden sich jetzt befanden, war augenscheinlich. Der Herzog befahl Maitland zu attakiren, während gleichzeitig der tapfere Saltoun, welcher ebenfalls die Lage der Kolonne durchschaute, ausrief: „Jetzt ist es Zeit, Kinder!“ Unter lautem Kampfgeschrei sprang die Brigade zur Attake vorwärts. Viele der nächsten französischen Gardisten warfen Waffen und Tornister ab und zerstreuten sich. Die Flanken sprengten schnell aus einander; bald wurde die ganze Masse von dem panischen Schrecken angesteckt und schien wie von einer unsichtbaren Macht zerrissen zu werden. Gleichzeitig hatte Halkett, trotz des schweren Kampfes, in welchen die Division Alten verwickelt war, mit vieler Umsicht seine beiden rechten Regimenter, das 33ste und 69ste, eine kurze Strecke vorgeschoben, um wo möglich die Brigade Maitland gegen jeden Flanken-Angriff zu sichern, welcher von einem Theile der Division Donzelot versucht werden möchte. Diese vorgeschobene Stellung gewährte der Garde-Brigade eine große Sicherheit, als sie sich später zurückzog, um sich wieder zu formiren.

Die britischen Garden hatten ihre Attake den Abhang des Hügels hinunter eine kurze Strecke fortgesetzt, als Maitland die zweite Angriffs-Kolonne der Kaisergarde auf seiner rechten Seite vorgehen sah. Um seine Brigade daher der drohenden Gefahr einer Umgehung nicht auszusetzen, befahl er Kehrt zu machen und sich zurückzuziehen. Unter dem Siegesgeschrei und dem Geräusch des Geschütz- und Gewehrfeuers wurde das Kommando undeutlich verstanden, und das Gefühl der Gefahr verursachte in den Reihen den Ruf: „Quarree formiren!“ da man natürlicherweise annahm, daß die feindliche Kavallerie ihre isolirte Lage zu einem Angriff benutzen würde. Dieses geschah jedoch nicht. Die Flügel der Bataillone liefen zurück, als ob sie Quarree formiren wollten. Lord Saltoun bemühete sich, auf alle Weise das Mißverständniß aufzuklären; es war jedoch vergeblich und das Ganze eilte zurück. Verwirrung war bei diesem Rückzuge unvermeidlich. Es war jedoch nicht die Verwirrung, welche Folge einer Niederlage oder eines panischen Schreckens ist, sie entstand nur aus dem Mißverstehen eines Kommandowortes, und es giebt keinen bessern Beweis für die ausgezeichnete Ordnung, die kaltblütige Charakterstärke und die bewunderungswürdige Disciplin dieser Truppen, als die Festigkeit, Schnelligkeit und Intelligenz, mit welcher sie, auf dem Kamm der Höhe angekommen, dem Kommando: „Halt, Front, Aufgeschlossen!" gehorchten und mechanisch ihre vier Mann tiefe Linie wieder annahmen, deren linker Flügel jetzt etwas vorgenommen und daher parallel zu der Front der vorgehenden zweiten Angriffs-Kolonne der Kaisergarde wurde.

Welch einen großen Kontrast bietet solches Benehmen der britischen Garden, welche im Vordergrunde des Kampfes so ruhmvoll die Ehre ihres Vaterlandes aufrecht erhielten, zu der Aufführung eines beträchtlichen Korps alliirter Truppen dar, die zu ihrer Unterstützung im zweiten Treffen aufgestellt worden waren! Die Infanterie-Brigade d'Aubremé der niederländischen Division Chassé war, wie erwähnt, in dem Raume hinter der Brigade Maitland, welchen früher die Braunschweiger eingenommen hatten, vorgezogen und jetzt in drei große Quarrees zu je zwei Bataillonen formirt worden. Als diese Truppen das laute Geschrei der zweiten vorgehenden Kolonne der französischen Kaisergarde hörten — derselben Kolonne, welche hinter den britischen Garden vorgegangen war, als diese sich von ihrer siegreichen Attake nach ihrer anfänglichen Stellung zurückgezogen hatten —, wurden sie so unruhig und bekundeten ein so großes Verlangen, ihre Reihen zu verlassen, daß Vandeleur, dessen britische Brigade leichter Dragoner zu dieser Zeit hinter ihnen aufmarschirt war, es nöthig fand, die

Eskadrons-Intervallen zu schließen, um desto besser ihren beabsichtigten Rückzug verhindern zu können. Als er bemerkte, daß die Quarrees dennoch im Begriff waren, davon zu laufen, eilte er mit mehren Offizieren vor und versuchte, theils durch Drohungen, theils durch Ermahnungen, sie zum Standhalten zu bewegen. Die niederländischen Offiziere bemüheten sich, Ordnung und Vertrauen wieder herzustellen, ihre Leute beabsichtigten indessen offenbar, ihre Stellung auf diesem Theile des Schlachtfeldes zu verlassen. Zwischen ihnen und der Angriffs-Kolonne befand sich noch der Kamm des Haupt-Höhenrückens, der von dem ersten Treffen des Herzogs besetzt war. Und diese erste Linie gab ihnen ein schönes Beispiel vollkommener Disciplin, ungebeugter Festigkeit und geduldiger Ausdauer. Von der Angriffs-Kolonne selbst konnten sie durchaus nichts sehen, das Geschrei derselben allein schien hinreichend, sie von ihrem Platz zu verjagen! Außerdem waren sie eben erst auf dem eigentlichen Schlachtfelde angekommen und bisher noch gar nicht mit dem Feinde engagirt gewesen, während die britische Garde-Brigade acht Stunden hindurch einer unaufhörlichen Kanonade und zahlreichen verzweifelten Angriffen von Kavallerie und Infanterie ausgesetzt gewesen war. Aus solchem Material bestand das zweite Treffen des Herzogs hinter dem Haupt-Angriffspunkt der französischen Armee in diesem kritischsten Momente der ganzen Schlacht!

Die zweite Angriffs-Kolonne der französischen Kaisergarde, welche in dem Ravin bei der Südost-Ecke der Umfassungen von Hougomont formirt worden war, ging parallel der die östliche Grenze bildenden Hecke und in geringer Entfernung von derselben vor. Als die Kolonne den Fuß der britischen Position erreichte, wandte sie sich etwas rechts, um entweder eine sanfte Terrainwelle zur theilweisen Deckung gegen das furchtbare Artilleriefeuer zu benutzen, welches sich unausgesetzt gegen sie ergoß, oder sich nur gegen den Punkt zu dirigiren, auf welchem sie die erste Angriffs-Kolonne im Gefecht glaubte, und wo sie selbst jeden von dieser errungenen Vortheil besser verfolgen konnte. Zwischen den Teten beider Kolonnen befand sich während dieses Vorgehens ein Zeitunterschied von 10 bis 12 Minuten Marschlänge. Ob diese Differenz in der Zeit ihrer Bewegung absichtlich war oder aus einem Mißverständniß bei Ueberbringung der Befehle oder durch irgend einen andern Zufall entstanden ist, bleibt ungewiß; es ist aber augenscheinlich wahr, daß die Formirung zweier getrennter Angriffe sie der nahen Gefahr aussetzte, einzeln geschlagen zu werden — eine Gefahr, welche, wie sich sogleich zeigen wird, sehr bald zur Wirklichkeit ward.

Die zweite Angriffs-Kolonne ging, wie die erste, mit großer Kühnheit und in ausgezeichneter Ordnung vor und schien vom besten Geist beseelt. Ein Schwarm von Tirailleurs deckte den linken Flügel ihrer Front, um ihren Marsch so viel als möglich den Blicken der Briten zu entziehen. Die Bataillone der Brigade Adam ließen jedes eine Kompagnie ausschwärmen, um sie aufzuhalten. Während des Vorgehens der Kolonne, besonders als sie den sanften Abhang östlich des großen Obstgartens von Hougomont hinabstieg, litt sie durch die britische Kanonade empfindlich. Das Feuer einiger britischen Batterien rechts der Brigade Maitland war seit dem Anfange des Vorgehens der Kaisergarde so mörderisch geworden, daß die Franzosen sich endlich genöthigt sahen, plötzlich eine Abtheilung Kürassiere hervorbrechen zu lassen, um diese Geschütze zum Schweigen zu bringen. Es gelang ihnen dies zum Theil. Die Kürassiere attakirten tapfer eine der Batterien, zwangen die Artilleristen, hinter der Infanterie Schutz zu suchen und vertrieben gleichzeitig die Tirailleurs des 2ten Bataillons des 95sten und die des 52sten Regiments. Ihre Fortschritte wurden indessen durch die unerwartete Erscheinung der Brigade Adam gehemmt, da dieselbe gerade damals in ihrer vier Mann tiefen Linie bis zu dem engen Fahrwege vorgeschoben worden war, welcher längs des Gipfels der Höhe fortläuft. Das 52ste Regiment befand sich ihnen gerade gegenüber und formirte daher Quarree. Da eine Erneuerung des Angriffs zu erwarten stand, so wurde eine Schwadron der 23sten leichten britischen Dragoner, unter dem Kapitain Cox, den äußern Abhang der Höhe hinab gegen den großen Obstgarten vorgesandt. Von hier aus attakirte sie die Kürassiere, als sie wieder gegen die Geschütze vorgingen, überraschte und verfolgte sie über die Ebene bis weit hinter die zweite Angriffs-Kolonne der Kaisergarde. Endlich gerieth sie in das Feuer der Tete einer französischen Infanterie-Kolonne, wodurch Unordnung in ihren Reihen entstand und sie zu einem eiligen Rückzuge nach der alliirten Position gezwungen wurde.

Wäre die zweite Angriffs-Kolonne in ihrer anfänglichen Richtung weiter vorgegangen, so würde sie auf das Centrum der Brigade Adam gestoßen sein, da sie aber beim Ersteigen des äußern Abhanges des Haupt-Höhenrückens der alliirten Position ein wenig rechts abbog und der Richtung einer sehr sanften Schlucht folgte, welche den eingehenden Winkel bezeichnete, der von der Terrainzunge vorwärts der Brigade Maitland und dem von der Brigade Adam eingenommenen Theile des Höhenrückens gebildet wurde, so bot sie der letztern einigermaßen die linke Flanke dar. Diesen Umstand hatte Oberstlieutenant Sir John Colborne, Kommandeur des 52sten Regiments — ein Offizier von großem Renommee in der britischen Armee —, nicht blos bemerkt, sondern auch vorausgesehen. Er hatte mit großem Interesse das Vorgehen der feindlichen Kolonne bewacht, und ließ, als der günstige Moment gekommen war, ohne höhern Befehl die linke Flügel-Kompagnie des

52sten Regiments links schwenken und dann den Rest des Regiments sich auf diese Kompagnie einrichten, um eine Front parallel zu der Flanke der französischen Kolonne zu gewinnen. In diesem Augenblick kam Adam herangeritten und fragte, was er begänne. Colborne erwiederte: „die Kolonne unser Feuer fühlen lassen". Adam billigte dies, befahl Colborne vorzugehen und ritt fort, um auch sein rechtes Flügel-Regiment, das 71ste, heranzuziehen. Als der Herzog sich überzeugt hatte, daß die Brigade Maitland wieder formirt und in schönster Ordnung zu der Front der Angriffs-Kolonne aufgestellt war, nahm er seinen Platz auf dem rechten Flügel der Batterie Napier. Er sandte einen Adjutanten (Major Henry Percy) mit dem Befehl an den General Clinton, vorzugehen und die kaiserliche Garde anzugreifen; aber ein einziger Blick auf die Offensiv-Bewegung Colborne's überzeugte ihn, daß seine Absicht schon errathen worden sei, worauf er sogleich das 2te Bataillon des 95sten Regiments nach dem linken Flügel des 52sten vorschob. Die Tete der französischen Kolonne hatte um diese Zeit beinahe den vordern Rand des Höhenrückens erreicht und deckte mit ihrer Front fast die ganze Batterie Napiers und einen Theil des äußersten rechten Flügels der Brigade Maitland. Noch drang sie, das heftige Feuer der Batterie und der britischen Garden auf ihre Front nicht achtend, kühn vorwärts, als die unerwartete und imposante Erscheinung der vier Mann tiefen Linie des 52sten Regiments, welche in wunderbar geschlossener Ordnung sich gegen ihre Flanke richtete, sie zum Stehen brachte. Einen Augenblick darauf schwenkten ihre linken Sektionen ein und eröffneten auf der ganzen Länge der linken Flanke ein schnelles und zerstörendes Feuer gegen das 52ste Regiment. Als Colborne seine Linie in parallele Richtung zur linken Flanke der Kaisergarde gebracht hatte, ließ er gleichfalls Halt machen und ein mörderisches Feuer in die Masse geben; fast gleichzeitig wurden die Büchsen des so eben vom äußersten linken Flügel angekommenen 2ten Bataillons 95sten Regiments gegen den vordern Theil der Kolonne angeschlagen und abgeschossen. Auf dem rechten Flügel kam das 71ste Regiment schnellen Schrittes heran, um die Bewegung der Brigade zu vervollständigen. In dem heißen Verlangen, seinen beabsichtigten Flankenangriff gegen die feindliche Kolonne zur Ausführung zu bringen, ließ Colborne das Feuer seiner Leute stopfen und gab dann das Kommando: Marsch! Marsch! Es wurde durch drei ächte britische Hurrahs beantwortet, welche laut das „Vive l'empereur!" und das unregelmäßige und unruhige Feuer der Kolonne übertönten. Das 2te Bataillon des 95sten Regiments schloß sich links dem Angriffe schnell an. Die Bewegung zeichnete sich durch eine merkwürdige Ordnung, Festigkeit, Entschlossenheit und Kühnheit aus. Die Kolonne der Kaisergarde schien schon durch die Wirkung des erhaltenen Front- und Flankenfeuers wankend geworden zu sein und gerieth durch das Vorrücken der Brigade Adam in augenscheinliche Bestürzung. Einige kühne Männer — und es gab deren gar viele in ihren Reihen — bemüheten sich, noch wenigstens einen letzten Versuch des Widerstandes zu machen, aber die Unordnung mehrte sich rasch und wurde unübersehbar. Diese zweite Kolonne stürzte in die wildeste Verwirrung und theilte das Schicksal der erstern, mit dem Unterschiede jedoch, daß durch das vereinte Front- und Flankenfeuer, in welches sie gerathen war, und durch die ungehemmte Verfolgung, welche jedes Sammeln verhinderte, sie so durchaus aufgelös't und zerstreut wurde, daß es höchst zweifelhaft bleibt, ob mit Ausnahme der beiden hintern Bataillone (dem 1sten Regiment Chasseurs der alten Garde) irgend ein Theil derselben während des kurzen Restes der Schlacht sich wieder zu einem regelmäßig formirten militairischen Körper zusammen fand. Sicherlich geschah dies nicht auf der alliirten Seite von La Belle Alliance, wohin sie ihren Rückzug richtete. Es ist jedoch zu bemerken, daß das so eben genannte Regiment der alten Garde, unter dem Befehl des General Cambronne, eine besondere Unterstützungs-Kolonne en echelon unmittelbar links hinter den vier Bataillonen der mittleren Garde bildete. Aber beide Kolonnen waren einander so nahe, daß trotz der Intervalle, welche die Brigade Adam zwischen ihnen entdeckt hatte, als sie noch in der Linie des ersten Treffens stand, sie dieser bei dem Flankenangriffe doch nur eine Kolonne zu bilden schienen; sie können daher auch auf jeden Fall nur als eine Kolonne betrachtet werden. Da die Bataillone Cambronne's sich aber an der Queue der Kolonne befanden, so waren sie dem Feuer der Brigade Adam nicht ausgesetzt, weil weder das 71ste, noch das 3te Bataillon des 95sten Regiments die Flanken-Bewegung der Brigade zeitig genug vollenden konnte, um ihr Feuer vor Beginn des wirklichen Angriffs auf die Masse abzugeben. Obgleich sie daher mit dem Rest der Kolonne umkehrten, behielten sie doch einen beträchtlichen Grad von Ordnung.

Kaum sind Truppen wohl je in eine kritischere Lage versetzt worden, als die zweite Angriffs-Kolonne der Kaisergarde es in dem Augenblick wurde, in welchem sie zum Stehen kam. Mit ihrer Front auf 60 bis 70 Schritte Distance einer Batterie gegenüber, deren doppelt geladene Geschütze unaufhörlich gegen die Masse wütheten und ihre Reihen zerrissen, mit ihrer linken Flanke eingeschwenkt, um einen furchtbaren Angriff auf dieser Seite abzuweisen und gleichzeitig mit ihrer rechten Flanke dem schrägen Feuer der Linie der britischen Garden ausgesetzt; das Innere der Masse steht in Wolken von Pulverdampf, fühlt den Druck auf Front und Flanken und sieht keinen Ausweg, auf welchem sie sich aus ihrer gefährlichen Lage entwickeln kann; das war ein Augenblick harter Prüfung, selbst für die Veteranen der berühmten Kaisergarde Frankreichs. Jeder Versuch, rechts zu deployiren, während des Angriffs der linken Flanke, war daher ganz unausführbar. Wäre die Kolonne im Avanciren geblieben, bis die Brigade Adam ganz nahe an ihre linke Flanke herangekommen war, so mußte die Attake derselben sie zum Stehen bringen und die Bemühungen der Kolonnentete vereiteln. Wenn sie dagegen „links um" gemacht, diese Flanke zu einer geschlossenen Linie formirt hätte und dem 52sten Regiment in dem Augenblick entgegengegangen wäre, als sie diesen Angriff gewahr wurde, dann würde sie ihre nunmehrige rechte Flanke (ihre eigentliche Front) der Verheerung der Napierschen Kanonen und der Attake der Brigade Maitland ausgesetzt haben, welche letztere durch Vornehmen der linken Schulter die Lage der Kolonne so hoffnungslos machen konnte, daß dieselbe wahrscheinlich zu einer unmittelbaren und unerhörten Ergebung auf dem Platze selbst geführt haben würde. Das Dilemma, in welches diese Veteranen versetzt worden waren, ist hauptsächlich der unheilvollen Vernachlässigung zuzuschreiben, daß der Kolonne kein starkes Kavallerie-Soutien mitgegeben worden war. Starke Kavallerie-Abtheilungen auf beiden Seiten oder unmittelbar hinter der Kolonne hätten sie vor einem Flankenangriff gesichert, welcher ihre Fortschritte so erfolgreich hemmte und ihre Zerstreuung so vollständig machte.

Die Linksschwenkung der Brigade Adam hatte sie in eine senkrechte Lage zur allgemeinen Front der französischen Position gebracht, so daß ihr Kommandeur natürlich nach einer Unterstützung seines rechten Flügels verlangte, denn er mußte fürchten, daß die in Reserve stehende feindliche Kavallerie jetzt vorbrechen würde, da keine solche zur unmittelbaren Unterstützung des letzten Angriffs verwendet worden war. Er bat daher dringend um eine Verstärkung von dem andern Theile der Division Clinton, worauf Oberst-Lieutenant Halkett sogleich mit dem nächsten Bataillon seiner hanöverschen Brigade, dem Landwehr-Bataillon Osnabrück, in Kolonne mit Viertel-Distance bis ganz nahe hinter den rechten Flügel des 71sten Regiments rückte*). So war die Brigade Adam in ihrer vier Mann tiefen Linie und flankirt durch das hanöversche Bataillon, welches jeden Augenblick Quarree formiren konnte, hinreichend gegen Kavallerie gesichert.

Die verwirrte und ungeordnete Masse der Kaisergarde wurde durch den ihr von der Flanken-Attake gegebenen Impuls eine kurze Strecke in paralleler Richtung zu der alliirten Frontlinie fortgetrieben, wandte sich dann naturgemäß der französischen Position zu und schlug denselben Weg ein, welchen die erste Angriffs-Kolonne genommen hatte. Sie dirigirte sich nämlich auf die erste von der Chaussee durchschnittene Bodenerhebung, welche etwas jenseits der südlichen Grenze des großen Obstgartens von La Haye Sainte liegt. Als sie sich der Queue derjenigen Kolonnen des Erlonschen Korps näherte, welche so verzweifelt mit der Division Alten engagirt gewesen waren, wurden diese von dem Schrecken angesteckt und vermengten sich mit der fliehenden Garde. Die Brigade Adam setzte eine kurze Strecke parallel der alliirten Frontlinie ihr siegreiches Vorgehen fort, nahm dann aber die linke Schulter vor und drang nun kühn in der Richtung auf die französische Höhe fort. Haufen von Flüchtigen eilten vor der verfolgenden Welle her, welche sie jeden Augenblick verschlingen zu wollen schien.

*) Während des Vorgehens sandte Halkett seinen Brigade-Major, Kapitain von Sasse, ab, um die beiden zurückgebliebenen Bataillons seiner Brigade vorzubringen. Dieser Offizier wurde aber unterwegs getödtet, die Botschaft daher nicht ausgerichtet und das Bataillon Osnabrück blieb während des übrigen Theiles der Schlacht vom Reste der Brigade getrennt.

Während des Avancirens der Brigade Adam kam die Schwadron der 23sten leichten Dragoner, unter Lieutenant Banner*), in Unordnung von ihrer Attake zurück. Da man sie für feindliche Kavallerie hielt, so gab das 52ste Regiment unglücklicherweise Feuer auf sie und erkannte erst seinen Irrthum, als die vordersten Dragoner nahe vor den Bajonneten niedergestürzt waren. Gleich nach diesem Vorfalle erhielt das 52ste Regiment von drei französischen Geschützen, welche die Verlängerung seiner rechten Flanke gewonnen hatten, Kartätschfeuer. Diese Enfilirung des Regiments in seiner vier Mann tiefen Linie, war eine sehr richtige und wohlgeeignete Maßregel von Seiten der französischen Artillerie, die Brigade Adam am weitern Vorgehen zu hindern. Es wurde ihr jedoch tapfer und schnell dadurch begegnet, daß man die rechte Flügel-Section des 52sten Regiments, unter Lieutenant Gayler, abschwenken, vorgehen und die Geschütze vertreiben ließ, während der Rest des Regiments die Verfolgung fortsetzte.

Sobald Wellington sah, daß der Angriff der Brigade Adam einen so entscheidenden Erfolg hatte, forderte er Uxbridge sogleich auf, frische Kavallerie vorzuwerfen, um das wahrscheinliche Vorbrechen der feindlichen zu hindern und die Anstrengungen der vorgehenden Infanterie dadurch zu unterstützen, daß sie kühn die französischen Reserven angriffe, welche sich vorwärts von La Belle Alliance auf dem kritischen Punkt der Schlachtlinie Napoleons zu sammeln schienen. Oberst-Lieutenant Lord Greenock, vom Generalstabe der Kavallerie, wurde mit dem Befehl an Vivian abgesendet, seine Husaren-Brigade hinter der Division Alten rechts fortzuziehen, um

*) Kapitain Cox hatte die Schwadron wegen einer früher sich zugezogenen schweren Verstauchung schon beim Beginn der Attake verlassen müssen, Lieutenant Banner befehligte daher dieselbe.

eine freie Front zu gewinnen und bei dem rechten Flügel der Maitlandschen Garde-Brigade vorbei gerade vorzugehen. Gleich darauf wandte der Herzog sich um und wollte die nächsten Reserven nach der Lücke ziehen, welche durch das Vorgehen der Brigade Adam entstanden war. Aber welch ein Schauspiel stand da vor seinen Augen! Die drei niederländischen Quarrees, in welche die Brigade d'Aubremé formirt worden war und deren Unruhe sich bedeutend vermehrt hatte, als das ihren Blicken entzogene Feuern und Schreien auf dem äußern Abhange des Höhenrückens zusammenhängender und stärker wurde, befanden sich jetzt in einem Zustande, der an Auflösung grenzte. Die Seiten der Quarrees hatten sich schon in Gruppen gebrochen, welche eben ihre Reihen verlassen wollten, während mehrere Offiziere der hinter ihnen aufmarschirten Brigade Vandeleur eifrigst bemüht waren, diese Truppen zum Standhalten zu vermögen. Als der Herzog dies bemerkte, rief er: „Das ist recht, erzählt ihnen, daß die Franzosen sich zurückziehen!" Diese Nachricht verbreitete sich rasch in ihren Reihen und hatte die gehoffte Wirkung. Kurz darauf formirten sie sich in Kolonne und gingen in das erste Treffen vor.

Um eine deutliche und zusammenhängende Uebersicht über die kombinirten Operationen gegen Napoleon zu gewinnen, ist es nöthig, vor Beschreibung des allgemeinen Vorgehens der alliirten Armee, welches dem fehlgeschlagenen Angriffe der französischen Kaisergarde folgte, auf die Bewegungen der Preußen zurückzukommen.

Man wird sich erinnern, daß die Brigade Vivian und nachher auch die Brigade Vandeleur bei der Annäherung der Avantgarde des Ziethenschen Korps den linken Flügel der englisch-alliirten Schlachtlinie verließen. Kurz vor Ankunft dieser Truppen waren die französischen Tirailleurs vorwärts der Division Durutte, welche den Winkel der Hakenstellung des äußersten rechten Flügel Napoleons einnahm, bedeutend verstärkt worden und drangen wieder vor, um sich in den Häusern und Zäunen des vorliegenden Thales festzusetzen und hierdurch die Verbindung des Bülowschen Korps und des englisch-alliirten linken Flügels zu verhindern. Die Nassauer der Brigade des Prinzen Bernhard von Weimar verließen die Häuser des Weilers Papelotte, behaupteten aber tapfer ihren Platz auf der alliirten Seite des Thales und behielten die Pachthöfe Papelotte und La Haye besetzt. Die französischen Tirailleurs dehnten sich noch weiter rechts aus und drangen gegen das Dorf Smohain vor, woselbst sie mit den preußischen Truppen, welche höchst angemessen hier postirt worden waren, in ein hitziges Gefecht geriethen. Als Blücher die Infanterie der Avantgarde des Ziethenschen Korps auf der Höhe oberhalb Smohain bemerkte, sandte er ihr den Befehl zu, auf dem kürzesten Wege gegen den im Thale stehenden Feind vorzugehen. Der preußische General von Müffling, welcher dem Haupt-Quartier des Herzogs von Wellington attaschirt war, befand sich in diesem Augenblick in der dortigen Gegend und ertheilte dem vom Ziethenschen Korps vorgesandten Generalstabs-Offiziere die nöthigen Weisungen.

Um dieselbe Zeit trafen die 5te und 6te Infanterie-Brigade und die Reserve-Kavallerie des Pirchschen Korps hinter dem Bülowschen auf dem Schlachtfelde ein. Pirch stellte sich an die Spitze seiner vordern Brigade und führte sie sogleich in der Richtung von Planchenoit vor. Als er auf gleicher Höhe mit der 14ten und 16ten ankam, begann er im Verein mit dem Oberst von Hiller die nöthigen Vorbereitungen zu einem dritten Angriffe gegen das Dorf. Die 6te Brigade sollte als Reserve folgen und der ganze Angriff durch ein gleichzeitiges Vorgehen des Bülowschen rechten Flügels gegen die Front des Lobauschen Korps unterstützt werden. Dieses letztere war außerordentlich schön aufgestellt worden und ließ augenscheinlich einen entschlossenen Widerstand erwarten. Der 7ten Brigade hatte Blücher den Befehl zugesandt, im Verein mit dem 4ten kurmärkischen Landwehr-Kavallerie-Regiment zur Deckung seiner linken Flanke gegen Maransart, auf der Südseite des Lasnebaches, vorzudringen. Die letzte Brigade des Pirchschen Korps (die 8te), welche in Folge des Arrieregarden-Gefechts in der Nähe von Wavre noch weiter zurück war, erhielt von Pirch Befehl, ihren Marsch zu beschleunigen. Die Reserve-Kavallerie des Pirchschen Korps war in drei Treffen rechts der Kavallerie des 4ten Korps aufmarschirt. Das erste bestand aus den pommerschen und brandenburgschen Husaren, das zweite aus den schlesischen Ulanen, zwei Schwadronen der (6ten) neumärkischen Dragoner und den Königin-Dragonern, das dritte aus dem 5ten kurmärkischen und dem Elb-Landwehr-Kavallerie-Regiment. Diese Kavallerie-Linien nahmen so den Raum zwischen den Flügeln des Bülowschen Korps ein und dienten gleichzeitig dazu, durch die Entfaltung ihrer Stärke der in Reserve stehenden Kavallerie Domonts zu imponiren.

Blücher hielt die Einnahme von Planchenoit für einen höchst wesentlichen Punkt in den allgemeinen Operationen gegen die Franzosen, da sie ihm nicht allein die Mittel gewährte, den rechten Flügel des Lobauschen Korps zu umgehen, sondern auch die französische Armee im Rücken zu belästigen und ihre Haupt-Rückzugslinie zu gefährden. Er befahl daher den Truppen, welche zum dritten Angriff auf das Dorf bestimmt waren, sogleich vorzugehen. Sie waren auf folgende Weise in Schlachtordnung formirt: Das 2te und 3te Bataillon des 2ten Regiments (5te Brigade) machten den Angriff in der Richtung auf die Kirche, das 1ste und 2te Bataillon des 5ten westphälischen Landwehr-Regiments, in eine Kolonne formirt, dirigirten sich gegen die französische linke Seite des Dorfes, das 1ste Bataillon des 2ten Regiments folgte hinter der Mitte der Intervalle zwischen beiden Kolonnen. Major von Witzleben führte das 3te Bataillon des 25sten Regiments (5te Brigade) gegen die Höhe auf der französischen rechten Seite des Dorfes; der Rest dieses Regiments, welcher links die äußere Lisiere des Waldes von Virere besetzt hatte, ging ebenfalls vor. Das 11te Regiment und das 2te pommersche Landwehr-Regiment (14te Brigade), sowie das 1ste und 2te Bataillon des 15ten mit dem 1sten und 2ten des 1sten schlesischen Landwehr-Regiments (16te Brigade) folgten zur Unterstützung dieses Angriffs nach. Alle diese Truppen hatten sich schachbrettförmig in Bataillons-Kolonnen formirt, eine starke Tirailleur-Linie ging ihnen voraus, und die preußischen Batterien auf den rückwärtsliegenden Höhen deckten die Bewegung. Die reitende Batterie Nr. 6 war auf dem erhabenen Terrain rechts des Waldes von Virere placirt und hauptsächlich damit beschäftigt, das Feuer einer reitenden Batterie der französischen Garde-Artillerie auf sich zu ziehen, da dieselbe die Hälfte ihrer Geschütze bis zu dem von La maison du roi nach Planchenoit führenden Hohlwege vorgeschoben hatte und die andere Hälfte auf einer Erhöhung in dem südlichen Theile des Dorfes stand, von wo aus sie eine beherrschende Uebersicht über einen beträchtlichen Theil der vorgehenden Kolonnen hatte.

Gleichzeitig mit diesem dritten Angriffe auf Planchenoit avancirten die 13te und 15te Brigade, welche den rechten Flügel Bülows bildeten, gedeckt von einer der gegenüberstehenden französischen weitüberlegenen Artillerie, gegen die Linie des Lobau'schen Korps. Sie waren schachbrettförmig in Bataillons-Kolonnen folgendermaßen formirt worden: Im ersten Treffen stand das 2te Bataillon des 18ten und das 3te Bataillon des 3ten schlesischen Landwehr-Regiments; im zweiten

Treffen befanden sich: das 1ste und 3te Bataillon des 18ten, das 1ste und 2te des 3ten schlesischen Landwehr- und das 1ste des 10ten Regiments; das dritte Treffen endlich bildeten die drei Bataillone des 4ten schlesischen Landwehr- und das 2te Bataillon des 10ten Regiments. Die drei Bataillone der 3ten neumärkischen Landwehr folgten zur Reserve. Der rechte Flügel wurde durch das westpreußische Ulanen- und das 2te neumärkische Landwehr-Kavallerie-Regiment gedeckt.

Während dessen war die 1ste Infanterie-Brigade des Ziethenschen Korps, die Hackesche Infanterie in und um Smohain links lassend, in das Thal hinabgestiegen und sogleich gegen La Haye und Papelotte vorgegangen. Sie hielt die Nassauer wegen der Aehnlichkeit der Uniform für Franzosen, eröffnete auf dieselben ein lebhaftes Feuer und vertrieb sie von ihrem Posten. Da diese es anfangs beantworteten, so entstand ein kurzes Feuergefecht, worin auf beiden Seiten mehrere Leute getödtet und verwundet wurden, bis man den Irrthum endlich entdeckte. Hierauf drangen diese Truppen vereint mit denen aus Smohain gegen die französischen Tirailleurs vor.

Die Avantgarden-Kavallerie des Ziethenschen Korps, deren Annäherung gegen den linken Flügel Wellingtons man früher schon bemerkt hatte, war jetzt herangekommen. Die brandenburgschen Dragoner und die brandenburgschen Ulanen marschirten auf dem linken Flügel der handverschen Infanterie-Brigade Best hinter der Straße nach Wavre in Linie auf. Die ersten schlesischen Husaren formirten sich auf dem äußern Abhange des Höhenrückens hinter dem von dieser Straße nach Papelotte hinunterführenden Wege. Das 2te kurmärkische Landwehr-Kavallerie-Regiment marschirte in dem Ravin hinter der Intervalle der Landwehr-Bataillone Osterode und Verden der Brigade Best auf. Auf dem Platze unmittelbar vor dieser Intervalle hatte die handversche Fuß-Batterie des

Kapitain von Rettberg den ganzen Tag hindurch gestanden. Da sie aber ihre ganze Munition verbraucht hatte, zog sie sich bei der Ankunft der preußischen reitenden Batterie Nr. 7 zurück, worauf diese ihren Platz einnahm und sogleich ihr Feuer gegen die gegenüberliegende Höhe eröffnete*). Die preußische Fuß-Batterie Nr. 7 verließ die Straße nach Wavre und ging eine Strecke den äußern Abhang des Höhenrückens hinunter, um einen günstigen Aufstellungspunkt zu suchen, von dem aus sie das Vorgehen der Infanterie im Thale decken könne.

Ein solches war im Allgemeinen das Verhältniß der Streitkräfte Blüchers zur Armee Wellingtons in dem Zeitpunkte, wo dieser die Angriffs-Kolonne der französischen Kaisergarde vernichtete und diesen Vortheil dadurch verfolgte, daß er kühn das Centrum der Stellung Napoleons erstürmte und dessen letzte Reserven zerstörte. Vielleicht erhält man eine deutlichere Uebersicht der bezüglichen Stellung der preußischen Truppen, wenn man einfach annimmt, daß die Avantgarde des Ziethenschen Korps auf dem linken Flügel der alliirten Armee eingetroffen war, daß ein Theil des Pirchschen Korps (einschließlich der Reserve-Kavallerie) sich Bülow angeschlossen hatte und daß dieser sich im Vorgehen befand, um mit seinem rechten Flügel Lobau anzugreifen und mit seinem linken einen dritten Sturm auf Planchenoit zu unternehmen — daß endlich

*) Kapitain von Rettberg war bei seinen Munitionswagen, unmittelbar hinter dem Hügel, auf dem seine Batterie stand, und rechts eines Gebüsches beschäftigt, als seine Aufmerksamkeit von Trompetenklängen in Anspruch genommen wurde, welche seinem Ohr fremd waren. Da bemerkte er die Ankunft der preußischen Kavallerie. General-Lieutenant von Ziethen befand sich an ihrer Spitze und fragte den Kapitain von Rettberg nach dem kürzesten Wege zu der durch La Haye Sainte führenden Chaussee. Dieser führte ihn nach dem Punkte, auf welchem diese Straße durch die von Wavre kommende durchschnitten wird. Kurz nachher fand das allgemeine Vorgehen der alliirten Armee statt.

die ihnen gegenüberstehenden Franzosen auf allen Punkten zu einem festen und energischen Widerstand entschlossen schienen.

Wir müssen jetzt das Detail der glänzenden und entscheidenden Maßregeln des Herzogs von Wellington von dem Zeitpunkt an wieder aufnehmen, wo er siegreich die französische Kaisergarde vernichtet hatte und den Grafen Uxbridge aufforderte, frische Kavallerie vorzubringen, um im Verein mit der vorgehenden Infanterie von der Unordnung und Verwirrung, in welche der Feind durch das Fehlschlagen seines großen Angriffs gerathen war, unmittelbaren Vortheil zu ziehen.

Vielleicht giebt es in der neueren Geschichte kein Beispiel, in welchem der drohende Strom der Schlacht durch den blitzschnellen Entschluß und die energische Anwendung noch übriggebliebener Reserven so plötzlich und mächtig gezügelt, so majestätisch und unwiderstehlich zurückgetrieben wurde — Alles überschwemmend, was er früher als ein so kräftiges und hoffnungsstrahlendes Element auf seiner Oberfläche getragen und als eine übermüthige Macht mit fortgerissen hatte — als es in diesem letzten und schönsten Siege des unsterblichen Wellington geschah. Niemals bot ein Schlachtfeld eine so vollständige, so magische Scenen=Veränderung dar, als es die war, welche auf die Besiegung der französischen Kaisergarde durch die Garden des Regenten von England und die britische leichte Infanterie=Brigade folgte. Der Zustand der Armee des Herzogs zur Zeit des letzten großen Angriffs Napoleons ist schon beschrieben worden. Noch müssen wir aber einen kurzen Blick auf die schrecklich verminderte Zahl und die fast erschöpfte Energie jener heroischen Schaaren werfen, welche im Vordertreffen der unaufhörlichen und konzentrischen Kanonade einer Reihe von Batterien von dem Bogen her ausgesetzt waren, dessen Sehne sie eingenommen hatten, welche die wiederholten und kräftigen Angriffe aller Waffen während so vieler Stunden aushalten mußten und nun noch bis zum letzten Blutstropfen einem andern Sturme widerstehen sollten, der kühner und energischer als alle die war, welchen sie bisher getrotzt hatten. Blickt hinter jene Linie und betrachtet den offenbaren Abfall in den Reihen eines Alliirten, dessen Kontingent einen so bedeutenden Theil der Macht des Herzogs bildete, aber schon zu augenscheinliche Beweise geliefert hatte, daß seine Dienste ganz aus der Rechnung gelassen werden mußten; — schaut auch auf die wachsenden Intervallen zwischen den Wraks der britischen und deutschen Kavallerie, von der nur die beiden leichten Brigaden, welche zu so gelegener Zeit vom äußersten linken Flügel nach dem bedroheten Angriffspunkt herbeigeholt worden waren, eine glückliche Ausnahme machen — welch ein entmuthigender Anblick im Vergleich zu dem der französischen Armee, als sie zu ihrem letzten großen Angriff vorging! Darf man sich wundern, wenn Zweifel über den Ausgang des großen Kampfes selbst bei denen aufsteigen konnten, welche entschlossen waren, ihren edlen Führer bis zum letzten Tropfen Blutes zu unterstützen? Und mit solchen offenbar unzureichenden Elementen, deren bloße Betrachtung einen andern General niedergebeugt und zur Aenderung seines Planes gezwungen hätte, schlug der britische Feldherr nicht allein diesen furchtbaren Sturm erfolgreich zurück, sondern erfocht auch noch einen entscheidenden und glänzenden Sieg. Man thäte jedoch dem Talente und dem Rufe des Herzogs Unrecht, wenn man solchen Sieg allein der Vernichtung der Angriffs-Kolonnen der Kaisergarde zuschriebe, wenn diese auch der Grundstein war, auf welchem er das Gebäude seines endlichen Triumphes errichtete. Die 10 Bataillone der Garde, aus denen die Angriffs-Kolonnen bestanden hatten, waren geschlagen; aber man muß bedenken, daß sie nur die Avantgarde der Angriffsmassen bildeten, welche nicht weniger als das ganze erste Treffen der französischen Armee umfaßten. Rechts ließ das Erlonsche, links das Reillesche Korps seine zahlreichen Kolonnen hervorströmen, welche schon mehr als die halbe Entfernung bis zur alliirten Position zurückgelegt hatten und eine furchtbare Schlachtordnung bildeten, während von den verlassenen Höhen ihre Artillerie über ihre Köpfe weg so mächtig gegen die erschöpfte Linie der Alliirten donnerte, wie in keiner der früheren Perioden der Schlacht. Die vier Bataillone der ersten Angriffs-Kolonne der Garde waren von Napoleon mit großer Schnelligkeit wieder formirt und auf einem dominirenden, von der Chaussee durchschnittenen Hügel vorwärts seines Centrums postirt worden. In der Nähe von La Belle Alliance hatte man Reserven, hauptsächlich Kavallerie-Massen, gesammelt und obgleich diese nur aus den Trümmern von Regimentern zusammengesetzt waren, welche vorher bedeutende Verluste erlitten hatten, so konnten sie dennoch mit mächtiger Wirkung gegen jeden Punkt geführt werden, auf den die vorgehende Infanterie einen Eindruck ausüben würde. Außerdem befand sich noch auf dem äußersten französischen linken Flügel eine leichte Kavallerie-Brigade, welche während des ganzen Tages nicht engagirt gewesen war und noch niemals ihre Stellung verlassen hatte. So glorreich aber auch das Resultat des Kampfes mit der Kaisergarde gewesen war, so mußte es dennoch dazu beitragen, die schwachen physischen Mittel, welche dem Herzoge noch zur Verfügung standen, immer mehr zu schwächen. Die Siegesgöttin, welche die tapfern Ueberwinder der Kaisergarde umschwebte, sank für einen Augenblick zu Wellingtons Füßen nieder und, ehe sie durch die noch drohende Haltung des Feindes verscheucht werden konnte, sicherte der Held Britaniens sich ihre Gunst durch die Entfaltung jener außerordentlichen Voraussicht, jener schnellen Entscheidung und ungebeugten Entschlossenheit, welche ihn zu allen Zeiten charakterisirten, jetzt aber mit mehr als gewöhnlichem Glanze hervorleuchteten. Seine vollkommene Kenntniß des Charakters und der Zusammensetzung der französischen Armee ließ ihn deutlich voraussehen, daß eine empfindliche Niederlage der Kaisergarde, welche nur bei großen und kritischen Gelegenheiten angewendet wurde, sicher einen mächtigen Einfluß auf den Geist der feindlichen Truppen ausüben würde, ließ ihn aber auch fühlen, daß wenn der Vortheil jener Niederlage nicht augenblicklich verfolgt und der entstandene panische Schrecken nicht sogleich allgemein und unheilbar gemacht würde, dann dieselbe Armee sich durch den Einfluß und die unermüdlichen Anstrengungen von Männern wie Napoleon und Ney rasch wieder erholen würde, daß die Kolonnen Erlon's und Reilles, wenn sie auch einen Augenblick geschwankt hatten, mit entschlossener Anstrengung weiter vordringen möchten, um die Spur zu verfolgen, welche die Garde verloren hatte, daß die Veteranen dieser letzteren, entschlossen ihre Niederlage zu rächen, sich rasch wieder sammeln, mit verzweifelter Kühnheit ihren Angriff erneuern und dabei direkt und wirksam von den Kavallerie-Reserven unterstützt werden könnten, welche sich vorwärts La Belle Alliance wieder gesammelt hatten. Diese Betrachtungen waren kaum in dem Geiste des Herzogs aufgestiegen, als sein Entschluß auch sogleich feststand. Mit seinen geschwächten Mitteln hätte mancher andere General es für unmöglich gehalten, die Stellung noch länger zu behaupten, Wellington aber beschloß, den schrecklich reducirten und erschöpften Zustand des noch kämpfenden Theiles seiner Truppen und den Mangel an Vertrauen bei dem Reste derselben durch eine jener kühnen und verwegenen Thaten zu ersetzen, welche, im richtigen Augenblick ausgeführt, von dem Blendwerk der selbstbewußten Ueberlegenheit begleitet sind und dem Feinde keine Zeit gönnen, Schwächen zu entdecken und Fehler zu benutzen. Kaum war die zweite Angriffs-Kolonne der Kaisergarde geschlagen und zerstreut, als er auch schon befahl, daß sie kräftig verfolgt und die wiedergesammelte erste Angriffs-Kolonne von der Brigade Adam angegriffen werden solle, während er gleichzeitig die Husaren-Brigade Vivian gegen die Kavallerie-Reserven bei La Belle Alliance schleuderte, bevor diese sich zum Angriff in Bereitschaft gesetzt hatten und bevor sie selbst von dem Erstaunen und dem Schwanken zurückgekommen waren, welche sich ihrer bei der Niederlage der Garde bemächtigt hatten.

Als Vivian den Befehl zum Vorrücken erhielt, ließ er seine Brigade sogleich mit Halb-Schwadronen rechts abschwenken. So wurde das 10te Husaren-Regiment das vorderste, das 18te folgte, und die 1sten Husaren der deutschen Legion, welche im zweiten Treffen standen, schlossen sich, sobald ihre Front frei war, dem letztern Regimente an. Die Brigade trabte nahe hinter der Infanterie und parallel zu dem Kamme der Position fort. Als sie sich dem rechten Flügel der Brigade Maitland näherte, ließ Vivian die vordere Halb-Schwadron links schwenken und führte sie durch die Batterie Napier senkrecht zur Front vor*). Als die Kolonne so über den

*) Bei dieser Gelegenheit hatte der Offizier, welcher die vordere Halb-Schwadron kommandirte, wahrscheinlich wegen des Feuers der nahen Batterie Napier und des lauten Triumphgeschrei's der verfolgenden Brigade Adam das Kommandowort nicht richtig aufgefaßt und rechts statt links geschwenkt. Ein Irrthum, welcher bei der Unsicherheit und dem Schwanken der hinter diesem Puukte stehenden niederländischen Truppen große Verwirrung hätte hervorbringen können, wenn Vivian ihn nicht schnell persönlich rektifizirt hätte, indem er an den Flügel der zweiten Halb-Schwadron heransprengte und mit ziemlichem Nachdrucke — und einem gut gemeinten Donnerwetter — ausrief: daß sie nach dem Feinde hin und nicht von demselben abzuschwenken hätten. Er nahm hierauf den Platz des Flügel-Offiziers und führte die Kolonne die Höhe hinab, in der Richtung vor, welche er ihr zu geben wünschte, bis die eigentliche vordere Halb-Schwadron wieder die Tete eingenommen hatte, worauf er sich auf den Flügel dieser begab und noch eine Zeit lang an der Spitze seiner Leute blieb.

Höhenrücken bei dem linken Flügel der leichten Kavallerie-Brigade Vandeleur vorbeieilte, wurde sie von dieser durch Geschrei begrüßt und ermuthigt, ebenso von der Garde-Brigade Maitland, als sie die rechte Flanke derselben passirte. Der Pulverdampf lag dicht vor der ganzen Position, hauptsächlich vor dem Theile des äußern Abhanges des Höhenrückens, auf welchem der Kampf mit der französischen Kaisergarde Statt gefunden hatte und über welchen Vivian jetzt seine Brigade führte. Als er weiter vorging und die Dampfzone überschritten hatte, erhielt er einen deutlicheren Ueberblick über die Anordnungen der ihm direkt gegenüberstehenden feindlichen Streitkräfte. Ein beträchtlicher Theil derselben schien sich in großer Verwirrung zu befinden; ungeordnete Infanterie-Kolonnen eilten nach der Position zurück und den Abhang hinauf, auf welchem zahlreiche Flüchtlinge aller Waffen und in verschiedenen Uniformen sich zusammendrängten und in Haufen zurückzogen. Geschütze feuerten in verschiedenen Richtungen, um den Rückzug zu decken, und das Musketenfeuer in und um Hougomont wurde mit Heftigkeit fortgesetzt. Als er bis zur Mitte der Entfernung der feindlichen Position gelangt war, zeigten sich wohlgeordnete Truppenkörper auf der französischen linken Seite von La Belle Alliance und schienen vollkommen zum Empfange der drohenden Attake bereit zu stehen. Sie bestanden aus zwei Infanterie-Quarrees mit Reiterei und Geschützen auf den Flanken und in der Intervalle. Die Kavallerie des linken Flügels war etwas vorgeschoben und bestand aus einzeln stehenden Abtheilungen, welche sich gegenseitig deckten und so eine allgemeine Front zeigten; sie war auf einer Terrain-Erhöhung, ungefähr 250 Schritte links (von alliirter Seite gesehen) der Südost-Ecke der Grenzen von Hougomont aufgestellt. Die beiden erwähnten Quarrees waren die zwei Grenadier-Bataillone der alten Garde, welche, wie bekannt, die Reserve des Haupt-Angriffs derselben gebildet hatten. Die Kavallerie links von diesen war folgendermaßen aufgestellt: Zuerst auf dem Abhange des kleinen Hügels eine Abtheilung Lanciers der Garde, dann rechts hinter ihr zwei Schwadronen Dragoner der Garde, rechts hinter diesen und auf dem Gipfel der Höhe endlich die Karabinier-Brigade. Hinter ihnen und hinter den Quarrees sammelten sich die Reste jener Kavallerie, welche den Tag hindurch so wiederholte Stürme gegen die Front des Herzogs unternommen hatte. Alle diese verschiedenen Kavallerie-Abtheilungen waren bloße Wraks ihrer früheren Stärke — Regimenter, oft ganze Brigaden, waren zu weniger als Schwadronen herabgesunken. Am Morgen, als sie das Schlachtfeld betraten, bildeten sie die Blüthe der französischen Kavallerie, jetzt hatten sie so bedeutende Verluste erlitten, daß sie nur noch der Schatten ihres früheren Glanzes waren.

Sobald als Vivian diese Vertheilung der ihm gegenüberstehenden feindlichen Streitkräfte erkannt hatte, beschloß er, die 10ten und 18ten britischen Husaren im ersten Treffen zu entwickeln und die 1sten Husaren der deutschen Legion in zweiter Linie als Reserve zurückzuhalten. Um hierbei den linken Flügel der feindlichen Kavallerie wo möglich zu umgehen, ließ er das vorderste Regiment, die 10ten Husaren, sich rechts ziehen. Gleich darauf langte der Oberst Sir Colin Campbell vom Generalstabe mit dem Befehle des Herzogs bei ihm an, nicht vor Ankunft der Infanterie zu attakiren, es sei denn, daß er des Erfolges gewiß wäre. Vivian bemerkte, daß die alliirte Infanterie bei ihrem eiligen Vorgehen sich wahrscheinlich nicht in geschlossener Ordnung befinden würde und ihre Sicherheit daher sehr gefährdet werden möchte, wenn sie einem Kavallerie-Angriffe ausgesetzt wäre; er hielt es daher für besser, keinen Augenblick zu verlieren und die Kavallerie, welche sich vor der Front zeigte, zu vertreiben. Sir Colin Campbell stimmte mit dieser Meinung überein und kehrte zum Herzoge zurück. Nach dem kurzen Aufenthalte, welchen diese Diskussion verursacht hatte, setzte Vivian seinen Marsch fort und befahl den 10ten Husaren, nach der vordern Halb-Schwadron links aufzumarschiren, den beiden andern Regimentern aber, dieselbe Evolution zu machen und in Reserve zu bleiben. Gerade in diesem Augenblick wurde die rechte Halb-Schwadron der 10ten Husaren von einer Schwadron Kürassiere attakirt, schlug sie aber sogleich zurück. Die schnelle Gangart, in welcher die Tete der Kolonne fortmarschirt war, und das Rechtsziehen derselben machte es den Halb-Schwadronen des linken Flügels sehr schwierig, zeitig genug die Front zu gewinnen. Da nun Vivian befohlen hatte, zu attakiren, sobald als die erste Schwadron formirt wäre, so geschah der Angriff nicht in Linie, sondern vielmehr in Echelons von Schwadronen. Wie sich gleich zeigen wird, war dies unter den augenblicklich bestehenden Umständen auch die angemessenste und wünschenswertheste Form. Als eben die Attake befohlen war, kamen die 2ten leichten Dragoner der deutschen Legion, welche fast gleichzeitig mit der Brigade Vivian vorgesendet worden waren, in Schwadrons-Kolonnen auf dem rechten Flügel der 10ten Husaren an und durchkreuzten deren Angriffs-Direktion, da diese seinen linken Flügel etwas vorgenommen hatten, während die Deutschen gerade vorgegangen waren. Die auf dem sanften Hügel stehenden Lanciers waren die nächste französische Kavallerie und bereiteten sich schnell zum Angriff vor, als sie die 2ten leichten Dragoner auf sich zukommen sahen. Sie legten ihre Lanzen ein, machten die Höhe hinunter eine tapfere Attake gegen die Deutschen und waren eben im Begriff, mit denselben handgemein zu werden, als die rechte Schwadron der 10ten Husaren hinzukam, sie in die Flanke nahm und vertrieb. Hierauf erschienen die schweren französischen Dragoner zur Unterstützung der Lanciers. Die mittlere Schwadron der 10ten Husaren eilte ihnen entgegen, stürmte unter sie und zerstreute sie gänzlich. Die linke Schwadron der 10ten Husaren hatte kaum noch Zeit, mit dem Feind zusammenzutreffen, als schon die ganze französische Kavallerie auf der linken Seite der Quarrees der Garde sich in voller Flucht befand. Als Vivian den vollständigen Erfolg dieser glänzenden Attake bemerkte, ließ er halten und kehrte so rasch als möglich zu den 18ten Husaren zurück*). Bevor wir jedoch seine weiteren Thaten beschreiben, wird es nöthig sein, zu andern Verhältnissen zurückzukehren, um sie mit der allgemeinen Lage der Haupt-Armee in Verbindung zu bringen.

Während dieser Zeit war die leichte Infanterie-Brigade Adam von dem Augenblick an, als sie die linke Flanke der zweiten Angriffs-Kolonne der französischen Kaisergarde attakirt hatte, im ununterbrochenen Avanciren geblieben, vor der Front des rechten Centrums der englisch-alliirten Position vorübergezogen und etwas rechts geschwenkt, als sie sich der Chaussee nach Charleroi genähert hatte, so daß ihr linker Flügel den Obstgarten von La Haye Sainte berührte. Sie hatte jetzt das Ravin unmittelbar unter der nächsten französischen Höhe erreicht, welche von dieser Straße durchschnitten wurde und auf welcher die Truppen der ersten Angriffs-Kolonne von Napoleon wieder gesammelt und in drei Quarrees formirt worden waren. Das 2te Regiment Chasseurs der alten Garde, welches den äußersten linken Flügel der Angriffs-Kolonne for-

*) Auf dem Wege zu den 18ten Husaren wurde Vivian von einem Kürassiere attakirt. Seine rechte Hand befand sich in einer Binde, in Folge einer bei Croix d'Orade unweit Toulouse erhaltenen Wunde. Indem er die Zügel in diese Hand nahm, welche kaum dieselben halten konnte, gelang es ihm, dem Kürassier einen Schlag mit der linken Hand zu geben, während in demselben Augenblick seine deutsche Ordonnanz herankam und den Franzosen vom Pferde hieb.

mirt hatte, war vom Oberst-Lieutenant Halkett genau beobachtet und mit dem Landwehr-Bataillon Osnabrück energisch verfolgt worden, als es sich in der Richtung von La Belle Alliance nach der Chaussee zurückzog.

Als Wellington die Verwirrung der französischen Kaisergarde nach dem entschiedenen Fehlschlagen ihres Angriffs bemerkte, als er dieselbe sich über einen beträchtlichen Theil der Truppen verbreiten sah, welche Zeugen ihrer Niederlage gewesen waren; als er das schöne Vorgehen der Husaren-Brigade Vivian gegen die bei La Belle Alliance postirten französischen Reserven und gegen das Herz der Position Napoleons, endlich den festen und triumphirenden Marsch der Brigade Adam wahrnahm, welche einen Schwarm von Flüchtlingen vor sich hertreibend, sich jetzt der nächsten Höhe der französischen Position genähert hatte; als er außerdem aus dem Feuer der Geschütze Bülows schließen konnte, daß die Bewegung desselben gegen Planchenoit anfinge, Erfolge zu haben und er sicher war, daß ein Theil eines andern preußischen Korps sich seinem linken Flügel angeschlossen hatte — da gab er den Befehl zu einem allgemeinen Vorrücken seiner ganzen Infanterie-Linie, unterstützt von Kavallerie und Artillerie.

Als dieses lang ersehnte Kommando die Reihen durchlief, wurde es mit lautem und freudigem Jubel begrüßt. Die passive Ausdauer, mit welcher die alliirten Truppen, nicht ohne Murren, den unaufhörlichen Angriffen von Kavallerie, Infanterie und Artillerie widerstanden und eine so große Menge ihrer Kameraden hatten fallen sehen, machten nun den Gefühlen durchdringender Freude und berauschenden Triumphes Platz. Als sie gleichzeitig sahen, daß das Vorgehen allgemein war, daß der Feind sich in Unordnung von seinem letzten Angriff zurückzog und daß die vorgeschobenen Brigaden kühn seine Reserven anfielen, da drängte sich ihnen die Ueberzeugung auf, daß der Herzog nur darum ihrem Verlangen, sie gegen den Feind zu führen, nicht nachgegeben hätte, weil sein vollendetes und sicheres Urtheil erst den Augenblick hatte abwarten wollen, wo dieses Vorgehen unter der vollen Aussicht des Erfolges unternommen werden konnte.

Gerade in diesem entscheidenden Augenblick brachen die bleichen Strahlen der untergehenden Sonne hervor. Als diese mühsam den fast allgemeinen Nebel durchdrangen, welchen die unaufhörlichen Wolken von Pulverdampf erzeugt hatten und die schwere trübe Atmosphäre nicht zerstreuen zu können schien, warfen sie auf die zahlreichen und verschiedenartigen Gegenstände des Schlachtfeldes ein dunkles Licht, welches denselben eine so eigenthümliche und ausdrucksvolle Färbung verlieh, daß sie nie aus dem Gedächtniß derer verwischt werden kann, welche Zeugen dieser prächtigen Schlachtscene gewesen. Vor der Front, auf der Höhe, welche die Garde-Brigade Maitland eingenommen hatte, stand sichtbar hervorragend der große und edle Herzog selbst, seinen Hut hoch in der Luft haltend, als ein Zeichen zum Beginn des allgemeinen Vorrückens; die Generale vor der Front ihrer Divisionen und Brigaden schienen durch ihre belebten Mienen den Ton ihres großen Feldherrn anzunehmen; Fahnen flatterten hoch und entfalteten stolz ihre zerfetzten Reste; Trommeln, Hörner und Trompeten mischten ihre kriegerischen Töne mit dem begeisterten und schallenden Jubelgeschrei der Truppen; Artilleristen waren beschäftigt, ihre tief versunkenen Geschütze aus dem weichen Boden herauszuarbeiten; Schwadronen und Reserven drängten nach der Höhe vor, als diese von dem ersten Treffen verlassen wurde, um den ruhmvollen Triumph zu sehen und zu theilen; zahlreiche, einzelne Soldaten eilten vorwärts, wo sie sich nur der Hülfeleistung der Verwundeten entziehen konnten, um ihre Reihen wieder zu gewinnen und die begeisternde Aufregung mit zu genießen. In der Ferne vorwärts erblickte man die zurückziehenden Massen der Franzosen, vermischt mit Haufen von Flüchtlingen aller Waffen zu Fuß und zu Pferde, und weit hin zur Linken die dunkeln Massen der Preußen und den empor steigenden Pulverdampf ihrer Batterien; rechts und etwas vorwärts schlängelte sich dichter Rauch aus der glühenden Asche von Hougomont empor und nahm einen rothen Glanz an, als er über die Köpfe der tapfern Vertheidiger dieses Ehrenpostens aufwirbelte — Alles erschien den Augen des Beschauers mehr in einem übernatürlichen Lichte, als in der gewöhnlichen Beleuchtung der Sonnenstrahlen. Es war von kurzer Dauer; die Sonne sank rasch unter den Horizont, und wenn die prächtige Färbung, welche mit ihr verschwand, die freudigen Gefühle der Sieger begrüßt hatte, so stimmte das einbrechende Zwielicht, welches der bewölkte Himmel noch düsterer machte, in gleichem Grade zu den niedergeschlagenen und traurigen Herzen der Besiegten. Bei ihnen herrschten jetzt nur die Gefühle vereitelter und gekränkter Hoffnung und äußerster Entmuthigung vor. Der Schrecken, welcher unter sie gekommen war, verbreitete schnell und weit sich über das ganze Heer, und Furcht malte sich auf allen Gesichtern.

Der Herzog sprengte zur Brigade Adam, welche damals in dem Thale unmittelbar unter der Höhe stand, auf der die drei Quarrée's der französischen Garde postirt worden waren; da dieselben zum Widerstande entschlossen schienen, befahl er dem General Adam, sie anzugreifen. Dieser wendete indessen ein, daß die Brigade in Folge ihres schnellen Vorgehens über den weichen, mit sterbenden und getödteten Menschen und Pferden bedeckten Boden des Thales, etwas locker in ihrem Zusammenhange geworden wäre, und es daher rathsam schiene, sie Halt machen und ihre Glieder aufschließen zu lassen. Dieses geschah demnach; aber kaum waren einige wenige Augen=

blicke verflossen, als der Herzog sagte: „Sie wollen nicht stehen — es ist besser, sie anzugreifen!“ und da er sich nahe der Fahne des mittleren Regiments (des 52sten) befand, so rief er aus: „Vorwärts, Colborne! vorwärts!“

Oberst Sir Colin Campbell traf jetzt wieder bei dem Herzog ein und setzte ihm die Gründe aus einander, warum Vivian sich für den Angriff der französischen Kavallerie-Reserven entschieden habe. Als Lord Uxbridge dieses hörte, beschloß er, die Attake der Husaren persönlich zu leiten und Theil an dem endlichen und entscheidenden Triumphe der britischen Kavallerie zu nehmen. Er wollte eben nach jenem Theile des Schlachtfeldes hineilen, als ein Kartätschschuß ihn am rechten Schenkel schwer verwundete. Obgleich wider seinen Willen von ferneren Leistungen abgehalten, hatte dieser tapfere Krieger, welcher so ritterlich, so geschickt und so erfolgreich die britische Kavallerie den Tag hindurch geführt hatte, doch die Genugthuung und das Bewußtsein, daß er treu seine Pflicht gegen den Souverain und das Vaterland erfüllt habe, wenn es ihm auch nicht vergönnt gewesen ist, Zeuge des Schlußtriumphes jener Waffe zu sein, deren Führer, Zierde und Stolz zugleich er war. Er wurde einige Augenblicke von Sir Colin Campbell gehalten und bald darauf mit Hülfe einiger Leute des 23sten leichten Dragoner-Regiments nach der Chaussee getragen, auf der man ihn nach Waterloo schaffte. Bei der darauf nöthig gewordenen Amputation überwog bei ihm die Genugthuung und die Zufriedenheit mit den glänzenden Thaten dieses heißen und wechselvollen Tages jeden Schmerz. Als er die ängstlichen und theilnehmenden Blicke der sein Lager umstehenden Freunde bemerkte, rief er aus: „Wer würde nicht für solch einen Sieg gern ein Bein hingeben?“ Selten zeichnete sich ein Kavallerie-General mehr aus, als der Graf von Uxbridge es an diesem großen Tage that. Wenn er von einem Punkte zum andern flog — jetzt kühn an der Spitze einer ruhmvollen Attake in den Kampf stürmte, dann wieder geschickt den Rückzug gegen die übermächtigen nachdrängenden Massen deckte, hier sich eifrig bemühete, durch persönliches Beispiel die höchst laue Energie der Kavallerie eines Alliirten aufzuregen und in Thätigkeit zu setzen, dort die Reste der begeisterten Reiterschaaren seiner eigenen Nation zu ferneren, kühnen Unternehmungen sammelte und zusammenzog; wenn er rastlos wachsam und stets vorbereitet auf die Manöver einer berühmten und mächtigen, einer schön bewaffneten und berittenen Kavallerie, deren Führer ein Kellermann, Guyot und Lefebvre-Desnouettes waren, wenn er kaltblütig und entschlossen im Vertrauen auf die Kühnheit seiner Untergebenen voreilte, um entweder die anstürmenden feindlichen Massen zu zertrümmern oder die von der eigenen Infanterie schon gewonnenen Vortheile zu verfolgen — dann schien er in seinem eigenen Charakter die heroische Tapferkeit des alten Ritterthums mit der Geschicklichkeit neuerer Kavallerie-Taktiker in hohem Grade zu verbinden*).

Als die Brigade Adam den Hügel erstieg, um den Befehlen Wellingtons gemäß die französischen Quarree's anzugreifen, wurde sie mit einem heftigen Feuer von der Front und den Flanken derselben empfangen. Der Herzog befand sich in diesem Augenblick im Centrum der avancirenden Linie, und war, da die Kugeln schnell und dicht um ihn herum sausten, großer persönlicher Gefahr ausgesetzt. Sir Colin Campbell machte ihm bemerklich, daß dies kein Platz für ihn wäre, und daß er besser thäte, sich zurück zu begeben, worauf Wellington er-

---

*) Zur Belohnung seiner Dienste hat ihm der Prinz Regent die Würde eines Marquis unter dem Namen des „Marquis von Anglesey“ verliehen.

wiederte: „Sobald ich jene dort Kehrt machen sehe, will ich es thun". Als die Brigade im Attakeschritt näher kam, hörte die Kaiser-Garde zu feuern auf, machte Kehrt und trat auf Kommando den Rückzug an. So bald sie abzog, ritt der Herzog rechts vorwärts das Thal entlang und kam auf die Ebene, wo Vivian die französischen Reserven mit Erfolg angriff.

Die tapfere Attake der 10ten Husaren gegen die französische Kavallerie, welche ihnen rechts gegenüber stand, ist schon beschrieben worden. Nachdem Vivian ihnen befohlen hatte, Halt zu machen und sich zu sammeln, ritt er zu den 18ten Husaren und fand sie in vollkommener Ordnung in Linie aufmarschirt. Ihnen gegenüber standen zwei Quarree's der Grenadiere der alten Garde, rechts von derselben Artillerie und Kavallerie. Diese Kavallerie bestand aus Kürassieren — den Trümmern ganzer Brigaden. — Hinter den Quarree's und näher an denselben standen die Chasseurs und Grenadiere zu Pferde der Kaiser-Garde, an Zahl bedeutend zusammen geschmolzen. Vivian sah sogleich ein, daß zuerst die vorgeschobene Kavallerie und Artillerie angegriffen werden müsse. Als er daher die Linie in Bewegung gesetzt hatte, ritt er vor die Mitte des Regiments neben den Kommandeur desselben, Henry Murray, um die Richtung des Vorgehens selbst anzugeben. Hierauf befahl er die Attake. Die Husaren stürmten mit dem größten Ungestüme und doch mit solcher Festigkeit und Regelmäßigkeit vor, als ob es ein Friedensmanöver auf der Hounslow-Haide gewesen wäre. — Auf diese Weise ging die Angriffsrichtung der 18ten Husaren eben so weit links, als die der 10ten nach rechts hin abwich. Als eben die Attake begann, versuchte französische Artillerie von der linken Seite her kühn vor der Front des Regiments vorüber zu jagen; der Versuch mißlang jedoch, die Husaren waren augenblicklich unter ihnen, hieben Artilleristen und Fahrer nieder, und bemächtigten sich der Geschütze. Im nächsten Augenblicke fielen sie auf die vorgeschobene Kavallerie und zerstreuten sie gänzlich, nahmen dann die linke Schulter vor und attakirten die Kavallerie und die Geschütze, welche mehr vorwärts und in der Nähe des rechten Quarree's standen. Dieses zog sich jetzt zurück; die Kavallerie aber schien anfangs Stand halten zu wollen, ein Offizier jagte vor und schoß auf den Oberst-Lieutenant Murray, in einem andern Augenblick aber räumten die Säbel der 18ten Husaren schrecklich unter ihnen auf; sie mußten weichen, die Artilleristen wurden von ihren Geschützen vertrieben und das Ganze floh in Unordnung zurück. Da Verfolger und Verfolgte sich mit einander vermengten, so hörte auch die Ordnung der ersteren auf, Alles jagte so schnell vorwärts, als die Verwirrung des Gefechts es zuließ, ein Theil auf der Chaussee, die Hauptmasse aber rechts derselben. Das Ganze passirte La Belle-Alliance und ließ die beiden Quarree's der Garde rechts liegen.

Mit dem vollständigen Erfolge der Attake zufrieden, befahl Vivian dem Regimente, Halt zu machen und sich wieder zu formiren, während er selbst die in Reserve gebliebenen 1sten Husaren der deutschen Legion vor zu bringen eilte. Unterwegs traf er den Major Friedrich Howard mit einem kleinen Trupp derjenigen Leute des 10ten Husaren-Regiments, welche er abgehalten hatte, an der Verfolgung der französischen Kavallerie durch das Gros des Regiments unter seinem Kommandeur, dem Oberst-Lieutenant Lord Robert Manners, Theil zu nehmen. Dieser kleine Trupp, der noch lange nicht die Stärke einer Schwadron erreichte, stand in geringer Entfernung dem linken Quarree der Grenadiere der alten Garde gegenüber und verlor durch das Feuer derselben viele Leute. — Vivian schwankte einen Augenblick, ob es gerathen wäre, das

Quarree zu attakiren, als er aber ein Infanterie-Regiment in rother Uniform sich von links her nähern sah, hoffte er, daß dasselbe die andere Seite und Ecke des Quarree's sogleich angreifen würde, und befahl daher dem Major Howard, die ihm gegenüber liegende Seite und Ecke zu chargiren. Dies wurde mit der größten Entschlossenheit und Tapferkeit ausgeführt. Vivian machte die Attake auf dem rechten Flügel persönlich mit; die Husaren sprengten bis ganz nahe an die Bajonnete heran, und es entspann sich ein hartnäckiger Kampf. Major Howard wurde an der Spitze seiner Leute getödtet; er erhielt einen Schuß durch den Mund und fiel bewußtlos zu Boden, worauf einer der feindlichen Gardisten aus den Reihen hervor trat und ihm grausam mit dem Kolben der Muskete den Kopf zerschlug. Zwei andere Offiziere, Lieutenants Arnold und Bacon, wurden verwundet, Lieutenant Gunning fiel kurz vor der Attake. Das Infanterie-Regiment griff aber, wider Erwarten, nicht an, sondern setzte auf der Chaussee die Verfolgung einer andern Kolonne fort.

Obgleich man nicht sagen kann, daß das große Quarree durch den Choc durchbrochen wurde, da die Veteranen desselben zu wohl ihre Widerstandskraft gegen solche Handvoll von Reitern kannten, so gereicht dennoch die Art und Weise, in welcher diese letztern auf die geschlossenen Reihen einhieben, die Bajonnetstöße parirten und hartnäckig vordrängten, den 10ten Husaren zum höchsten Ruhme. Wuthentbrannt über den Fall ihrer Offiziere kämpften sie mit Verzweiflung. Das Quarree wich dem Druck und setzte seinen Rückzug bis zu dem Hohlwege fort, welcher durch den von der Chaussee hinter La Belle-Alliance nach dem linken französischen Flügel führenden schmalen Weg gebildet wird. Uebereilt und in Verwirrung stieg die Garde in denselben hinab und entfloh, vermischt mit einem Schwarm von Flüchtlingen, nach beiden Seiten.

Der Rest der 10ten Husaren, d. h. die rechte und ein Theil der mittleren Schwadron, hatte während dessen, im Laufe der ersten Attake die Höhe überschritten, auf welcher die feindliche Reserve=Kavallerie postirt gewesen war, und war unter der Führung von Lord Manners das Thal südöstlich von Hougomont entlang geritten. Die geschlagene Kavallerie sprengte in der größten Verwirrung aus einander — Küras=siere von fast riesenhafter Größe jagten so schnell als möglich davon, viele warfen sich von den Pferden, um sich zu retten. Die Husaren erreichten jetzt die zurückziehende Infanterie, welche vom panischen Schrecken befallen zu werden schien, als sie ihre geschlagene Kavallerie an sich vorüber jagen sah — die großen Bärenmützen, welche einzelne trugen, bekundeten, daß es ein Theil der Kaiser=Garde war — sie fingen an, die Waf=fen weg zu werfen; viele riefen laut: „Pardon!" Hierauf überschritten die Husaren den nämlichen schon erwähnten schma=len Weg, welcher von La Belle=Alliance nach dem französischen linken Flügel führt, schwenkten links und erstiegen die Höhe hinter dem Hohlwege. Auf dem Abhange des Hügels hatte sich ungefähr ein halbes Bataillon der französischen Garde ge=sammelt und mit einiger Kavallerie nahe hinter sich aufgestellt; es eröffnete auf die 10ten Husaren ein heftiges Feuer. Ein Theil der 18ten Husaren kam um diese Zeit bei dem Hohl=wege an, konnte aber wegen dieses Hindernisses die Attake durchaus nicht ausführen. Auf der Entfernung von vierzig Schritten ließ Lord Manners seine Leute Halt machen und aufschließen; sodann rief er Hurrah und chargirte, worauf die Kaiser=Garden und die Kavalleristen sogleich Kehrt machten und davon liefen. Der größere Theil der ersteren warf sich zu Boden und viele der letzteren sprangen von ihren Pferden. Die Husaren verfolgten bis zum Kamme der Höhe; auf deren Südseite befand sich eine tiefe Schlucht und jenseits dieser ein

Hügel (auf der alliirten rechten Seite der Chaussee und dem Costerschen Hause ziemlich gerade gegenüber), auf welchem ein anderes Infanterie-Quarree aufgestellt war und zum Widerstande entschlossen schien. Ein Trupp der 18ten Husaren, kaum mehr als 30 bis 35 Mann zählend, hatte die vorher beschriebene Attake nahe der rechten Seite von La Belle-Alliance und Trimotion fortgesetzt, den schmalen Weg bei seiner Vereinigung mit der Chaussee überschritten, war die Schlucht hinunter gejagt, hatte die erwähnte Höhe erstiegen und chargirte um diese Zeit das Quarree mit der größten Tapferkeit, wurde jedoch abgewiesen und umgangen. Lord Manners und Kapitän Taylor hatte eine Abtheilung der 10ten Husaren gesammelt, um die 18ten zu unterstützen, wenn dieselben ihrerseits angegriffen werden sollten. Dies geschah jedoch nicht.

Die 2ten leichten Dragoner der deutschen Legion waren nach dem Stoße, welchen die auf sie zukommenden französischen Lanciers durch die 10ten Husaren erlitten hatten, rechts geschwenkt, waren in das Thal rechts von ihnen hinab geritten und auf eine Abtheilung Kürassiere los gegangen; diese schienen anfangs entschlossen zu sein, den Deutschen zu widerstehen, und empfingen sie mit einem nicht sehr wirksamen Karabinerfeuer ihres hintern Gliedes, aber die Husaren drangen ein, hieben mehrere der feindlichen Reiter nieder und machten einige Gefangene. Bei der weitern Verfolgung kam jedoch eine andere Abtheilung Kürassiere dem Regiment in die rechte Flanke und brachte es in Unordnung. Der Kommandeur desselben, Oberst-Lieutenant de Jonquières, ließ Halt und Sammeln blasen, wurde aber im nächsten Augenblick verwundet, eben so der Oberst-Lieutenant von Maydell. Major Friedrichs, der nächste älteste Offizier, zeichnete sich bei dieser Gelegenheit durch die Schnelligkeit, mit welcher er viele seiner Leute sammelte, im höchsten Grade aus; diejenigen, welche zerstreut worden waren, setzten sich sodann auf die Flanken und verlängerten so seine neue Linie, mit welcher er eine andere Attake machte und die feindliche Kavallerie in die Flucht jagte. Das Regiment blieb nun mit mehr Vorsicht im Avanciren längs des Fußes des links gelegenen Höhenrandes, während die 10ten und 15ten britischen Husaren über denselben weg attakirten und vorgingen.

Die beiden zuletzt genannten Regimenter waren um diese Zeit durch ihre Angriffe in solche Unordnung gerathen, daß es nothwendig geworden war, ihr weiteres Vorgehen zu hemmen, um sie zu sammeln und wieder zu formiren. Obgleich diese Maßregel dadurch unterstützt und gesichert wurde, daß die ersten Husaren der Legion vor die Front der Brigade gezogen wurden und die Brigade Vandeleur rechts vorgegangen war (dieselbe kam in dem Augenblick in dem Raume zwischen dem rechten Flügel Vivians und der Lisiere von Hougomont an, wo dieser eben im Begriff war, mit der Abtheilung der 10ten Husaren, unter Major Howard, das Quarree der Kaiser-Garde zu attakiren), so hatte dennoch das Sammeln und Wiederformiren beider Regimenter viele Schwierigkeiten, denn sie waren vollständig mit den Fliehenden vermischt.

Wir hatten die Brigade Adam verlassen, als sie avancirte und in der Nähe der Chaussee die zurückweichenden drei Quarree's der Garde vor sich her trieb. Bei ihrem ersten Vorgehen aus der alliirten Position, war Oberst Halkett mit dem hannöverschen Landwehr-Bataillon Osnabrück ganz nahe hinter dem rechten Flügel derselben gefolgt. Adam holte die drei oben erwähnten Quarree's ein. Halkett hatte den kürzesten Weg zurückzulegen, und kam bei der Verfolgung der Kolonne der beiden Bataillone Chasseurs der alten Garde sehr bald auf gleiche Höhe mit der Brigade. Die Osnabrücker wurden durch das Feuer einer in geringer Entfernung von ihrem rechten Flügel aufgefahrenen französischen Batterie sehr belästigt. Die 1ste Kompagnie brach deßhalb in Zügen ab, machte, unterstützt von den Scharfschützen des Bataillons, einen Anlauf auf die Artillerie und eroberte sechs Geschütze. Während des größeren Theiles des Avancirens waren sie stets in ganz naher Berührung mit der von ihnen verfolgten Kolonne geblieben. Halkett rief derselben oftmals laut zu, daß sie sich ergeben möchte, und entdeckte bei genauerer Forschung einen feindlichen Offizier, welchen er für den kommandirenden General der Garde hielt, da sich derselbe in voller Uniform befand und lebhaft bemüht war, seine Leute zum Stehen zu bringen. Die Osnabrücker gaben auf die Kolonne Feuer, worauf dieselbe den General mit zwei Offizieren zurück ließ. Halkett befahl den Scharfschützen, vor zu eilen, und sprengte selbst im vollen Gallop auf den General los; er holte ihn ein und war eben im Begriff, ihn nieder zu hauen, als derselbe ausrief, daß er sich ergeben wolle. Auf dem Rückwege ging Cambronne, denn dieser war es, Halkett voran, war aber erst wenige Schritt weit gekommen, als des letzteren Pferd verwundet zu Boden stürzte. In wenigen Sekunden gelang es ihm jedoch, dasselbe wieder auf die Beine zu bringen, da aber sah er seinen Gefangenen in der Richtung der französischen Kolonne davon laufen; er holte ihn sogleich ein, erfaßte ihn bei der Aiguillette, brachte ihn zum Bataillon und sandte ihn unter der Obhut eines Sergeanten der Osnabrücker zum Herzoge *).

---

*) Ich bin bei der Gefangennehmung des General Cambronne etwas ins Detail eingegangen, weil mehrere französische Schriftsteller behauptet haben, daß derselbe, als die Garde zur Ergebung aufgefordert wurde, geantwortet habe: „La garde meurt et ne se rend pas," ein Ausdruck, dessen Wahrheit der Autor der „L'histoire de l'exgarde" versichert und seinem Werke als Motto beigegeben hat. Aber selbst dieser Schriftsteller muß zugeben, daß darüber eine Meinungs-Verschiedenheit herrsche, ob Cambronne wirklich die ihm in

Die Brigade Adam hatte um diese Zeit die Chaussee nach Charleroi überschritten, nahm dann die linke Schulter vor und blieb, die geschlagenen Quarree's verfolgend, im Avanciren, während Halkett auf der innern Seite derselben unausgesetzt den Bataillons der Chasseurs der alten Garde nachgedrungen und hierdurch etwas rechts vor die Brigade gerathen war. Er war kurz vorher in der unmittelbaren Nähe desjenigen Theiles des Schlachtfeldes angekommen, auf welchem Vivian eben im Begriff war, mit der Abtheilung der 10ten Husaren, unter Major Howard, das Quarree der Grenadiere der alten Garde anzugreifen. Man wird jetzt in dem Bataillon Osnabrück dasjenige Regiment alliirter Infanterie erkennen, dessen bei der Beschreibung dieser Attake Erwähnung geschah.

Adam fühlte, daß er nach Vertreibung der drei Quarree's der Kaiser-Garde sehr weit vor das Haupttreffen der englisch-alliirten Armee gerathen sei, und fürchtete, da er das Vorgehen der Brigade Vivian nicht kannte, in der rechten Flanke angegriffen zu werden. Er sandte daher seinen Brigade-Major, den Major Blair, in der Verlängerung dieser Flanke vor, um zu sehen, ob die feindliche Kavallerie drohende Bewegungen mache. Derselbe begegnete auf seiner Irrfahrt dem Herzog von Wellington, als er, gefolgt von einem einzigen Reiter, raschen Schrittes vorwärts eilte. Er wandte sich an den letztern, wurde von demselben aber sogleich mit den

---

den Mund gelegten Worte gesprochen habe. Ebenso hegen die Verfasser der „Victoires, conquêtes et désastres des Français" Zweifel über diesen Punkt, und in den „Mémoires historiques de Napoléon, livr. IX." geschieht der Sache gar keine Erwähnung. Ueber die Identität des französischen Generals kann dagegen kein Zweifel stattfinden, da Cambronne sich selbst dem Oberst-Lieutenant Halkett, welcher ihn gefangen nahm, zu erkennen gab und später mit dem Grafen Lobau und anderen Gefangenen nach Ostende gesandt wurde.

Worten abgewiesen: „Monsieur, je ne parle pas un seul mot d'anglais!" Hierauf erklärte ihm Major Blair auf Französisch den erhaltenen Auftrag und bekam zur Antwort: „Le Duc lui même a été voir, il n'y a rien à craindre!" worauf er mit dieser genügenden Erklärung zu Adam zurückkehrte.

Hier befand sich also der große Feldherr, noch vor der Front seiner Armee, aufmerksam den Lauf der Begebenheiten bewachend und schleunigst aus denselben Vortheil ziehend, jeder Gefahr trotzend und allein nach seiner persönlichen Beobachtung handelnd, seine Generalstabs-Offiziere, selbst seine Ordonnanzen fast alle getödtet oder verwundet, die wenigen, welche noch übrig waren, mit Befehlen entsendet, seine einzige Begleitung ein Fremder (Major Graf von Sales, ein sardinischer Offizier), welcher seiner Suite attaschirt war! In dieser außerordentlichen Sicherheit, mit welcher der große Mann sich während des ganzen Tages exponirte, ist die schützende Vermittelung einer allweisen und gnädigen Vorsehung nicht zu verkennen. In diesem Augenblicke befand er sich nicht blos auf der Spur seines großen Gegners, sondern auch aller Wahrscheinlichkeit nach in der geringsten Entfernung, die jemals diese beiden außerordentlichen Männer von einander trennte. Der eine, allein und vor der Front seiner vorgehenden Armee, vorwärts getragen auf den Schwingen des Sieges und gehoben durch das Bewußtsein seiner Macht und die Fülle seines Ruhmes; der andere, Schutz suchend unter seinen ergebenen, aber zertrümmerten und zerstreuten Kohorten, sich selbst der Verzweiflung überlassend und von dem verhängnißvollen Schlachtfelde entfliehend, auf welchem der usurpirte Scepter entscheidend und unwiederbringlich seiner eisernen Hand entrissen wurde.

Fünfzehntes Kapitel.

Die Schlacht bei Waterloo.

Vorgehen der leichten Kavallerie-Brigade Vandeleur. — Dieselbe chargirt und zerstreut eine starke Kolonne französischer Infanterie und bemächtigt sich einer Batterie. — Die Brigade Adam fährt fort, den Feind längs der linken Seite der Chaussee nach Charleroi vor sich herzutreiben. — Wirkung, welche das Vorgehen der Brigaden Adam, Vivian und Vandeleur auf den rechten Flügel der französischen Armee ausübt. — Die Wirkungen desselben auf den französischen linken Flügel. — Napoleon sucht in einem Quarree der Kaisergarde Schutz. — Die englisch-alliirte Armee bleibt im Avanciren. — Im Centrum wird La Haye Sainte wieder genommen, auf dem rechten Flügel Hougomont vom Feinde gereinigt, auf dem linken ergreift die Division Durutte, welche den äußersten rechten Flügel des französischen ersten Treffens bildet, die Flucht. — Der linke Flügel bemächtigt sich der Linie der gegenüberstehenden Batterien. — Unordnung und Flucht des ganzen Erlonschen Korps hinter dem Lobau'schen entlang, welches gleichzeitig von einem Theile des Bülowschen bestürmt, von dem panischen Schrecken angesteckt wird und sich mit den Flüchtigen vermischt. — Die britischen Truppen bei La Belle Alliance gerathen in die Schußlinie einer preußischen Batterie, welcher Wellington befehlen läßt, mit Feuern aufzuhören. — Das 52ste britische Regiment zerstreut französische Infanterie und bemächtigt sich einer Batterie. — Die vorpoussirte britische Kavallerie befindet sich mitten im Gedränge der besiegten französischen Soldaten. — Merkwürdige Festigkeit der französischen grénadiers à cheval. — Kampf in Planchenoit. — Tapferes Benehmen Pelets und einer Abtheilung Chasseurs der Garde. — Die französischen Truppen, welche in Planchenoit engagirt gewesen sind, ziehen sich in Auflösung und Verwirrung nach der Chaussee zwischen Rossomme und Maison du Roi zurück, welchen ersteren Punkt die vorgeschobenen britischen Brigaden schon erreicht haben. — Theilweise Kollision zwischen den 18ten britischen Husaren und einem preußischen Kavallerie-Regiment. — Die 1sten Husaren der Deutschen gerathen beinahe in einen ernsten Konflikt mit den 11ten und 16ten britischen leichten Dragonern. — Wellington läßt das Gros seiner Armee in der ursprünglichen französischen Position Halt machen. — Blücher unternimmt die Verfolgung. — Als Wellington sich durch seine Beobachtungen von der Höhe jenseits Rosomme überzeugt hat, daß der Sieg unbezweifelt gesichert ist, kehrt er nach Waterloo zurück. — Als er La Belle Alliance erreicht, begegnet er Blücher. — Dieser ergreift Maßregeln zu einer wirksamen und kräftigen Verfolgung. — Die vordersten preußischen Truppen, geführt von Gneisenau, erreichen Genappe, wo sie eine Menge Bagage und Napoleons Reisewagen erbeuten. — Napoleon in Quatre-Bras. — Richtung des Rückzuges der französischen Truppen. — Napoleon eilt nach Charleroi, von wo er Jerôme mit dem Befehle entsendet, die Truppen zwischen Avesnes und Maubeuge zu sammeln. — Gneisenau setzt die Verfolgung fort, passirt Quatre-Bras und ruhet nicht eher, als bis er jenseits der Höhen von Frasne ankommt. — Verluste der verschiedenen Armeen. — Bemerkungen über die Schlacht. — Gegenseitige numerische Stärke der Heere. — Verhältniß, nach welchem die Truppen der englisch-alliirten Armee wirklich engagirt worden sind. — Benehmen dieser Truppen. — Ausdehnung des wirklichen Antheils, welchen die Preußen an dieser Schlacht genommen haben.

Der 18. Juni.

Das weite Vorgehen der Brigade Vivian und ihre kräftige Attake gegen das Centrum der französischen Stellung machten eine unmittelbare Unterstützung nöthig. Es wurde daher die Brigade Vandeleur in rechts abmarschirter halber Schwadrons-Kolonne zu derselben Zeit über den Höhenrücken vorgesendet, als die ganze Schlachtlinie zu avanciren begann. Sie eilte im scharfen Trabe längs der Ostseite der Hecken von Hougomont vorwärts und stieg dann rechts bei der Brigade Vivian vorbei in das Thal hinter denselben hinab. Hier fiel sie auf die im vollen Rückzuge begriffenen, ungeordneten Massen französischer Infanterie, ebenso auf Kavallerie jeder Gattung, von welcher die Kürassiere ihre Rüstungen wegwarfen, um ihre Flucht zu erleichtern. Mitten in dieser Verwirrung stand jedoch eine starke Kolonne mehr Thal aufwärts und auf der gegenüberliegenden Seite desjenigen Weges, welcher das Centrum mit dem linken Flügel der französischen Stellung verbindet. Sie hatte Quarree formirt und schien entschlossen, das weitere Vorgehen der Brigade zu hindern. Nachdem die letztere das Feuer der Kolonne erhalten hatte, chargirte sie. Die Franzosen wichen dem Stoße und wurden entweder gefangen genommen oder niedergehauen. In dieser Attake bemächtigten sich die 11ten leichten Dragoner (das rechte Flügel-Regiment der Brigade) einer Batterie, auf der Höhe, gegen welche der erwähnte Weg hinansteigt. Es war die letzte, welche noch auf dem französischen linken Flügel die Kanonade unterhalten hatte. Die Brigade Vandeleur blieb fortgesetzt im Vordringen und trieb einen Schwarm von Flüchtlingen vor sich her. Sie befand sich um diese Zeit rechts vorwärts der Brigade Vivian. Da kam Oberst Sir Felton Harvey des Generalstabes zu ihrem Kommandeur, Oberst-Lieutenant Sleigh der 11ten leichten Dragoner, herangeritten — Vandeleur hatte nach dem Falle des Lords Uxbridge das Kommando der ganzen Kavallerie übernommen — und machte ihn darauf aufmerksam, daß eine französische Kavallerie-Brigade längs der Höhen auf der rechten (westlichen) Seite des Thales vorginge. Diese Kavallerie wagte es jedoch nicht, in das Thal hinabzusteigen und Sleigh in die rechte Flanke zu fallen, sondern blieb auf dem Höhenrücken im Marsche gegen einen Punkt der Chaussee ganz hinter der Hauptmasse der französischen Armee. Sie hatte augenscheinlich die Absicht, den Rückzug zu decken und die Flüchtlinge zu sammeln. Es war die leichte Kavallerie-Brigade Piré, welche während des ganzen Tages den äußersten linken Flügel der französischen Schlachtordnung gebildet hatte.

Auf diese Weise war der rechte Flügel der Brigade Vivian, welche das Centrum der französischen Position nicht allein durchbrochen, sondern vollständig durchbohrt hatte, wirksam gedeckt und schnell von der Unordnung Vortheil gezogen worden, in welche ihr kühnes und erfolgreiches Vorgehen die gegenüberstehenden, französischen Truppen gestürzt hatte. Ebenso war der linke Flügel Vivians durch das Vorgehen der Brigade Adam gesichert, indem dieselbe längs der linken Seite der Straße nach Charleroi die Quarrees der Garde und die ihnen zur Unterstützung beigegebenen Kürassiere vor sich hertrieb. Diese Kürassiere hatten zwar wieder Front und Miene gemacht, die Brigade zu attakiren, als dieselbe die Chaussee überschritt, Adam drängte jedoch, sich in seiner vier Mann tiefen Formation für sicher haltend, unaufhaltsam gegen sie vor und als auf dem bedrohten Theile seiner Linie die britischen Bajonnete gefällt wurden, wichen die feindlichen Kürassiere dem Kampfe aus.

Nachdem wir so die glänzenden Erfolge derjenigen drei britischen Brigaden einzeln beschrieben haben, mit welchen Wellington so kühn das Centrum des Feindes bestürmte und so wirksam seine letzten Reserven zerstörte, wird es jetzt Zeit, ihre wichtigen Folgen in Verbindung mit dem allgemeinen Vorrücken der englisch-alliirten Armee zu betrachten und deshalb nöthig sein, einen umfassenden Ueberblick über die hervorragenden Gestaltungen zu gewinnen, welche das Schlachtfeld in dieser Periode des Tages darbot.

Auf keinen Theil der französischen Armee übte das Vorgehen der obigen Brigaden jenseits ihrer unmittelbaren Wirkungssphäre einen so mächtigen Einfluß aus, als auf das Erlonsche Korps. Die Niederlage der zweiten Angriffs-Kolonne der Kaiser-Garde zog, wie man sich erinnern wird, die der Division Donzelot nach sich, welche aus der durch den Besitz von La Haye Sainte ihr gebotenen Deckung und aus der Schlucht links dieses Pachthofes so wüthend die Division Alten im Centrum der Schlachtlinie des Herzogs bestürmt hatte. Auf der entgegengesetzten Seite der Chaussee unterhielt ein Theil der Division Alix von dem Hügel oberhalb der Sandgrube aus noch immer ein mörderisches Feuer auf die Reste der Division Picton und die Brigade Lambert, welche längs der Straße nach Wavre postirt waren. Der Rest dieser und die Division Marcognet avancirten durch das Thal, welches den englisch-alliirten linken von dem französischen rechten Flügel trennte und bildeten eine Reihe von Kolonnen zwischen dem Hügel links von La Haye Sainte und dem linken Flügel der Division Durutte, welche jetzt in Uebereinstimmung mit dem Lobau'schen Korps manövrirte, um ihre Defensiv-Stellung gegen die vordringenden Preußen zu behaupten. Als Wellington daher die Husaren-Brigade Vivian so plötzlich auf die Reserven Napoleons warf, welche damals nahe bei La Belle Alliance im Centrum der französischen Position aufgestellt waren und eben so die leichte Infanterie-Brigade Adam bei dem Pachthofe und dem Obstgarten von La Haye Sainte vorbei gegen den Hügel vorschob, auf welchem die drei gesammelten Quarrees der Kaisergarde standen, umging er vollständig den linken Flügel Erlons und setzte sich durch den glänzenden Erfolg dieser Maßregeln im Rücken sowohl des Erlonschen als des Lobauschen Korps fest, während dieses letztere sich noch immer gegen das Vordringen Blüchers vertheidigte. In derselben Weise wurden die Kolonnen des Reille'schen Korps, welche den linken Flügel der französischen Armee bildeten und durch und bei den Hecken von Hougomont vordrangen, in ihrer rechten Flanke umgangen.

So wurde durch dieses kühne und meisterhafte Manöver das ganze erste Treffen der französischen Armee, welches noch kurze Zeit vorher ein so drohendes Ansehn gehabt hatte, in Unordnung und Verwirrung versetzt, und da dieses Manöver zur rechten Zeit durch das Vorgehen der ganzen Linie des Herzogs unterstützt wurde, war jeder Versuch der Franzosen, sich zu sammeln und die Offensive wieder zu ergreifen, hierdurch für immer vereitelt. Die feste, entschiedene und entschlossene Haltung Wellingtons hatte in der That Furcht und Schrecken in die Reihen seines Gegners geschleudert. Als derselbe den eiligen und ungeordneten Rückzug seiner Truppen bemerkte und das starke Drängen des furchtbaren und jetzt allgemeinen Angriffs Blüchers gegen seine rechte Flanke fühlte, gerieth er in die größte Bestürzung. Jeder weitere Versuch, den Strom zu hemmen, schien ihm vollständig fruchtlos, er warf sich daher Schutz suchend in das Quarree des 2ten Bataillons des 2ten Regiments Chasseurs seiner Garde.

Die englisch-alliirte Linie setzte ihr imposantes Avanciren fort. Es war in der That mehr ein Triumphzug als eine Angriffsbewegung, da Alles vor ihr her floh. Im Centrum überschritt die Division Lambert mit den 1sten oder Royal Scots die Chaussee nach Charleroi und nahm von La Haye Sainte Besitz, welches man den Verwundeten und Todten als einziger aber zahlreicher Besatzung überlassen hatte. Die Truppen hinter Hougomont strömten jetzt in dessen Umgränzungen und halfen den tapfern Vertheidigern dieses wichtigen Postens, ihn von den Feinden zu reinigen, von welchen noch viele, unbekannt mit dem Geschehenen, sich in dem Walde zu behaupten suchten. Die leichten Truppen rechts von Hougomont überschritten die Straße nach Nivelles ohne Widerstand, da sich nicht blos die gegenüberstehende Infanterie zurückgezogen hatte, sondern auch die leichte Kavallerie-Brigade Piré, welche während des ganzen Tages den äußersten linken Flügel der französischen Armee gebildet hatte, zur Deckung des allgemeinen Rückzuges nach dem Centrum gezogen worden war. Den äußersten linken Flügel der Linie flankirten die preußischen Kavallerie-Regimenter des Ziethenschen Korps, welche kurz vorher sich dem allgemeinen Vorrücken angeschlossen hatten. Die Bataillone der 1sten preußischen Infanterie-Brigade drangen vereint mit der nassauschen Brigade, unter dem Prinzen Bernhard von Sachsen-Weimar die Höhen hinauf gegen den linken Flügel der Division Durutte vor, welche auf dem Winkel der Hakenstellung des äußersten französischen rechten Flügels stand. Als der alliirte linke Flügel den äußern Abhang der Position hinunterstieg, befanden sich schon die zum Angriffe desselben vorgegangenen Kolonnen des Erlonschen Korps im eiligsten Rückzuge. Ein Theil von ihnen hatte sich schon in dem Augenblicke auf und bei der Chaussee zurückgezogen, als sie die Niederlage der Truppen auf der andern Seite dieser Straße und das Vorgehen der Brigade Adam bemerkt hatten und hierdurch ihren linken Flügel vollständig umgangen, ihren Rückzug ernstlich gefährdet sahen. Als die Division Durutte auf dem rechten Flügel des Erlonschen Korps und dem Winkel der Hakenstellung gerade hinter sich den Rückzug der Kaisergarde, verfolgt von britischer Infanterie und der Kolonne ihres eigenen Korps, gefolgt von der englisch-alliirten Schlachtlinie, bemerkte, während gleichzeitig der Angriff der Preußen gegen ihre Front und ihren rechten Flügel mit jedem Augenblick an Kraft und an Wirkung zunahm, sah sie plötzlich die Gewißheit vor sich, abgeschnitten zu werden, wenn sie in ihrer jetzigen Stellung verbliebe und ergriff daher, in dem Bewußtsein ihrer eigenen Hilflosigkeit, die Flucht. Einen Augenblick später verkündete das erneuerte Siegesgeschrei längs des englisch-alliirten linken Flügels, daß dieser die starke Batterie-Linie erreicht und erobert habe, deren Feuer den ganzen Tag hindurch seine Reihen schrecklich gelichtet hatte. Ebenso nahmen die Bataillone Ziethens von denjenigen Batterien Besitz, welche den Winkel der Hakenstellung geschützt hatten und von der Division Durutte gedeckt worden waren. Trotz des verwirrten Rückzuges der Flanken-Kolonnen des Erlonschen Korps hatten sich die mittleren noch in einer gewissen Ordnung zurückgezogen, fingen nun aber bei der Annäherung der alliirten Linie an, sich aufzulösen, sprengten auseinander und bildeten in Kurzem nur noch einen unentwirrbaren Knäuel von Flüchtlingen. Die Flucht dieser Truppen unmittelbar hinter der Lobau'schen Linie weg, in demselben Augenblick, als sie von der 13ten und 15ten Infanterie-Brigade des Bülowschen Korps und einer vernichtenden Kanonade kräftig bestürmt wurde, verbreitete in den Reihen derselben den allgemeinen Schrecken, der jetzt nicht mehr zu bemeistern war. Das ganze Korps stürzte wild in den Strom von Flüchtlingen hinein, der mit unaufhaltsamer Gewalt über Rossomme und Maison du Roi der Chaussee nach Charleroi, ihrer direkten Rückzugslinie, zuwogte.

Um diese Zeit (ungefähr ein Viertel nach 8 Uhr) erstieg die Brigade Adam, in der Verfolgung ihres Marsches links der Chaussee, das höhere Terrain hinter La Belle Alliance. Hier gerieth sie in die Schußlinie einer Bülowschen Batterie, welche dem Rückzuge des Lobau'schen Korps unmittelbar gefolgt war und aus dessen anfänglicher Stellung in der Entfernung von ungefähr 800 Schritt eine Kanonade eröffnet hatte. Wellington fürchtete, daß dieses Feuer seinen vorgehenden Truppen ernstlichen Schaden zufügen möchte und sandte daher den Grafen de Sales (noch immer seinen einzigen Begleiter) mit dem Auftrage zu der preußischen Batterie, ihr Feuer aufhören zu lassen, da der Kommandeur derselben nicht wußte, daß seine Kugeln unter britischen Truppen einschlugen. Als Bülow diesen Umstand erfuhr, ließ er sogleich das Feuer seiner Artillerie einstellen und befahl auch der ganzen Infanterie seines rechten Flügels bei dem weitern Vorgehen nicht mehr zu schießen.

Der Weg, welcher von der Chaussee über die hinter La Belle Alliance gelegene Höhe nach Planchenoit führt, wird nach ungefähr 120 Schritt Länge ein vollständiger Hohlweg. Als sich die Brigade Adam ihm näherte, zog sich in demselben gerade vor der Front des 52sten Regiments eine Kolonne Artillerie und Infanterie zurück, welche vom französischen rechten Flügel herkommend, ohne alle Ahnung von der unmittelbaren Nähe britischer Infanterie war. Durch die plötzliche Erscheinung derselben auf dem Rande erstaunt, schwankte die Kolonne einen Augenblick über das, was zu thun sei. Die Infanterie schien anfangs Lust zur Vertheidigung zu haben, warf aber bald die Waffen weg, zerstreute sich und entfloh nach allen Seiten. Die Artillerie machte einen Versuch, den gegenüberliegenden Rand hinaufzukommen, da ihr aber von jedem Geschütze ein oder mehrere Pferde erschossen wurden, so mißlang derselbe gänzlich. Der Kommandeur der Batterie schwang, in der Mitte seiner Geschütze stehend, verzweifelt und Trotz bietend, den Degen über seinem Kopfe. Ein Soldat des 52sten Regiments sprang vor, parirte seinen Stoß, warf ihn auf den Boden und erstach ihn mit dem Bajonnete. Hierauf wurden die Geschütze sogleich verlassen. Auf dem rechten Flügel der Brigade hatte das 71ste Regiment die Höhe erreicht, auf welcher eine Reserve-Batterie der Kaisergarde den ganzen Tag hindurch postirt gewesen war und die eben den Versuch machte, nach der Chaussee abzufahren. Sie wurde indessen von dem Regiment erbeutet, worauf einige Leute der Flanken-Kompagnie (des Kapitäns Reed) unter dem Lieutenant Torriand, sogleich eine der Kanonen umkehrten, welche dann von dem Kapitain Campbell, Adjutanten des Generals Adam, auf die zurückziehenden Massen der Kaisergarde abgeschossen wurde und wahrscheinlich das letzte an diesem Tage abgefeuerte französische Geschütz war.

Oberst-Lieutenant Halkett war mit dem hannöverschen Landwehr-Bataillon Osnabrück bei La Belle Alliance auf die Chaussee gelangt und drängte die beiden Quarrees der Chasseurs der alten Garde vor sich her, unter deren Schutz Napoleon mit mehreren der höchsten Offiziere seines Stabes vom Schlachtfelde abzog. Halkett befand sich bald mitten in einer großen, aber ungeordneten Masse feindlicher Kavallerie, welche das Bataillon auf die lärmendste Weise bedrohte, sobald dasselbe aber Feuer auf sie gab, nach allen Richtungen auseinanderstob. Als er weiter vorwärts mehrere Geschütze im vollen Rückzuge begriffen sah, sandte er ihnen die Scharfschützen des Bataillons, unterstützt von einer Kompagnie, nach. Dieselben vermehrten durch ihr Feuer die Verwirrung, machten viele Gefangene und hieben die Stränge der Pferde an den vordersten Geschützen entzwei.

Die preußischen Kavallerie-Regimenter des Ziethenschen Korps, welche, wie oben gesagt, sich dem linken Flügel der englisch-alliirten Armee angeschlossen hatten, waren durch das Thal auf die französische Position gelangt und in der Richtung auf Rossomme der englisch-alliirten Infanterie etwas vorausgeeilt, fanden bald aber ihr weiteres Vorgehen durch das Gedränge der in der wildesten Unordnung untereinandergemengten Flüchtlinge aller Waffen ernstlich gehemmt und verzögert. Dasselbe war auf der rechten Seite der Chaussee mit den vorgeschobenen Kavallerie-Brigaden Vandeleur und Vivian der Fall. Die Reiterei, welche so die Tete der siegreichen Armee des Herzogs bildete, war jetzt in der That fast hülflos geworden. Es schien, als ob sie von den Wellen der bewegten See fortgetragen würde und den Stößen des wüthenden Elements eher nachgäbe, als daß sie dasselbe beherrsche. Wie sich leicht denken läßt, gab die Wuth und der Ingrimm des überwundenen Feindes zu hinterlistigen Anfällen Veranlassung, welche jedoch sogleich abgewiesen wurden. Besonders geschah dies bei den Preußen, bei denen ein Wort oder eine Miene hinreichend war, um Rache an dem verhaßten Feind zu nehmen. Die 10ten und 18ten britischen Husaren-Regimenter, von der Brigade Vivian, befanden sich, als sie versuchten, sich zwischen La Belle Alliance und Maison du Roi von Neuem zu formiren, mitten in einem unermeßlichen Gedränge, theilweise von geschlagenen Soldaten der Kaisergarde. Diese konnten ihren Unmuth nur wenig verbergen und ergriffen jede Gelegenheit, ihren Haß und ihre Rache auszulassen. Der Kommandeur der 18ten Husaren, Oberst-Lieutenant Murray wäre von einem derselben beinahe erstochen worden, und seine Ordonnanz sah sich genöthigt, zur Sicherheit ihres Herrn in rascher Folge fünf oder sechs niederzuhauen.

Eine merkwürdige Ausnahme von der allgemeinen Desorganisation der französischen Armee zeigte sich um diese Zeit der Brigade Vandeleur gegenüber, welche die am weitesten vorgedrungene Truppe der alliirten Armee war. Mitten in dem ihre Fortschritte hemmenden Gedränge von Flüchtlingen, konnte man ein Kavallerie-Regiment bemerken, welches im Schritt, in geschlossener Kolonne und in vollkommener Ordnung zurückging, gleichsam als ob es verachte, sich von der rings es umgebenden Verwirrung anstecken zu lassen. Es waren die „grenadiers à cheval". Die 12ten britischen leichten Dragoner waren dem Rest ihrer Brigade voraufgeeilt und befanden sich ihnen daher am nächsten. Sie standen der rechten Flanke der Kolonne gegenüber und erhielten von derselben einige wenige Karabiner- und Pistolenschüsse. Ein Theil der 12ten Dragoner attakirte hierauf; da sie jedoch an Zahl ihren Gegnern sehr nachstanden (das Regiment war in diesem Augenblick sehr schwach) und ihre Bewegungen durch das Gedränge sehr gelähmt wurden, konnten sie keinen Eindruck auf eine so geschlossene und feste Kavallerie-Masse hervorbringen. Dieselbe marschirte in der größten Ordnung vom Schlachtfelde ab, majestätisch den Strom hinabziehend, dessen Oberfläche mit den Trümmern der ganzen übrigen französischen Armee bedeckt war. Da sich Napoleon mit seinem Stabe um dieselbe Zeit, rechts von dieser Garde-Kavallerie, auf der Chaussee zurückzog, muß man annehmen, daß sie durch ihre bewunderungswürdige Ordnung den Rückzug des Kaisers sichern wollte.

Während so die große Masse der französischen Armee in einem Zustande der vollkommensten Desorganisation von Wellingtons siegreichen Truppen auf der ganzen Ausdehnung ihrer ursprünglichen Position und von den angekommenen Preußen des Ziethenschen und dem rechten Flügel des Bülowschen Corps auf dem rechts gelegenen Theile derselben fortgetrieben wurde, unterhielten die Bataillone der französischen Kaiser-Garde in Planchenoit einen höchst verzweifelten und hartnäckigen Kampf mit dem linken Flügel Bülows und den eingetroffenen Truppen Pirchs, welcher den Angriff des Dorfes leitete. Die Garde hatte sich mit ihrer Hauptmacht in dem mittleren Theile des Dorfes postirt und den Kirchhof stark besetzt. Als die vordersten preußischen Kolonnen daher durch diejenigen Gassen vordrangen, welche nach der Ostseite der Kirche führten, wurden sie bei diesem ihrem dritten Angriffe mit einem mörderischen Feuer empfangen. Die Unterstützungs-Kolonnen kamen jetzt heran und nahmen Theil an der Füsillade gegen die im Kirchhofe aufgestellten Franzosen. Die steinerne und stark mit Truppen besetzte Mauer gab diesem das Ansehen einer kleinen Festung. Die Preußen dehnten sich immer mehr aus, um einen bedeutenden Theil des Kirchhofes zu umfassen, und unterhielten, mit Benutzung der Häuser und Zäune auf ihrer Seite, ein schreckliches Feuer auf ihre Gegner, welche entschlossen schienen, sich bis aufs Aeußerste zu behaupten. Dies hatte auf beiden Seiten große Verluste zur Folge. Die Soldaten der Kaiser-Garde fochten verzweifelt, und ihre Erbitterung war bis zu einem solchen Grade gestiegen, daß einige Offiziere des 15ten preußischen Regiments und der schlesischen Landwehr, welche bei einem der vorhergehenden Angriffe gefangen genommen worden waren, ohne die persönlichen Bemühungen des Generals Pelet als Opfer ihrer Wuth gefallen wären. Von den auf der Westseite stehenden Reserven wurden Verstärkungen in den Kirchhof gesendet, und die Hartnäckigkeit, mit welcher die Attaken abgewiesen wurden, zeigte deutlich, daß andere Maßregeln, als ein bloßer Frontal-Angriff, getroffen werden müßten, um die Franzosen aus einem Posten zu vertreiben, der ihnen so entschiedene Vortheile bei der Vertheidigung des Dorfes gewährte. Wenn die Preußen den Kirchhof dadurch zu umgehen suchten, daß sie über den niedrigen offenen Raum rechts desselben vorgingen, so geriethen sie in das dominirende Feuer der Mauer und der gegenüberliegenden Häuser und stießen auf die Reserven. Wenn sie es wagten, mehr links bei denselben vorüber zu dringen, so stand ihnen nur ein schmaler Weg offen, welchen auf der einen Seite die stark mit Vertheidigern besetzte Mauer des Kirchhofes und auf der andern vom Feinde behauptete Häuser begrenzten. Am äußersten Ende der Gasse zeigte sich ihnen endlich ein Pachthaus mit seinen Wirthschaftsgebäuden, welches in vollen Flammen stand, und dem Kirchhofe so nahe lag, daß der Rauch desselben alle möglicher Weise dort aufgestellten Reserve-Kolonnen vollständig verdeckte. Man beschloß daher, die Front noch mehr auszudehnen und das ganze Dorf auf beiden Flanken zu umgehen, um hierdurch den Rückzug des Feindes aus seinem starken Posten entweder zu erzwingen oder ihm denselben zu verlegen. Auf dem preußischen linken Flügel hatte Major von Witzleben mit dem Füsilier-Bataillon des 25sten Regiments schon den Bach überschritten, welcher das Dorf in zwei fast gleiche Theile theilt, und diejenige Abtheilung der französischen Garde angegriffen, welche auf dem schmalen Höhenrücken zwischen diesem Bache und der Lasne stand; seinen Tirailleurs schlossen sich auf dem linken Flügel die des 1sten und 2ten Bataillons desselben Regiments an, und beide Bataillone, welche durch den Wald von Virère vorgeschoben worden waren, folgten jetzt zur unmittelbaren Unterstützung des Angriffs gegen diesen Theil von Planchenoit. Auf dem linken Flügel traten diese Tirailleurs mit denen der Füsilier-Bataillone des 15ten und des 1sten schlesischen Landwehr-Regiments, unter Major von Keller, in Verbindung. Derselbe ging längs des rechten Ufers der Lasne vor. Längs des Kammes dieser Höhe läuft ein schmaler Weg, auf beiden Seiten mit einzelnen Häusern besetzt. Das Terrain ist überall von Hecken durchschnitten und mit Bäumen besäet, und daher wunderbar für eine Vertheidigung der leichten Truppen geeignet. Um jedes Haus, um jeden Weg und jede Hecke wurde tapfer gekämpft. Die Preußen griffen nicht blos kühn in der Front an, sondern umgingen auch systematisch und geschickt den Höhenrükken auf beiden Seiten, kamen so endlich in den Besitz dieses ganzen Theiles des Dorfes und nahmen hierdurch die Truppen auf dem Kirchhof in die Flanke. Diese aber setzten ihre verzweifelte Vertheidigung bis aufs Aeußerste fort. Während dessen waren die Häuser und Zäune auf der linken Seite des Kirchhofes durch den rechten Flügel der preußischen Angriffstruppen, hauptsächlich durch das 5te westphälische Landwehr-Regiment, ebenfalls umgangen worden, indem die Tirailleurs desselben ihre Gegner bis unter die Mauern der brennenden Häuser getrieben hatten. Die lichten Flammen der letzteren beleuchteten die Kämpfenden, als sie die Luft mit ihrem Kampfgeschrei erfüllten, und verliehen dieser Scene des tödtlichen Kampfes eine eigenthümliche Wildheit. Aber noch grauser und schrecklicher muß die Scene in der Kirche gewesen sein, wenn die rothen Flammenströme, welche aus den Fenstern der Chorgänge hervor quollen, auf die mit dem Tode ringenden und verzerrten Gesichtszüge der Verwundeten und der Sterbenden fielen, mit denen dieses heilige Gebäude in diesem Augenblick angefüllt war. Die Preußen drangen auf beiden Flanken des Dorfes unaufhörlich vor und trieben die Kaiser-Garde von Haus zu Haus, von Hecke zu Hecke, von Baum zu Baum, bis es den Franzosen klar wurde, daß ihnen der Rückzug bald abgeschnitten sein würde. Als sie sich nach dem westlichen Theile des Dorfes zurückzogen, bemerkten sie auch die Niederlage der Hauptarmee, gaben nun Alles für verloren und machten einen übereilten und ungeordneten Rückzug nach Maison du Roi. Die Chasseurs der alten Garde waren die letzten, welche den Kirchhof verließen; sie litten bei diesem Rückzuge empfindlich; ihre Zahl war schrecklich zusammen geschmolzen. Pelet sammelte ihrer ungefähr 250; kaum hatte er die Lisiere von Planchenoit verlassen und die Ebene zwischen dem Dorfe und der Chaussee betreten, als er von preußischer Kavallerie heftig angefallen wurde. Einmal öffneten sich in der Eile des Rückzuges die Reihen dieser Schaar, da machten die verfolgenden Preußen (Infanteristen und Kavalleristen) mehrere Versuche, den Adler zu erobern, welcher, mit schwarzem Flor umwunden, in der Mitte der kleinen, dem Untergange geweiheten Schaar von Veteranen getragen wurde. Pelet benutzte aber einen Platz, welcher ihnen einigermaßen Schutz gegen das ununterbrochene Kartätschenfeuer gewährte, hielt den Fahnenträger an und rief ihnen zu: „A moi, chasseurs! sauvons l'aigle ou mourons autour d'elle! Die Chasseurs drängten sich um ihn, bildeten einen Knäuel und schlugen glücklich die Kavallerie-Attake zurück. Hierauf wurden einige Geschütze und dann ein heftiges Musketenfeuer gegen sie gerichtet, aber trotz der schrecklichen Opfer, welche sie der Vertheidigung ihrer werthvollen Bürde darbrachten, gelang es ihnen, begünstigt von der allgemeinen Verwirrung und der eingetretenen Dunkelheit, die Haupt-Rückzugslinie zu gewinnen, und so den Adler und die Ehre des Regiments zu retten.

Die Reserve-Kavallerie des 2ten und des 4ten preußischen Korps erhielten Befehl, durch die Infanterie vorzugehen; die des 4ten, unter dem Prinzen Wilhelm von Preußen, eilte rechts bei Planchenoit vorbei und durch das Dorf hindurch, aber ihr weiteres Vorgehen wurde durch die Flüchtlinge, welche sich gegen Maison du Roi hindrängten, sehr erschwert.

Während dieser Zeit hatten diejenigen preußischen Bataillone, welche zur Deckung der linken Seite des Angriffs auf Planchenoit entsendet worden waren, nämlich die Füsilier-Bataillone des 15ten und des 1sten schlesischen Landwehr-Regiments, unter dem Major von Keller, so wie das des 25sten Regiments, unter Major von Witzleben, das Dorf umgangen, und waren dem Feinde in der Richtung auf Maison du Roi gefolgt. Sie trafen auf einigen Widerstand von Seiten des Bataillons Grenadiere der Garde, welches in Folge erhaltener Befehle von Caillou in den Wald von Chantelet vorgegangen war, erzwangen sich jedoch bald den Weg bis zur Chaussee, und vermehrten durch ihre Gegenwart bedeutend die Unordnung des vom Schlachtfelde entfliehenden Feindes. Als Major von Falkenhausen, der mit 100 Reitern des 3ten schlesischen Landwehr-Kavallerie-Regiments nach der Höhe von Seroulx detaschirt worden war, von dort aus den Rückzug der Franzosen bemerkte, eilte er ebenfalls nach der Chaussee hinab, griff den fliehenden Feind in der Flanke an und trug noch weiter dazu bei, die herrschende Unruhe und Verwirrung zu vermehren.

Während die französische Kaisergarde sich in Unordnung und Verwirrung von Planchenoit nach der Chaussee zwischen Rossomme und Maison du Roi zurückzog, hatten die vorgeschobenen Brigaden Wellingtons ersteren Ort erreicht. Es war ungefähr halb 9 Uhr — vielleicht etwas später — und die rasch hereinbrechende Dunkelheit war so groß geworden, daß es schwierig wurde, die Truppentheile von einander zu unterscheiden. Kurz vorher war eins der vordersten preußischen Kavallerie-Regimenter plötzlich in die Chaussee eingebogen und theilweise in Kollision mit den 18ten britischen Husaren gerathen, welche die Gegenwart anderer fremder Truppen als französischer in dieser Gegend nicht für möglich hielten, und daher einen Angriff begannen. Es wurden Hiebe gewechselt, und einige wenige Menschenleben gingen verloren, ehe der Irrthum erkannt wurde. Die 1sten Husaren der deutschen Legion waren längs der rechten Seite der Chaussee vorgegangen und bis an die Brigade Vandeleur herangekommen; sie geriethen hier sogleich mit den 11ten und 16ten britischen leichten Dragonern in Kollision, welche so eben erst erfahren hatten, daß eine Brigade französischer Kavallerie (Piré) sich rechts von ihnen befände. In der Dunkelheit, freilich nur sehr undeutlich, sahen dieselben eine starke Reitermasse sich ihrem Rücken nähern, und schlossen hieraus, daß jene ihnen den Rückzug abschneiden wolle. Sie machten sogleich rechts um kehrt und ritten zur Attake an. Auf der andern Seite hatten die Deutschen keine Ahnung gehabt, daß sich vor ihnen noch britische Kavallerie befände, und waren außerdem noch durch die französischen Stimmen der zahlreichen sie umgebenden Flüchtlinge zu ihrem Mißgriffe verleitet worden. Sie machten sich daher zur Attake bereit und stießen ein lautes Hurrah aus. Glücklicher Weise erkannten die britischen Dragoner, welche eben im Begriffe waren, zu chargiren, dieses Hurrah als das der 1sten deutschen Husaren, und verhinderten hierdurch ein Zusammentreffen, welches für beide Theile sehr übele Folgen haben konnte.

Wellington hatte kurz vorher befohlen, daß das Gros seiner Armee in der früheren französischen Position auf der Linie von La Belle-Alliance Halt machen sollte, indem er mit Blücher übereingekommen war, daß dieser mit seinen vergleichsweise noch frischen Truppen die Verfolgung übernehmen solle. Da nun die Preußen fortgesetzt in großen Massen gegen die Chaussee vorgingen, ließ er seine Truppen sich rechts ziehen, um dieselbe für das Vordringen der ersteren frei zu halten. Als die preußischen Regimenter bei den britischen vorbei marschirten, spielten ihre Musikkorps das Nationallied: „God save the king", ein Kompliment, welches von letzteren mit einem freundschaftlichen und herzlichen Hurrah begrüßt wurde.

Der Herzog stand jetzt mit seiner vorgeschobenen Infanterie und Kavallerie auf dem erhabenen Terrain jenseits Rossomme, von wo aus er Maison du Roi überschauen konnte. Der Mond war aufgegangen, und durch das Licht, welches er nach und nach über das Feld verbreitete, so wie durch die Beleuchtung der von Zeit zu Zeit auf der Chaussee angezündeten Gegenstände, wurde die Rückzugslinie des überwundenen Feindes hinreichend erhellt, um ihn zu überzeugen, daß der glänzende Sieg ohne Zweifel sicher gestellt wäre. Nachdem er daher seinen vorgeschobenen Brigaden befohlen hatte, die Bivaks für die Nacht zu beziehen, kehrte er auf der Chaussee von diesem fernen Theile des Schlachtfeldes gemächlich nach Waterloo zurück.

Die Brigade Adam bivakirte an der Stelle, welche sie erreicht hatte*); Vandeleur mit der seinigen mehr rechts in der Nähe des Waldes von Callois, in welchem die Sternwarte stand, während Vivian sich etwas rechts zog, seine Husaren noch weiter vor die Armee nach der französischen Seite der Sternwarte hinführte und das Bivak in der Nähe des Weilers von Hilaincourt bezog.

Als die ganze übrige Armee sich La Belle-Alliance genähert hatte, befahl Wellington, daß sie auf dem Schlachtfelde bivakiren solle. An dieser Stelle begegnete er Blücher, und beide Feldherren wünschten sich gegenseitig zu dem glänzenden Siege Glück, welchen sie erfochten hatten. Der letztere nahm von der glücklichen Benennung des Orts, wo sie zusammengetroffen waren, und in Betracht dessen, daß derselbe den Direktionspunkt seiner Armee gebildet hatte, Veranlassung, diesen ruhmvollen Kampf die Schlacht bei la Belle-Alliance zu nennen. Mit dem Versprechen, die Verfolgung aufs kräftigste zu betreiben und dem Feinde nicht zu erlauben, sich innerhalb eines Marsches vom Schlachtfelde wieder zu sammeln, nahm er vom Herzog Abschied. Dieser ritt langsam nach Waterloo und brachte daselbst die Nacht zu. Der Umstand, daß der Herzog sein Hauptquartier in diesem Dorfe aufgeschlagen hatte, und daß der Name desselben der englischen Aussprache gleichlautender ist, als jeder andere Ort in der Nähe des

*) Oberst-Lieutenant Halkett war mit dem hannöverschen Landwehr-Bataillon Osnabrück, der Brigade Adam voraus, auf der Chaussee im Vorrücken geblieben. Da er keinen Befehl zum Halt machen erhielt, ging er mit den Preußen weiter vor, bis er die einzelnen Häuser links der Chaussee, nahe bei Genappe, erreichte. Seine Leute waren ermüdet und keine britischen Truppen mehr hinter ihm; er machte daher Halt und besetzte die Häuser, nachdem er den Major des Bataillons mit einer Kompagnie zur Erkundigung nach Genappe gesendet hatte.

Schlachtfeldes, hat diesem ewig denkwürdigen Kampf bei den Briten die Benennung der Schlacht bei Waterloo gegeben.

Blücher beschloß, dem fliehenden Feinde keine Rast zu gönnen und ihn wenigstens diesseits der französischen Grenze jeder Gelegenheit zum Sammeln zu berauben. Er befahl daher, daß das Bülowsche Corps auf der Chaussee die Verfolgung übernehmen, das Ziethensche diesem zur Unterstützung folgen, und daß Pirch mit dem seinigen durch Aywiers marschiren und die Dyle überschreiten solle, um Grouchy, der sich wahrscheinlich bald von Wavre nach der Sambre zurückziehen würde, den Rückweg zu verlegen. Diejenigen preußischen Bataillone, welche das Dorf Planchenoit links umgangen hatten, und bei Maison du Roi auf die Chaussee gelangt waren, bildeten, von nur drei Schwadronen Ulanen begleitet, den Vortrab der verfolgenden Armee. Gneisenau setzte sich selbst an ihre Spitze, um die Befehle seines greisen Feldherrn und Freundes zur Ausführung zu bringen. Die Kavallerie, unter Prinz Wilhelm, folgte; dann kam die Infanterie der beiden Korps.

Genappe war das erste wichtige Defilee, durch welches die französische Haupt-Armee sich zurückzog. Eine unermeßliche Zahl von Fahrzeugen aller Art hatte sich hier gesammelt, einige waren vom Schlachtfelde glücklich entkommen, andere, wie die zum Train und Feld-Kommissariat gehörenden, waren hier angekommen, um sich der Armee anzuschließen, oder ihr zu folgen. Bei einer richtigen Benutzung dieses Materials, verbunden mit einer angemessenen Vertheidigung, hätte dasselbe das Mittel werden können, die fernere Verfolgung der Sieger ernstlich zu verhindern. Eine derartige Absicht schien man gehabt zu haben. Man hatte mehrere Wagen zur Barrikadirung der Brücke umgestürzt, und nur eine schmale Passage für die Nachzügler gelassen. Aber kaum sah in dem

Mondschein den preußischen Vortrab, unter dem Schlagen der Trommeln und dem Schmettern der Trompeten, die Genappe dominirenden Höhen hinabsteigen, als die hintersten französischen Truppen (eine Arrieregarde konnte es bei einer Armee, von der jeder Schein der Ordnung und Regelmäßigkeit gewichen war, nicht geben) nach wenigen Schüssen von dem Platze entflohen. Dies geschah ungefähr um 11 Uhr. Die hier gesammelte Menge von Bagage gewährte den Preußen eine reiche Beute. Der werthvollste und interessanteste Gegenstand war der Reisewagen Napoleons, welcher mit seinem ganzen Inhalt dem Füsilier-Bataillon des 15ten Regiments in die Hände fiel. Die Infanterie des Bülowschen und des Ziethenschen Korps machten bei Genappe Halt. Sobald es jedoch dem preußischen Vortrab und der Kavallerie des Prinzen Wilhelm gelungen war, sich einen Weg durch die ungeheuere Masse von Fahrzeugen zu bahnen, welche das Defilee verstopften, setzte Gneisenau die Verfolgung fort, indem er die Infanterie auf der Chaussee marschiren ließ und sie auf beiden Seiten durch Kavallerie flankirte. Es gelang ihm, die Franzosen aus nicht weniger als sieben Bivaks zu vertreiben, welche sie nach einander genommen aber immer sogleich wieder verlassen hatten, wenn der Schall der preußischen Trommeln und Hörner ertönte.

Es war 1 Uhr nach Mitternacht, als Napoleon Quatre-Bras erreichte und von hier aus Offiziere absandte, um Grouchy mit der Nachricht von dem Verluste der Schlacht den Befehl zum Rückzuge nach Namur zu bringen. Die Offiziere, welche er vorher von Genappe aus nach Ligny gesendet hatte, um die dort zurückgelassene Division Girard in die Position von Quatre-Bras zu ziehen, meldeten ihm, daß sie dieselbe nicht hätten finden können. Er sah daher keine Möglichkeit vor sich, auf diesem Punkte der preußischen Verfolgung wirksam Einhalt zu thun. Der Artillerie-General Nègre befand sich hier mit den Reserve-Parks unter einer sehr schwachen Bedeckung. Die Soldaten des 1sten und 2ten Korps hatten während des Vorgehens am 15. die Sambre auf der Brücke von Marchienne passirt, verließen daher jetzt die Chaussee bei Quatre-Bras und Gosselies, um in der Richtung auf diesen Punkt weiter zu marschiren, und thaten dies mit solcher Eile, daß man sie nicht zum Halt machen bewegen und Nichts formiren konnte, was einer Arrieregarde nur im Entferntesten ähnlich sah. Das 6te Korps, die Kaisergarde und ein Theil der Kavallerie zogen sich nach Charleroi zurück. Dahin eilte auch Napoleon, nachdem er seinen Bruder Jerome mit dem Befehle nach Marchienne entsendet hatte, die Truppen zwischen Avesne und Maubeuge zu sammeln.

Während dessen setzte Gneisenau seine wilde nächtliche Jagd fort. Es war in der That „Lützow's wilde verwegene Jagd". Seine Leute waren seit Tagesanbruch entweder auf dem Marsche oder im Gefechte gewesen, und daher, besonders die Infanterie, im höchsten Grade ermüdet. Viele waren, von Hunger getrieben, zurück geblieben, um die Proviantwagen zu plündern, so daß ihre Zahl sich sehr vermindert hatte. Gneisenau aber, das Leben und die Seele der Verfolgung, schien vorwärts stürmen zu wollen, so lange noch ein Mann und ein Pferd übrig blieb; er nahm jetzt zu einer Kriegslist seine Zuflucht, und dieselbe gewährte ihm in Betreff ihrer Wirkung auf den Feind einen vollständigen Ersatz für die Erschöpfung seiner Infanterie. Da er nämlich bemerkt hatte, daß die Flüchtlinge durch den Schall einer Trommel stets in Unruhe versetzt wurden, indem sie glaubten, daß Infanterie nahe hinter ihnen folge, ließ er den einzigen noch übrigen Tambour, der nicht mehr zu Fuße mitkommen konnte, ein vom Reisewagen Napoleons losgespanntes Pferd besteigen. Derselbe hielt nun mit der Kavallerie gleichen Schritt und schlug die Trommel ohne Unterlaß. Auf diese Weise passirte Gneisenau Quatre-Bras. Dasselbe war bei seiner Annäherung geräumt worden. Selbst die Höhen von Frasne wurden ihm überlassen, und der erschreckte Feind suchte, vollständig aufgelös't und zerstreut, durch Gosselies, Marchienne und Charleroi zu entkommen. Bei dem an der Chaussee gelegenen Gasthofe „á l'Empereur" ließ dieser Lieblingsgefährte Blüchers seine Mannschaft Halt machen; sie bestand nur noch aus wenigen Schwadronen und einer Abtheilung des 15ten Regiments. Zufrieden, durch bloßen Trommelschlag und Hurrahrufen die Reste der französischen Armee über die Sambre gescheucht zu haben, erlaubte er ihr jetzt, die so nöthige Ruhe zu suchen.

Dies war das Ende dieser ewig denkwürdigen Schlacht — einer Schlacht, welche uns auf der einen Seite ein merkwürdiges Schauspiel der edelsten und ungebeugtesten Tapferkeit, der ruhigsten, würdigsten und erhabensten Ausdauer, einer eisernen Loyalität und eines unbeugsamen Patriotismus darbietet, auf der andern die verwegenste und unbesonnenste Kühnheit im Angriffe, die eifrigste und unbegrenzteste Hingebung für ihren Führer, und endlich einen physischen Umsturz, eine moralische Vernichtung zeigt, welche in der Geschichte der neueren Kriege ohne Beispiel ist. Dies war die Vollendung eines Sieges — des glänzendsten in seiner Entwickelung, des entscheidendsten in seiner Erringung und des umfassendsten in seinem Resultate von allen denen, welche seit dem Anfange jener Revolution errungen worden waren, deren Ende die leidenden und erbitterten Nationen Europa's so lange und heiß ersehnt hatten.

Von der Betrachtung des Triumphes, des Ruhmes und des Resultates einer solchen Schlacht müssen wir unsere Gedanken auf das traurige Schauspiel der furchtbar ernsten Verluste hinwenden, welche Sieger und Besiegte erlitten hatten, da ihre heroischen Anstrengungen, ihre edle Ausdauer von den unermeßlichsten Opfern begleitet sein mußten.

Folgende Tabelle zeigt die Verluste derjenigen Truppen, aus denen die englisch-alliirte Armee zusammengesetzt gewesen war:

	Getödtete.			Verwundete.			Vermißte.		
	Offiziere	Unteroffiziere, Spielleute u. Gemeine	Pferde	Offiziere	Unteroffiziere, Spielleute u. Gemeine	Pferde	Offiziere	Unteroffiziere, Spielleute u. Gemeine	Pferde
*) Briten	85	1334	1319	365	4560	719	10	582	708
Deutsche Legion	27	335	194	77	932	144	1	217	54
Hannoveraner	18	276	—	63	1035	—	3	207	—
Braunschweiger	7	147	77	26	430	—	—	50	—
Nassauer	5	249	—	19	370	—	—	—	—
Im Ganzen	142	2341	1590	550	7327	863	14	1056	762

Wenn man hierzu die Verluste der holländisch-belgischen Truppen — ungefähr 4000**) — hinzurechnet, so beläuft sich die ganze Summe der getödteten, verwundeten und vermißten Unteroffiziere, Spielleute und Gemeine auf 14,728 Mann.

---

*) Detaillirte Verlustlisten dieser Truppen finden sich in den Beilagen III, IV, V, VI und VII. Die hannöversche Verlusttabelle, Beilage V, ist vom Major Benne des hannöverschen Generalstabes zusammengestellt worden. Sie umfaßt die Verluste vom 16. bis zum 18. Juni inkl.; um jedoch die Zahlen der obigen Tabelle zu erhalten, sind die hannöverschen Verluste des 16ten, nach Angabe der „London Gazette" vom 8. Juli 1815 abgezogen worden. Listen der getödteten, verwundeten und vermißten Offiziere der deutschen Legion, des hannöverschen und braunschweigschen Hilfskorps finden sich in den Beilagen VIII, IX und X.

**) Eine detaillirte Tabelle über die Verluste der niederländischen Truppen am 16., 17. und 18. Juni findet sich Beilage XI.

Die Verluste der Preußen in dieser Schlacht waren:

	Getödtete.			Verwundete.			Vermißte.		
	Offiziere . . .	Unteroffiziere, Spielleute u. Gemeine. . .	Pferde . . .	Offiziere . . .	Unteroffiziere, Spielleute u. Gemeine. . .	Pferde . . .	Offiziere . . .	Unteroffiziere, Spielleute u. Gemeine. . .	Pferde . . .
Das Ziethensche Korps .	—	34	18	8	164	21	—	111	2
" Pirchsche	1	36	9	3	192	7	4	93	9
" Bülowsche . . .	21	1133	259	151	3869	328	35	1143	89
Im Ganzen	22	1203	286	162	4225	356	39	1347	100

Im Ganzen an Unteroffizieren, Spielleuten und Gemeinen todt, verwundet und vermißt: — 6775*).

Bei dem Mangel aller Listen ist es schwer, die Verluste der französischen Armee zu schätzen. Sie waren jedoch ungeheuer. Außerdem fiel ihre ganze Artillerie, Munitionswagen und Train den Siegern in die Hände. Von den französischen Generalen wurde Friant getödtet, Jerome und verschiedene andere wurden verwundet, Lobau, Compans, Duhesme und Cambronne gefangen genommen.

Die detaillirte Genauigkeit dieser Geschichte der Schlacht von Waterloo, die successive Entwickelung der Beweggründe und Anordnungen der Feldherrn und die umständliche Beschreibung der Bewegungen der kämpfenden Truppen — der Maschinen in den Händen der drei berühmtesten Feldherrn ihrer Zeit — machen jeden weitern Kommentar über diesen Gegenstand unnöthig. Man würde aber der Ehre, dem Namen und dem Ruhm der in dieser merkwürdigen Scene mithandelnden Personen Unrecht thun, wenn man gewisse wichtige Betrach-

*) Eine detaillirte Tabelle der Verluste der preußischen Truppen in der Schlacht bei Waterloo giebt Beilage **XII.** und eine Liste der in dieser Schlacht getödteten, verwundeten und vermißten Offiziere, Beilage **XIII.**

tungen ausließe, welche wesentlich nothwendig sind, um ein unparteiisches Publikum und eine vorurtheilsfreie Nachwelt zu richtigen und genügenden Schlüssen über Punkte zu befähigen, die bisher noch in Zweifel und Dunkelheit gehüllt waren.

Diese beziehen sich hauptsächlich auf die relative numerische Stärke der Kämpfenden, auf das Verhältniß, in welchem die Truppen der englisch-alliirten Armee thätig mit dem Feind engagirt gewesen sind, auf das verschiedenartige Benehmen dieser Truppen im Gefecht, endlich auf die Ausdehnung des wirklichen Antheils der Preußen an dieser Schlacht.

Die einfachste und gleichzeitig rationellste Art, die gegenseitige Stärke von Armeen zu messen ist die, sie nach der Zahl ihrer Bataillone, Schwadronen und Geschütze nebeneinanderzustellen. Demgemäß waren die englisch-alliirte und die französische Armee, als sie sich am Anfange der Schlacht in Linie gegenüberstanden, auf folgende Weise zusammengesetzt:

	Bataillone,	Schwadronen,	Geschütze.
Englisch-alliirte Armee	73	98	140
französische	104	121	246

Als Napoleon um ein Uhr die leichten Kavallerie-Divisionen Domont und Subervic, als Observations-Korps, nach seiner rechten Flanke detaschirt hatte, stellte sich das Verhältniß der gegenüberstehenden Streitkräfte von da an bis um 6 Uhr wie folgt:

	Bataillone,	Schwadronen,	Geschütze.
Englisch-alliirte Armee	73	98	140
französische	104	103	234

Während dieser Periode der Schlacht war die englisch-alliirte Armee folgendermaßen zusammengesetzt:

	Bataillone,	Schwadronen,	Geschütze.
Briten	26	49	78
deutsche Legion . .	8	16	18
Hannoveraner . . .	18	*)	12
Braunschweiger . .	8	5	16
Nassauer	3	—	—
Niederländer . . .	10	28	16
Im Ganzen	73	98	140

Alle diese Truppen befanden sich zu einer oder der andern Zeit im ersten Treffen und schlugen sich im höchsten Grade tapfer und exemplarisch. Eine Ausnahme machen hiervon jedoch die fünf holländisch-belgischen Bataillone, welche sich eiligst zurückzogen, als die Franzosen bei ihrem ersten großen Angriffe gegen das Centrum und den linken Flügel der englisch-alliirten Armee sich ihnen näherten. Der Rest der 10 Bataillone im Dienste des Königs der Niederlande bestand aus 3 Bataillonen, welche das zweite Regiment des nassauschen Kontingents bildeten, und aus 2 Bataillonen des Regiments Oranien-Nassau, unter dem Prinzen Bernhard von Sachsen-Weimar. Diese Truppen hatten die Häuser und Gehöfte im Thale vor dem äußersten linken Flügel**) der alliirten Schlachtlinie besetzt und schlugen sich sehr gut.

Von den obenerwähnten Schwadronen bestand ein großer Theil, beinahe ein Drittheil, aus holländisch-belgischer Kavallerie. Wenn ihre Zahl daher auch dazu dienen mag, die Summe der englisch-alliirten Reiterei auf dem Papiere zu ver-

---

*) Da die Kumberland Husaren nicht engagirt, sondern im Gegentheil durch ihren Kommandeur vom Schlachtfelde fortgeführt worden waren, so sind sie auch in obiger Tabelle nicht mitgerechnet. Dieser Offizier wurde später wegen seines Benehmens kassirt und degradirt.

**) Mit Ausnahme des 1sten Bataillons 2ten nassauschen Regiments, welches sich in Hougomont befand.

mehren, so stand der wirkliche Werth ihrer Dienste in der Schlacht doch keineswegs im angemessenen Verhältniß zu ihrer entfalteten Stärke, und die ganze Last der Reiterkämpfe traf daher fast ausschließlich die britischen und deutschen Dragoner. Dasselbe gilt in einem gleichen Grade von der Artillerie.

Um 6 Uhr änderte sich die gegenseitige Stärke der kämpfenden Armeen dadurch, daß von Seiten der Franzosen das Lobau'sche Korps und die junge Garde den Preußen entgegengestellt und auf Seiten der alliirten etwas später die niederländische Division Chassé nach dem Schlachtfelde gezogen wurde, so daß sie um diese Zeit sich folgendermaßen gegenüberstanden:

	Bataillone,	Schwadronen,	Geschütze.
Englisch-alliirte Armee.	85	98	156
französische	76	103	186

Welche Hilfe dem Herzoge von Wellington diese Verstärkung von 12 holländisch-belgischen Bataillonen gewährte, mag man zur Genüge aus der gegebenen Geschichte der Schlacht selbst erkennen — die eine Hälfte derselben konnte man nur mit Mühe abhalten, das Schlachtfeld zu verlassen, obgleich sie in jenem Augenblicke mit dem Feinde gar nicht in Berührung kamen, ja ihn nicht einmal gesehen hatten, und die andere Hälfte traf erst zur Zeit des allgemeinen Vorgehens (auf dem linken Flügel der Brigade Maitland) im ersten Treffen ein.

Welches auch der Grund der großen Lauheit der holländisch-belgischen Truppen gewesen sein mag — Unmuth über die jüngsten politischen Gestaltungen, welche alle Parteien ihrem Vaterland entfremdeten, ohne einem der beiden Völker seine nationale Unabhängigkeit zu sichern, oder Vorliebe für den Monarchen, dessen Waffen sie jetzt gegenüberstanden und in dessen Reihen sie früher gedient hatten — das Vorhandensein solcher Lauheit ist zu sehr bestätigt, um irgend einen Zweifel über den Werth ihrer Theilnahme an dem großen Kampfe zu hegen, welchen die übrigen Truppen der englisch-alliirten Armee so muthvoll, so entschlossen bestanden. Es ist dies ein höchst wichtiger und wohl zu berücksichtigender Punkt bei jeder Berechnung des Zahlenverhältnisses der Kämpfer, wenn man die Stärke der ganzen zur Schlacht gekommenen niederländischen Streitmacht, wie folgt, mit der jedes einzelnen der Verbündeten vergleicht:

Wirkliche Stärke der englisch-alliirten Armee in der Schlacht bei Waterloo.

	Infant.	Kavall.	Artill.	Summe.	Gesch.
Briten	15181	5843	2967	23991	78
deutsche Legion . .	3301	1997	526	5824	18
Hannoveraner . .	10258	497	465	11220	12
Braunschweiger . .	4586	866	510	5962	16
Nassauer	2880	—	—	2880	—
Niederländer . . .	13402	3205	1177	17784	32
Im Ganzen:	49608	12402	5645	67661	156

Man ersieht hieraus, daß das holländisch-belgische Kontingent zu dem britischen allein sich an Infanterie wie 13402 zu 15181, an Kavallerie wie 3205 zu 5843 und an Geschützen wie 32 zu 78 verhielt. Es ist nutzlos, sich jetzt darüber in Spekulationen einzulassen, was geschehen sein würde, wenn an Stelle dieses großen Theiles der Armee sich eine gleiche Zahl britischer oder deutscher Truppen befunden hätte. Die That allein und dasjenige, was von der heroischen Festigkeit und dem ausdauernden Muthe der tapfern Briten und Deutschen in diesem merkwürdigen Kampfe erzählt worden ist, giebt hierüber genügende Auskunft. Man darf hierbei nicht vergessen, daß es ein Kampf gegen die schönste Armee war, welche selbst Napoleon jemals versammelt hatte, ausschließlich aus Soldaten einer Nation bestehend — aus Soldaten jener Nation, deren Legionen schon einmal fast ganz Europa unterjocht hatten —, durchdrungen von unauslöschlichem Haß gegen ihre Feinde, beseelt von der enthusiastischsten Hingebung für ihren Führer und erfüllt mit dem heißen Verlangen, den gesunkenen Ruhm des Kaiserthums wiederherzustellen*).

Von dem Benehmen der britischen Infanterie, von ihrer heroischen Tapferkeit, ihrem unbesiegbaren Widerstand, ihrem stolzen Trotz und ihrer wunderbaren Disziplin giebt die Geschichte der Schlacht hinreichend Zeugniß. Die überlegene Kühnheit der britischen Kavallerie trat an diesem großen Tage ebenfalls glänzend hervor. Die kombinirte Attake der beiden schweren Brigaden gegen die französischen Infanterie- und Kaval-

---

*) Da in keiner der frühern Geschichten der Schlacht das Benehmen der niederländischen Truppen so vollständig aufgedeckt worden ist, mögen Einigen meine Bemerkungen strenge erscheinen. Ich habe indessen nichts gesagt, was sich nicht aus den mir von Augenzeugen gelieferten Belegen vollständig darthun ließe. Da das vorliegende Werk die genauesten Details über die Dispositionen und die Bewegungen der verschiedenen Feldherrn enthalten sollte, war es vollkommen unmöglich, diese Aufgabe zu erfüllen, ohne in die nöthig gewordene Auseinandersetzung jenes Benehmens einzugehen. Ich habe als wahrscheinlichen Grund ihrer vergleichsweisen Apathie den Widerwillen gegen diejenigen politischen Maßregeln angeführt, durch welche Holland und Belgien zu einem Königreiche der Niederlande verbunden worden waren. Aber es ist nicht meine Aufgabe, weiter auf die Gründe einzugehen, ich habe es nur mit Thatsachen zu thun und konnte in Betracht der großen Zahl dieser Truppen im Verhältniß zu den übrigen Bestandtheilen der Armee des Herzogs solche Thatsachen nicht auslassen, ohne den Verdiensten der übrigen engagirten Truppen und der Geschicklichkeit dessen, der die Schlacht unter so unvortheilhaften Verhältnissen schlug, großes Unrecht zuzufügen. „Magna est veritas et praevalebit", und eine Zeit von 28 verflossenen Jahren ist sicherlich hinreichend, um persönliche Gefühle zu Gunsten der historischen Wahrheit unterdrücken zu können. Ein großer Schritt zu diesem Ziel ist von dem fleißigen Kompilator der Depeschen des Herzogs von Wellington gethan worden und wir erfahren aus dem letzten Bande derselben, daß der Herzog mit unvergleichlicher Bescheidenheit und Schonung einem Literaten abzurathen

lerie-Massen, welche zwischen 1 und 2 Uhr das Centrum und den linken Flügel der englisch-alliirten Armee angriffen, war in Hinsicht des Glanzes der Ausführung oder der Großartigkeit des Erfolges vielleicht ohne ein Seitenstück in dem letzten Kriege. Wenn man die Uebermacht des Feindes an dieser Waffe, die Anzahl seiner Attaken und die Massen betrachtet, mit denen er vorging, so ist es unmöglich, den Heldenmuth der Reiterei Britanniens zu preisen, ohne gleichzeitig die Geschicklichkeit des edlen und tapfern Führers zu erwähnen, welcher das Leben und die Seele ihrer Bewegungen in dem heißen Kampfe gewesen ist, welcher so richtig mit den Kräften derselben hausgehalten hatte, daß er noch zwei frische Brigaden

---

sucht, eine Geschichte der Schlacht zu schreiben, ohne Zweifel in dem Gefühle, daß eine wirkliche Geschichte nicht geschrieben werden könne, ohne den Mangel an nöthigem Eifer von Seiten eines Theiles seiner Truppen ans Licht zu bringen, wie dies sich aus folgenden Bemerkungen ergiebt:

„Dann gaben die Fehler oder das schlechte Benehmen Einzelner den Andern Gelegenheit, sich auszuzeichnen und waren vielleicht die Ursache materieller Verluste. Sie können daher keine wahre Geschichte der Schlacht schreiben, ohne die Fehler und das schlechte Benehmen wenigstens eines Theiles der Mitkämpfenden anzuführen."

Dem Briefe des Herzogs von Wellington an den König der Niederlande, welcher den Rapport der Schlacht begleitete, war folgendes Postskriptum hinzugefügt:

„P. S. — J'ai marqué au crayon des paragraphes dans mon rapport que je prie votre Majesté de ne pas laisser publier."

Daß es viele ehrenvolle Ausnahmen von der allgemeinen Lauheit dieser Truppen gab, ist vollkommen wahr. Ihre Offiziere schienen meistens guten Willen zu haben, man sah sie häufig bemüht, die augenscheinlich eingeschlafene Energie ihrer Leute zur Thätigkeit anzuregen, und der Umstand, daß ein holländischer Major mit einer Schwadron Husaren freiwillig der Brigade Vivian folgte, als diese zum Angriff des Centrums der feindlichen Stellung vorging, zeigte, daß die holländisch-belgische Armee in ihren Reihen Leute besaß, welche willig und selbst eifrigst besorgt waren, sich als brave und tapfere Soldaten zu benehmen.

vorbringen konnte, als im kritischen Augenblick ihre Dienste zur Sicherung des Sieges verlangt wurden. Sie erfüllten diese Dienste auf möglichst glänzende Weise und mit einem Erfolge, der die Bewunderung aller Augenzeugen erregte*). Die britische Artillerie bekundete, obgleich sie gegen ein unermeßliches Uebergewicht an Metall zu kämpfen hatte, während des ganzen Tages einen Grad von Tapferkeit, Eifer, Thätigkeit und Einsicht, welcher nicht übertroffen werden kann, und erhielt sich brav den lange und rühmlich erworbenen Ruf ihrer Vorzüglichkeit.

Von den Truppen der deutschen Legion, sowohl Infanterie als Kavallerie und Artillerie, kann man unmöglich in Ausdrücken zu großen Lobes sprechen; für sie mag die Bemerkung genügen, daß ihr Benehmen in jeder Beziehung dem der Briten gleich war.

Von den vier hannöverschen Infanterie-Brigaden war die von Kielmannsegge und ein Theil der von Halkett am thätigsten engagirt. Die Brigade Best stand fast den ganzen Tag auf dem äußersten linken Flügel des ersten Treffens und die Brigade Vincke in Reserve vorwärts Mont St. Jean. Sie waren erst vor kurzer Zeit und in der Eile ausgehoben; aber die Art und Weise, in welcher so junge Soldaten wie die der Brigade Kielmannsegge so lange Zeit hindurch den wüthendsten Stürmen der tapfern und wohldisziplinirten Truppen Frankreichs widerstanden, würde den erfahrensten Veteranen Ehre gemacht haben.

Die Braunschweiger, ebenfalls nur junge Soldaten, spielten in der Schlacht eine ruhmvolle Rolle und rächten voll-

---

*) Die französischen Geschichtsschreiber messen unveränderlich die endliche Niederlage ihrer Armee denjenigen Attaken der leichten britischen Kavallerie bei, welche unmittelbar nach dem Zurückschlagen des Angriffs der Kaisergarde gemacht worden sind.

ständig den Tod ihres Fürsten. Einzelne Bataillone wurden in dem Augenblicke sehr erschüttert, als die Division Alten eine kurze Strecke zurückwich, sie sammelten sich aber schnell und nahmen das verlorene Terrain wieder. Im Uebrigen verdient ihre Tapferkeit, welche häufig in Anspruch genommen und ihre Ausdauer, welche ernstlich erprobt wurde, die größte Anerkennung.

Die Truppen, welche unter Kruse die nassausche Brigade bildeten (eigentlich das 1ste Regiment des nassauschen Kontingents), waren der Division Alten zugetheilt worden. Sie befanden sich daher oft im heftigsten Kampfe und benahmen sich, wenn sie auch bei der erwähnten Gelegenheit in Unordnung geriethen und durch einen wüthenden Anlauf des Feindes zurückgetrieben wurden, im Allgemeinen mit großer Festigkeit.

Es ist unmöglich, Worte des Lobes für die Dienste des Generalstabes, jenes wichtigen Zweiges der Armee, zu finden. Die Offiziere desselben zeichneten sich nicht weniger durch den Eifer, die Kühnheit und die Thätigkeit aus, mit welcher sie die Befehle ihrer verschiedenen Generale zur Ausführung brachten, als durch die Lebhaftigkeit und die Intelligenz, welche sie bei der Auffassung und Mittheilung des wahren Geistes ihrer Instruktionen bekundeten. Da sie bei Erfüllung ihrer eigenthümlichen Pflichten sich nothwendiger Weise sehr exponiren mußten, erlitten sie empfindliche Verluste. Wenige von ihnen kamen unbeschädigt durch diesen schwierigen Kampf.

Die Kooperation der Preußen in dieser Schlacht ist nach und nach entwickelt und vollständig auseinandergesetzt worden. Daß Wellington nach den von Blücher erhaltenen Mittheilungen, diese Kooperation in einer viel früheren Periode des Tages erwartete, erleidet keinen Zweifel; läßt man aber jede Betrachtung über die Gründe der verspäteten Ankunft der preußischen Streitkräfte aus dem Spiele, so ist es ebenso wenig zu bezweifeln, daß die Verzögerung dieser Kooperation einen entscheidendern Einfluß auf das allgemeine Resultat der Schlacht hatte, als wenn dieselben früher auf dem Schlachtfeld eingetroffen wären. Angenommen die Preußen kamen in bedeutender Stärke an, bevor die Franzosen sich so ernstlich und so verzweifelt mit der englisch-alliirten Armee verbissen hatten, so war Napoleon doch zu sehr Meister in seiner Kunst, um gegen die vereinten Streitkräfte seiner Gegner eine entscheidende Schlacht zu wagen. In diesem Falle würde er sich aller Wahrscheinlichkeit nach auf seine Grenze zurückgezogen, alle verwendbaren Reserven aus dem Innern einberufen und in seiner dreifachen Festungslinie durch geschickte Manöver versucht haben, die gegenüberstehenden Armeen nach nochmaliger Trennung vereinzelt zu schlagen. So aber war er zu tief in den Kampf mit Wellington verwickelt und hatte zu empfindlich bei seinen wiederholten Angriffen gelitten, um einen Rückzug bewerkstelligen zu können, der unter solchen Umständen auch seinen Freunden in Paris in keinem andern Licht als dem einer Niederlage erscheinen konnte. Er wußte zu gut, daß mit einer Niederlage, gleichviel wodurch sie hervorgebracht wurde, das einzige Band schwinden würde, welches die Nation an ihn fesselte — der tiefbegründete Glaube an seine Unüberwindlichkeit, das feste Vertrauen auf seine Geschicklichkeit, den militairischen Ruhm Frankreichs wieder herzustellen und aufrecht zu erhalten. Dieser Ueberzeugung allein kann man den verzweifelten Entschluß zuschreiben, das Schicksal des Kaiserthums und seine eigene politische Existenz in dem Augenblick auf den Ausgang seines letzten Angriffs gegen die Linie Wellington's zu setzen, als die feindlichen Armeen ihre Vereinigung bewirkt hatten und durch die Verwendung aller seiner Streitkräfte sich einer angemessenen Reserve zu berauben, mit deren Hilfe er einen geordneten und ehrenvollen Rückzug bewerkstelligen konnte.

Wäre es den Preußen gelungen, die Franzosen eine halbe Stunde früher aus Planchenoit zu vertreiben, so würde dieser Umstand in Verbindung mit dem allgemeinen Vorrücken der englisch-alliirten Schlachtlinie ohne Zweifel das ganze Lobau'sche, vielleicht auch das Erlon'sche Korps gezwungen haben, die Waffen niederzulegen und sich auf Gnade und Ungnade zu ergeben, indem ihnen dann der Rückzug auf Maison du Roi abgeschnitten worden wäre, während das Vorgehen der Briten jeden Versuch vereitelt hätte, sich über die Chaussee nach Charleroi zurückzuziehen. Auf der andern Seite wäre ein ähnliches Resultat, wenigstens in Bezug auf das Lobau'sche Korps hervorgebracht worden, wenn dieses allgemeine Vorrücken eine halbe Stunde früher stattgefunden hätte, während der französische rechte Flügel noch in größerer Entfernung von der Chaussee im Kampfe mit den Preußen begriffen war. Im erstern Falle wurde jedoch der entscheidende Angriff sehr richtig bis zu dem Augenblicke verschoben, als derselbe durch die Ankunft schnell sich nähernder Verstärkungen mit dem größten Erfolge gleichzeitig gegen den ganzen französischen rechten Flügel unternommen werden konnte. Im letztern Fall aber konnte der entscheidende Angriff in keinem günstigern Augenblick und mit keiner größern Aussicht auf Erfolg geschehen, als unmittelbar nach der empfindlichen Niederlage der französischen Kaisergarde in der englisch-alliirten Position. Zufälligkeiten dieser Art können bei der Kritik jeder Schlacht aufgefunden werden, wenn man aber bedenkt, daß es in der neuern Kriegsgeschichte kein anderes Beispiel eines so vollständigen Sieges giebt, muß das Resultat so ruhmvoll, so entscheidend und so umfassend erscheinen, als der genaueste und strengste Berechner der Chancen einer Schlacht nur verlangen kann.

Was den wirklichen Antheil der Preußen an dieser Schlacht betrifft, so mag aufrichtig als wahr anerkannt werden, daß der Kampf des Bülowschen Korps gegen die Truppen Lobau's und einen Theil der Kaisergarde höchst hartnäckig und blutig war. Besonders sind die drei aufeinanderfolgenden Stürme um den Besitz von Planchenoit ein schreckliches Beispiel für die tödtliche Feindschaft, welche die Truppen beider Nationen gegen einander hegten und die Verluste der Preußen in der vergleichsweise kurzen Zeit ihres Engagements liefern einen hinreichenden Beweis für den Werth ihrer Kooperation. Es ist unleugbar wahr, daß der Schlag, welcher den Sieg entschied, durch Wellington gethan wurde, als er nach vollständiger Abweisung des großen Angriffs der französischen Kaisergarde den errungenen Vortheil sogleich dadurch verfolgte, daß er kühn das Centrum der feindlichen Linien anfiel und durchbrach und diese Bewegung durch das allgemeine Vorgehen seiner ganzen Armee unterstützte. Aber es ist gleichzeitig ebenso wahr, daß die mächtige Diversion der Preußen die Stärke jener französischen Linien, um das Lobau'sche Korps, welches in diesem Feldzuge noch keinen Schuß gethan, um 12 Bataillone der Kaisergarde, welche bei Ligny kaum den geringsten Verlust erlitten hatten, endlich um 18 Schwadronen Kavallerie verminderte. Der kräftige Angriff, welchen Bülow gleichzeitig mit dem letzten Sturm auf Planchenoit unternahm, trug wesentlich zu dem allgemeinen und unheilvollen Schrecken bei, welcher die ganze französische Armee ergriff. Außerdem machten die Preußen durch die kräftige Verfolgung, welche sie unter der Führung des unermüdlichen Gneisenau die ganze Nacht hindurch unterhielten, den Sieg noch vollständiger und entscheidender und beraubten den Feind wirksam jeder Gelegenheit, auf der belgischen Seite der Grenze wieder zu sich zu kommen. Mit einem Worte, beide Armeen führten wunderbar und ehrenvoll die ihnen zugewiesenen Rollen aus. — Die eine, indem sie ihre Defensiv-Position mit unvergleichlicher Tapferkeit und ungeschwächter Ausdauer bis zu dem Augenblick behauptete, als ihr Führer nach Vereitelung des letzten verzweifelten Angriffs auf seine Linie, sie zum Siege vorführte. Die andere, indem sie durch eine mächtige Diversion die Wirkung dieses Vorgehens noch entscheidender und durch eine rastlose und kräftige Verfolgung den Sieg noch vollständiger machte. — So wurde taktisch der Plan gelöst, welcher mit so großer Geschicklichkeit und Voraussicht von den verbündeten Heerführern strategisch eingeleitet worden war.

Als der Herzog seine Relation der Schlacht schrieb und in derselben anführte, daß seine Armee sich bei keiner Gelegenheit besser benommen habe, vergaß er die wichtige Hilfe nicht, welche ihm die Preußen geleistet hatten. „Ich würde", sagte er, „meinen eigenen Gefühlen, dem Marschall Blücher und der preußischen Armee Unrecht thun, wenn ich das glückliche Resultat dieses heißen Tages nicht dem herzlichen und rechtzeitigen Beistande zuschriebe, welchen ich von ihnen erhalten habe. Die Operation des Generals Bülow gegen die Flanke des Feindes war höchst entscheidend und selbst wenn ich mich nicht in der Lage befunden hätte, den Angriff unternehmen zu können, welcher das endliche Resultat hervorbrachte, würde dieselbe den Feind zum Rückzuge genöthigt haben, wenn seine Angriffe fehlgeschlagen oder ihn doch verhindert haben, weitern Nutzen von denselben zu ziehen, wenn sie unglücklicherweise erfolgereich gewesen wären."

Ebenso ließ der Fürst, obgleich er, wie seine Relation zeigt, den Umstand nicht kannte, daß Wellington das Centrum der feindlichen Linie angegriffen und seine vorpoussirten Brigaden bis hinter die Truppen geschoben hatte, welchen er selbst gegenüberstand, dem Muthe der britischen Armee vollkommene

Gerechtigkeit widerfahren, indem er sagte: „sie focht mit einer Tapferkeit, welche unmöglich übertroffen werden kann"*).

Möchten Großbritannien und Preußen noch lange jene Freundschaft pflegen, welche durch das eifrige und erfolgreiche

---

*) Da die im vorliegenden Werke gegebene Beschreibung der Vertheilung der preußischen Truppen zu der Zeit, als die Angriffs-Kolonnen der französischen Kaisergarde durch die britischen Brigaden Maitland und Adam vernichtet wurden, von der Darstellung dieser Truppen auf dem Modell der Schlacht bei Waterloo, wie solches zum ersten Male dem Publikum gezeigt wurde, abweicht, so scheint eine Erklärung der Gründe nöthig zu sein, auf welche sich diese Abweichung basirt.

Als ich mich an das preußische Gouvernement wandte, um die nöthigen Nachrichten über die Aufstellung seiner Truppen in diesem bestimmten auf dem Modelle dargestellten Momente der Schlacht zu erlangen, wurden mir dieselben nach Erlaubniß des preußischen Kriegsministers von den Offizieren des großen Generalstabes in Berlin bereitwillig und freimüthig geliefert. Diese Nachrichten waren von detaillirter Genauigkeit und noch dadurch vervollständigt, daß die Vertheilung der Truppen in großem Maßstabe auf einem Plane verzeichnet war. Indem ich diese Data mit denjenigen Angaben verglich, welche ich von Offizieren höheren Ranges und anerkannter Einsicht erhalten hatte (einige von ihnen waren während des größeren Theiles der Schlacht, andere während des ganzen Tages auf dem linken Flügel der englisch-alliirten Armee gewesen und hatten von dort aus die Bewegungen der Preußen erkennen können), fand ich, daß an der Genauigkeit der letzteren in einigen Punkten nicht gezweifelt werden konnte, während diese Angaben über andere, in Bezug auf Zeit und Ort zu unbestimmt waren, um dieselben mit den mir von den preußischen Behörden gelieferten Details in Uebereinstimmung zu bringen So sind z. B. die Vereinigung der Teten-Kolonne des Zicthenschen Korps mit dem linken Flügel der englisch-alliirten Schlachtlinie, der Aufmarsch der Kavallerie dieser Kolonne neben und hinter der Brigade Vest, die Ablösung einer hannöverschen Batterie auf der Höhe oder dem Hügel, an den sich der linke Flügel der englisch-alliirten Armee lehnte und die vorhergegangenen Kämpfe in und um Planchenoit und Smohain auf dem äußersten rechten Flügel der französischen Armee, Thatsachen, welche durch jene Angaben hinlänglich bestätigt und bekräftigt werden. In Betreff der Aufstellung der preußischen Truppen zwischen dem äußersten linken Flügel der englisch-alliirten Armee und der unmittelbaren Nachbar-

Zusammenwirken der Armeen beider großen Nationen entstanden ist. Glücklich und rasch hatten sie einen Krieg beendet, welcher dadurch entstanden war, daß jener ehrgeizige Soldat, jener außergewöhnliche Mann den französischen Thron wieder

schaft von Planchenoit habe ich jedoch zu meiner Genugthuung nach einer höchst mühsamen und fleißigen Untersuchung der ganzen Frage der preußischen Cooperation in allen ihren Einzelnheiten gefunden, daß bei der ursprünglichen Anordnung der Figuren auf dem Modell die preußischen Truppen dem Lobauschen Korps gegenüber zu weit vorwärts dargestellt worden sind. Erst später, als ich jene weitere Nachrichten sammelte, welche mir erlaubten, mit so detaillirter Genauigkeit die glänzenden Maßregeln des Herzogs bei Vernichtung der Garden und Sicherstellung des Sieges zu beschreiben, entdeckte ich den Irrthum, in welchen die preußischen Behörden unbewußt aber natürlich verfallen waren, als sie die Vertheilung ihrer Truppen in dieser Gegend des Schlachtfeldes für mich aufgezeichnet hatten. Nach dieser Vertheilung hätte ein viel größerer Druck auf die französische rechte Flanke stattgefunden, als es in dem auf dem Modelle dargestellten Momente möglich war. Der Grund dieses Irrthums ist sehr einfach und leicht zu erklären Alle preußischen Berichte der Schlacht, besonders die beiden, welche unter Autorität erschienen sind — ich meine das vom Obersten Wagner des Generalstabes im Jahre 1825 veröffentlichte und das neuere Werk des Major v. Damitz, welches sich auf die vom General Grolmann, dem Generalquartiermeister der preußischen Armee während des Feldzuges von 1815, gelieferten Materialien gründet — stimmen darin überein, daß sie die Vernichtung der Angriffskolonne der französischen Kaisergarde durch den Herzog v. Wellington und das Vorgehen seiner ganzen Linie so darstellen, als ob dieselben in einem und demselben Augenblicke geschehen wären, während in der Wirklichkeit zwischen ihnen ein Zeitunterschied von wenigstens zwölf Minuten statt fand. Den preußischen Behörden war bisher noch die Thatsache unbekannt geblieben, daß während des Vorgehens der britischen Linie die leichte Kavallerie-Brigade Vivian die letzten Kavallerie- und Infanterie-Reserven Napoleons auf der französischen linken Seite von La Belle-Alliance im Centrum der feindlichen Armee selbst angriff und zerstreute, daß die leichte Infanterie-Brigade Adam die wieder gesammelte erste Angriffskolonne der Kaisergarde auf den Höhen zwischen La Belle-Alliance und La Haye Sainte angriff und vernichtete, und daß die leichte Kavallerie-Brigade Vandeleur zur Unterstützung Vivians vorpoussirt wurde. Diese Angriffe, welche mit vollendetem Urtheil und

eingenommen hatte. — Schon einmal hatte er den Kontinent mit seinen Legionen überschwemmt, Kaiser und Könige dem Einflusse seines mächtigen Willens unterworfen, und jetzt drohete er nochmals, über die Nationen all jenes Unglück, all jene Schrecken zu verbreiten, welche seiner glanzvollen, aber verheerenden Laufbahn gefolgt waren. — Der allgemeine Friede, das endliche Resultat ihrer vereinten Anstrengungen, dauert noch fort. An jedem neuen Jahrestage feiern die britischen und die deutschen Truppen das Andenken an ihren

---

blitzschneller Entscheidung ersonnen und mit vollkommener Ordnung und unvergleichlicher Tapferkeit ausgeführt wurden, konnten wegen der Formation des Terrains von der preußischen Armee nicht bemerkt werden. Diese Unkenntniß der wirklichen Vertheilung der Streitkräfte des Herzogs von Wellington zu Zeit des allgemeinen Vorrückens seiner Armee verleitete die preußischen Behörden, dieses Vorrücken mit der Niederlage der Angriffskolonnen der Kaisergarde zu verwechseln. Wenn diese Behörden daher mit einer Liberalität und einer Bereitwilligkeit für welche ich ihnen nicht dankbar genug sein kann, mir die verlangten Nachrichten über die Vertheilung ihrer Truppen in dem Augenblicke der Vernichtung der Kaisergarde auf dem Kamm der Position lieferten, so thaten sie dies in der Meinung, daß diese Begebenheit und das allgemeine Vorgehen der englisch-alliirten Linie zusammen fielen. Da nun die preußischen Truppen längs des mittleren Theiles ihrer Linie bis zu dem Augenblicke des allgemeinen Vorgehens der englisch-alliirten Armee fortgesetzt im Avanciren geblieben waren, so mußte in der Vertheilung und den Bewegungen jener Truppen eine solche Veränderung vorgenommen werden, daß dieselben in Hinsicht der Zeit mit der Niederlage der Angriffskolonnen der Kaisergarde zusammenfielen, während sie früher mit dem Momente des allgemeinen Vorgehens der Armee des Herzogs von Wellington übereinstimmten. Dieses Vorgehen wurde von demselben aber nur unternommen, um einen schon errungenen Sieg zu sichern und im Verein mit dem Angriffe der Preußen, die Niederlage des Feindes so vollständig als möglich zu machen. Ich bin überzeugt, daß die auf dem beifolgenden Plane gegebene Darstellung der Wahrheit so nahe als möglich kommt, und hoffe, daß dieselbe nach der obigen Auseinandersetzung denjenigen Männern beider Nationen genügen werde, welche an den ruhmvollen Begebenheiten des 18. Juni Theil genommen oder dieselben studirt haben.

ruhmvollen, krönenden Sieg, und Europa zeichnet, dankbar für die dauernden und unschätzbaren Wohlthaten, die heroischen Thaten der Vertheidiger seiner Freiheit und Unabhängigkeit in den Blättern seiner Geschichte mit goldenen Buchstaben auf.

— — — — — — — „Thou fatal Waterloo!
Millions of tongues record thee, andanew
Their children's lips shall echo them, and say —
Here where the sword united nations drew,
Cur countrymen were warring on that day!
And this is much, and all which will not passaway."

Sechzehntes Kapitel.

Das Treffen bei Wavre.

Als das Korps Vandamme vor Wavre erscheint, beschließt Thielemann, die dortige Position zu halten und dem übrigen Theile der preußischen Armee nicht nach dem Schlachtfelde von Waterloo zu folgen. — Das Schlachtfeld von Wavre. — Vertheilung der verschiedenen Brigaden des Thielemannschen Korps. — Vertheilung der Streitkräfte Grouchy's. — Die leichten Truppen des Vandammeschen Korps bemächtigen sich des auf dem rechten Dyle-Ufer gelegenen Theiles der Stadt Wavre. — Gerard macht einen erfolglosen Angriff auf die Mühle von Bierge. — Vandamme's Versuche gegen die Brücke von Wavre schlagen fehl. — Grouchy unternimmt darauf in Person einen neuen Angriff auf die Brücke von Bierge; derselbe ist so fruchtlos wie der erste, und Gerard wird dabei schwer verwundet. — Pajol bemächtigt sich der Brücke von Limale durch einen Kavallerie-Angriff. — Grouchy schickt einen Theil des Gerard'schen Korps bei Limale über die Dyle und sucht mit diesen Truppen den rechten Flügel des Thielemannschen Korps zu umgehen. — Diese werden von den Preußen angegriffen, weisen dieselben aber ab und treiben sie bis in den Wald bei Point du Jour zurück. — Um den Besitz der Brücke und der Stadt Wavre wird bis spät in die Nacht gestritten, die Preußen behaupten sich und schlagen dreizehn Angriffe ab. — Stellung der kämpfenden Truppen am Morgen des 19. Juni. — Kampf zwischen Thielemanns rechten und Grouchy's linken Flügel, wobei die Franzosen sich des Waldes von Rixansart bemächtigen. — Die Division Teste macht einen andern Angriff auf Bierge. — Thielemann nimmt eine zweite Stellung. — Um 8 Uhr erhält er die Nachricht von der Niederlage Napoleons bei Waterloo. — Er erneuert mit vollständigem Erfolge den Angriff und nimmt den Wald von Rixansart wieder. — Der Wald geräth wieder in den Besitz der Franzosen. — Dieselben nehmen das Dorf Bierge. — Thielemann entschließt sich zum Rückzuge. — Die Preußen verlassen die Stadt Wavre. — Die Franzosen überschreiten die Dyle bei Wavre und Bierge. — Der Rückzug wird durch die Kavallerie unter dem Oberst von der Marwitz gedeckt. — Verhalten des Generals von Borcke, welcher mit seiner Brigade am vergangenen Abend nach St. Lambert marschirt war. — Thielemann zieht sich auf der Straße nach Löwen zurück und nimmt eine Stellung bei St. Achtenrode. — Verluste der Preußen und der Franzosen. — Bemerkungen über das Treffen und dessen Resultat. — Grouchy entscheidet sich für den Rückzug auf Namur.

Der 18. Juni.

Am Schlusse des achten Kapitels ist gezeigt worden, daß Thielemann von dem Feldmarschall den Befehl erhalten hatte, die Position von Wavre in dem Falle zu vertheidigen, wo der Feind in bedeutender Stärke vordringen würde, sonst aber in der Richtung auf Couture der Hauptarmee zu folgen; er war eben im Begriff, dieses letztere zu thun, als das Korps Vandamme, ungefähr um 4 Uhr Nachmittags, vor dieser Stellung ankam und mit seiner Artillerie sogleich die Kanonade eröffnete.

Alle Brigaden des Thielemannschen Korps (die 9te, 10te, 11te und 12te) hatten um diese Zeit den Befehl erhalten, die allgemeine Rechtsbewegung anzutreten. Nur ein Detaschement von zwei Bataillonen (das Füsilier-Bataillon des 30sten und das des 1sten kurmärkschen Landwehr-Regiments) von der noch jenseits der Dyle befindlichen 9ten Brigade sollten, unter dem Obersten von Zepelin, zur Besetzung von Wavre zurückbleiben. Die 12te Brigade war schon im vollen Marsch, die 11te hatte sich so eben in Bewegung gesetzt.

Als General von Borcke sich, der erhaltenen Instruktion gemäß, mit der 9ten Brigade auf Wavre zurückzog, fand er die dortige Brücke schon barrikadirt, und wandte sich daher nach Bas-Wavre. An diesem Punkte überschritt er die Dyle und ließ daselbst die Tirailleurs des Füsilier-Bataillons des

8ten, und die des 1sten Bataillons des 30sten Regiments, unter dem Major von Ditfurth, zurück. Er befahl demselben, die Brücke sogleich zu zerstören. Darauf detaschirte er das 2te Bataillon des 30sten Regiments und seine beiden Schwadronen vom 3ten kurmärkschen Landwehr-Kavallerie-Regimente zur Verstärkung des Obersten von Zepelin nach Wavre, mit dem Reste seiner Brigade aber setzte er den Marsch fort.

Gleichzeitig sah man die französischen Tirailleurs sich auf den jenseitigen Höhen ausbreiten, und hinter ihnen bedeutende Massen des Feindes im Vorrücken begriffen. Bald wurde es klar, daß sie den Uebergang über den Fluß zu forciren beabsichtigten. Thielemann hatte aus der wenig kräftigen Verfolgung der Franzosen und aus dem Umstande, daß sie sich der Uebergänge der Dyle-bei Moustier, Limelette und Limale nicht versicherten, geschlossen, daß nur ein schwaches Detaschement des Feindes auf Wavre gefolgt sei, vielleicht, um auf dieser Straße nach Brüssel Besorgnisse zu erwecken. Er war demnach bis jetzt der Meinung gewesen, daß die Besetzung von Wavre durch wenige Bataillone, dem Befehle Blüchers gemäß, ganz ausreichend sei. Jetzt aber sah er deutlich ein, daß der Fall eingetreten war, wo er der erhaltenen Instruktion zu Folge die Position von Wavre behaupten müsse. Er befahl daher seinem ganzen Korps, sogleich Halt zu machen.

Die Stadt Wavre liegt auf dem linken Ufer der Dyle, auf der gegenüber liegenden Seite des Flusses hat sie jedoch eine Vorstadt, welche mit ihr durch zwei steinerne Brücken verbunden ist. Die Hauptbrücke führt zu dem mittleren, die andere zu dem oberen Theile der Stadt. Stromaufwärts findet man bei der Mühle von Bierge, bei Limale und bei Limelette, stromabwärts bei Bas-Wavre hölzerne Brücken. Der Fluß ist nicht tief, war aber zur Zeit des Gefechts durch den kürzlich gefallenen starken Regen sehr angeschwollen. Die niedrigen Hügelreihen auf beiden Seiten des Flußthales sind an vielen Stellen mit Wald bedeckt. Die Höhen auf dem rechten Ufer sind im Allgemeinen höher, aber die des linken haben steilere Abfälle und beherrschen den Fluß und seine Umgebungen besser. Die gerade Straße von Namur nach Brüssel führt durch die Stadt, außer derselben aber giebt es noch viele Querwege, welche für alle Waffen praktikabel sind. Die große Zahl von Hohlwegen bildet einen hervorstechenden Zug des umliegenden Terrains, und da der Regen sie in einen völlig aufgeweichten Zustand versetzt hatte, so waren sie für den Marsch der Truppen sehr ungünstig.

Die Position wurde folgendermaßen besetzt: Die 12te Brigade (Oberst von Stülpnagel) mit der reitenden Batterie Nr. 20 stand auf der Höhe hinter Ligny. Die Brücke vor diesem Dorfe wurde barrikadirt und die Mühle zur Vertheidigung der Brücke besetzt. Die 10te Brigade (Oberst von Kämpfen) stand auf der Höhe hinter Wavre und lehnte sich mit ihrem rechten Flügel an ein Gehölz, welches zwischen ihr und der 12ten Brigade lag. Die 11te Brigade (Oberst von Luck) hatte sich à cheval der Brüsseler Straße aufgestellt. Die Reserve-Kavallerie war bei Lavette in Schwadronskolonnen aufmarschirt. Die Artillerie war längs der Höhen vertheilt. Die reitende Batterie Nr. 18 blieb in Reserve. Der auf dem rechten Dyle-Ufer gelegene Theil der Stadt Wavre, oder besser gesagt, die Vorstadt, war nur durch leichte Truppen besetzt. Die große Brücke war, so gut als Zeit und Umstände es zuließen, barrikadirt worden. Die Häuser des linken Flußufers wurden in der Eile mit Schießlöchern versehen. Die kleinere Brücke blieb vollständig frei. Zur Verstärkung der Truppen an der Brücke von Bas-Wavre detaschirte Major von Bornstädt noch die Tirailleurs von zwei Kompagnien dahin.

Thielemann beabsichtigte, die 9te Brigade hinter dieser ganzen Aufstellung zurück zu halten, um sie den Umständen gemäß zu verwenden, aber durch ein Mißverständniß bei der Ueberbringung des Befehls wurde der General v. Borcke verleitet, nachdem er auf der Brüsseler Straße bis nahe an Lavette gekommen war, sich dort links zu wenden und seiner ursprünglichen Instruktion gemäß in der Richtung auf Fromont, Bourgeois, St. Lambert nach Couture fort zu marschiren; er glaubte, daß das ganze Korps diesen Marsch dem allgemeinen Plane zu Folge begonnen habe und seine Brigade bestimmt wäre, diese Bewegung zu decken. Der Abmarsch der Brigade wurde nicht sogleich bemerkt, und so erlitt das Thielemannsche Korps eine unerwartete Verminderung von sechs Bataillonen und der Fuß-Batterie Nr. 18. Es konnte daher nur mit 15,200 Mann der 32,000 Mann starken Macht des Marschalls Grouchy entgegen treten.

Die Stellung Thielemanns war ohne Zweifel sehr günstig und die Besetzung derselben mit großer Einsicht angeordnet worden. Da man unmöglich voraussehen konnte, in welcher Art der Angriff ausgeführt werden würde, ob gegen eine Brücke, oder gegen alle, um die ganze Linie mit Sturm zu nehmen, so beschränkte sich Thielemann auf eine Besetzung der Stadt und der Flußlinie mit derjenigen Anzahl leichter Truppen, welche zur Abweisung eines plötzlichen Anfalles eben hinreichend war. Er sorgte jedoch dafür, daß überall Soutiens zur Unterstützung nahe waren, und vertheilte seine Reserven, die seine Hauptstärke ausmachten, so, daß sie auf jedem bedrohten Punkte verwendet werden und ihn gegen jeden Flankenangriff schützen konnten, wenn der Feind noch größere Massen entwickeln sollte.

Es war, wie gesagt, das Korps Vandamme, welches zwischen 3 und 4 Uhr vor Wavre ankam. Zwei Batterien, von denen eine aus Zwölfpfündern bestand, wurden rechts der Straße, das Thal überschauend, aufgestellt und eröffneten sogleich das Feuer; sie wurden bald darauf durch eine dritte Batterie auf der linken Seite der Straße verstärkt. Das Kavallerie-Korps Excelmans postirte sich rechts hinter dem Korps Vandamme. Gerard war mit dem 4ten Korps noch zurück, und Pajol hatte mit der leichten Kavallerie so eben erst Tourrines passirt, also kaum erst den halben Weg zwischen Gembloux und Wavre zurückgelegt. Marschall Grouchy sendete beiden den Befehl zu, ihren Marsch zu beschleunigen.

Während die französischen Tirailleurs nach und nach die preußischen leichten Truppen in das Thal hinab drängten, hörte Grouchy links in der Ferne eine mächtige Kanonade, und ritt eine Strecke nach dieser Richtung hin; er schloß aus derselben, daß Napoleon mit Wellington in eine große Schlacht verwickelt wäre, und glaubte jetzt, wo er die Preußen erreicht hatte, seine Instruktion am besten dadurch zu erfüllen, daß er sie kräftig angriffe und abhielte, der englischen Armee Verstärkungen zuzusenden. Er war über die Stärke des gegenwärtigen Feindes in völliger Ungewißheit und im Zweifel, ob er die ganze preußische Armee oder nur ein starkes Detaschement vor sich habe. Er wußte also auch nichts von der Thatsache, daß drei preußische Armee-Korps sich auf dem Marsche zu einer Kooperation mit der alliirten Macht befanden. In diesem Zustande der Ungewißheit und im Begriffe, mit den Preußen handgemein zu werden, fürchtete er, links zu detaschiren, da er dadurch das Hauptkorps der Gefahr aussetzte, von der Uebermacht erdrückt und von dem Detaschement getrennt zu werden.

Abgesehen davon, daß noch andere Betrachtungen ihn abhalten mochten, in diesem Augenblicke einen Theil seiner Streitkräfte zu detaschiren (z. B. die lange Zeit, welche seine Truppen auf schlechten und grundlosen Wegen im Marsche gewesen waren), war Grouchy unter allen den Umständen seiner damaligen Lage vollkommen gerechtfertigt, gerade diesen Ausweg gewählt zu haben. Selbst wenn er die gegenwärtige Disposition der preußischen Armee genau gekannt hätte, wäre er um diese Zeit nicht mehr im Stande gewesen, Napoleon wesentliche Dienste zu leisten; die Gelegenheit dazu war bereits verschwunden. Seine vollständige Unkenntniß aber von den Maßregeln Blüchers, und von allen dem, was damals zwischen Wavre und dem Schlachtfelde von Waterloo vorging, liefert den unleugbaren Beweis, daß er keineswegs dem Sinne seiner Instruktion — die Preußen nicht aus dem Gesicht zu verlieren — gemäß gehandelt, und nicht denjenigen Grad von Energie, Unternehmungsgeist und Entschiedenheit aufgeboten habe, welchen Napoleon von einem so ausgezeichneten und erfahrenen General bei einem so wichtigen Auftrage unter so höchst kritischen Umständen naturgemäß erwarten durfte.

Sobald General Pajol dem Marschall Grouchy gemeldet hatte, daß er in die Marschlinie desselben eingefallen sei, dirigirte dieser ihn sogleich auf Limale; seine rechte Flanke blieb jedoch fortgesetzt durch das 17te Dragoner-Regiment gedeckt, welches von der Kavallerie-Brigade des Generals Berton (vom Korps Excelmans) detaschirt und zur Rekognoscirung auf der Straße von Namur nach Löwen vorgeschoben worden war.

Während dessen war von den preußischen Batterien und denen Vandamme's eine mächtige Kanonade über den Theil des Thales weg unterhalten worden, in welchem Wavre liegt. Unter dem Schutze der französischen Geschütze drangen die Tirailleurs hinunter und gegen den auf dem rechten Ufer gelegenen Stadttheil vor. Sie bemächtigten sich desselben bald, da die Preußen schon vorher beschlossen hatten, keine Anstrengungen zu seiner Behauptung zu machen. Am Fluß angekommen, wurden sie jedoch aus den gegenüberliegenden Häusern und von der Brücke her mit einem höchst mörderischen Feuer empfangen. Der Kampf ward nun verzweifelt und die Vertheidigung der Dyle von Seiten der Preußen höchst hartnäckig. Die Tirailleurs dehnten sich bald auf beiden Ufern der Dyle von Bierge bis Bas-Wavre aus. Alle preußischen Brigaden sandten ihre Schützen vor. Die des 4ten kurmärkischen Landwehr-Regiments zogen eine Blänkerlinie zwischen der Stadt und Bas-Wavre, die des 3ten kurmärkischen Landwehr-Regiments standen in der Stadt zwischen beiden Brücken, rechts von ihnen hatten sich die Tirailleurs der 10ten Brigade aufgelöst, die der 12ten bildeten in Bierge den rechten Flügel der ganzen Linie.

Dieses Tirailleurgefecht hatte ungefähr eine Stunde gedauert, als die Division Hulot des Gerardschen Korps den Kampfplatz erreichte und den Befehl erhielt, die Mühle von Bierge zu nehmen und die Dyle zu passiren. Ein Bataillon des Korps Vandamme versuchte um diese Zeit vergeblich den Uebergang zu erzwingen. Auf der Bierge gegenüberliegenden Höhe postirten sich mehrere Geschütze des 3ten Korps und bemühten sich, das Feuer der preußischen Batterien auf der andern Seite des Thales zum Schweigen zu bringen. Grouchy ersuchte den General Gerard, dasjenige Bataillon, welches die Mühle angegriffen hatte, durch eins von seinen Korps ablösen zu lassen. Dieser sandte daher den General Hulot mit einem Bataillon des 9ten leichten Regiments vor. Unter dem Schutze des Feuers zweier Geschütze auf der Höhe stieg das Bataillon in das Thal hinab. Der Marsch desselben wurde durch die morastige Beschaffenheit des Bodens am Fuße des Abhanges und durch die vielen breiten und tiefen Rinnen, von denen das Thal durchschnitten ist, sehr behindert, und seine

Ordnung durch das Feuer der Artillerie auf dem gegenüberliegenden Thalrande und durch das der preußischen Tirailleurs, welche am linken Flußufer postirt waren und die Mühle stark besetzt hielten, bald noch mehr gebrochen. Die Flußufer auf diesem Punkte, besonders das linke, sind meistens mit Bäumen besetzt, wodurch der Widerstand der Preußen noch ganz besonders begünstigt wurde. Nachdem das angekommene Bataillon dasjenige des Korps Vandamme abgelöst hatte, ging es sogleich zum Angriff vor. Derselbe war jedoch so erfolglos wie vorher.

Grouchy wollte so eben die Erneuerung dieses Angriffs befehlen, als er, zwischen sechs und sieben Uhr, eine Depesche Soults erhielt, welche um ein Uhr Mittags vom Schlachtfelde von Waterloo datirt war. Dieser zufolge sollte er nach jener Richtung hin manövriren und eine engere Verbindung mit der Hauptarmee herzustellen suchen. Er sollte keinen Augenblick verlieren, sich der letzteren anschließen und das gerade damals auf den Höhen von St. Lambert gesehene Bülowsche Armee-Korps vernichten.

Zur Zeit der Ankunft dieser Depesche befand sich Grouchy in einer solchen Lage, daß er keine Aussicht hatte, die erhaltene Instruktion auch nur theilweise zu erfüllen. Alle Versuche Vandamme's, die Brücke von Wavre zu forciren, scheiterten an der äußerst tapfern Vertheidigung der Preußen. Der Ausgang des Angriffs auf die Mühle von Bierge war höchst zweifelhaft. Weder die Hauptmasse des Korps Gerard, noch die Division Teste des 6ten Korps, noch selbst die leichte Kavallerie Pajols waren bisher angekommen. Grouchy ritt ungeduldig in Begleitung Gerards diesen Truppen entgegen. Sobald er auf die Kolonnentete stieß, dirigirte er sie sogleich auf Limale. Er wollte hierdurch den rechten Flügel Thielemanns umgehen, den Rückzug desselben nach Brüssel verhindern und sich gleichzeitig die direkte Straße nach St. Lambert öffnen. Alles dieses konnte er wohl noch bewirken, aber ein einziger Blick auf seine Stellung in dieser späten Stunde des Tages zeigt deutlich, daß jede wichtige Diversion von seiner Seite zu Gunsten Napoleons ganz außerhalb der Möglichkeit war.

Als Grouchy mit Gerard nach Wavre zurückkehrte, fand er, daß trotz der wüthenden Angriffe, welche in rascher Folge auf die Brücken unternommen und durch die mächtige Kanonade von den Höhen und das unausgesetzte Gewehrfeuer längs der Ufer des Flusses unterstützt wurden, keine weitern Fortschritte gemacht worden waren. Entschlossen den Uebergang zu forciren, stieg er selbst vom Pferde, stellte sich an die Spitze eines Bataillons und führte einen neuen Angriff gegen die Mühle von Bierge aus. Aber wenn auch die Tapferkeit der Truppen durch das edle Beispiel des Marschalls erhöht wurde, so vermochte sie doch Nichts gegen den unüberwindlichen Widerstand der preußischen Truppen auf diesem wichtigen Posten. Gerard hatte den Marschall bei dem Angriff begleitet; er stürzte durch einen Schuß in die Brust schwer verwundet zu Boden.

Grouchy beschloß nun, das Korps Vandamme und die Kavallerie von Excelmans Wavre und Bierge gegenüber stehen zu lassen, mit dem angekommenen Theile des Gerardschen Korps aber längs des rechten Ufers der Dyle nach Limale zu marschiren und sich dort mit dem Reste des Korps, welcher von La Baraque aus nach diesem Punkte dirigirt worden war, zu vereinigen. Truppenmärsche haben in diesem Theile des Flußthales bedeutende Schwierigkeiten und es ging daher eine geraume Zeit verloren. Als man endlich Limale gegenüber angekommen war und sich mit der Kavallerie Pajols vereinigt hatte, wurden Vorbereitungen zum Angriff getroffen.

Limale war um diese Zeit von dem Oberst-Lieutenant von Stengel mit drei Bataillons des 19ten, zwei Schwadronen des 6ten Ulanen-Regiments und einer Schwadron westphälischer Landwehr-Kavallerie besetzt. Es war dieses das Detaschement, welches Ziethen zurückgelassen hatte, um die rechte Flanke des dritten Korps zu decken. Unverantwortlicher Weise hatte es versäumt, die Brücke auch nur leicht zu barrikadiren. Wäre dieselbe mit gleicher Energie und Entschlossenheit wie die unterhalb gelegenen vertheidigt worden, so hätten die Franzosen vielleicht an diesem Tage die Dyle nicht passiren können.

Bei der Rekognoscirung dieses Ortes entdeckte Pajol die Nachlässigkeit und gewann die Brücke durch eine überraschende Kavallerie-Attake. Die Infanterie-Division Hulot des Gerardschen Korps langte gleich darauf bei derselben an, und Oberst-Lieutenant von Stengel, sah sich bald von überlegenen Kräften angegriffen. Dessenungeachtet zog er sich in guter Ordnung zurück, bis Thielemann die 12te Brigade zu seiner Aufnahme vorschob. Drei Bataillone der 10ten Brigade marschirten in die von der 12ten verlassene Stellung, und alle diejenigen Truppen, welche bei der Vertheidigung von Wavre und Bierge entbehrlich waren, führten eine Rechtsbewegung aus. Das zur 11ten Brigade gehörige 4te kurmärkische Landwehr-Regiment überschritt die Brüsseler Straße. Die Reserve-Kavallerie sollte zur Unterstützung der 12ten Brigade nach Limale eilen.

Als Oberst von Stülpnagel den Befehl erhielt, mit seiner Brigade (der 12ten) nach Limale zu marschiren, ließ er 3 Bataillone zur Vertheidigung der Brücke von Bierge zurück. Mit den übrigen 6 Bataillonen gerieth er bis nahe an den Feind. Derselbe hatte sich auf einer Höhe vorwärts Limale aufgestellt, seinen linken Flügel beträchtlich vorgenommen und durch Kavallerie gedeckt, seinen rechten aber an einige mit Infanterie besetzte Häuser gelehnt. Diese Aufstellung war zu der eigentlichen Frontlinie der Preußen perpendikulair. Grouchy hatte sie trotz der entgegenstehenden Schwierigkeiten mit vieler Geschicklichkeit genommen. Seine Truppen mußten in der Dunkelheit der Nacht, auf einem engen und beschwerlichen Wege und in der unmittelbaren Nähe der Preußen, die Höhen hinter Limale ersteigen. Das feindliche Feuer beherrschte den Ausgang des Defilees. Grouchy war noch bis spät beschäftigt, die aus der Straße debuschirenden Bataillone auf ihren Posten zu führen, während gleichzeitig die leichte Kavallerie Pajols rasch nach dem linken Flügel hineilte.

Der Oberst von Stülpnagel ließ das Füsilier-Bataillon des 5ten kurmärkischen Landwehr-Regiments und seine Batterie hinter dem kleinen Gehölze rechts von Bierge als Reserve zurück und ging, so spät es auch war, mit den ihm noch bleibenden 5 Bataillonen zum Angriff über. Das Detaschement des Oberst-Lieutenant von Stengel deckte seine rechte Flanke. Obgleich die Dunkelheit verhinderte, Stellung und Stärke der Franzosen genau zu erkennen, wollte man doch einen Versuch machen, Limale wiederzunehmen und den Feind über die Dyle zurückzuwerfen. Der Angriff wurde folgendermaßen ausgeführt. Zwei Bataillone bildeten das erste Treffen, die übrigen drei folgten ganz nahe hinter ihnen. Die beiden Brigade-Schwadronen vereinigten sich mit den drei Schwadronen Stengels und die ganze Reserve-Kavallerie folgte zur Unterstützung nach. Bei dieser Bewegung wurde jedoch die gegenseitige Verbindung der avancirenden Truppen durch die Dunkelheit der Nacht sehr gestört. Die beiden Bataillone des ersten Treffens wollten eben einen Hohlweg überschreiten, als sie von zwei französischen Bataillonen jenseits desselben eine Salve erhielten und dadurch am weitern Vorgehen gehindert wurden. Die drei Bataillone des zweiten Treffens hatten sich zu sehr links gezogen und geriethen dort in feindliches Tirailleurfeuer. Das Detaschement Stengels versuchte zwar ebenfalls vorzugehen, wurde aber von der französischen Kavallerie daran verhindert und von derselben durch Bedrohung seiner rechten Flanke bis zu dem Walde bei Point-du-Jour zurückgetrieben.

Das entschiedene Fehlschlagen dieses Angriffs bewog den Oberst v. Stülpnagel, alle seine Truppen nach dem Walde zurückzuziehen und nur das 1ste Bataillon 6ten kurmärkischen Landwehr-Regiments zum Soutien der Postenchaine zurückzulassen. Die Reserve-Kavallerie bivakirte hinter dem Walde. So endete auf diesem Theile des Schlachtfeldes der Kampf. Die preußischen und französischen Feldwachen standen während der Nacht sich so nahe gegenüber, daß die Patrouillen sich beständig begegneten und die ganze Linie auf dem Qui vive erhalten wurde.

Auf dem linken preußischen Flügel währte der Kampf um den Besitz der Stadt und der Brücken von Wavre mit ungeschwächter Wuth bis spät in die Nacht fort. Vandamme verwandte sein ganzes Korps zu dem Angriff und sandte beständig frische Truppen vor, um diejenigen abzulösen, welche vergeblich versucht hatten, die Preußen zu delogiren. Durch ihre außerordentliche Tapferkeit und Entschlossenheit gelang es diesen, nicht weniger als dreizehn verschiedene Angriffe zurückzuschlagen und fünfmal sogar die Franzosen aus den Häusern zu vertreiben, welche sie von Anfang an auf dem rechten Ufer der Dyle inne hatten. Einmal hatten die Franzosen schon die große Brücke und einige Häuser auf dem linken Ufer gewonnen, sie wurden aber von den preußischen Reserven, die ihren Kameraden zu Hilfe geeilt waren, wieder zurückgetrieben. Der Kampf war verzweifelt und, wie es schien, ohne Ende. Als die Franzosen die Häuser zunächst der Brücke angriffen, gelang es ihnen, die Thüren aufzuschlagen und durch Uebermacht sich der untern Stockwerke zu bemächtigen. Aber selbst dieses konnte die braven Vertheidiger nicht bewegen, in ihrer Ausdauer nachzulassen, sie vertheidigten im Gegentheil mit erhöheter Wuth die obern Zimmer der Häuser und hielten tapfer aus, bis die Ankunft ihrer Reserven sie erlöste.

Die glänzende Vertheidigung von Wavre war preußischerseits nicht blos durch die unbeugsame Tapferkeit der Truppen, sondern auch durch die angemessene Aufstellung der Reserven ausgezeichnet, welche letzteren jeden Versuch des Feindes, in der Stadt festen Fuß zu fassen, vereitelten. Während die Tirailleurs und ihre Soutiens längs der Dyle und in den anliegenden Häusern postirt waren, hatten die Reserven sich in den nächsten mit dem Fluß parallel laufenden Straßen verdeckt aufgestellt. Sobald die französischen Angriffs-Kolonnen, schon erschüttert durch das konzentrirte Tirailleurfeuer, die Brücke zu forciren versuchten, brachen sie aus den Seitengassen hervor, stellten sich dem Feind in Masse entgegen und schlugen ihn stets unter großen Verlusten zurück. In dieser Art trieben das Füsilier-Bataillon des 30sten Regiments, unter dem Major von Sprenger, und das 3te Bataillon des 1sten kurmärkischen Landwehr-Regiments, unter dem Major von Bornstädt, mit wunderbarer Tapferkeit alle Angriffe zurück, welche während des ersten Theiles des Streites mit großer Uebermacht ausgeführt wurden. Als eine dieser Attaken einen etwas günstigern Erfolg hatte, ging das 2te Bataillon des 30sten Regiments, unter dem Major von Beaufort vor; in einem gleich kritischen Momente kam das 1ste Bataillon des 4ten kurmärkischen Landwehr-Regiments, unter dem Major von Grolmann heran, und beide Male gelang es diesen Bataillonen, den Feind zurückzuwerfen. *Sie nahmen in den mit dem Fluß parallel* laufenden Straßen ihre Aufstellung und vereitelten in der beschriebenen Art und mit heroischer Tapferkeit alle weitern Versuche sie daraus zu vertreiben. Wenn man bedenkt, daß 4 preußische Bataillone von 4 Uhr Nachmittags bis in die Nacht hinein, ihren Platz im ununterbrochenen und verzweifelten Kampf erfolgreich behaupteten, so sind die Verdienste des Obersten Zepelin und seiner tapfern Truppen über alles Lob erhaben. Es ist dies eins der glänzendsten Beispiele, welche uns die Kriegsgeschichte für die Vertheidigung einer Stadt und eines Flußübergangs aufbewahrt hat.

Beide Brücken von Wavre blieben im Besitz der Preußen, die kleinere wurde während der Nacht barrikadirt. Spät in der Nacht, als das Feuer auf beiden Seiten zu ermatten begann, bezogen die Kämpfer auf ihren Flußufern einen Bivak. Auf dem äußersten preußischen linken Flügel zu Bas=Wavre hatten die Franzosen nur ein Bataillon gezeigt und mit demselben ein einzeln stehendes Gebäude besetzt. Zwei Schwadronen und ein Geschütz unterstützten dieses Bataillon. Es wurden hier verschiedene erfolglose Versuche gemacht, sich der Brücke zu bemächtigen, dieselbe blieb aber bei Einbruch der Nacht in den Händen der Preußen.

Grouchy war noch bis nach Mitternacht mit den Vorbereitungen zur Erneuerung des Angriffs für den folgenden Morgen beschäftigt. Die Division Teste des 6ten Korps erschien erst spät und verstärkte den linken Flügel. Dieser bivakirte auf den Höhen westlich von Bierge, und war durch dieses Dorf und durch die Dyle von dem rechten Flügel getrennt, indem der letztere Wavre gegenüber stehen blieb. Noch hatte er keine Nachricht von der großen Niederlage Napoleons bei Waterloo erhalten und war daher entschlossen, die über den rechten Flügel der Preußen errungenen Vortheile mit Tagesanbruch zu verfolgen. Thielemann hatte dagegen durch einen von der Kavallerie=Brigade Marwitz nach der rechten Seite hin auf Rekognoscirung ausgesandten Offizier erfahren, daß die verbündeten Armeen einen vollständigen Sieg errungen hatten; er erwartete daher, daß Grouchy bald gezwungen sein würde, an einen schleunigen Rückzug zu denken.

Mit Tagesanbruch des 19. Juni marschirte der Oberst-Lieutenant von Stengel auf eigene Vorantwortung vom äußersten rechten Flügel Thielemanns nach Limale ab, um sich seinem Armeekorps (dem 1sten) wieder anzuschließen. Die Gründe dieses Abzuges sind bis jetzt noch ebenso unaufgeklärt, wie die am vergangenen Tage unterlassene Sicherstellung der Brücke von Limale. In Folge dieses Abmarsches mußte sich die 12te Brigade zu sehr rechts ausdehnen und konnte auf der durch den Wald von Point du Jour führenden Straße nur drei schwache Bataillone als Reserve zurückhalten. Der rechts gelegene Wald wurde durch ein Bataillon und zwei Kompagnien von jedem der übrigen Regimenter der 12ten Brigade besetzt. Der linke Flügel dieser Linie lehnte sich an Bierge und bestand aus sechs Bataillonen der 10ten Brigade.

Oberst von Luck, Kommandeur der 11ten Brigade, wurde zur Unterstützung dieser viel zu schwachen Stellung mit den drei Bataillonen des 3ten kurmärkischen Landwehr-Regiments vorbeordert, sollte aber zwei Bataillone des 4ten kurmärkischen Landwehr-Regiments und die beiden Brigade-Schwadronen hinter Wavre zurücklassen, um in dem Grunde bei der Windmühle der zwölfpfündigen Batterie Nr. 7 zur Bedeckung zu dienen.

Die Mühle zu Bierge war von zwei Bataillonen der 12ten Brigade besetzt. Wavre und Bas-Wavre wurden von denselben Truppen gehalten, welche diese Orte am vorigen Tage vertheidigt hatten. Die Barrikaden und Vertheidigungs-Anstalten waren vervollständigt worden.

Oberst-Lieutenant von Ledebur hatte mit seinem aus dem 10ten Husaren-Regiment, einer Schwadron Landwehr-Kavallerie und zwei Geschützen der reitenden Batterie Nr. 12 bestehenden Detaschement am 18ten die Spitze der Arrieregarde für das Thielemannsche Korps gebildet. Er hatte St. Lambert erreicht, bevor der Angriff Grouchy's entschiedener geworden war und blieb daselbst während der Nacht. Am 19ten früh sandte Grouchy 3 Kavallerie-Regimenter zur Beobachtung dieser Truppen ab. Da dieselben aber keine Miene zum Angriff machten und später ganz aus dem Gesichtskreise verschwanden, passirte Ledebur das Defilee und folgte seinem Armeekorps (dem 4ten). Er erreichte dasselbe jedoch nicht vor dem 20sten.

Beide Detaschements, sowohl das letztere wie das des Oberst-Lieutenants von Stengel zogen ohne irgend welche sichtbare Nothwendigkeit von dem Schlachtfeld ab. Sie verminderten dadurch Thielemanns ohnehin schon schwache Streitkräfte noch mehr und schlugen eine Richtung ein, in welcher ihre Dienste vergleichsweise unnütz waren.

In der Ueberzeugung, daß die Franzosen sich zurückziehen würden, sobald sie die Niederlage Napoleons erführen, erneuerte Thielemann mit Tagesanbruch den Kampf durch eine Kavallerie-Attake. Oberst von Marwitz wurde mit dem 8ten Ulanen- und 2 Schwadronen des 6ten kurmärkischen Landwehr-Kavallerie-Regiments gegen das Plateau von Limale, auf welchem der linke Flügel Grouchy's sich aufgestellt hatte, vorgesandt, während General von Hobe dieser Bewegung mit dem 5ten und 7ten Ulanen-Regiment folgte und sich links von der vorgeschobenen Kavallerie formirte. Das 5te Ulanen-Regiment wurde hierauf zur Unterstützung des Obersten von Marwitz in einer Vertiefung vortheilhaft postirt.

Die reitende Batterie Nr. 20, bald darauf durch die Fußbatterie Nr. 18 verstärkt, eröffnete gegen die auf dem Plateau stehenden feindlichen Kolonnen die Kanonade. Jene entwickelten sich in großer Uebermacht und wurden von einer bedeutenden Kavallerie unterstützt. Die an Zahl bedeutend überlegenen feindlichen Geschütze beantworteten das Feuer der preußischen mit großer Heftigkeit und bei der geringen Entfernung war der Verlust an Todten und Verwundeten sehr bedeutend. Die preußische Artillerie verlor dabei 5 Geschütze.

Grouchy machte sogleich seinen Angriffsentwurf. Er hatte auf diesem Theile des Schlachtfeldes 3 Divisionen des Gerardschen und die Division Teste des 6ten Korps versammelt. Die letztere und zwei der ersteren standen in erster Linie; die übrig bleibende Division hielt er in Reserve zurück. Er formirte drei Angriffs-Kolonnen. Die des rechten Flügels bestand aus der Division Teste und wurde auf Bierge dirigirt; die Kolonne des Centrums wurde gegen die Mitte und die des linken Flügels gegen den rechten der preußischen Aufstellung in Bewegung gesetzt. Die Tete jeder Kolonne war von einer Batterie begleitet und hatte einen Schwarm von Tirailleuren vor sich. Gleichzeitig setzte Pajol seine Kavallerie in Bewegung und drohete die rechte Flanke der Preußen zu umgehen.

Thielemann beschloß nicht blos dem Feind einen kräftigen Widerstand entgegenzusetzen, sondern selbst die Offensive zu ergreifen. Er verstärkte daher seinen rechten Flügel mit zwei weitern Kompagnien und seinen linken noch mit einem Bataillon. Bald zeigte sich jedoch, daß dieser Angriff das Vordringen des Feindes nicht aufhalten konnte. Die 10 preußischen Bataillone mußten vor den avancirenden 22 französischen, denen 6 andere zur Unterstützung nachfolgten, weichen. Die Franzosen nahmen von dem Theile des Waldes von Rixansart Besitz, welcher zur Rechten der preußischen Position lag, und trieben die 12te Brigade zurück. Die Bataillone der letzteren sammelten sich unmittelbar hinter dem Holz unter dem Schutze der drei vorhergenannten Bataillone der 11ten Brigade und einer Batterie von 15 Geschützen wieder.

Die Division Teste hatte zu derselben Zeit Bierge angegriffen. Dasselbe wurde aber durch die beiden Bataillone der kurmärkischen Landwehr tapfer vertheidigt. Während das Gefecht auf diesem Punkte fortdauerte, nahm Thielemann mit 4 Bataillonen der 10ten Brigade eine zweite Stellung hinter der erstern und besetzte das kleine Gehölz hinter Bierge. Die preußischen Kavallerie-Brigaden unter dem Obersten von Marwitz und Grafen Lottum sicherten, in der Stärke von 12 Schwadronen, den rechten Flügel gegen Chambre zu.

Um 8 Uhr, gerade in dem Augenblick, als diese neue Aufstellung genommen war, erhielt Thielemann von dem General Pirch die sichere und authentische Nachricht, daß die Verbündeten am gestrigen Tage einen großen Sieg erfochten hatten, und daß das 2te Armeekorps bestimmt sei, Grouchy den Rückzug nach der Sambre abzuschneiden. Diese frohe Kunde wurde sogleich dazu benutzt, den Muth der Truppen zu beleben und sie zu einem neuen Angriff aufzuregen. Unter lautem Hurrah gingen die preußischen Bataillone zum Angriff vor. Derselbe hätte einen vollständigen Erfolg, sogar der Wald von Rixansart wurde wieder genommen. Der Feind war unentschlossen und schien zu glauben, daß Thielemann Verstärkungen erhalten habe. Als er aber bemerkte, daß keine weitern Fortschritte gemacht wurden, erneuerte er seinerseits den Angriff und nahm den Wald von Rixansart wieder.

Erst um diese Zeit — etwa um 9 Uhr — gelang es der Division Teste, in den Besitz des Dorfes Bierge zu kommen, wobei der General Penne, ein ausgezeichneter Offizier der französischen Armee, getödtet wurde. Die Franzosen wurden jedoch noch eine Zeit lang durch den energischen Widerstand der Tirailleure des 31sten Regiments, unter dem Major von Natzmer, am Debuschiren gehindert.

Thielemann hatte nun Alles gethan, was von einem General unter ähnlichen Verhältnissen erwartet werden konnte. Mit einer Macht, nicht halb so stark als die des Feindes, hatte er es bei jeder Gelegenheit und trotz der Uebermacht versucht, den französischen linken Flügel über die Dyle zurückzuwerfen; aber jetzt, wo alle diese Versuche fehlgeschlagen waren, wo Bierge, der Schlüssel seiner Stellung, genommen war, und der französische linke Flügel in vermehrter Stärke vorwärts drängte, um die Straße nach Brüssel zu gewinnen, sah er vollkommen ein, daß er seinen Platz nicht länger behaupten könne, ohne seine Truppen der Gefahr auszusetzen, gänzlich aufgerieben zu werden. Es blieb ihm daher kein anderer Ausweg, als ein allgemeiner Rückzug übrig.

Es war ungefähr 10 Uhr Morgens, als die preußischen Truppen anfingen, sich von dem Schlachtfelde zurückzuziehen. Die Stadt Wavre war am 19ten nicht angegriffen worden und Oberst von Zepelin verließ dieselbe, ohne bei seinem Rückzuge sehr gedrängt zu werden. Oberst von Marwitz erhielt den Befehl, mit den 7ten und 8ten Ulanen- und den 3ten und 6ten kurmärkischen Landwehr-Kavallerie-Regimentern die Arrieregarde zu bilden. Es waren ihm drei reitende und eine Fuß-Batterie zugetheilt worden. Mit diesen Truppen nahm der Oberst von Marwitz zuerst vor der Brüsseler Straße Stellung, placirte 3 Batterien auf seinen linken Flügel und behielt eine zur Reserve. Thielemann befahl der Arrieregarde, nicht früher abzumarschiren, als bis Wavre vollständig geräumt sein würde.

Während dessen hatte das Vandammesche Korps bei Bierge und Wavre die Dyle passirt. Die beiden kurmärkischen Landwehr-Bataillone, welche zur Bedeckung der Zwölfpfünder-Batterie in einer Vertiefung hinter der Stadt postirt worden waren, wurden in Folge dieser Bewegung stark vom Feinde gedrängt. Eins dieser Bataillone, unter dem Major von Schmude, war in der Nähe der Brüsseler Straße einer feindlichen Kolonne entgegengegangen, da erhielt es plötzlich Feuer von drei französischen Bataillonen, welche unbemerkt hinter einer Erhöhung vorgegangen und von einiger Kavallerie begleitet waren. Dennoch gelang es dem Bataillon, das kleine Gehölz bei La Bavette zu erreichen, den Feind, welcher es zu umgehen versuchte, durch einen plötzlichen Angriff zurückzutreiben und sich der Arrieregarde anzuschließen. Das andere Bataillon, unter dem Major von Schwerin, griff ein französisches, von dem es sehr gedrängt wurde, an, warf es in Verwirrung zurück und setzte dann seinen Rückzug fort. Die Tapferkeit und Festigkeit, welche die kurmärkische Landwehr bei dieser Gelegenheit bewies, erwarb ihr großen und wohlverdienten Ruhm.

Die französische Kavallerie debuschirte aus dem Walde von Rixansart und marschirte, mit dem linken Flügel an Chambre gelehnt, auf. Vandamme drang nun mit den Kolonnen seines Korps bis gegen die Höhen von La Bavette vor und schob einige Kavallerie auf der Straße vor. Diese wurde jedoch vom Obersten von Marwitz zurückgeworfen.

Wir haben bereits gesehen, wie General von Borcke statt die ihm noch gebliebenen 6 Bataillone, der Absicht Thielemanns gemäß, hinter der Position von Wavre aufzustellen, auf seinem Marsche nach Couture bis St. Lambert gekommen war. Er erreichte diesen Ort bei Einbruch der Nacht und sandte hierauf einen Offizier mit der Nachricht seiner Ankunft an Blücher ab. Dieser ließ ihm sagen, daß er da bivakiren möchte, wo er sich befände, und am andern Morgen weitere Befehle erhalten würde. Um 7 Uhr Morgens befand sich die Brigade noch in ihrem Bivak, als Oberst von Stengel mit seinem Detaschement St. Lambert passirte. Dieser erzählte dem General Borcke, daß er die Brücke von Limale vertheidigt habe und feindliche Truppen ihm folgten. Auf diese Nachricht brach Borcke sogleich seinen Bivak ab und beschloß das Gehölz, welches sich von St. Robert bis Rixansart ausdehnte, zu besetzen.

Er entwickelte zwei Bataillone des 8ten Regiments längs der Waldlisiere und behielt die übrigen vier als Reserve zurück. Als er die französische Kavallerie zur Zeit ihres ersten Angriffs in den Wald von Rixansart einmarschiren sah, um durch denselben auf Chambre vorzudringen, ließ er, in der Hoffnung sie am weitern Vordringen zu hindern, sie durch seine Batterie beschießen. Er bewirkte dadurch jedoch nur, daß 3 Kavallerie-Regimenter zu seiner Beobachtung abgesandt wurden. Es ist unerklärlich, warum die 9te Brigade es nicht versucht hat, mit ihren 6 Bataillonen eine bedeutendere Diversion gegen des Feindes linke Flanke, von der sie nicht mehr als 3000 Schritt entfernt war, zu unternehmen. Sie schien dazu verdammt zu sein, den am vorigen Tage durch die Trennung von ihrem Korps gemachten Mißgriff noch zu vergrößern. Es war damals 8 Uhr, die Schlacht aber dauerte bis 11 Uhr und doch ließ General von Borcke die drei feindlichen Kavallerie-Regimenter abziehen und sich um 10 Uhr der übrigen französischen Kavallerie bei Chambre anschließen, ohne irgendwie ihren Marsch zu stören.

Thielemann bewerkstelligte seinen Rückzug in mehreren Kolonnen durch Ottenburg und St. Achtenrode, bei welchem letztern Ort (ungefähr auf halbem Wege bis Löwen) er eine Stellung nahm. Die französische Kavallerie folgte bis zu der nach Brüssel führenden Chaussee, die Infanterie besetzte die Höhen von La Bavette.

Zwischen Wavre und Löwen nimmt die Gegend einen andern Charakter an, sie ist mit Hecken, Hohlwegen, Gräben und Gärten bedeckt und im Allgemeinen sehr koupirt. Von Ottenburg bis St. Achtenrode ist der Weg ein fast ununterbrochenes Defilee. Reiterei konnte in demselben nicht mit Vortheil operiren, es war daher für die preußische Kavallerie sehr glücklich, daß sie nur schwach von der französischen verfolgt wurde.

Der Verlust des Thielemannschen Korps in diesem Treffen des 18. und 19. Juni belief sich auf 2476 Mann. Ueber den Verlust der Armee des Marschalls Grouchy bestehen keine detaillirten Nachrichten, er kann aber nicht geringer als der preußische gewesen sein.

Dies war das Treffen von Wavre — ein Treffen, dessen Resultat am 18ten für Napoleon von keinem Vortheil, am 19ten aber von positivem Nachtheil war. Am erstern Tage verhinderte es den Marsch der großen Masse der preußischen Armee nach dem Schlachtfelde nicht, am 19ten aber setzte die Fortsetzung des Kampfes, während Napoleon auf der Flucht begriffen war, diesen einzig intakt gebliebenen Theil der französischen Armee der Gefahr aus, vollständig abgeschnitten zu werden. Auch kann man nicht sagen, daß die Besiegung Thielemanns neuen Glanz über die französischen Waffen gebracht habe, wenn man bedenkt, wie lange und wie erfolgreich die Preußen mit kaum halb so starken Kräften ihnen widerstanden haben.

Schon früher ist hinlänglich erörtert worden, durch welche Fehler es gekommen sei, daß die Truppenmasse Grouchy's — nach Napoleons eigenem Ausdrucke der rechte Flügel der französischen Armee — sich darauf beschränken mußte, ein einzelnes Korps der preußischen Armee anzugreifen, während die übrigen Korps derselben ungestört ihren Marsch nach dem entscheidenden Schlachtfelde fortsetzten. Nach dieser weitläufigen Auseinandersetzung bedarf es kaum noch der Bemerkung, daß hierdurch die vollständige Unkenntniß, in welcher Napoleon und Grouchy — so große Generale sie auch waren — über ihre beiderseitigen Operationen geschwebt haben, außer allem Zweifel gestellt worden ist. Der erstere erhielt kurze Zeit vor Beginn der Schlacht gegen die Engländer die Nachricht, daß sein rechter Flügel den Preußen auf Wavre folgen und so operiren würde, daß er diese verhindern könne, der alliirten Armee Hilfe zu leisten. Er war hierdurch befriedigt, denn sein allgemeiner Operationsplan schien Erfolg versprechend ausgeführt zu werden. Aber in weniger als zwei Stunden nach Beginn der Schlacht zeigten sich die unglücklichen Folgen davon, daß beide Generale auf unverantwortliche Weise versäumt hatten, eine aufmerksame Beobachtung des Feindes und eine ununterbrochene Verbindung mit einander zu unterhalten. Die erste Kenntniß, welche Napoleon von dem Marsche der Preußen gegen La Belle Alliance erhielt, war die entfernte Aussicht, die er selbst von seinem eigenen Schlachtfelde aus auf das Bülowsche Korps hatte, als es um 1 Uhr die Höhen von St. Lambert herabstieg.

Die leitende Grundidee in dem Plane des französischen Kaisers war die, durch alle nur möglichen Mittel die ihm gegenüberstehenden Armeen einzeln zu schlagen. Um dieses Ziel seines Planes zu erreichen, war es daher unumgänglich nöthig, alle diejenigen Maßregeln zu treffen, welche ihm die früheste und klarste Kenntniß von den Bewegungen seiner Feinde verschaffen konnten. Wenn er es einstweilen für nöthig hielt, seine Macht zu theilen und auf zwei Straßen zu operiren, so wurden solche Maßregeln noch nöthiger und gleichzeitig auch leichter ausführbar. Mehrere Rekognoscirungs-Parteien, auf den Flanken beider Armeen und vorwärts in dem zwischen beiden Operations-Linien liegenden Terrain, würden unter der Führung von thätigen und intelligenten Offizieren beiden Generalen jene Einsicht in die Bewegungen und Absichten ihrer Gegner verschafft haben, welche für die Erreichung ihres gemeinschaftlichen Zwecks so wesentlich nöthig war. Durch die Absendung hinreichend starker Detaschements von jedem Flügel aus hätten sie eine enge und direkte Verbindung unter sich erhalten, und ihre Operationen nach den eingetretenen Verhältnissen reguliren können. Daß derartige Maßregeln so gänzlich vernachlässigt worden sind, scheint fast unglaublich und ist doch wahr. Daher kam es denn auch, daß die um 1 Uhr von der Höhe von La Belle Alliance an Grouchy gesendete Depesche nicht vor 7 Uhr Abends bei ihm anlangte, als es zu spät war, die erhaltenen Instruktionen noch auszuführen. Daher geschah es, daß Grouchy mit seiner ganzen Macht — mit dem dritten Theile der ganzen französischen Armee — einem einzelnen, unvollständigen, preußischen Armeekorps von Tagesanbruch bis um 11 Uhr am Vormittage des 19ten gegenüberstand, und erst um diese Zeit erfuhr, daß während dieses ganzen Zeitraumes die Armee Napoleons am Abend vorher entscheidend geschlagen worden war und vollständig zerstreut und in der wildesten Flucht der französischen Grenze zueilte.

Beim Empfange dieser Nachricht hatte Grouchy zuerst den Gedanken, gegen den Rücken der preußischen Hauptarmee zu operiren. Er sah aber bald ein, daß seine Macht für eine solche Unternehmung nicht stark genug war, daß die siegreichen Alliirten ihm den Rückzug verlegen konnten und das eben geschlagene preußische Korps ihm auf dem Fuße folgen würde. Deshalb entschied er sich für den Rückzug auf Namur und wollte dort seine Operationen nach denjenigen Nachrichten reguliren, welche er über den wirklichen Stand der Dinge erhalten würde.

Siebenzehntes Kapitel.

Rückzug der französischen Armee vom Schlachtfelde von Waterloo. — Am 19. Juni verfolgt die preußische Armee in der Richtung von Charleroi, Avesnes und Laon, die englisch-alliirte in der von Nivelles, Binche und Peronne. — Das Bülowsche Korps erreicht Fontaine l'Evêque, das Ziethensche macht für die Nacht bei Charleroi Halt. — Thielemann bleibt während der Nacht des 19ten bei St. Achtenrode. — Das Pirchsche Korps geht am Abend des 18ten in der Richtung auf Namur vor, um Grouchy den Rückzug abzuschneiden. — Am 19ten macht es bei Mellery Halt. — Die englisch-alliirte Armee besetzt in der Nacht des 19ten Nivelles und Umgegend. — Napoleons Flucht durch Charleroi. — Er befiehlt Soult, die Truppen zu sammeln und nach Laon zu führen. — Grouchy zieht sich auf Namur zurück. — Vertheilung der verschiedenen Armeen am Abend des 19ten. — Absichten des Herzogs von Wellington bei der Betretung des französischen Gebiets, und sein Armeebefehl vom 20. Juni. — Das sächsische Armeekorps wird unter die Befehle des Herzogs gestellt. — Die englisch-alliirte Armee erreicht Binche und Mons. — Der Rückzug Grouchy's nach Namur. — Er wird von Thielemann und Pirch verfolgt. — Kampf bei Namur. — Die Preußen nehmen den Platz. — Bemerkungen über die Operationen Thielemanns und Pirchs bei dem Rückzuge Grouchy's nach Namur und Dinant. — Stellung der verschiedenen Parteien am Abend des 20sten. — Wellington überschreitet die französische Grenze am 20sten. — Blücher stellt das Pirchsche Korps unter die Befehle des Prinzen August von Preußen, um es zur Belagerung der im Rücken der Hauptarmee liegengebliebenen Festungen zu verwenden. — Avesnes wird vom Ziethenschen Korps genommen. — Blüchers Abschiedsadresse an die Belgier. — Stellung der verschiedenen Armeen am Abend des 21sten. — Wellingtons Proklamation an das französische Volk. — Unterschied zwischen dem Benehmen der preußischen Truppen und dem der englisch-alliirten Armee gegen die Bewohner des Landes, welches sie durchziehen;

derselbe ist den verschiedenen Absichten ihrer Oberfeldherrn zuzuschreiben. — Einfluß der Maßregeln Wellingtons auf die Sache Ludwig des **XVIII**.

Der 19. Juni.

Kaum läßt sich in der ganzen neueren Kriegsgeschichte ein Fall auffinden, in welchem eine so schöne, eine so glänzende Armee, wie die Napoleonische es war, welche fast ausschließlich aus Veteranen und nur aus Soldaten einer Nation bestand, welche ihrem Führer ganz ergeben und im höchsten Grade begeistert für seine Sache war, so plötzlich vom Schreck erfaßt, so durchgreifend desorganisirt, so vollständig zersplittert worden ist, als die französische nach der verlorenen Schlacht bei Waterloo. Eine geschlagene Armee pflegt ihren Rückzug durch eine Arrieregarde zu decken, hier aber bestand nichts Derartiges. Man kann daher nicht sagen, daß diese Armee sich von dem Schlachtfelde zurückgezogen habe, sondern nur, daß sie von demselben entflohen sei. Auf belgischem Boden wurde kein Versuch gemacht, sie zu sammeln. Erst als einige der zerstreuten Trümmer des ungeheuren Wracks über die französische Grenze geschleudert waren, zeigte ihre theilweise Vereinigung auf verschiedenen Punkten das Wiederaufleben wenigstens eines Theiles jener mächtigen Kriegermasse an, welche erst vor drei Tagen in dem ganzen Stolze der Kraft, in der vollen Gewißheit des Sieges dieselbe Grenze überschritten hatte.

Durch die rastlose Verfolgung der Preußen aufs höchste ermüdet, hofften die letzten Flüchtlinge eine kurze Ruhe genießen zu können, nachdem sie bei Charleroi, Marmienne und Chatelet die Sambre erreicht hatten; aber sie wurden sehr bald aus ihrer eingebildeten Sicherheit durch die Erscheinung einer preußischen Kavallerie-Abtheilung aufgeschreckt, welche im richtigen Augenblicke von der Avantgarde gegen die Sambre vorgeschoben worden war. Sie setzten daher ihre Flucht ohne Aufenthalt in der Richtung auf Beaumont und Philippeville fort. —

Wellington und Blücher waren auf dem Schlachtfelde übereingekommen, daß die preußische Armee die weitere Verfolgung übernehmen und durch Charleroi nach Avesnes und Laon vorgehen solle, da sie durch die Schlacht weniger geschwächt und erschöpft war, daß die englisch-alliirte dagegen die Nacht auf dem Schlachtfelde zubringen und dann über Nivelles und Binche nach Peronne rücken würde. Am andern Morgen erreichte die verfolgende Kavallerie, die des 1sten, 4ten und ein Theil der des 2ten Armee-Korps, die Gegend von Frasne und Mellet. Das 4te Korps sammelte bei Genappe seine durch die unausgesetzte Verfolgung sehr aus einander gekommenen Brigaden und marschirte mit Tagesanbruch weiter. Die 8ten preußischen Husaren, unter Major von Colomb, wurden von diesem Korps in der Richtung auf Wavre detaschirt, um den Marschall Grouchy zu beobachten. Das 1ste pommersche, bald darauf auch das 2te schlesische Landwehr-Kavallerie-Regiment, unter Oberst-Lieutenant von Schill folgten ihm zur Unterstützung nach.

Nach einigen Stunden Rast marschirte das 4te Armee-Korps nach Fontaine l'Eveque und bivakirte daselbst; es hatte den Befehl erhalten, von dort aus die Kommunikation mit Mons zu eröffnen. Da man die Absicht hatte, das ganze Korps längs der Sambre nach Maubeuge marschiren zu lassen, wurde die Avantgarde, unter General von Sydow, auf der Straße nach Thuin bis Lermes vorgeschoben.

Das 1ste Armee-Korps, welches bis jetzt dem 4ten als Reserve gefolgt war, ging nun zur Verfolgung des Feindes auf der geraden Straße nach Charleroi vor. Die leichte Kavallerie an der Spitze der Kolonne erreichte die Sambre-

Uebergänge bei Chatelet, Charleroi und Marchienne, ohne irgend welchem Widerstande oder den mindesten Hindernissen zu begegnen. Auch auf der andern Seite des Flusses bemerkte man Nichts mehr vom Feinde. Das Korps machte für die Nacht bei Charleroi Halt, seine Avantgarde stand bei Marchienne, und die Vorposten nahmen die Linie von Montigny über Louverval bis Chatelet ein. Die Reserve-Kavallerie sendete Detaschements in der Richtung auf Fleurus, um das Korps vor jeder Belästigung Grouchy's, über welchen man im preußischen Hauptquartiere keine positiven Nachrichten hatte, sicher zu stellen.

General von Borcke stand mit der 9ten Brigade noch in der Gegend von St. Lambert, und entdeckte erst um 5 Uhr am Abend des 19. den Rückzug der Grouchy'schen Truppen; er ließ dies sogleich dem General Thielemann melden, und erhielt von demselben den Befehl, am folgenden Tage (den 20sten) die Dyle zu überschreiten und gegen Namur vorzugehen. Die französische Arrieregarde des Gerardschen Korps hielt Limale bis zum Einbruche der Nacht besetzt. Thielemann blieb während der Nacht des 19. bei St. Achtenrode, seine Avantgarde bei Ottenburg.

Noch am Abend des 18. erhielt Pirch den Befehl, mit dem 2ten Armee-Korps vom Schlachtfelde von Waterloo in der Richtung auf Namur zu marschiren, den Marschall Grouchy in der linken Flanke zu umgehen und ihm den Rückzug nach der Sambre zu verlegen. Pirch machte diese Bewegung während der Nacht, passirte Maransart, nahm hier die 7te Brigade wieder auf, überschritt den Genappe-Bach bei Bousseval, darauf auf dem Wege nach Mellery die Dyle und erreichte letzteren Ort am Vormittage des folgenden Tages um 11 Uhr. Sein Korps war hierdurch sehr aus einander gekommen; er hatte die 6te, 7te und 8te Infanterie-Brigade und 24 Schwadronen Kavallerie bei sich, aber die 5te Brigade und die übrigen 14 Schwadronen befanden sich bei dem Theile der preußischen Armee, welcher den Feind auf der Chaussee nach Charleroi verfolgte. Da die Truppen durch den Nachtmarsch und die Anstrengungen des vergangenen Tages sehr ermüdet waren, so ließ Pirch einen Bivak beziehen.

Während des Marsches war Oberst-Lieutenant von Sohr mit seiner Kavallerie-Brigade als Avantgarde vorgeschoben worden, um Nachrichten über den Feind einzuziehen und die Verbindung mit Thielemann aufzusuchen. Er fand das Defilee von Mont St. Guibert stark vom Feinde besetzt, konnte aber Nichts über das Thielemannsche Korps erfahren.

Wenn man bedenkt, daß das Gerardsche Armee-Korps in sehr großer Nähe von Mellery passirt sein muß, um bei Sombref in die Straße nach Namur zu fallen, so erscheint es unerklärlich, daß Pirch, welcher diesen Ort schon um 11 Uhr am Vormittage des 19. erreicht hatte, während Grouchy um diese Zeit noch jenseits Wavre die erste Nachricht von der Niederlage Napoleons erhielt, Gerard seinen Rückzug ungestört hat fortsetzen lassen. Seine Truppen verlangten Ruhe, das ist wahr; hätte er aber in der Richtung auf Gembloux aufmerksam rekognoscirt, so würde er, aller Wahrscheinlichkeit nach, schon nach Verlauf weniger Stunden seine Instruktionen in so weit erfüllt haben, als er einem beträchtlichen Theil der Grouchy'schen Armee den Rückzug vollständig verlegt hätte. Die feindliche Abtheilung, welche der Oberst-Lieutenant von Sohr bei Mont St. Guibert beobachtete, war wahrscheinlich nur die Avantgarde des Gerardschen Armee-Korps, da dessen Arrieregarde noch bis zum Einbruche der Nacht bei der Brücke von Limale stehen geblieben ist. Zieht man alle Umstände in Erwägung, vor allem den ganz bestimmten Zweck der Detaschirung des 2ten preußischen Armee-Korps, so muß man eingestehen, daß bei dieser Gelegenheit auf Seiten des Generals Pirch ein Mangel an gehöriger Wachsamkeit statt gefunden hat.

Am 19ten erließ Fürst Blücher von Genappe aus eine Proklamation an seine Armee, worin er den Truppen für ihr Benehmen in dem letzten Kampfe dankte.

Mit Tagesanbruch des 19. brach der Theil der Wellingtonschen Armee, welcher die Schlacht bei Waterloo geschlagen hatte, aus seinem Bivak auf und begann auf der Chaussee von Nivelles vorzugehen. Diejenigen Truppen, welche während des 18. vor Hal aufgestellt worden waren, und aus der niederländischen Division Stedmann, der holländisch-indischen Brigade Anthing und der hannöverschen Kavallerie-Brigade Estorff, unter den Befehlen des Prinzen Friedrich der Niederlande, und aus der britischen Infanterie-Brigade Johnstone und der hannöverschen Infanterie-Brigade Lyon, unter den Befehlen des General-Lieutenants Colville bestanden, wurden ebenfalls angewiesen, nach Nivelles zu marschiren. Die Armee besetzte während der Nacht Nivelles und die umliegenden Dörfer. Im Laufe derselben traf auch der Herzog von Brüssel wieder ein und nahm sein Hauptquartier in der Stadt.

Nur eine Stunde Ruhe konnte Napoleon vor der hartnäckigen Verfolgung der Preußen in Charleroi genießen; er sah sich genöthigt, über die Sambre zu fliehen, ohne die geringste Chance zur Hemmung dieser Verfolgung auf der belgischen Seite der Grenze zu haben.

Folgende Inschrift, welche über der Mitte des gewölbten Thores von Charleroi eingegraben ist, paßt eigenthümlich auf die Flucht Napoleons bei dieser merkwürdigen Gelegenheit:

ABIIT. EXCESSIT. EVASIT. ERUPIT.

Die Verhältnisse, unter welchen die hier beschriebene Flucht Catilina's und diejenigen, unter welchen die Flucht Napoleons statt gefunden hat, bieten jedoch einen seltsamen Kontrast dar. Der erstere, durch die beißenden Philippiken und die glühende Beredsamkeit Cicero's im Senate besiegt, entfloh nach dem Lager des Rebellen Manlius, um, getrieben vom schändlichen Ehrgeize, gegen seine Vaterstadt die Waffen zu ergreifen; der letztere, auf dem Schlachtfelde überwunden, floh nach der Hauptstadt, in der eiteln Hoffnung, vom Senate seines Landes neue Hülfsquellen zur Nährung des Krieges gegen den legitimen Souverain zu erhalten.

Von Charleroi eilte Napoleon nach Philippeville, von wo aus er leichter mit Grouchy in Verbindung treten konnte; er blieb daselbst vier Stunden, sandte den Generalen Rapp, Lecourbe und Lamarque den Befehl zu, sich mit ihren Armee-Korps in forcirten Märschen Paris zu nähern, und forderte die Kommandanten der Festungen auf, sich bis aufs Aeußerste zu vertheidigen. Soult sollte alle Truppen sammeln, welche auf diesem Punkt ankommen würden, und sie nach Laon führen. Dahin reiste der Kaiser selbst um 2 Uhr Nachmittags mit Postpferden ab.

Die Vertheilung der verschiedenen Armeen am Abend des 19. war folgende:

Die englisch-alliirte Armee bildete den rechten Flügel der vorgehenden Streitmacht und stand in und um Nivelles.

Das Hauptquartier des Herzogs von Wellington befand sich zu Nivelles.

Von der preußischen Armee, welche den linken Flügel bildete, befand sich das 1ste Armee-Korps in Charleroi.

Das 2te auf dem Marsche nach Mellery.

Das 3te bei St. Achtenrode.

Das 4te bei Fontaine l'Eveque.

Die 5te Brigade in der Nähe von Anderlues bei Fontaine l'Eveque.

Das Hauptquartier des Fürsten Blücher war Gosselies.

Die zertrümmerte Masse der französischen Armee befand sich in der Gegend von Beaumont, Philippeville und Avesnes.

Napoleon war auf der Reise nach Laon.

Der unter Grouchy detaschirte Theil der französischen Armee befand sich auf dem Marsche nach Namur.

Der Herzog von Wellington, in dessen Charakter die höchsten militairischen Talente des Kriegers so innig mit dem umfassendsten Blicke des Staatsmanns vereint waren, ließ sich durch die blendenden Reize, welche den Pfad eines Eroberers begleiten, keinen Augenblick von jener Festigkeit des Vorsatzes ableiten oder jene durchdringende Voraussicht trüben, welche sein Benehmen bei allen Gelegenheiten ähnlicher Art so eigenthümlich ausgezeichnet haben und jetzt um so nöthiger wurden, wo der Frieden, die Ehre und die Sicherheit nicht blos seines Souverains und seines Vaterlandes, sondern die aller verbündeten Mächte auf dem Spiele standen. Er sah die gewonnene große Schlacht nicht als eine Begebenheit an, welcher ein Einbruch in das feindliche Land nur darum folgen müsse, um den Nationalstolz des französischen Volkes in den Staub zu treten und demselben die ganze Bürde der Unterdrückungen, Verwüstungen und Schrecklichkeiten aufzuladen, welche den Weg einer siegreichen und ungezügelten Soldateska auf der Oberfläche eines feindlichen Landes bezeichnen; sein einziges Streben war auf Erfüllung des großen Zweckes des Krieges gerichtet, und dieser umfaßte nicht blos die Vernichtung der Macht Napoleons und seiner Anhänger, sondern auch die Restauration des legitimen Königs auf den Thron von Frankreich; er war mit demselben fortwährend in Verbindung geblieben und hatte während seines vorübergehenden Exiles in den Niederlanden für seinen Schutz gesorgt. Jetzt, wo die Armeen im Begriff standen, die Grenze zu überschreiten, rieth er ihm, vorzueilen und sich in der Mitte seines Volkes zu zeigen, um seine Sache mit dem allgemeinen Zwecke der Verbündeten zu identificiren, den Einfluß und die Vortheile des letzten Sieges sich zu eigen zu machen, und so einen Antheil an den glänzenden Erfolgen zu gewinnen, welche ihre Waffen an dem berühmten 18. Juni errungen hatten. Zum Beweise der Aufrichtigkeit seiner Absichten und als erster Schritt, ihm den guten Willen, vielleicht das freundliche Entgegenkommen des französischen Volkes, ins Besondere der Legitimisten und der friedlich gesinnten Bürger zu sichern, erließ der Herzog folgenden Armeebefehl an alle unter seinen Befehlen stehenden Truppen:

Armeebefehl.

Nivelles, den 20. Juni.

1. Da die Armee im Begriff steht, das französische Territorium zu betreten, so wird den Truppen der Nationen, welche jetzt unter den Befehlen des Feldmarschalls Herzogs von Wellington stehen, in Erinnerung gebracht, daß ihre respektiven Souveraine Verbündete Sr. Majestät des Königs von Frankreich sind, und daß Frankreich daher als ein alliirtes Land betrachtet werden muß. Es ist daher erforderlich, daß weder von Offizieren, noch von Soldaten Etwas genommen werde, ohne dafür Bezahlung zu leisten. Die Kommissäre der Armee werden in der gewöhnlichen Art für die Bedürfnisse der Truppen sorgen, es ist daher weder Soldaten noch Offizieren erlaubt, Kontributionen zu erpressen. Die Kommissäre werden von dem Herzoge von Wellington oder in den Fällen, wo die Vorräthe nicht von einem englischen Kommissair geliefert werden, von den Generalen, welche die Truppen der respektiven Nationen befehligen, autorisirt werden, die nöthigen Requisitionen

zu machen, für dieselben aber regelmäßige Empfangscheine ausstellen. Es ist hierbei nicht zu vergessen, daß sie für alles das, was sie auf dem Wege der Requisition von den Einwohnern Frankreichs erhalten, in derselben Weise verantwortlich sind, wie für die Ankäufe, welche sie für ihre Gouvernements im eigenen Lande machten.

2. Der Feldmarschall nimmt diese Gelegenheit wahr, der Armee seinen Dank für ihr Benehmen in dem ruhmvollen Kampfe des 18. zu sagen; er wird nicht verfehlen, dieses ihr Benehmen den verschiedenen Souverainen in den Ausdrücken zu melden, welche dasselbe verdient.

Wellington.

An demselben Tage nahm der Herzog in Folge eines Rapports des General-Lieutenants Lecoq und nach vorhergegangener Mittheilung des Königs von Sachsen, das Kommando des beinahe 17,000 Mann starken sächsischen Armee-Korps an. Er befahl dem genannten General, mit diesen Truppen nach Antwerpen zu marschiren und dort weitere Befehle zu erwarten.

Die englisch-alliirte Armee marschirte an diesem Tage nach Binche und Mons. Die britische Kavallerie kam in die Dörfer zwischen Roeulx und Mons. Die Husaren-Brigade Vivian besetzte die Vorposten an der Sambre. Die hannöversche Brigade lieferte die Vorposten gegen Maubeuge. Der Herzog nahm sein Hauptquartier in Binche.

Blücher hatte sich des Sambre-Ueberganges bei Charleroi versichert, er konnte deßhalb die Verfolgung des Feindes fortsetzen und am 20. die französische Grenze überschreiten. Dem General Ziethen befahl er, mit dem 1sten Armee-Korps von Charleroi nach Beaumont zu marschiren, seine Avantgarde bis Solre le Chateau vorzuschieben, eine Rekognoscirungs-

Partei links gegen Florenne zu senden und die Straße von Philippeville nach Beaumont zu bewachen.

Auf seinem weitern Vorgehen entdeckte das 1ste Armee-Korps mit jedem Schritte frische Zeichen der großen Unordnung, in welcher die französische Armee sich zurückgezogen hatte. Zwölf Stück Geschütze, bis dahin noch aus dem großen Schiffbruche von Waterloo gerettet, mußten jetzt den Verfolgern überlassen werden. Bei Beaumont angekommen, bezog das Korps einen Bivak. Die Avantgarde, unter dem General von Jagow, aus der 3ten Infanterie-Brigade, den 1sten schlesischen Husaren und einer reitenden Batterie bestehend, erreichte Solre le Chateau an der Straße nach Avesnes.

Gleichzeitig befahl der Fürst dem General von Bülow, mit dem 4ten Armee-Korps bis Colleret zu marschiren, wo die Straße nach Thuin die von Beaumont nach Maubeuge führende Chaussee durchschneidet. Die Avantgarde sollte er bis Beaufort vorschieben. Bülow ließ daher den General von Sydow mit der Avantgarde, welche aus einer Kavallerie-Brigade, einer reitenden Batterie und zwei Bataillonen Infanterie bestand, und den Tag vorher Lermes erreicht hatte, auf der Straße nach Thuin vorgehen. Er sollte genau erkunden, ob die Franzosen sich an der Sambre festgesetzt hätten, und sich dann der dortigen und der Brücke von Lobbes versichern, und dieselben wieder herstellen, wenn sie vom Feinde zerstört worden wären. Ein anderes Detaschement wurde unter dem Obersten von Eicke und in der Stärke von zwei Füsilier-Bataillonen, den beiden Schwadronen der 13ten Brigade und den 2ten schlesischen Husaren vorgesendet, um sich sogleich der Sambre-Uebergänge zu bemächtigen und dann dem General von Sydow anzuschließen. Derselbe sollte durch Colleret gegen Beaufort vorgehen und an diesem Orte beide Detaschements in eine Avantgarde vereinen. Das Gros des 4ten Korps folgte in einer Kolonne. Die Reserve-Kavallerie, unter dem Prinzen Wilhelm von Preußen, befand sich an der Tete derselben.

Die Fortschritte dieses Theiles der preußischen Armee waren nicht so reißend, als man eigentlich wünschen konnte. Ein bedeutender Aufenthalt entstand aus einer gewissen Bedächtigkeit, welche den Bewegungen dadurch aufgedrückt wurde, daß Bülow die Meinung hegte, der Feind würde die Uebergänge vertheidigen und sich auf dem gegenüberliegenden Ufer des Flusses zu halten versuchen. Die Avantgarde des Korps erreichte daher nur Ferriere la petite, ein Theil des Gros gelangte bis Montignies, und der Rest mit der Reserve-Kavallerie nur bis zu den Sambre-Brücken.

Die 5te Brigade (zum 2ten Armee-Korps gehörig) war mit Tagesanbruch aus ihrem Bivak bei Anderlues, in der Nähe von Fontaine l'Eveque aufgebrochen und hatte durch Binche über Villers die Richtung auf Maubeuge eingeschlagen. Die Brigade wurde um 5 Uhr Nachmittags bei Villers durch 100 Dragoner, unter Major von Busch, und eine halbe reitende Batterie verstärkt. Diese Kavallerie wurde zur Beobachtung der Festung Maubeuge zwischen der Straße nach Mons und der Sambre verwendet. Die Brigade bivakirte bei Villers. Ein hannöversches Kavallerie-Regiment beobachtete die Festung rechts von der preußischen Kavallerie auf der Straße nach Bavay.

Der linke Flügel der preußischen Armee, das 3te und ein Theil des 2ten Armee-Korps trafen an diesem Tage bei der Verfolgung des französischen Heertheiles unter Grouchy mit dem Feinde zusammen. Als Thielemann erfahren hatte, daß derselbe den Rückzug auf Gembloux angetreten habe, marschirte er um 5 Uhr Morgens von St. Achtenrode nach Wavre; er überzeugte sich daselbst, daß die Franzosen schon am Nachmittage des 19. ihren Rückzug über die Dyle bewerkstelligt und nur eine Arrieregarde auf dem linken Ufer des Flusses zurückgelassen hätten.

Als Grouchy sich für den Rückzug auf Namur entschieden hatte, befahl er dem General Bonnemains, mit den 4ten und 12ten Dragonern als Avantgarde schnell durch Gembloux vorzugehen, die erste genannte Stadt so viel als möglich zu erreichen und sich des Sambre-Ueberganges zu versichern. Dieser folgte der Rest der Excelmansschen Kavallerie und die Reserve-Artillerie nebst den Verwundeten. Die Infanterie wurde in zwei Kolonnen in Marsch gesetzt, die eine, oder das 3te Armee-Korps, marschirte durch Gembloux, die andere, das 4te Korps, passirte mehr rechts dieser Stadt und fiel hinter Sombref in die Straße nach Namur. Die leichte Kavallerie befand sich hauptsächlich bei der Arrieregarde. Um Thielemann zu täuschen, ließ Grouchy diese in Wavre und Limale zurück. Die Vorposten derselben blieben bis Abend den Preußen gegenüber stehen, und folgten dann erst dem Gros auf Namur.

Thielemann hatte seine ganze Kavallerie und 8 Geschütze reitender Artillerie an die Tete der Kolonne gezogen und ließ dieselbe im Trabe vorgehen, um den Feind noch einzuholen; aber erst jenseits Gembloux entdeckte man den Nachtrab Grouchy's, welcher aus einigen wenigen Kavallerie-Regimentern bestand. Da dieselben sich jedoch eiligst zurückzogen, so war es unmöglich, sie in ein Gefecht zu verwickeln. Als endlich die Preußen bei dem ungefähr drei Meilen von Namur entfernten Dorfe Fallize ankamen, fanden sie die Arrieregarde Vandamme's auf der Höhe des Abhanges postirt, an dessen Fuße die Stadt im Maasthale liegt. Der Feind zeigte ungefähr zwei Bataillone Infanterie, drei Regimenter Kavallerie und vier Geschütze, und wollte offenbar den Rückzug der französischen Truppen decken.

Die preußische Batterie eröffnete das Feuer sogleich; während dessen zog sich der Oberst von Marwitz mit der 1sten Kavallerie-Brigade rechts, der Graf Lottum mit der 2ten links und umgingen den Feind in beiden Flanken. Als derselbe darauf eine Kavallerie-Reserve vorbrachte, machten die 8ten Ulanen an der Tete der den Feind rechts umgehenden Kolonne einen höchst tapfern Angriff auf die französischen Dragoner. Diese empfingen sie mit einer Karabinersalve, wurden aber geworfen. Die 7ten Ulanen und eine Schwadron der 12ten Husaren attakirten bei dieser Gelegenheit ebenfalls. Drei Geschütze der französischen reitenden Artillerie, welche eben abziehen wollten, und funfzig Kavallerie-Pferde fielen ihnen dabei in die Hände. Die feindliche Infanterie warf sich jedoch in das nahe Gehölz, mit welchem die Abhänge des Maasthals bedeckt sind, und verhinderte so die Preußen, ihren Vortheil weiter zu verfolgen.

In diesem Augenblick erfuhr man, daß General v. Pirch mit dem 2ten Armee-Korps den Feind auf der von Sombref nach Namur führenden Straße verfolge, worauf die Kavallerie des 3ten Korps nach dieser Richtung hineilte. Man sah eine französische Kolonne von ungefähr zwölf Bataillonen und zwei Batterien, aber ohne Kavallerie, auf dieser Straße marschiren; sie gehörten zum Armee-Korps Gerards, welches seinen Rückzug von Limale durch Mont St. Guibert bewerkstelligt hatte. Auf der Höhe, auf welcher das Schloß Flavinne liegt, war ein Detaschement des Vandamme'schen Korps in der Stärke von vier bis fünf Bataillonen, einer Batterie und einem Regimente Kavallerie postirt, um die zurückgehende Kolonne Gerards aufzunehmen und ihren Rückzug zu decken. — Da der Feind diesen Rückzug in geschlossener Kolonne und in guter Ordnung fortsetzte, hielt man es nicht für rathsam, mit den beiden ermüdeten Kavallerie-Brigaden des 3ten Korps einen Angriff zu unternehmen, sondern ließ die reitende Batterie auffahren und durch dieselben die französischen Truppen auf ihrem Rückzuge nach der Stadt mit Kartätschen und Granaten beschießen. Dieselbe verließen jedoch die Chaussee und marschirten auf den angrenzenden Höhen fort, bis sie die Bataillone erreichten, welche zu ihrer Aufnahme aufgestellt waren, und sich dem weitern Vordringen des preußischen Armee-Korps widersetzten. Hierauf zog die Thielemannsche Kavallerie ab und überließ die weitere Verfolgung des Feindes dem letzteren Korps — zu dessen Operationen wir jetzt zurückkehren müssen.

Erst am 20. um 5 Uhr Morgens erhielt Pirch die Nachricht, daß der Feind sich von Gembloux nach Namur zurückzöge. Oberst-Lieutenant von Sohr wurde nun in aller Eile mit seiner Kavallerie-Brigade, einer reitenden Batterie und den Füsilier-Bataillonen des 9ten, 14ten und 23sten Regiments als Avantgarde nach Gembloux gesendet. Als Sohr sich dieser Stadt näherte, erfuhr er, daß die Thielemannsche Kavallerie den Feind auf der Straße von Gembloux nach Namur verfolge.

Pirch befahl sogleich den Angriff. General-Major von Krafft war mit der 6ten Brigade der Avantgarde ganz nahe gefolgt und um 4 Uhr Nachmittags mit ihr auf gleiche Höhe gekommen; er sollte den Angriff der Avantgarde unterstützen. Es wurden drei Angriffs-Kolonnen gebildet: die erste bestand aus dem 1sten Bataillon des 9ten, dem Füsilier-Bataillon des 26sten und dem 1sten Bataillon des 1sten Elb-Landwehr-Regiments; sie stand unter dem Befehl des Majors v. Schmidt und detaschirte nach der linken Seite der Straße, um die in dem Walde und auf den Höhen postirten feindlichen Truppen zu vertreiben. Die zweite bestand aus dem 1sten und 2ten Bataillon des 26sten und dem 1sten Bataillon des 9ten Regiments unter dem Obersten von Bismark. Dieser Kolonne, welche vom General von Krafft selbst geführt wurde und zum Theil rechts, zum Theil links der Straße vorging, war die Batterie Nr. 5 beigegeben. Die dritte Kolonne umfaßte die Füsilier-Bataillone der Avantgarde, und war mehr rechts nach der Sambre detaschirt worden, um das Vorgehen gegen Namur im Allgemeinen zu unterstützen.

Nachdem die Artillerie eine kurze Zeit hindurch den Feind beschossen hatte, befahl General von Krafft der Infanterie zum Angriffe vorzugehen. Oberst von Reuß nahm die Tirailleurs vor; die Angriffs-Kolonnen folgten ihnen schnell. Nach einem geringen Widerstande wurde der Feind durch einen Bajonnet-Angriff nach Namur hinein getrieben und erlitt dabei empfindlichen Verlust.

Während dessen hatte Major von Schmidt mit seinen drei Bataillonen den Feind auf der von Löwen kommenden Chaussee in der rechten Flanke umgangen, worauf die Franzosen sich nun auf die Vertheidigung der Vorstadt beschränkten, dieselbe aber mit großer Hartnäckigkeit hielten. Die preußischen Angriffs-Kolonnen gingen im Attakeschritt vor, trieben den Feind aus der Vorstadt, und versuchten, sich der Thore der Stadt zu bemächtigen. Oberst von Zastrow, der zweite Kommandeur der 6ten Brigade, wollte das nach der Löwener Straße führende Thor aufbrechen lassen, wurde aber durch das höchst mörderische Musketen- und Kartätschen-Feuer, welches man von den Wällen der Stadt auf die Angreifer richtete, zurückgetrieben. Bei der Erneuerung des Versuchs fochten die preußischen Bataillone mit ausgezeichneter Tapferkeit, aber unter großer Aufopferung von Menschen. Oberst von Zastrow wurde an ihrer Spitze getödtet, auch der Oberst von Bismark fiel, Oberst von Reuß wurde verwundet, und die 6te Brigade allein verlor 44 Offiziere und 1274 Unteroffiz. und Gemeine.

Das Gros der Grouchy'schen Armee befand sich um diese Zeit im vollen Rückzuge längs des Defilee's der Maas. Nur die Division Teste war in Namur geblieben, um die Preußen so lange als möglich aufzuhalten. Dieselbe hatte alle Thore sorgfältig barrikadirt, und auf der Seite, wo die Preußen sich zeigten, die Wälle stark besetzt. Sie leistete einen höchst tapfern Widerstand. Da die Offiziere bemerkten, daß ihre Leute so gut Stand hielten und der Beaufsichtigung entbehren konnten, so nahmen sie die Musketen der Verwundeten und feuerten mit jenen von den Wällen hinunter. In der Stadt herrschte die größte Ordnung. Die Verwundeten, die Proviant- und Munitionswagen waren schon fortgeschafft worden und befanden sich auf der Rückzugsstraße.

General von Pirch fühlte sehr wohl, daß die Franzosen nur zur Deckung ihres Rückzuges die Stadt vertheidigten; er beabsichtigte daher keinen ernstlichen Angriff, sondern wollte sich nur der Vorstädte bemächtigen und den Feind dadurch in Schach halten, daß er Truppen gegen die Porte de Fer und das St. Nikolas Thor entsendete: er hoffte, daß eine Demonstration gegen das letztere Thor die Franzosen um die Sicherheit der Sambrebrücke besorgt machen würde, er befahl daher den General von Brause, mit der 7ten Brigade die im Gefecht begriffene abzulösen und im Verein mit der Avantgarde, unter dem Oberst-Lieutenant von Sohr, die Stadt zu blokiren. Der Rest des Korps sollte bei Temploux bivakiren.

General v. Brause stellte das Füsilier-Bataillon des 22sten Regiments der Porte de Fer, und das Füsilier-Bataillon des 2ten Elb-Landwehr-Regiments dem Brüsseler Thore gegenüber auf. Das Gros der 7ten Brigade, unter dem Oberst von Schon, postirte sich hinter der Vorstadt. Das zuerst genannte Bataillon hatte 400 Schritt von der Porte de Fer entfernt eine gedeckte Aufstellung genommen und seine Tirailleurs in der Allee nahe dieses Thores vorgeschoben. In demselben Augenblicke, als General von Brause bei diesem Bataillone ankam, verbreitete sich das Gerücht, daß der Feind einen Ausfall mache. Der General befahl hierauf dem Kommandeur des Bataillons, dasselbe schnell gegen die Vertheidiger vorzuführen, sie zurückzuwerfen und wo möglich mit ihnen in das Thor zu dringen. Als Major Jochens sich dem Thore näherte, fand er daselbst die Tirailleurs der 6ten Brigade noch immer mit dem Feind im Kampfe begriffen. Die Angriffs-Kolonne und die Tirailleurs stürmten nun gegen das Thor und die Wälle vor, die Franzosen hielten sich aber nicht mehr stark genug, um diesem Drucke zu widerstehen, und verließen dieselben daher in der größten Eile. General Teste hatte in der That Alles für seinen Rückzug vorbereitet, und die Zeit, welche der Feind zur Forcirung der Porte de Fer gebrauchte, so gut berechnet, daß es ihm gelang, seine Bataillone über die Seitenmauern der barrikadirten Brücke hinweg nach dem südlichen Ufer der Sambre zu ziehen. Die Preußen konnten jedoch das Thor nicht forciren; man schlug daher die Fenster der anstoßenden Duanenhäuser ein, öffnete eine kleine eiserne Pforte, welche von dem Innern des Hauses in die Stadt führt, und erlangte so für die Stürmenden einen Eingang. Von hier aus führten die Majors Jochens des 22sten, und von Luckowitz des 9ten Regiments ihre Truppen über den Marktplatz bis zu der barrikadirten und von den Franzosen besetzten Sambre-Brücke. Major von Schmidt folgte ihm mit dem 9ten, und bald nachher die Majors von Mirbach und und von Lindern mit dem Füsilier-Bataillon des 2ten Elb-Landwehr-Regiments in geschlossener Kolonne nach.

Die Preußen besetzten den eroberten Theil der Stadt sogleich, postirten eine Reserve-Kolonne auf den Marktplatz und nahmen unter lautem Hurrah die Sambre-Brücke. Ein Versuch, durch eine Fuhrt dieses Flusses den Feind zu umgehen, war indessen nicht gelungen. Die Franzosen wurden mit solcher Heftigkeit gegen das nach Dinant führende Thor gedrängt, daß es schien, als ob eine große Zahl derselben den Preußen in die Hände fallen müsse; sie hatten jedoch große mit Stroh und Pech versehene Holzstöße an dem Thore aufgehäuft und dieselben bei der Annäherung der Preußen angezündet. Das Thor und die Straße standen bald in Flammen und die weitere Verfolgung wurde hierdurch gehemmt; überdies machte es auch die große Ermüdung der Truppen, welche seit sechszehn Stunden entweder im Gefecht oder auf dem Marsche gewesen waren, unmöglich, den zurückgehenden Feind mit einigem Nachdruck weiter zu verfolgen.

Um 9 Uhr Abends befand sich die Stadt in den Händen der Preußen. Major von Schmidt übernahm das Kommando an dem Thore nach Dinant, und Major Jochens das an der Sambre-Brücke. Der Rest der 7ten und einige Bataillone der 6ten Brigade wurden vom General von Brause auf dem Marktplatze aufgestellt. Die Füsilier-Bataillone der Avantgarde, welche den Angriff mehr rechts unterstützt hatten, waren in der Richtung auf die Sambre-Brücke ebenfalls in die Stadt gedrungen. Der Feind hatte diese Truppen vom rechten Sambre-Ufer aus heftig mit Granaten beworfen. Ein kleiner Kavallerie-Trupp wurde unter dem Rittmeister von Thielemann (von den pommerschen Husaren) eine kurze Strecke auf der Straße nach Dinant vorgeschoben, um den Vortrab derjenigen Truppen zu bilden, welche den Feind mit Tagesanbruch verfolgen sollten.

Die Division Teste zog sich langsam und in guter Ordnung auf der Straße nach Dinant bis Profondeville zurück und blieb daselbst drei Stunden lang stehen. Um Mitternacht trat sie ihren Marsch wieder an und kam am andern Morgen um 4 Uhr nach Dinant.

Dieser Rückzug Grouchy's über Namur nach Dinant war geschickt und meisterhaft ausgeführt worden; eben so verdient die tapfere Vertheidigung der ersteren Stadt durch die Division Teste, der keine Artillerie zugetheilt war, das größte Lob.

In diesem Gefechte erlitten die Preußen, mit Einschluß des schon erwähnten der 6ten Brigade, einen Verlust von 1500 Mann. Die Franzosen sollen ebenfalls bedeutend verloren haben. Bei dem letzten Angriffe mußten sie 150 Gefangene den Preußen überlassen.

Das 2te preußische Armee-Korps besetzte während der Nacht Namur. Die Kavallerie des 3ten Korps bivakirte bei Temploux, die Infanterie desselben (der sich auf dem Marsche von Wavre die 9te Brigade wieder angeschlossen hatte) in der Nähe der Stadt Gembloux.

Die allgemeinen Verhältnisse der französischen Armee am 19ten Juni ließen voraussehen, daß Grouchy gezwungen sein würde, seinen Rückzug über Namur zu bewerkstelligen, und daß jeder Widerstand, den er auf diesem Punkt leisten würde, ihm nur Zeit verschaffen sollte, seine Truppen durch das lange und schmale Defilee der Maas sicher nach Dinant zurückziehen zu können. Er wußte, daß die besiegte Armee Napoleons die gerade Operationslinie, die Chaussee nach Charleroi, eingeschlagen hatte, und erkannte daher sogleich die große Gefahr, welche seinem Rückzuge drohete, und die Nothwendigkeit, denselben in paralleler Richtung zu bewerkstelligen, um sich der Haupt-Armee sobald als möglich wieder anschließen zu können. Der Rückzug über Gembloux nach Namur und von da das Defilee der Maas entlang über Dinant bis Givet war die naturgemäße und richtige Maßregel. Generale, wie Thielemann und Pirch, denen das Kommando von Armee-Korps anvertraut worden war, hätte ein wenig Nachdenken zu demselben Schlusse führen müssen. Die Unthätigkeit des ersteren am Nachmittage und Abende des 19. läßt sich wahrscheinlich aus der Ansicht erklären, daß je länger Grouchy in der Gegend von Wavre verblieb, desto größer für die alliirten Armeen die Wahrscheinlichkeit würde, ihm den Rückzug zu verlegen, indem dieselben bei ihrem Vorgehen die Sambre viel früher erreichen mußten als es in der Macht des französischen Marschalls stand, und daß es daher seinerseits unrichtig wäre, ihn aus der Position zu drängen, welche er, dem Anscheine nach, an der Dyle noch inne hatte. In dieser Meinung mag ihn auch der Umstand bestärkt haben, daß er keine positiven Instruktionen für seine Operationen und keine Verstärkungen erhalten hatte, welche ihm ein Uebergewicht über Grouchy gaben. Mit Pirch war es jedoch etwas ganz anderes; er erhielt am Abend des 18. den bestimmten Befehl, sogleich von dem Schlachtfelde von Waterloo abzumarschiren und diesen Marsch die Nacht hindurch fortzusetzen, um Grouchy den Rückzug nach der Sambre abzuschneiden. Er machte am andern Morgen um 11 Uhr bei Mellery Halt, um seine Truppen ausruhen zu lassen, und erfuhr dann von dem Oberst-Lieutenant von Sohr, der während des Marsches mit seiner Kavallerie links entsendet worden war, daß die Franzosen das Defilee von Mont St. Guibert stark besetzt hielten. Diese Nachricht hätte ihn überzeugen müssen, daß Grouchy Namur noch nicht erreicht habe. Wenn er hierüber aber dennoch Zweifel hegte, so hätten dieselben leicht durch eine von Mellery über Gentinne und St. Gery nach Gembloux, auf eine Entfernung von kaum anderthalb Meilen, vorgesendete Rekognoscirungs-Partei gehoben werden können; er würde dann erfahren haben, daß bis dahin noch kein Theil der Grouchyschen Streitmacht auf ihrem Rückzuge diese Linie passirt hatte, daß er daher einen bedeutenden Vorsprung habe und es vollständig in seiner Macht stände, nach wenigen, seinen Truppen zur Erholung gewährten Stunden, auf dem Wege, welcher von Mellery direkt nach der Chaussee bei Sombref führt, vorzumarschiren und Grouchy in der Besetzung von Namur zuvorzukommen. In diesem Falle würde derselbe, sobald er sich diesem Ort genähert und ihn durch Pirch besetzt gefunden hätte, wahrscheinlich keine Zeit mit dem Versuche, die Stadt und die Sambre-Brücke zu forciren, verschwendet, sondern sich vielmehr bemüht haben, die Sambre mittelst der Brücken und Fuhrten zwischen Charleroi und Namur zu passiren und sich auf Philippeville oder Dinant zurückzuziehen. Aber mit einem preußischen Armeekorps auf jedem dieser Punkte und einem andern hinter sich, würde dies mindestens ein sehr gewagtes Unternehmen gewesen sein. Wenn er dagegen versucht hätte, die Maas unterhalb Namur zu passiren, so war die Möglichkeit, die Armee Napoleons wieder zu erreichen, in noch größere Ferne gerückt worden.

Wir wollen jedoch ganz davon absehen, daß Pirch aus dem günstigen Verhältniß, in welchem er während des 19ten zu Grouchy stand, nicht den gehörigen Vortheil gezogen hat, und blos die Thatsache berücksichtigen, daß er erst am 20sten Morgens um 5 Uhr, noch immer bei Mellery, die erste Nachricht von dem Rückzuge des Feindes auf der Straße von Gembloux nach Namur und der Verfolgung desselben durch die Thielemannsche Kavallerie erhalten hatte. In diesem Falle mußte er sich doch nothwendiger Weise sagen, daß Grouchy sich nur so lange bei Namur halten würde, als zur Passirung der Sambre-Brücke und zur Sicherung seines Rückzuges nöthig wäre. Es bleibt daher unerklärlich, warum er nicht sogleich rechts abmarschirt ist und mittelst einiger weiter oberhalb gelegenen-Fuhrten und Brücken die Sambre passirt hat. Von hier aus konnte er in der Richtung auf Profondeville in dem Winkel vorgehen, welcher durch den Zusammenfluß der Sambre und Maas gebildet wird, und Grouchy den Rückzug auf der Straße nach Dinant, welche sich als ein langes und enges Defilee längs des letzteren Flusses hinwendet, verlegen. Durch eine solche Bewegung wäre Grouchy in eine höchst schwierige Lage versetzt worden, seine Truppen hätten sich in einem langen, engen, steilen Defilee befunden, wären in der Front von Pirch aufgehalten, im Rücken von Thielemann angegriffen worden. Pirch fühlte wahrscheinlich, daß, da ein Theil seines Armeekorps sich bei der Armee befand, welche den Feind auf der Straße nach Charleroi verfolgte, er nicht stark genug sei, es mit den Truppen Grouchy's aufzunehmen. In dem hier angenommenen Falle würde er dadurch, daß er seine ganze verwendbare Macht auf einem günstigen, das Defilee beherrschenden Punkt angemessen aufgestellt hätte, sich einen Vortheil gesichert haben, der ihm unter solchen Umständen einen vollständigen Ersatz für die Minderzahl gewährt hätte.

Die zerstreuten Reste der französischen Hauptarmee wurden unausgesetzt in wilder Verwirrung über die Grenze gescheucht. Einige Flüchtlinge eilten nach Avesnes, andere nach Philippeville, aber eine große Menge derselben suchte keinen derartigen Sammelplatz auf, sondern warf die Waffen weg und floh nach dem Innern, um in ihre Heimath zurückzukehren. Viele Kavalleristen überließen ihre Pferde den Landleuten. Einige höhere Offiziere sammelten in der Eile diejenigen Truppen, welche von besserem Geiste beseelt schienen, und führten sie in der Richtung auf Laon weiter. Napoleon langte daselbst am Nachmittage des 20sten an. Nach einer Besprechung mit dem Präfekten übertrug er einem seiner Adjutanten, de Bussy, die obere Leitung der Vertheidigung dieses wichtigen Postens und sandte den General Dejean nach Avesnes und den General Flahaut nach Guise. Mittlerweile bemerkte man in der Ferne einen Truppenkörper, welcher sich der Stadt näherte. Napoleon schickte einen seiner Adjutanten zur Rekognoscirung desselben ab. Es war eine an 3000 Mann starke Kolonne, welche Soult, Jerome, Morand, Colbert, Petit und Pelet formirt und zusammengehalten hatten. Napoleon schien sich anfangs so lange in Laon aufhalten zu wollen, bis der Rest der Armee sich wieder gesammelt hätte, gab aber bald den überwiegenden Gründen des Herzogs von Bassano und anderer Anwesenden nach und reiste nach Paris mit der Absicht ab, am 25sten oder 26sten wieder in Laon einzutreffen.

Die gegenseitige Stellung der Armeen war am Abend des 20sten im Allgemeinen folgende:

Die englisch-alliirte Armee stand mit dem rechten Flügel in Mons, mit dem linken in Binche.

Die britische Kavallerie kantonirte in den Dörfern Strepy, Thieu, Boussoit-sur-Haine und Ville-sur-Haine; die Brigade Vivian in Merbes St. Marie, Bienne-le-Hapart und Mont, die hannöversche Kavallerie in Givry und Croix. Die Reserve stand bei Soignies.

Das Hauptquartier des Herzogs von Wellington war Binche.

Von der preußischen Armee befand sich das 1ste Armeekorps bei Beaumont, das 4te bei Colleret, das 2te bei Namur (ausgenommen die 5te Brigade, welche Maubeuge blokiren sollte und bei Villers bivakirte), das 3te Korps bei Gembloux; die Kavallerie des letztern bivakirte bei Temploux.

Das Hauptquartier des Fürsten Blücher war Merbe-le-Château.

Die französische Hauptarmee unter Napoleon war vollständig zerstreut. Wenige Truppen fanden Zuflucht in Avesnes, andere in Guise; die einigermaßen geordnete Hauptkolonne von 3000 Mann erreichte Laon.

Die französische Streitmacht unter Grouchy befand sich bei Dinant. Napoleon reiste von Laon nach Paris ab.

Am 21sten überschritt der Herzog von Wellington die französische Grenze und führte die Hauptmasse seiner Armee nach Bavay, den Rest von Mons nach Valenciennes. Diese Festung wurde sogleich blokirt. Wellington nahm sein Hauptquartier in Malplaquet, dem berühmten Schauplatze, auf welchem der Herzog von Marlborough und Prinz Eugen am 11. September 1709 einen großen Sieg über die Franzosen unter den Marschällen Villars und Boufflers erfochten hatten. Die beiden alliirten Feldherrn hatten jetzt die dreifache Festungslinie erreicht, welche bis zu dem Augenblick, als der Feldzug von 1814 das Gegentheil bewies, von vielen Militairs als eine unüberwindliche Barriere für jede über die nordöstliche Grenze in Frankreich eindringende Armee betrachtet worden war. Es wurde nun erforderlich, sich einiger der Hauptfestungen zu bemächtigen, um die neue Basis für die Operationen nach dem Innern zu bilden. Folgende feste Plätze, welche sich auf den verschiedenen Operations-Linien der Feldherrn zuerst darboten, sollten sogleich blokirt werden: Valenciennes, Lequesnoy und Cambray durch die englisch-alliirte Armee, Maubeuge, Landrecies, Avesnes und Rocroi durch die Preußen. Die allgemeinen Maßregeln zur Belagerung der Festungen und der Entwurf der fernern Operationen sollten den Gegenstand einer Konferenz der Oberfeldherrn bilden.

Fürst Blücher hatte am heutigen Tage die Rapporte der Generale Pirch und Thielemann über ihre Operationen während der beiden verflossenen Tage erhalten und daraus ersehen, daß Grouchy glücklich entkommen war. Er befahl sogleich, daß das 2te Armeekorps nach Thuin marschiren und unter die Befehle des Prinzen August von Preußen treten solle. Diesem war die Belagerung der im Rücken der preußischen Armee liegengebliebenen Festungen übertragen worden. Das 3te Armeekorps sollte über Charleroi vorgehen und dem 1sten und 4ten als Reserve folgen.

Man wird sich erinnern, daß der Rittmeister von Thielemann in der Nacht des 20sten mit einem Detaschement pommerscher Husaren von Namur aus eine kurze Strecke auf der Straße nach Dinant vorgesendet wurde. Mit Tagesanbruch des 21sten schloß sich ihm der Oberst-Lieutenant von Sohr mit den Füsilier-Bataillonen des 14ten und 23sten Regiments, den brandenburgischen und pommerschen Husaren und 5 Geschützen reitender Artillerie an, worauf die ganze Abtheilung dem Feind auf Dinant folgte. Dieser hatte jedoch während seines Rückzuges jede günstige Gelegenheit benutzt, um die Straße in den engen und felsigen Theilen des Defilees zu barrikadiren und der Verfolgung alle möglichen Hindernisse in den Weg zu legen. Hierdurch und durch den vorhergegangenen Nachtmarsch hatten die Franzosen einen so bedeutenden Vorsprung gewonnen, daß Oberst-Lieutenant von Sohr es bei seiner Ankunft in der Gegend von Dinant für gerathener hielt, jede weitere Verfolgung aufzugeben und über Florennes und Walcourt die Vereinigung mit dem Gros der preußischen Armee zu bewerkstelligen. Bei ersterem Orte machte er mit seinem Detaschement während der Nacht des 21sten Halt und deckte so die linke Flanke der Hauptarmee.

Um Nachrichten über die Versammlung und die Bewegungen der in der linken Flanke der alliirten Armee befindlichen französischen Truppen zu erhalten, sandte Blücher den Major von Falkenhausen mit dem 3ten schlesischen Landwehr-Kavallerie-Regiment ab. Derselbe sollte die Gegend an der Straße von Rethel nach Laon durchstreifen. Ein Detaschement von 50 Dragonern wurde zur Beobachtung von Philippeville bei Bossule le Walcourt postirt.

Das 4te Armeekorps erhielt von dem Fürsten den Befehl, an diesem Tage bis Marvilles an der Straße von Maubeuge nach Landrecies zu marschiren. Die Avantgarde desselben unter dem General von Sydow sollte noch weiter vorgehen und die letztere Festung blokiren.

Ziethen marschirte den in der vorigen Nacht erhaltenen Befehlen zufolge mit dem 1sten Armeekorps nach Avesnes. Die Avantgarde unter dem General von Jagow sollte die Festung auf beiden Ufern der Helpe blokiren. Der Marsch des Korps geschah in zwei Kolonnen, die rechte, oder die 1ste und 2te Brigade, ging über Semonsies vor und machte an der Vereinigung der Straße von Maubeuge mit der von Beaumont nach Avesnes führenden Halt; die linke oder die 4te Brigade, die Reserve-Artillerie und Reserve-Kavallerie, marschirte über Solre le Chateau nach Avesnes, und bivakirte neben der 1sten und 2ten Brigade. Zwei Kompagnien der 4ten Brigade und 20 Dragoner waren als Garnison in Beaumont zurückgeblieben, wurden aber nach der Einnahme von Avesnes nach diesem Orte gezogen.

Es war zwischen 3 und 4 Uhr, als die Avantgarde der 3ten Brigade, nämlich das 1ste schlesische Husaren-Regiment, 2 Schützen-Kompagnien und ein Füsilier-Bataillon vor der Festung Avesnes ankamen. Da der Kommandant die Anträge zur Uebergabe ablehnte, ließ Ziethen das Bombardement beginnen. Zehn Haubitzen, wovon sechs 10pfündige und vier 7pfündige, fuhren vor der Kavallerie auf und bewarfen die Stadt. Da die Häuser derselben alle massiv gebaut waren, so konnten die Granaten nirgends zünden. Ebenso blieb eine Zwölfpfünder-Batterie ohne bedeutende Wirkung gegen die festen Bekleidungsmauern der Werke. Beim Einbruch der Nacht wurde das Bombardement eingestellt. Man wollte es jedoch nach Mitternacht wieder beginnen. Als dasselbe aufhörte, machten die Franzosen einen Ausfall; die schlesischen Schützen traten ihnen aber sogleich entgegen und warfen sie tapfer zurück. Die Preußen verloren hierbei 20 Mann. Gleich nach Mitternacht begannen die Batterien von neuem ihr Feuer und schon beim vierzehnten Schuß schlug eine 10pfündige Granate in das Haupt-Pulvermagazin. Es erfolgte eine furchtbare Explosion und 40 Häuser stürzten in einen großen Trümmerhaufen zusammen. Die Festungswerke wurden dadurch zwar nicht im geringsten beschädigt, aber ein panischer Schrekken bemächtigte sich der Garnison; sie verlangte zu kapituliren. Nur die mangelnde Energie des Kommandanten und die schlechte Stimmung der Besatzung konnten zu einer solchen Uebergabe Veranlassung geben, denn als die Preußen nachher einrückten, fanden sie 15,000 Kartuschen und eine Million Musketen-Patronen. Es waren in der Festung 47 Stück Geschütz meist schweren Kalibers vorhanden, welche zur Belagerung der übrigen festen Plätze verwendet wurden. Die aus 3 Bataillonen Nationalgarden und 200 Veteranen bestehende Garnison wurde zu Kriegsgefangenen gemacht. Die Nationalgarden wurden entwaffnet und in ihre Heimath entlassen, die Veteranen aber nach Cöln abgeführt.

Die mit so geringen Menschen und gar keinem Zeitverlust bewirkte Besitznahme von Avesnes war für die Preußen von wesentlicher Wichtigkeit, indem sie ihnen auf der neuen Operations-Linie ein sicheres Depot für ihr Material und ihre Zufuhren darbot. Auch diente der Ort zur Aufnahme der Kranken und aller derjenigen, welche mit der Armee nicht mehr mitkommen konnten.

Am 21sten sammelte die französische Hauptarmee noch immer ihre zerstreuten Reste zwischen Avesnes und Laon.

Die Stellung der verschiedenen Armeen am Abend des 21sten war folgende:

Die englisch-alliirte Armee stand mit der Hauptmasse bei Bavay, ihr rechter Flügel blokirte Valenciennes.

Das Hauptquartier des Herzogs von Wellington war Malplaquet.

Die preußische Armee stand mit dem 1sten Korps in der Nähe von Avesnes,

mit dem 4ten bei Maroilles; die Reserve-Kavallerie desselben blokirte Landrecies.

Das 2te Korps stand bei Thuin, die 5te Brigade blokirte jedoch Maubeuge.

Das 3te Korps stand bei Charleroi.

Das Hauptquartier des Fürsten Blücher war Noailles sur Sambre.

Der geschlagene Theil der französischen Armee befand sich zwischen Avesnes und Laon,

die Streitmacht Grouchy's bei Philippeville.

Der Herzog von Wellington verfolgte unverwandten Blicks jene Politik, welche einen so wesentlichen Zug seines Operationsplanes bildete. Um nämlich dem französischen Volke durch die That zu beweisen, daß wenn er auch als Eroberer das Land beträte, er dennoch nur der Feind des Usurpators und seines Anhanges wäre, erließ er von Malplaquet aus folgende Proklamation:

Proclamation.

Je fais savoir aux Français que j'entre dans leur pays à la tête d'une armée déjà victorieuse, non en ennemi (excepté de l'usurpateur, prononcé l'ennemi du genre humain, avec lequel on ne peut avoir ni paix ni trêve), mais pour les aider à secouer le joug de fer, par lequel ils sont opprimés.

En conséquence j'ai donné les ordres ci-joints à mon armée, et je demande qu'on me fasse connaître tout infracteur.

Les Français savent cependant que j'ai le droit d'exiger qu'ils se conduisent de manière que je puisse les protéger contre ceux qui voudraient leur faire du mal.

Il faut donc qu'ils fournissent aux réquisitions qui leur seront faites de la part des personnes autorisées à les faire, en échange pour des reçus en forme et ordre; et qu'ils se tiennent chez eux paisiblement, et qu'ils n'aient aucune correspondance ou communication avec l'usurpateur ennemi, ni avec ses adhérens.

Tous ceux qui s'absenteront de leur domicile après l'entrée en France, et tous ceux qui se trouveront absens au service de l'usurpateur, seront considérés comme ses adhérens et comme ennemis; et leurs propriétés seront affectées à la subsistance de l'armée.

Donné au Quartier général à Malplaquet, le 22 de juin, 1815. Wellington.

Vom Fürsten Blücher wurde keine solche Proklamation erlassen und durch keine direkten Befehle seinen Truppen eingeschärft, daß Frankreich „als ein befreundetes Land zu behandeln sei" oder ihnen verboten, irgend Etwas zu nehmen, „wofür nicht Zahlung geleistet würde." Es entstand daher auf dem Marsche nach Paris ein merkwürdiger Kontrast zwischen dem Benehmen der Preußen und dem der englisch-alliirten Armee. Die ersteren verübten große Excesse und machten schwere Erpressungen auf ihrer ganzen Marschlinie, während die britischen und deutschen Truppen unter dem Herzoge von Wellington sich von Anfang an den guten Willen und das freundliche Entgegenkommen der Einwohner gewannen. Die englisch-alliirten Truppen flößten dem Volke Vertrauen ein, die Preußen erfüllten es mit Schrecken und hielten es in Unterwürfigkeit. Die Ursache dieser Verschiedenheit muß man großentheils in den abweichenden Absichten der beiden großen Feldherrn suchen. Bei dem unbegrenzten Franzosenhasse Blüchers war es unmöglich, ihn von der einmal gefaßten Meinung abzubringen, daß dieselben vollständig erniedrigt und schwer bestraft werden müßten. Weder er noch seine Soldaten konnten jemals die schändlichen Grausamkeiten und die unerträglichen Erpressungen vergessen, welche ihr Vaterland hatte erdulden müssen, als es von den Franzosen überschwemmt worden war. Als sie daher noch einmal in das Land ihrer bittersten Feinde geriethen und sich noch eine Periode der Vergeltung ihnen darbot, erfüllte nur das eine Gefühl die ganze preußische Armee — daß diejenigen, welche kein Bedenken getragen hatten, die Geißel des Krieges über den ganzen Kontinent zu schwingen, jetzt ihrerseits auch die Schwere derselben empfinden sollten. Ein anderer Ideengang, ein anderes Verfahren konnte man von den Preußen auch kaum erwarten. Die ausgezeichnete Mannszucht der britischen Truppen bildete daher ein heilsames Gegengewicht gegen den herrischen und rachsüchtigen Geist, welcher die Preußen beseelte. Blücher fühlte ebenso gut wie Wellington, daß das weitere Vorgehen auf Paris vor Herankunft der alliirten Armeen, welche um diese Zeit erst den Rhein passirten, von den rein-militairischen Grundregeln abwiche und daß dasselbe nur durch die außerordentliche moralische Wirkung gerechtfertigt werden könne, welche die entscheidende Niederlage Napoleons hervorbringen mußte. Aber seine Ideen beschränkten sich auf den militairischen Theil des Planes, er beabsichtigte nur, einen Sturm auf die Hauptstadt zu unternehmen und die Vereinigung Grouchy's mit der Truppenmasse Soults zu verhindern. Die bewunderungswürdige Politik Wellingtons umfaßte ein weiteres Feld. Er behielt unverwandten Blickes das große Ziel vor Augen, um dessentwillen der Krieg unternommen worden war. Er hatte sich Nachrichten über die Wirkung der Niederlage Napoleons auf die Führer der großen politischen Parteien Frankreichs und auf die Mitglieder der beiden Kammern des Parlaments zu verschaffen gewußt und kannte genau die Stimmung der Bewohner des Nord-Departements, welche bei der Rückkehr Napoleons von Elba keineswegs den Enthusiasmus der großen Masse der Nation getheilt hatten. Er war daher überzeugt, daß er die Sicherheit der Operationen auf Paris viel besser durch Maßregeln begründe, welche dem französischen Volke bewiesen, daß die Alliirten ihm freundlich, gegen Napoleon aber unerbittlich feindselig gesinnt wären und daß er viel größere Vortheile aus der Gegenwart und dem Einfluß des legitimen Monarchen ziehen könne, als dies selbst durch eine Verstärkung der militairischen Macht möglich wäre.

Durch dieses Verfahren des Herzogs wurde der Sache Ludwig des XVIII. ein unermeßlicher Vorschub geleistet. Die Bewohner der nördlichen Departements waren im Allgemeinen der ewigen Kriege müde, da dieselben nur dazu dienten, die Macht Napoleons aufrecht zu erhalten und zu vergrößern. Sie sehnten jetzt sich nach den Segnungen des Friedens und sahen daher in der wohlmeinenden Gesinnung der Alliirten und in der Unterstützung, welche dieselben der Autorität des Königs gewährten, einen Beweis ihres Entschlusses, die Kriegspartei zu unterdrücken und mit dem legitimen Souverain in ein Bündniß zu treten. Bald sah man die weiße Fahne von zahllosen Thürmen wehen. Die Zeit des Königthums brach, begünstigt durch den wankelmüthigen Charakter der Franzosen, schnell herein. Als dieser Strom der Hauptstadt zurollte, erhielt er durch die gewöhnliche Voraussicht und den sicheren Takt des Herzogs einen Impuls, durch welchen derselbe nicht blos im leichten Triumphe mit fortgetragen wurde, sondern auch bei seinem Ende jede Spur der usurpirten Herrschaft Napoleons und seiner Anhänger hinwegschwemmte.

Achtzehntes Kapitel.

Am 22sten Juni erreicht die englisch-alliirte Armee Le Cateau. — Das Korps des Prinzen Friedrich der Niederlande wird zur Belagerung der Festungen bestimmt. — Um das 1ste, 4te und 3te Korps seiner Armee näher zusammenzubringen, läßt Blücher die beiden ersten am 22sten nur einen halben Marsch machen; das letztere erreicht Beaumont. — Vertheilung des 2ten Korps. — Der politische Einfluß Napoleons nimmt immer mehr ab. — Er kommt am 21sten in Paris an und beräth sich mit seinen Ministern. — Politik Fouche's. — Debatten in der Deputirten-Kammer. — Die Rede La Fayette's. — Beschlüsse der Kammern. — Ihre Wirkung auf Napoleon. — Er richtet ein Schreiben an die Kammern. — Neue Debatten. — Es wird ein Kommittee gewählt. — Deren Beschluß. — Wirkung der Reden Duchesne's und des Generals Solignac. — Napoleon entsagt zu Gunsten seines Sohnes dem Throne. — Selbstständiger Charakter des französischen Parlaments. — Wellington und Blücher gewähren am 23sten ihren Truppen einen Ruhetag. — Colville wird mit einem Truppenkorps zum Angriff auf Cambray abgesendet. — Die alliirten Feldherrn halten zur Besprechung ihrer Operationen gegen Paris zu Chatillon eine Zusammenkunft. — Wellington verstärkt am 24sten die Truppen Colville's. — Cambray wird genommen. — Bei den Vorposten der alliirten Armeen werden Vorschläge zur Einstellung der Feindseligkeiten gemacht. — Dieselben werden verworfen. — Ludwig der XVIII. trifft in Le Cateau ein. — Guise ergiebt sich dem Ziethenschen Korps. — Die Preußen sind um einen Marsch der englisch-alliirten Armee voraus. — Vertheilung der verschiedenen Armeen am Abend des 24sten. — Proklamation der provisorischen Regierung in Paris. — Uebergabe der Citadelle von Cambray. — Die englisch-alliirte Armee erreicht am 25sten Joncour. — Die an der Oise gelegene Festung La Fere wird von einem Theile des Ziethenschen Korps eingeschlossen. — Die Avantgarde und die Kavallerie der rechten preußischen Kolonne erreichen Montescourt. — Das Gros des Bülowschen Korps kommt bis Essigny le grand. — Die Antwort Blüchers auf die Bitte einer Kommission der französischen Kammern um Einstellung der Feindseligkeiten. — Die bei Laon gesammelten französischen Truppen marschiren nach Soissons, wohin sich auch Grouchy wendet. — Soult verläßt die Armee, da man ihn beim Kommando derselben übergangen hat. — Stellung der verschiedenen Armeen am Abend des 25sten. — Napoleon verläßt Paris. — Sein Abschied von der Armee.

Am 22. Juni marschirte die 2te und 4te britische Division und die Kavallerie der englisch-alliirten Armee nach Le Cateau und Umgegend. Die 1ste und 3te britische Division, die dem 1sten Korps attaschirten niederländischen Infanterie-Divisionen, die nassauschen Truppen und die niederländische Kavallerie kampirten bei Gommignies, die 5te und 6te britische Division, das braunschweigsche Korps und die Reserve-Artillerie um Bavay. Die Avantgarde (die Brigade Vivian) befand sich bei St. Benin. Abtheilungen des unter den Befehlen des Prinzen Friedrich der Niederlande stehenden Korps blokirten Valenciennes und Le Quesnoy.

Das Hauptquartier des Herzogs von Wellington befand sich zu Le Cateau.

Um seine verschiedenen Armeekorps mehr zu konzentriren, ließ Fürst Blücher das 1ste und 4te an diesem Tage nur einen halben Marsch machen. Das erstere marschirte von Avesnes bis Etroeung und schob seine Avantgarde bis La Capelle, seine Patrouillen bis zur Oise vor; das letztere gelangte auf der von Landrecies nach Guise führenden Straße bis Fesmy und schob seine Avantgarde bis Genappe vor, einzelne Detaschements bis nach Guise. Außerdem sandte das 1ste Korps Kavallerie-Abtheilungen zur Rekognoscirung in der Richtung auf Rocroi ab.

Das 3te preußische Armeekorps ging von Charleroi nach Beaumont vor und schickte zur Sicherheit seiner linken Flanke

Detaschements gegen Philippeville und Chimay. — Das 2te preußische Korps, welches gegen die Festungen operiren sollte, marschirte von Thuin ab. Es war folgendermaßen vertheilt: Die 5te und 7te Brigade nebst der Kavallerie blokirten Maubeuge, die 6te Brigade marschirte nach Landrecies und die 8te nach Philippeville und Givet.

Das Hauptquartier des Fürsten Blücher befand sich bei Catillon sur Sambre. Die Truppen Grouchy's erreichten an diesem Tage Rocroi.

Die Reste des besiegten Theiles der französischen Armee blieben fortgesetzt im Rückzuge auf Laon und sammelten sich in der dortigen Gegend. Soult hatte daselbst sein Hauptquartier genommen. Die Leute und Pferde der Artillerie wurden nach La Fere gesandt, um mit neuen Geschützen versehen zu werden. Ueberhaupt wurden alle Mittel ergriffen, um diese Waffe wieder auf einen respektabeln Fuß zu versetzen. Grouchy bewerkstelligte seinen Rückzug nach Soissons auf der Linie von Rocroi, Rethel und Rheims. Nachdem er sich mit den Resten der unter Soult gesammelten Armee vereinigt haben würde, hoffte man mit Hilfe herangezogener Reserven im Stande zu sein, das weitere Vordringen der Verbündeten zu hemmen. Aber wo war der Feldherr, dessen Gegenwart die unruhige und stürmische Soldateska mit Zauberkraft aufrichtete, wenn sie durch das Geschick des Krieges niedergedrückt worden war, und welche ihr durch die Aussicht auf frischen Ruhm und auf Vergeltung für ein großes nationales Unglück neues Leben und neue Stärke einflößte? War er vielleicht zu den nächsten Armeekorps der Generale Rapp oder Lecourbe geflogen, um sie mit allen Reserven, welche er einschließlich der Regiments-Depots, der Gensdarmerie und der Grenzbeamten zusammenraffen konnte, gegen die Flanke der siegreichen Armeen Wellingtons und Blüchers zu führen, als dieselben verwegen gegen die Hauptstadt vorgingen, und um vereint mit Grouchy sie zu trennen, sie wo möglich zu vernichten? Nein! Das Schwert, welches das Kaiserthum erhoben und in Unterwürfigkeit gehalten, welches Europa erobert und in Unterwürfigkeit gehalten, welches Europa erobert und in Fesseln geschlagen hatte, war machtlos seinen Händen entsunken. In ihm waren nicht länger die Macht und der Wille des kaiserlichen Frankreichs konzentrirt. Sie waren durch die Verfassung den Organen der Nation, den erwählten Repräsentanten des Volkes übertragen worden. Er vereinte nicht mehr in seiner Person die verwaltende und die vollziehende Gewalt, sondern stand unter der Kontrolle jener Macht, welche er bei seiner Abreise von Paris mehr fürchtete, als den Feind, welchem er entgegenging — der Macht der gesetzmäßig ausgesprochenen öffentlichen Meinung. Wenn er deren Stärke vor seiner Niederlage auf dem Schlachtfelde schon so sehr fürchtete, wie groß, ja wie hoffnungslos muß dann ihm das Unternehmen geschienen sein, ihre Aufmerksamkeit zu beschwichtigen und von ihr die Bewilligung neuer Opfer zu erlangen, als er am Nachmittage des 21. Juni — nur eine kurze Woche nach Uebernahme des Kommando's der Armee — in Paris eintraf, um persönlich das unglückselige Resultat seiner Unternehmung zu berichten. Die kaiserlich Gesinnten in der Hauptstadt hatten sich bei der Nachricht des Sieges von Ligny den ausschweifendsten Hoffnungen hingegeben. Aber ihre Freude war kurz, denn bald verbreiteten sich unheilvolle Gerüchte über plötzliche Unfälle, welche der Sache Napoleons zugestoßen sein sollten. Bei der unerwarteten Ankunft des Kaisers schwanden aber alle Zweifel und machten nun den äußersten Befürchtungen Platz.

Napoleon rief sogleich eine Kabinets-Versammlung zusammen. Er setzte seinen Ministern freimüthig den kritischen

Zustand der Angelegenheiten auseinander, erklärte aber gleichzeitig mit dem gewöhnlichen Vertrauen auf seine eigenen Hilfsquellen seine Ueberzeugung, daß die Vernichtung des Feindes folgen würde, wenn die Nation zu einer Erhebung in Masse aufgerufen würde, daß hingegen Alles verloren wäre, wenn die Kammern sich in Debatten einließen und ihre Zeit mit Disputationen verschwendeten, statt neue Aushebungen auszuschreiben und außerordentliche Maßregeln zu ergreifen. „Jetzt, wo der Feind in Frankreich ist," schloß er, „muß ich mit einer außerordentlichen Macht, mit einer temporären Diktatur bekleidet werden. Als eine für das Heil des Landes nothwendige Maßregel möchte ich diese Macht nehmen, besser aber und natürlicher wäre es, wenn sie mir von den Kammern übertragen würde." Die Minister kannten die allgemeine und die Stimmung der Kammer der Repräsentanten zu gut, um eine direkte Billigung dieses Schrittes auszusprechen. Napoleon bemerkte ihre Zurückhaltung und forderte sie auf, ihm ihre Meinung über die Maßregeln auszusprechen, welche die öffentliche Sicherheit bei den bestehenden Umständen verlangte. Carnot, der Minister des Innern, hielt es für nöthig, daß das Vaterland in Gefahr erklärt würde, daß die Féderés und die Nationalgarde zu den Waffen gerufen, Paris in den Belagerungszustand versetzt und Maßregeln zur Vertheidigung der Stadt getroffen würden, daß endlich im äußersten Nothfalle die Armee sich hinter die Loire ziehen, dort eine verschanzte Stellung nehmen müsse. Durch Heranziehung der Armee der Vendee, wo der Bürgerkrieg fast beendet war, und des Observationskorps des Südens könnte der Feind dann so lange aufgehalten werden, bis man eine hinlängliche Streitmacht vereinigt und organisirt habe, um eine kräftige Offensive zu ergreifen und den Feind aus Frankreich zu vertreiben. Decrès, der Marineminister, und Regnault de Saint-Jean d'Angely, der Staatssekretair, unterstützten diese Meinung. Fouché, der Polizeiminister, und die übrigen Minister bemerkten jedoch, daß das Heil des Staates nicht auf einer einzelnen auf solche Weise vorgeschlagenen Maßregel, sondern nur auf den Kammern und auf deren Einigkeit mit dem Oberhaupte der Regierung beruhen könne und daß, wenn man sich ihnen mit Vertrauen und Aufrichtigkeit hingäbe, dieselben es für ihre Pflicht halten würden, sich Napoleon bei Ergreifung energischer Maßregeln zur Sicherung der Ehre und der Unabhängigkeit der Nation anzuschließen.

Dieser Rath Fouché's war ein Meisterwerk der Verstellung. Kein anderer Mann in Frankreich besaß eine so tiefe Kenntniß der geheimen Triebfedern der öffentlichen Meinung; er kannte genau die Kräfte und die Absichten der verschiedenen Parteien, die Charaktere und die Gesinnungen ihrer Führer; er wußte sehr wohl, daß die großen Parteien in den Kammern, mit Ausnahme der kaiserlich gesinnten, welche die Minderzahl bildeten und welchen er im Geheimen mit der Aussicht auf Napoleon II. schmeichelte, vollkommen bereit waren, zu Gunsten vollständiger konstitutioneller Freiheit und liberaler Institutionen den Kaiser abzusetzen. Diese Kenntniß hatte der berühmte Polizeiminister sich mit einer nur ihm eigenen Geschicklichkeit und Genauigkeit zu verschaffen gewußt; er bediente sich derselben nun ganz zur Erreichung seiner persönlichen Zwecke. Seit dem Anfange der zweiten Regierung Napoleons war es seine Absicht gewesen, den Faktionen auf eine solche Weise zu schmeicheln, daß jede derselben ihn als ein wesentliches Werkzeug zur Verwirklichung ihrer Hoffnungen ansah, und durch seinen außerordentlichen Einfluß die Macht Napoleons entweder zu unterstützen oder zu unterminiren, je nachdem das Glück desselben im Steigen oder im Abnehmen begriffen wäre. Die entschiedene Haltung der Alliirten überzeugte ihn jedoch sehr bald, daß wenn der Kaiser auch durch irgend eine glänzende Waffenthat noch einmal die Welt betäuben möchte, er dennoch dem festen Entschlusse der Souveraine, seine angemaßte Autorität zu vernichten, und den übermächtigen Massen, mit welchen Europa sich vorbereitete, das Land zu überschwemmen, unterliegen müsse. Er stand auch jetzt noch mit den Ministern und Rathgebern Ludwig XVIII. in geheimer Verbindung, und war daher vollständig im Besitz der allgemeinen Pläne und Absichten der Alliirten. Als die Unternehmung Napoleons vollständig fehlgeschlagen war und die Wiederbesetzung von Paris die nothwendige Folge davon sein mußte, sah Fouché klar und deutlich ein, daß wenn die Diktatur durch eine plötzliche und gewaltsame Auflösung der Kammern genommen und dabei die jüngsten Unfälle auf den Verrath der Deputirten geschoben würden, wenn zur Verstärkung der noch verwendbaren Streitmacht neue Aushebungen en masse stattfänden, das Resultat unvermeidlich Anarchie und Verwirrung in der Hauptstadt, Unordnung und Excesse im ganzen Lande, neue Unfälle der Nation und ein schreckliches und nutzloses Blutvergießen sein müsse. Um eine solche Katastrophe zu vermeiden, mußte man Napoleons Mißtrauen in die Absichten der Kammern einschläfern. Als Fouché daher der Versammlung den erwähnten Rath gab, wollte er nur Zeit zur Entwickelung dieser Absichten gewinnen; er mißbilligte daher lebhaft die beabsichtigte Auflösung der Kammern und die Annahme der Diktatur und erklärte, daß jede derartige Maßregel nur dazu dienen könne, Mißtrauen zu erzeugen, wahrscheinlich eine allgemeine Empörung hervor zu bringen. Gleichzeitig verbreiteten aber seine Agenten den ganzen Umfang der Niederlage Napoleons und die Ursache seiner plötzlichen und unerwarteten Rückkehr durch ganz Paris; die Deputirten versammelten sich sogleich in großer Zahl, um in dieser wichtigen, nationalen Krisis eine kühne und entscheidende Maßregel zu treffen.

Indem Fouché auf diese Weise seinen Herrn über die Gesinnung der großen politischen Parteien und über den wahren Zustand der öffentlichen Meinung täuschte, verletzte er ohne Zweifel das in ihn gesetzte Vertrauen. Aber ganz abgesehen von der Frage, ob er wirklich von patriotischen Beweggründen geleitet worden ist oder nur nach einem Systeme tiefer Falschheit und den Augenblick benutzender Selbstsucht handelte, bleibt es ebenfalls keinem Zweifel unterworfen, daß er durch den bei dieser wichtigen Gelegenheit eingeschlagenen Weg sein Vaterland vor einem noch größern Unglück bewahrte.

Die Kabinets-Versammlung setzte die Diskussionen fort. Einige unterstützten die Vorschläge Napoleons, andere mißbilligten sie, bis er endlich den Gründen Fouché's und Carnots Gehör gab und erklärte, daß er sich der Loyalität der Kammern unterwerfen und mit ihnen über die Maßregeln Rath pflegen wolle, welche die kritische Lage des Vaterlandes erheische.

Während dessen waren die Deputirten zusammen getreten und hatten ihre Verhandlungen über den gegenwärtigen Zustand der öffentlichen Angelegenheiten begonnen. La Fayette, der anerkannte Führer der liberalen Partei, hatte von dem Gegenstande der Diskussion des Kabinetsrathes Kenntniß erhalten. In dem Gefühle, daß kein Augenblick zu verlieren sei, um den Schlag abzuwenden, welcher ihren Freiheiten drohete, bestieg er die Tribüne und redete unter dem tiefsten Schweigen und der größten Spannung die Versammlung folgendermaßen an:

Repräsentanten! Zum erstenmale seit vielen Jahren hört Ihr eine Stimme wieder, welche die alten Freunde der Freiheit noch kennen werden. Ich erhebe mich, um

Euch die Gefahren zu schildern, denen das Vaterland entgegen geht. Die unheilschwangern Gerüchte, welche seit zwei Tagen circuliren, haben sich unglücklicher Weise bestätigt. Jetzt ist der Augenblick da, sich um die nationalen Fahnen — um die dreifarbige Fahne von 1789, um die Fahne der Freiheit, der Gleichheit und des Gesetzes — zu versammeln. Ihr allein könnt jetzt das Vaterland schützen vor fremden Angriffen und inneren Spaltungen; Ihr allein könnt die Unabhängigkeit und Ehre Frankreichs sichern. — Erlaubt daher einem Veteranen in der heiligen Sache der Freiheit, dem zu allen Zeiten der Faktionsgeist fremd war, Euch einige Beschlüsse vorzulegen, welche ihm das Gefühl der öffentlichen Gefahr und die Liebe zum Vaterlande eingegeben haben. Sie sind solcher Art, daß ich überzeugt bin, Ihr werdet die Nothwendigkeit ihrer Annahme sogleich anerkennen:

I. Die Deputirten-Kammer erklärt, daß die Unabhängigkeit der Nation bedroht ist.

II. Die Kammer erklärt ihre Sitzungen für permanent. Jeder Versuch, sie aufzulösen, soll als Hochverrath betrachtet werden. Jeder, der sich eines solchen Versuches schuldig machen wird, soll als Verräther an seinem Vaterlande betrachtet und sogleich als solcher behandelt werden.

III. Die Armee der Linie und die Nationalgarde, welche für die Freiheit, die Unabhängigkeit und die Integrität Frankreichs gekämpft haben und noch kämpfen, haben sich um das Vaterland verdient gemacht.

IV. Der Minister des Innern wird aufgefordert, die Oberoffiziere der Pariser Nationalgarde zu versammeln, und sich mit ihnen über die Mittel der Bewaffnung und Verstärkung dieses Bürger-Korps zu berathen, dessen erprobter Eifer und Patriotismus eine sichere Garantie für die Freiheit, das Glück und die Ruhe der Hauptstadt und für die Unverletzbarkeit der Volks-Repräsentanten sind.

V. Die Minister des Krieges, der auswärtigen Angelegenheiten, der Polizei und des Innern werden aufgefordert, sogleich bei den Sitzungen der Kammer zu erscheinen. —

Kein einziger wagte es, sich diesen kühnen Beschlüssen zu widersetzen, und nach einer kurzen Diskussion, in welcher in den stärksten Ausdrücken auf ihre Annahme gedrungen wurde, gingen sie unter Beifall durch. Nur der vierte Artikel wurde suspendirt, da er einen gehässigen Unterschied zwischen den Truppen der Linie und der Nationalgarde zu enthalten schien. Sie wurden dann der Pairs-Kammer vorgelegt und von ihr nach kurzer Diskussion ohne Amendement angenommen.

Die Adresse der Kammern, welche diese Beschlüsse enthielt, traf die Kabinets-Versammlung in der Mitte ihrer Berathungen; Napoleon wurde durch diesen Akt im hohen Grade überrascht und sah ihn nur als eine Usurpation der souverainen Gewalt an. Diese unerwartete und energische Stimme des Volks, ausgesprochen durch das Medium seiner Repräsentanten, erweckte in ihm — der so lange eine fast unbegrenzte Kontrolle über den Staat geübt, der mächtige Armeen zum Siege geführt und große Nationen seinem despotischen Willen unterworfen hatte — das volle Bewußtsein des Wunderbaren, welcher in der öffentlichen Stimmung und in seiner eigenen individuellen Stellung durch das Dazwischentreten einer Konstitution entstanden war; er war nicht blos ergrimmt über das, was er als eine kühne Anmaßung betrachtete, sondern auch bitter durch seine Täuschung bei Berufung der Kammern gekränkt. „J'avais bien pensé", sagte er, que j'aurais dû congédier ces gens-là avant mon depart." Nach einiger Ueberlegung beschloß er, wo möglich mit den Kammern zu temporisiren; er sandte Regnault de Saint-Jean d'Angely in seiner Eigenschaft als Mitglied nach der Deputirten-Kammer, um die herrschende Aufregung zu beschwichtigen und zu erzählen, daß die Armee im Begriffe gewesen wäre, einen großen Sieg zu erringen, als böswillige Individuen einen panischen Schrecken hervor gebracht, daß die Truppen sich aber seitdem wieder gesammelt hätten, und der Kaiser nach Paris geeilt wäre, um mit den Ministern und den Kammern diejenigen Maßregeln zu berathen, welche das öffentliche Wohl und die Verhältnisse erheischten. — Carnot sollte der Pairs-Kammer eine ähnliche Mittheilung machen. Regnault bemühete sich vergeblich, seinen Auftrag zu erfüllen. Die Deputirten hatten alle Geduld verloren und verlangten, daß die Minister sogleich vor den Schranken des Hauses erscheinen sollten. Nachdem endlich Napoleon nach großem Widerstreben zugegeben hatte, daß sie sich dem Mandate fügen könnten, gehorchten sie; er verlangte jedoch, daß sein Bruder Lucian sie als außerordentlicher Bevollmächtigter begleiten und die Fragen der Kammer beantworten solle.

Um 6 Uhr Abends erschien Lucian Buonapate mit den Ministern in der Deputirten-Kammer. Lucian zeigte derselben an, daß er von dem Kaiser als außerordentlicher Bevollmächtigter gesendet worden sei, um mit der Versammlung Sicherheits-Maßregeln zu berathen. Hierauf übergab er dem Präsidenten ein Schreiben seines Bruders. Es enthielt eine kurze Erzählung des bei Mont St. Jean erlittenen Unfalles und empfahl den Deputirten, sich mit dem Oberhaupte des Staats zu vereinigen, um das Land vor dem Schicksale Polens und vor einer Erneuerung des Joches zu bewahren, welches es so eben erst abgeschüttelt hatte. Es sei außerdem wünschenswerth, daß die beiden Kammern eine Kommission von je fünf Mitgliedern wählten, welche mit den Ministern die für das öffentliche Wohl zu ergreifenden Maßregeln berathen und Mittel zu Friedensverhandlungen mit den alliirten Mächten finden sollten.

Diese Sendschrift war weit davon entfernt, günstig aufgenommen zu werden. Es erfolgte eine stürmische Diskussion, im Laufe welcher es sich bald zeigte, daß die Deputirten eine ausführlichere Erklärung der Meinungen und Absichten Napoleons verlangten. Einer derselben bemerkte, indem er sich gegen die Minister wandte, sehr bezeichnend: „Sie wissen eben so gut wie wir, daß Europa gegen Napoleon allein Krieg erklärt hat. Trennt von nun an die Sache Napoleons von der der Nation. Meiner Meinung nach giebt es nur einen Mann, welcher hindernd zwischen uns und dem Frieden steht. Möge er das Wort aussprechen, und das Vaterland wird gerettet sein!" Mehrere andere sprachen in derselben Weise, und die Debatten wurden mit großer Lebhaftigkeit fortgesetzt, bis man endlich überein kam, daß den Ausdrücken des kaiserlichen Schreibens gemäß, eine Kommission von fünf Mitgliedern zu ernennen sei. Dieselbe sollte aus dem Präsidenten und dem Vice-Präsidenten der Kammer bestehen, und in Uebereinstimmung mit dem Kabinet und einem Kommitee des Hauses der Pairs die genaueste Kenntniß über den Zustand Frankreichs zu erlangen suchen und angemessene Maßregeln für das Heil des Landes vorschlagen. Die Kommission bestand aus Lanjuinais, La Fayette, Dupont de l'Eure, Flangergues und Grenier.

Lucian erschien hierauf in derselben Eigenschaft eines außerordentlichen Bevollmächtigten in der Pairs-Kammer; diese erwählte sogleich ein Kommitee, welche aus den Generalen

Drouot, Dejean und Andreossy und den Herren Boissy d'Anglas und Thibaudeau bestand.

Nachdem Napoleon von den Vorgängen in der Deputirten-Kammer und dem Tone der Debatten genau unterrichtet worden war, schwankte er lange, ob er die Versammlung auflösen oder der kaiserlichen Krone entsagen solle. Einige der Minister erkannten die Richtung seiner Ideen; sie versicherten ihm aber sogleich, daß die Kammer einen zu festen Halt in der öffentlichen Meinung gewonnen habe, um einen gewaltsamen Staatsstreich zu erlauben, und meinten, daß er sich möglicher Weise der Macht berauben könnte, dem Throne zu Gunsten seines Sohnes zu entsagen, wenn er den Akt dieser Entsagung verzögerte. Dessen ungeachtet schien er entschlossen, diesen Schritt bis zum letzten Augenblick aufschieben zu wollen; er hoffte, daß während dieser Zeit irgend ein günstiges Ereigniß eintreten und die jetzige Stimmung der Kammer ändern möchte.

Am folgenden Morgen versammelten sich die Deputirten in aller Frühe wieder. Mit der größten Ungeduld erwartete man den Bericht des Kommitee's; als zwei Stunden vergangen waren, geriethen die Mitglieder der Kammer in die größte Aufregung; einige behaupteten, die Gefahr des Staats sei so dringend, daß es ihre Pflicht wäre, unmittelbare und entscheidende Maßregeln zu beschließen, ohne den Bericht zu erwarten. Die größte Aufregung, der größte Tumult herrschte vor, da erschien plötzlich General Grenier, der Berichterstatter der Kommission; er erklärte, daß dieselbe nach einer Berathung von fünf Stunden Folgendes beschlossen habe:

„Das Wohl des Vaterlandes verlange es, daß der Kaiser den beiden Kammern erlauben müsse, eine Kommission zu ernennen, welche beauftragt würde, direkt mit den verbündeten Mächten zu verhandeln. Dieselbe solle nur feststellen, daß die letzteren die nationale Unabhängigkeit, die territoriale Integrität und das jedem Volke gehörige Recht achten, sich nach eigenem Gutdünken eine Verfassung zu geben. Diese Verhandlungen müßten endlich durch die rasche Entfaltung der nationalen Streitkräfte unterstützt werden."

Dieser Bericht wurde mit allgemeiner Mißbilligung aufgenommen. Der Berichterstatter fuhr daher, die Erwartungen der Kammer kennend, folgendermaßen fort:

„Dieser Artikel, meine Herren, scheint mir unzureichend. Er erfüllt nicht den Zweck, welchen sich die Kammer gesetzt hat, da es möglich ist, daß Ihre Deputation nicht angenommen wird. Ich würde daher nicht die Annahme dieser Maßregel vorschlagen, wenn ich nicht wüßte, daß Sie bald ein Schreiben des Kaisers erhalten werden, worin er seinen Wunsch ausspricht, die Wirkung dieses zuerst zu versuchen. Sollte es sich jedoch zeigen, daß er das Hinderniß wäre, welches die Nation abhalte, wegen ihrer Unabhängigkeit zu unterhandeln, so würde er bereit sein, jedes Opfer zu bringen, welches man verlangen möchte."

Dieses brachte in der Versammlung eine außerordentliche Aufregung hervor. Man sah es für einen Kunstgriff Napoleons an, um dadurch Zeit zu gewinnen, daß er den Kammern eine Maßregel vorschlug, von der er wohl wußte, daß sie erfolglos sein würde, und um die erste günstige Gelegenheit zur Zerstörung ihrer Unabhängigkeit und Wiederherstellung seines Despotismus benutzen zu können — um, mit einem Worte, den achtzehnten Brumaire wieder ins Leben zu rufen. Der Tumult hatte den höchsten Grad erreicht; viele protestirten heftig gegen den Bericht; endlich erstieg einer von ihnen, Duchesne, die Tribüne und sprach folgende energische und entschiedene Worte:

„Ich glaube nicht, daß das von dem Kommitee vorgeschlagene Projekt geeignet ist, zu dem gewünschten Ende zu führen. Die Größe unsers Unfalles kann nicht geläugnet werden, die Gegenwart des Anführers unserer Armee in der Hauptstadt zeigt dieselbe deutlich genug. Wenn es für die Energie einer Nation keine Grenze giebt, so giebt es Grenzen für ihre Mittel. Die Kammern können den alliirten Mächten keine Unterhandlungen anbieten. Die Dokumente, welche uns mitgetheilt worden sind, zeigen, daß sie einstimmig alle ihnen gemachten Eröffnungen zurückgewiesen und erklärt haben, daß sie nicht mit den Franzosen unterhandeln würden, so lange der Kaiser an ihrer Spitze stände.“

Hier wurde der Redner vom Präsidenten unterbrochen. Derselbe zeigte an, daß das vom Berichterstatter erwähnte Schreiben sehr bald ankommen würde. Die Unterbrechung dieses wichtigen Punktes der Debatte erneuerte den Tumult in der Kammer. Einige sagten laut: „Es ist ein ersonnener Plan, um uns Zeit verschwenden zu lassen.“ Andere schrien: „Es wird irgend ein Komplot geschmiedet.“ Die Mehrzahl rief: „Weiter! Weiter! Es giebt keine Mittelstraße.“

Duchesne fuhr fort:

„Es ist nothwendig, daß wir in der Entwickelung der nationalen Streitkräfte sicher eine Vertheidigung finden, welche unsere Friedensanträge genügend unterstütze und uns befähige, mit Erfolg für unsere Ehre und unsere Unabhängigkeit zu unterhandeln. Kann diese Streitmacht rasch genug entwickelt werden? Können Umstände nicht wiederum siegreiche Armeen vor die Hauptstadt führen? Dann wird unter ihren Auspicien die alte Königsfamilie zurückkehren.“

Niemals! Niemals! riefen mehrere Stimmen.

„Ich spreche frei meine Ansicht aus. Was würden die Folgen dieser Begebenheiten sein? Uns bleibt nur ein Ausweg übrig. Wir müssen den Kaiser auffordern, im Namen des Wohles des Staats, in dem heiligen Namen eines duldenden Landes, seine Thronentsagung auszusprechen."

Kaum war dieses Wort gesprochen, als auch die ganze Versammlung aufstand. Durch den Lärm hindurch hörte man hundert Stimmen ausrufen: „Einverstanden!" „Einverstanden!" Nachdem es dem Präsidenten endlich gelungen war, die Ruhe einigermaßen wieder herzustellen, sagte er:

„Ich kann nicht hoffen, zu irgend einem Resultate zu kommen, wenn die Aufregung der Kammer nicht aufhört. Das Wohl des Landes hängt von der Entscheidung dieses Tages ab. Ich ersuche die Kammer, das Schreiben des Kaisers abzuwarten."

Der Vorschlag Duchesnes wurde sogleich durch den General Solignac unterstützt. Derselbe hatte seit den letzten fünf Jahren die bittersten Kränkungen erfahren und den Haß Napoleons sich zugezogen, weil er nicht das sklavische Werkzeug seines Ehrgeizes sein wollte. Die Kammer erwartete daher mit größter Spannung, welchen Ausweg er vorschlagen würde:

„Auch ich", sagte der General, „theile die Unruhe dessen, der vor mir die Tribüne bestieg. Ja! Wir müssen das Wohl des Kaiserthums und die Aufrechthaltung unserer freien Institutionen berücksichtigen, und da die Regierung geneigt ist, Ihnen die dahin führenden Maßregeln vorzulegen, so scheint es wichtig, der Kammer die Ehre zu retten, kein Mittel vorgeschlagen zu haben, welches aus der freien Entschließung des Monarchen entspringen muß. Ich beantrage, daß eine Deputation von fünf Mitgliedern zum Kaiser gesendet werde, um Sr. Majestät die dringende Nothwendigkeit einer schnellen Entscheidung bemerklich zu machen. Der Bericht derselben wird, ich hoffe es, sowohl die Wünsche der Versammlung, als die der Nation befriedigen."

Dieser Vorschlag wurde sehr günstig aufgenommen, und der Präsident wollte ihn eben zur Abstimmung bringen, als Solignac nochmals in der Tribüne erschien.

„Ich wünsche", sagte er, „ein Amendement meiner Motion zu beantragen. Mehrere der Herren haben mir gesagt, daß wir bald den Entschluß Sr. Majestät erfahren werden. Ich halte es daher für nöthig, daß wir wenigstens eine Stunde auf die Ankunft des Schreibens warten, welches, wie es scheint, an die Kammer gerichtet ist. Ich beantrage daher einen Aufschub von einer Stunde."

Dieser Theil seiner Rede wurde von der Kammer mit großer Mißbilligung aufgenommen.

„Meine Herren!" fuhr der General fort, wir alle wünschen die Rettung des Vaterlandes, aber können wir dieses einstimmige Gefühl nicht mit dem löblichen Wunsche vereinen, daß die Kammer die Ehre des Staatsoberhauptes bewahren möchte?"

Man ruft: Ja! Ja!

„Wenn ich beantragte, bis Abend oder bis Morgen zu warten, so möchte man mir Einwendungen machen können — aber eine Stunde." —

Ja! Ja! Zur Abstimmung! war der allgemeine Ruf, und die Kammer vertagte die Motion.

Während dieser Zeit hatte Regnault de Saint-Jean d'Angely den Kaiser von der Stimmung der Kammer in Kenntniß gesetzt und ihn gewarnt, daß, wenn er nicht sogleich selbst entsagte, seine Absetzung aller Wahrscheinlichkeit nach ohne Aufschub erklärt werden würde. Bei dem Gedanken dieser beabsichtigten Gewaltthat gerieth er in die größte Wuth. „Wenn das der Fall ist", sagte er, „so werde ich gar nicht abdanken. Die Kammer besteht aus einer Brut von Jakobinern, Starrköpfen und Intriganten, welche Unordnung oder Stellen wünschen. Ich hätte sie der Nation denunciren und sie entlassen sollen. Die verlorene Zeit kann aber noch eingeholt werden.“ Regnault drang jedoch in ihn, den gebieterischen Umständen zu weichen und das schöne und edele Opfer von 1814 zu wiederholen. Er versicherte ihm, daß, wenn er dies nicht thäte, die Kammer und selbst die ganze Nation ihn anklagen würden, aus rein persönlichen Rücksichten, die Möglichkeit des Friedens verhindert zu haben. Hierauf wurden Solignac und andere Deputirten angemeldet; sie erklärten kühn, daß ihm keine anderer Ausweg bliebe, als sich dem Verlangen der Volksrepräsentanten zu unterwerfen. Solignac beschrieb ihm die Scene in der Deputirten-Kammer und wie schwer es ihm geworden wäre, sie zu einem Suspens ihrer Entscheidung zu bewegen; er bemerkte ihm endlich noch, daß wenn er derselben nicht durch freiwillige Abdankung zuvor käme, die Entsetzung ausgesprochen werden würde. Selbst seine Brüder, Lucian und Joseph, meinten, daß jetzt die Zeit zum Widerstande vorbei sei. Als der Paroxismus seiner Wuth sich gelegt hatte, zeigte Napoleon seinen Entschluß an, zu Gunsten seines Sohnes zu entsagen, forderte seinen Bruder Lucian auf, die Feder zu ergreifen, und diktirte ihm folgende Erklärung:

„Franzosen! Als ich zur Aufrechthaltung der nationalen Unabhängigkeit den Krieg begann, bauete ich auf die Vereinigung aller Anstrengungen, aller Wünsche, auf das Mitwirken aller nationalen Autoritäten. Ich hatte Grund, auf Erfolge zu hoffen, und trotzte allen Erklärungen der gegen mich verbündeten Mächte.“

„Die Umstände scheinen sich geändert zu haben. Ich biete mich dem Hasse der Feinde Frankreichs als Opfer dar. Möchten ihre Erklärungen sich als aufrichtig erweisen, möchten sie dieselben allein gegen meine Macht gerichtet haben.

Meine politische Laufbahn ist zu Ende, und ich proklamire meinen Sohn, unter dem Namen Napoleon II., zum Kaiser der Franzosen."

„Die jetzigen Minister werden provisorisch den Rath der Regierung bilden. — Im Interesse für meinen Sohn richte ich an die Kammer die Bitte, ohne Aufschub durch ein Gesetz die Regentschaft festzustellen."

„Vereinigt Euch alle für das öffentliche Wohl, um eine unabhängige Nation zu bleiben."

„Napoleon."

Dies war der letzte große Akt seines politischen Lebens. Besiegt und gedemüthigt durch fremde Feinde, unterjocht und beaufsichtigt durch die Vertreter der Nation, sah er sich genöthigt, von einem Throne zu steigen, von dem aus er einst das Schicksal der Souveraine an seinen unruhigen Willen gekettet hatte. Fast alle früheren Veränderungen und Abstufungen in seiner außerordentlichen Laufbahn waren durch einen gewaltsamen Staatsstreich oder irgend eine prächtige Scene von dramatischen Effekten eingeleitet oder begleitet gewesen; bei dieser Gelegenheit aber machte sich der Uebergang nur durch die Ruhe bemerkbar, mit welcher er ins Leben gesetzt worden war. Man hätte erwarten sollen, daß das Ende der politischen Laufbahn eines solchen Mannes nur mit dem Ende eines Lebens hätte zusammen fallen können, welches, wenn nicht auf dem Gipfel des Ruhmes geschlossen, in der Mitte des Schlachtengewühles oder in dem Strudel einer Staatsumwälzung beendet werden mußte. Daß er einen zweiten 18. Brumaire im Sinne hatte, darüber ist kein Zweifel vorhanden; aber der entschiedene Ton der Debatten in der National-Versammlung, die Bitten seiner Freunde und die Hoffnung, den Thron seiner Familie zu sichern, bewogen ihn, jeden Gedanken an ein solches Projekt aufzugeben. Es ist außerdem mehr als wahrscheinlich, daß er bei der schlechten Stimmung, welche im ganzen Lande gegen die Bourbons herrschte, und bei den feindlichen Grundsätzen der verschiedenen Faktionen, auf die Chancen einer Revolution rechnete, bei deren Anarchie und Verwirrung man ihn dann zur Wiederherstellung der Ordnung anrufen würde.

Wenn man bedenkt, daß die große Masse, die Linien-Armee Napoleon ganz ergeben war, daß die gesammelte Nord-Armee sich auf Paris zurückzog, um dort ihre Macht zu koncentriren und durch die Regiments-Depots zu verstärken, daß ferner die Armeen längs der Ostgrenze noch immer ihre verschiedenen Stellungen innne hatten und es in der Vendee den kaiserlichen Truppen sogar gelungen war, den Aufstand zu dämpfen — wenn man außerdem noch in Betracht zieht, wie groß, wie außerordentlich der Einfluß war, welchen der strahlende Glanz Napoleons auf die Majorität der Nation ausgeübt hatte, daß dieselbe, durch die unzähligen Siege geblendet die verhängnißvollen Unfälle nur der vereinten Macht der großen europäischen Ligue zuschrieb — so wird man ohne Zweifel über die feste, kühne und entschlossene Haltung des französischen Parlaments erstaunen. Frankreich entfaltete bei dieser kritischen Gelegenheit eines der schönsten Beispiele der Macht konstitutioneller Gesetzgebung, welche die Welt je gesehen hat. Unter den begleitenden Umständen war es ein merkwürdiger Triumph freier Institutionen über monarchischen Despotismus.

Wir müssen jetzt aber zu den Operationen der alliirten Armeen zurückkehren.

Am 23. Juni gaben Wellington und Blücher den Gros ihrer Heere einen Ruhetag, um nicht blos den Truppen die nöthige Erholung zu gewähren, sondern auch, um die Nachzügler zu sammeln und Munition und Bagage herankommen zu lassen.

Von der englisch-alliirten Armee marschirte an diesem Tage nur die 6te hannöversche Brigade Lyon, nebst der Husaren-Brigade Grant, der reitenden Batterie des Oberst-Lieutenant Webber Smith und den Fuß-Batterien der Majors Unett und Brane, unter der Anführung des Generals Colville, zum Angriff auf Cambray ab. Der Herzog glaubte, daß die Garnison diesen Platz geräumt und höchstens 300 bis 400 Mann daselbst zurückgelassen habe; er versah daher den General Colville mit einem Brief an den Gouverneur, durch welchen er ihn zur Uebergabe der Festung aufforderte, und mit mehreren Kopien der Proklamation des 22sten. Das 1ste braunschweigsche leichte Bataillon wurde von der Reserve nach Bavay entsendet, um die vom Feinde besetzte Festung Le Quesnoy zu beobachten.

Das 3te preußische Armee-Korps ging bis Avesnes vor, wodurch die drei zur Offensive gegen Paris bestimmten Korps in so nahe Berührung mit einander kamen, daß sie durch kaum einen halben Marsch ihre Vereinigung bewirken konnten. Diese Entfernung wurde auf dem ganzen Reste der Marschlinie beibehalten.

An demselben Tage hielten die verbündeten Feldherren zur Feststellung ihres weiteren gemeinsamen Operationsplanes zu Catillon eine Zusammenkunft. Da man durch die erhaltene Nachrichten gewiß wußte, daß der Feind seine Streitkräfte bei Laon und Soissons concentrire, und man sich bei dem Vordringen gegen die Hauptstadt nicht mit Avant- und Arrieregarden-Gefechten aufhalten wollte, so wurde beschlossen, diese Operationslinie zu verlassen, auf dem rechten Ufer der Oise vorzugehen und den Fluß entweder bei Compiegne oder Pont St. Maxence zu passiren. Durch diese Umgehung des französischen linken Flügels hoffte man dem Feind den Rückzug abzuschneiden oder wenigstens Paris vor ihm zu erreichen. Zur Maskirung dieses Planes sollte ein Korps preußischer Kavallerie dem Feind auf der graden Straße folgen und sich für die Avantgarde der alliirten Armeen ausgeben. Da es nöthig werden konnte, Brücken über die Oise zu schlagen und der preußische Ponton-Train dazu nicht ausreichte, so sollte der britische General den seinigen vorsenden. Um sich endlich eine gute Basis für diese Operationen zu schaffen, kam man überein, daß der Prinz Friedrich der Niederlande mit seinem Korps zur Belagerung der an der Schelde und zwischen ihr und der Sambre gelegenen Festungen zurück bleiben, und daß eine andere Truppenmasse die Belagerung der von der Sambre und zwischen ihr und der Mosel gelegenen Festungen unternehmen solle. Diese letztere Truppenmasse bestand aus dem 2ten preußischen Armee-Korps, unter dem General von Pirch, dem norddeutschen Korps*), zuerst unter dem General Graf Kleist von Nollendorf, dann unter dem General-Lieutenant von Hacke, und aus einem Theile der Besatzung von Luxemburg, unter dem General-Lieutenant Prinz Ludwig von Hessen-Homburg. Alle diese deutschen Truppen wurden unter den Ober-Befehl des Prinzen August von Preußen gestellt.

Dieser Operationsplan war so, wie man aus der Vereinigung solcher Feldherren, als Wellington und Blücher waren, nur erwarten konnte; er war ohne Zweifel am besten ge-

*) Dieses Korps hatte am 12. März bei Koblenz und Neuwied den Rhein passirt und an der Mosel und Saar Stellung genommen. Es blieb daselbst bis zum 16. Juni, wo es in Folge des Zurückwerfens der Blücherschen Armee den Befehl empfing, sich auf St. Vith zurückzuziehen. Von dort aus wurde es jetzt über Bastogne und Neufchateau über die französische Gränze gezogen, um Bouillon und Sedan anzugreifen.

eignet, das Ziel zu erreichen, welches sie vor Augen hatten, und wurde mit aller jener gegenseitigen Herzlichkeit und guter Kameradschaft ausgeführt, welche ihre Unternehmung überall charakterisirte.

Am Morgen des 24. befahl der Herzog von Wellington in Folge eines von Colville erhaltenen Rapportes, daß Lord Hill die beiden in Le Cateau stehenden Brigaden der 4ten Division mit einer Neunpfünder-Batterie zur Verstärkung der dortigen Brigade nach Cambray senden solle.

Nach Ankunft dieser Truppen traf Colville seine Vorbereitungen zum Angriffe und führte denselben am Abend folgendermaßen aus: Es wurden drei Angriffs-Kolonnen formirt; die eine, unter dem Oberst-Lieutenant Sir Neil Campbell (Major im 84sten Regimente), eskaladirte den Winkel, welchen die Courtine mit dem Valencienner Thor bildete; eine zweite, befehligt vom Oberst Sir William Douglas des 91sten Regiments, und geführt vom Lieutenant Gilbert des Ingenieur-Corps, eskaladirte ein großes Ravelin an der Straße nach Amiens; eine dritte endlich, welche aus der Brigade des Obersten Mitchell bestand, und vom Kapitän Thompson des Ingenieur-Korps geführt wurde, hatte das äußere Thor des Hornwerks forcirt, beide Gräben auf dem Geländer der Zugbrücke überschritten und versuchte nun, das Pariser Thor zu erbrechen, da dies aber nicht gelang, so eskaladirte sie eine dort befindliche, noch nicht wieder ausgebesserte Bresche. Die drei Batterien des Oberst-Lieutenants Webber Smith und der Majors Unett und Brune leisteten unter der oberen Leitung des Oberst-Lieutenants Hawker bei Unterstützung dieser Angriffe wesentliche Dienste. Alle Angriffe gelangen, und die Stadt fiel den Stürmenden schnell in die Hände. Die Citadelle hielt sich jedoch noch; der Kommandant derselben bat um Einstellung der Feindseligkeiten, erhielt jedoch eine abschlägige Antwort *).

Von der englisch-alliirten Armee marschirten an diesem Tage die 1ste und 3te britische Division, die dem 1sten Korps zugetheilte niederländische Infanterie und die niederländische Kavallerie von Gommignies nach Forest, an der Straße nach Le Cateau, und lagerten zwischen den Dörfern Croix und Bousies.

Die 2te britische Division blieb in Le Cateau.

Der Herzog ging nicht weiter vor, um die nöthige Zeit zur Heranschaffung der Pontons und der Munitions-Kolonnen zu gewinnen. Die Reserve, nämlich die 5te und 6te Division, das braunschweigsche Korps und die Reserve-Artillerie, wurde näher ans Gros herangezogen; sie kantonnirte und lagerte in und bei den Dörfern Engle-Fontaine, Rancour und Preau au Bois.

---

*) Ueber die Leichtigkeit, mit welcher die Festung Cambray genommen wurde, sagt der General-Major Sir James Carmichael Smith (damals Kommandeur des Ingenieur-Korps bei der Armee des Herzogs von Wellington) in seinem 1817 veröffentlichten Berichte über die von der englischen und preußischen Armee in den Feldzügen 1814 und 1815 ausgeführten Belagerungen Folgendes: — Die leichte Einnahme von Cambray zeigt, neben vielen andern Beispielen der alten und neuern Kriegsgeschichte, den Staatsmännern und Kriegsleuten von neuem die Wahrheit der Lehre, daß man die Festungen eines Landes nicht vernachlässigen oder verfallen lassen dürfe. Man denkt sich den Eber stets seine Hauer wetzend, wenn auch kein Feind in der Nähe ist, denn er weiß sehr wohl, daß ihm keine Zeit dazu übrig bleibt, wenn er sie gebrauchen muß. Wäre die Eskarpe von Cambray gut erhalten oder der Graben beim Pariser Thor nicht voll Schutt und Schilf gewesen, dann hätte der Platz nicht so leicht durch Sturm genommen werden können. Die Eskarpe ist da, wo der Graben trocken ist, 40 bis 70 und da, wo er naß ist 30 bis 40 Fuß hoch. Eine solche Eskarpe ist im gut erhaltenen Zustande nicht zu verachten!!

An demselben Tage wurden bei den Vorposten des unter den Befehlen des Prinzen Friedrich der Niederlande bei Valenciennes stehenden Corps, und bei denen des 1sten preußischen Armee-Korps Vorschläge zur Einstellung der Feindseligkeiten gemacht. Man gab vor, daß Napoleon zu Gunsten seines Sohnes abgedankt habe, daß eine provisorische Regierung, aus Fouché, Caulincourt, Grenier und Quinette bestehend, ernannt sei, und von derselben Bevollmächtigte mit Friedensanträgen an die verbündeten Mächte gesandt worden wären. Wellington und Blücher fühlten aber sehr wohl, daß sie nicht den Absichten und dem Geiste der alliirten Souveraine Europa's gemäß handeln würden, wenn sie diesen Vorschlägen Gehör gäben, und verweigerten daher bestimmt die Einstellung ihrer Operationen. Die dem preußischen Feldherrn gemachten Anträge gingen vom General Graf Morand, dem Kommandeur der bei Laon stehenden französischen Arrieregarde aus. Blücher erwiederte, daß kein Waffenstillstand geschlossen werden könne, es sei denn, daß Napoleon ausgeliefert und die im Rücken der Armee liegen gebliebenen Festungen als Garantie übergeben würden.

Ludwig XVIII. kam, dem Rathe Wellingtons zu Folge, mit einem zahlreichen Gefolge spät am Abend in Le Cateau an, und wartete nur die Einnahme der Citadelle von Cambray ab, um seine einstweilige Residenz in dieser Stadt zu nehmen.

Die preußische Armee nahm am 24., dem gemeinsamen Operationsplane gemäß, ihre Bewegungen wieder auf. Mit Anbruch des Tages wurde Oberst-Lieutenant von Schmiedeberg mit den schlesischen Ulanen und etwas reitender Artillerie gegen Laon entsendet, um im Verein mit den schon vom 1sten Armee-Korps abgeschickten Detaschements den Feind zu beobachten und zu täuschen. Blücher ließ seine drei Armee-Korps in zwei Kolonnen vorrücken; die linke Kolonne, welche sich dem Feinde zunächst befand und aus dem 1sten und 3ten Armee-Korps zusammen gesetzt war, sollte längs der Oise marschiren, das 3te Korps aber um einen halben Marsch vom 1sten entfernt bleiben. Die vom 4ten Armee-Korps gebildete rechte Kolonne sollte auf der parallelen Straße vorgehen und sich in der Entfernung von einem halben Marsche auf gleicher Höhe mit der erstern halten. Die linke Kolonne marschirte auf Compiegne, die rechte auf Pont St. Maxence.

Um 9 Uhr brach das 1ste Armee-Korps (das Ziethensche) von Etroeung nach Guise auf. Die Avantgarde, unter dem General-Major von Jagow, welcher die 8te Fuß-Batterie und zwei zehnpfündige Haubitzen zugetheilt worden waren, machte St. Laurent, einer Vorstadt von Guise, gegenüber Halt, um die Festung auf dieser Seite zu beobachten, während Ziethen eine Infanterie-Brigade, ein Kavallerie-Regiment, eine reitende und eine Fuß-Batterie bei St. Germain und Bussiere über die Oise sandte, um den Platz von der andern zu bedrohen.

Sobald sich der Feind vollständig eingeschlossen sah, zog er sich ganz in die Citadelle zurück. Ziethen traf sogleich Anstalten, das Feuer gegen diese zu beginnen, ließ aber vorher noch den Kommandanten zur Uebergabe auffordern. Dies hatte den gewünschten Erfolg. Die aus 18 Offizieren und 350 Mann bestehende Garnison streckte auf dem Glacis die Waffen und wurde zu Kriegsgefangenen gemacht. Die Preußen fanden in dem Platze 14 Stücke Geschütz, 3000 Musketen, zwei Millionen Patronen, eine große Menge Munition und bedeutende Magazine, und gewannen, was von größerer Wichtigkeit war, einen andern starken Punkt in ihrer neuen Operations-Basis, ohne einen einzigen Schuß gethan zu haben. Major Müller blieb mit den beiden schwachen Füsilier-Bataillonen des 28sten und des 2ten westphälischen Landwehr=Regiments als Garnison des Platzes zurück.

Der Rest des Ziethenschen Korps war noch vor Uebergabe der Festung bei Guise angekommen, worauf die aus der 3ten Brigade bestehende Avantgarde weiter vorging, Origny jedoch nicht vor 9 Uhr Abends erreichte. Das 1ste schlesische Husaren=Regiment streifte bis Ribemont. Von der Reserve-Kavallerie wurden Patrouillen nach Crecy, Pont à Bussy und La Fère gesendet, um die Serre zu beobachten.

Thielemann marschirte von Avesnes auf Nouvion und traf daselbst um 4 Uhr Nachmittags ein. Die Beobachtungs-Detaschements, welche von diesem Korps links abgesendet worden waren, um Nachrichten über die Grouchysche Armee einzuziehen, erreichten am Abend Hirson und Vervins. Eben so wurden Rekognoscirungs=Patrouillen nach der von Mezières über Montcornet nach Laon führende Straße gesendet.

Bülow marschirte mit dem 4ten Armee=Korps, der preußischen rechten Kolonne, von Femy nach Aisonville und Bernonville. Die von diesem Korps abgesendeten Kavallerie=Detaschements gelangten bis Chatillon an der Oise und fanden St. Quentin unbesetzt. Als dies dem General von Sydow, welcher mit der Avantgarde bei Fontaine notre Dame eintraf, erfuhr, eilte er sogleich vor und versicherte sich dieses wichtigen Punktes. Eine Abtheilung französischer Kavallerie war am vorhergehenden Tage von demselben nach Laon abmarschirt. Die zur Einschließung von Landrecies zurück gebliebenen Truppen trafen jetzt beim 4ten Korps wieder ein.

Durch diese Märsche und den Halt des Herzogs von Wellington waren die Preußen um einen Tagemarsch der alliirten Armee voraus.

Die Truppen Grouchy's erreichten an demselben Tage Rethel.

Die Stellung der verschiedenen Armeen am Abend des 24. war daher folgende:

Die 1ste, 2te und 3te Division der englisch-alliirten Armee in und um Le Chateau Cambresis; die 4te Division bei Cambray; die 5te und 6te Division, das braunschweigsche Korps und die Reserve-Artillerie in und um Engle-Fontaine.

Das Hauptquartier des Herzogs von Wellington in Le Chateau Cambresis.

Das 1ste preußische Armee-Korps bei Guise, das 3te bei Muvion und das 4te bei Aisonville und Bernonville.

Das Hauptquartier des Fürsten Blücher in Henappe.

Die französischen Truppen unter Soult zu Laon, die unter Grouchy zu Réthel.

Am 24. erließ die am vorigen Tage nach einer stürmischen Diskussion über die Anerkennung Napoleon des Zweiten erwählte provisorische Regierung zu Paris — sie bestand aus dem Herzoge von Otranto (Fouché) dem Polizei-Minister, dem Herzoge von Vicenza (Caulincourt) dem Minister der auswärtigen Angelegenheiten, Carnot dem Minister des Innern, dem General Grenier, und Quinette — folgende Proklamation:

„Franzosen!“

„In dem kurzen Zeitraum von wenigen Tagen haben glänzende Erfolge und schreckliche Unglücksfälle Euer Schicksal bezeichnet.“

„Für Eueren Frieden und den der Welt schien ein großes Opfer nothwendig — Napoleon entsagte der Kaiserkrone. Seine Entsagung bildet das Ende seines politischen Lebens. Sein Sohn ist proklamirt worden.“

„Euere neue Konstitution, welche bis jetzt nur gute Grundregeln enthielt, wird ihre Anwendung finden und diese Grundregeln selbst werden geläutert werden.“

„Nach fünf und zwanzigjährigen politischen Stürmen ist der Augenblick gekommen, wo alles Weise und Erhabene, was an socialen Institutionen erdacht worden ist, in den Eurigen verwirklicht werden wird. Mögen Vernunft und Genius sprechen, und von welcher Seite auch ihre Stimmen erschallen, sie sollen gehört werden."

„Es sind Bevollmächtigte abgesendet worden, um im Namen der Nation Verhandlungen einzuleiten und mit den Mächten Europa's den Frieden zu schließen, welchen sie unter einer Bedingung versprochen haben. Diese Bedingung ist jetzt erfüllt."

„Die ganze Welt wird gleich uns ihre Erwiederung hören. Ihre Antwort wird zeigen, ob Gerechtigkeit und Versprechungen noch etwas auf Erden gelten."

„Franzosen! seid einig! Mögen alle sich bei Verhältnissen von so umfassender Wichtigkeit zusammen schaaren. Mögen die innern Parteiungen aufhören. Mögen die Streitigkeiten zu einer Zeit schweigen, wo die großen Interessen der Nation verhandelt werden müssen. Möge ganz Frankreich von der nördlichen Grenze bis zu den Pyrenäen, von der Vendee bis nach Marseille einig sein."

„Wer ist der Mann, der auf französischer Erde geboren, gleichviel, welches seine Partei oder politische Ansicht ist, sich nicht unter die nationale Fahne stellen würde, um die Unabhängigkeit des Landes zu vertheidigen?"

„Armeen können vernichtet werden, aber die Erfahrung aller Zeiten, aller Nationen hat gezeigt, daß ein tapferes Volk, welches für Gerechtigkeit und Freiheit kämpft, nicht besiegt werden kann."

„Der Kaiser hat sich durch seine Abdankung zum Opfer gebracht. — Die Mitglieder der Regierung widmen sich der pflichtschuldigen Ausführung der Autorität, mit welcher sie durch Euere Repräsentanten bekleidet worden sind."

„Den 24. Juni 1815."

„Der Herzog von Otranto."
„T. Berlier, Sekretär."

Am 25. Juni ließ Ludwig XVIII., von Wellington dazu ermuntert, durch den Grafen von Audenarden den Gouverneur von Cambray Baron Roos zur Uebergabe der Citadelle auffordern. Die Aufforderung hatte den gewünschten Erfolg. Die Garnison kapitulirte, und der Herzog überließ die Festung sogleich dem Könige. Das Gros der englisch-alliirten Armee rückte an diesem Tage bis Joncour vor. Die 4te Division blieb zu Cambray. Die Reserve marschirte nach Marets.

Das 1ste preußische Korps marschirte an demselben Tage von Guise nach Cerisey, welches an der von St. Quentin nach La Fère führenden Straße liegt; seine Avantgarde kam bis Fargnieres in der Nähe des letzteren Ortes. Ein Offizier wurde mit dreißig Dragonern über die Oise gesendet, um der Festung die Kommunikation mit Laon abzuschneiden. Hierdurch wurde die Einschließung des Platzes vollendet. Auf dem rechten Ufer der Oise war La Fère durch Inundationen geschützt, und es boten sich daselbst keine günstigen Punkte zur Etablirung von Batterien dar. Man traf daher Anstalten, den Fluß unterhalb der Festung in der Nacht zu passiren und die dominirenden Höhen auf der Seite von Laon zu gewinnen.

Während des Marsches der Avantgarde sandte der Kommandeur derselben, General-Major von Jagow, ein Detaschement des 1sten schlesischen Husaren-Regiments nach Chaumy. Dasselbe kommunicirte von da aus links über St. Gobain mit dem in Crespy stehenden Rittmeister von Goschitzky und rechts mit den bis Jussy vorgeschobenen Detaschements der Avantgarde des 4ten Korps. Die am vorigen Tage nach Crescy, Pont-à-Bussy und längs der Serre detaschirten Parteien wurden jetzt eingezogen.

Das 3te preußische Korps marschirte von Nouvion bis Hombliores und Umgegend. Die 9te Brigade besetzte den Uebergang über die Oise bei Origny und die 12te den bei Neuvillette. Die 11te Brigade bivakirte bei Marey und die 10te bei Hombliores und Menil St. Laurent. Die Detaschements, welche das Corps am vergangenen Tage gegen die von Mezières nach Laon führende Straße abgeschickt hatte, meldete, daß die Franzosen am 24., Vormittags 11 Uhr, Aubenton verlassen hätten und nach Montcornet abmarschirt wären, daß die Armee Grouchy's am 23. Rocroi und am 24. Rethel erreicht habe, und wahrscheinlich nach Soissons marschiren würde. Nach Einbringung dieser Nachrichten wurden die Detaschements herangezogen und ihre Beobachtung auf das Terrain in der Nähe des linken Oise-Ufers beschränkt.

Der Avantgarde des 4ten preußischen Armee-Korps folgte die Reserve-Kavallerie unmittelbar. Das Ganze wurde unter die Befehle des Prinzen Wilhelm von Preußen gestellt. Die Kavallerie marschirte auf der Straße nach Chauny bis Montescourt und bivakirte daselbst. Das Gros des Korps kam bis Essigny le grand.

In St. Quentin erhielt Blücher ein von Laon datirtes Schreiben, welches die Deputation der französischen Kammern an die verbündeten Feldherren gerichtet hatte. In demselben wurde die Abdankung Napoleons und die Thronbesteigung seines Sohnes mitgetheilt, und angezeigt, daß die Deputation von der provisorischen Regierung beauftragt sei, einen Waffenstillstand zu unterhandeln. Blücher ließ hierauf durch einen Adjutanten mündlich antworten, daß er die Feindseligkeiten einstellen würde, sobald er in Paris angekommen wäre, vorausgesetzt, daß Buonaparte ausgeliefert, mehrere Grenz-Festungen ihm als Unterpfand übergeben würden und Wellington mit den zu machenden Vorschlägen übereinstimme.

Aus den am heutigen Tage vom Oberst-Lieutenant von Schmiedeberg erhaltenen Nachrichten mußte man schließen, daß der Feind noch immer bei Laon stände. Die von den Detaschements des 3ten Korps eingegangenen Meldungen bestätigten diese Ansicht und zeigten, daß Grouchy's Truppen noch um zwei Märsche von Laon entfernt wären. Diese Meldungen, verbunden mit den Versuchen der Franzosen, die Alliirten in Unterhandlungen zu verwickeln, ließen deutlich erkennen, wie wichtig es wäre, durch einen forcirten Marsch die Oise-Uebergänge zu gewinnen und dem Feinde die Rückzugslinie über Soissons nach Paris zu verlegen. In der Nacht des 25. erhielt man jedoch die sichere Nachricht, daß die französische Armee von Laon nach Soissons marschirt wäre, und mußte daraus schließen, daß der Feind nicht länger über das Vorrücken der Preußen auf Laon getäuscht sei, daß er daher seinen Rückzug fortsetzen, nach Compiegne detaschiren und sich bemühen würde, ihren Unternehmungen gegen die Oise zuvor zu kommen. Man mußte daher, ohne einen Augenblick zu verlieren, die Oise-Uebergänge, besonders den von Compiegne, zu gewinnen suchen. Blücher legte auf den letztern einen um so größern Werth, als seine Armee keine Pontons hatte und der britische Ponton-Train noch weit zurück war; er bestimmte daher, daß seine linke Kolonne (das 1ste und 3te Korps) auf Compiegne, und seine rechte (das 4te) auf Pont St. Maxence marschiren solle, um sich der dortigen Oise-Uebergänge und des weiter unterhalb gelegenen bei Creil zu bemächtigen.

Soult war unermüdlich beschäftigt gewesen, die Trümmer des geschlagenen Theils der französischen Armee bei Laon zu sammeln; er marschirte mit denselben am 25. nach Soissons und wollte sich dort mit dem Heere Grouchy's vereinigen. Dieser war seinen Truppen um anderthalb Märsche voraus geeilt, um, der Instruktion der provisorischen Regierung zu Folge, den Befehl über die ganze Armee zu übernehmen. Als Soult sich so im Kommando übergangen sah, verließ er die Armee und eilte, über diese brüske und unhöfliche Behandlung erbittert, nach Paris.

Die Stellung der verschiedenen Armeen am Abende des 25. war folgende:

Die Avantgarde der englisch-alliirten Armee (die Brigade Vivian) stand zu Crisour in der Nähe von Saint Quentin.

Die 2te Division, die nassauschen Truppen und die britische Kavallerie lagerten in der Umgegend von Joncour.

Die 1ste und 3te Division, die dem 1sten Korps attaschirte niederländische Infanterie und die niederländische Kavallerie lagerten bei Serain und Premont.

Die 4te Division und die leichte Kavallerie-Brigade Grant befanden sich zu Cambray.

Die 5te und 6te Division, die braunschweigsche Infanterie und Kavallerie und die Reserve-Artillerie lagerten in und um Marets.

Das Hauptquartier des Fürsten Blücher war Saint Quentin.

Der rechte Flügel der französischen Armee befand sich unter Vandamme bei Rheims, der linke, unter Grouchy, bei Soissons.

Am 25. reiste Napoleon von der Hauptstadt nach dem Lustschlosse Malmaison ab; er erließ von hier aus folgende Adresse an die Armee:

„Soldaten!“

„Indem ich der Nothwendigkeit gehorche, die mich von der französischen Armee trennt, nehme ich mit mir die glückliche Versicherung, daß sie durch die großen Dienste, welche das Vaterland von ihr erwartet, das Lob rechtfertigen wird, das ihr selbst unsere Feinde nicht versagen können.“

„Soldaten! Ich werde auch in der Ferne Euren Schritten folgen! Ich kenne alle Korps, nicht eins derselben wird einen Vortheil über den Feind erringen, ohne daß ich es dem Muthe zuschreibe, welchen es entfaltet hat. Leute, unfähig, Euere Thaten zu würdigen, haben in den mir gegebenen Zeichen der Anhänglichkeit einen Eifer gesehen, dessen einziges Ziel ich selbst wäre. Ueberzeugt sie durch Euere zukünftigen Erfolge, daß Ihr vor Allem dem Vaterlande dientet, als Ihr mir gehorsam waret, und daß, wenn ich einen Antheil an Eurer Zuneigung hatte, ich es meiner heißen Liebe für Frankreich — unserer gemeinsamen Mutter — verdanke.“

„Soldaten! Noch eine geringe Anstrengung, und die Koalition wird aufgelöst sein. Napoleon wird Euch an den Schlägen erkennen, welche Ihr austheilen werdet. Rettet die Ehre, die Unabhängigkeit Frankreichs! Bleibt bis zuletzt dieselben Männer, welche ich seit zwanzig Jahren gekannt habe, und Ihr werdet unüberwindlich sein.“

„Malmaison, den 25. Juni 1815.“

„Napoleon.“

Neunzehntes Kapitel.

Am 26sten marschirt das Gros der englisch-alliirten Armee nach Vermand. — Einnahme von Peronne. — Die Division Colville vereinigt sich wieder mit der Armee. — Wellingtons Antwort an die französischen Abgeordneten. — La Fere wird von den Preußen vergeblich bestürmt. — Das 1ste und 4te Korps eilen in forcirten Märschen nach Compiegne und St. Maxence. — Lage der verschiedenen Armeen am Abend des 26sten. — Am frühen Morgen des 27sten versichert sich die Avantgarde des Ziethenschen Korps der Brücke von Compiegne, während die Franzosen nur noch eine halbe Stunde von diesem Punkte entfernt sind. — Nach einem erfolglosen Versuche, den Platz zu nehmen, ziehen sie sich auf Soissons zurück. — Marsch des Ziethenschen Korps auf Soissons, Villers-Cotterets und Crespy. — Bülow versichert sich der Oisebrücke bei Creil. — Gefecht bei Senlis. — Blücher bemächtigt sich der Linie der Oise. — Grouchy sucht in forcirten Märschen Paris zu erreichen. — Das Gros der Wellingtonschen Armee überschreitet die Somme und marschirt nach Roye. — Das Benehmen der niederländischen Truppen auf dem Marsche erregt den Aerger und Unwillen des Herzogs. — Stellung der verschiedenen Armeen am Abend des 27sten. — Gefecht bei Villers-Cotterets zwischen der Avantgarde des Ziethenschen Korps und französischen Truppen unter Grouchy und Vandamme. — Gefecht bei Nanteuil zwischen einem Theile des Ziethenschen und dem Reille-Korps. — Es gelingt Reille, sich mit Erlon zu vereinigen. — Direktion des Rückzuges der Kaisergarde, und des 6ten, sowie des 3ten und 4ten französischen Korps. — Die Avantgarde und die Reserve-Kavallerie des Bülowschen Korps unter dem Prinzen Wilhelm von Preußen fallen auf die im vollen Rückzuge begriffenen Truppen Reille's, greifen sie an und machen 2000 Gefangene. — Das Gros des Thielemannschen Korps geht zur Unterstützung des Ziethenschen nach Crespy vor. — Durch die Operationen der Preußen wird den französischen Truppen der Rückzug nach Paris auf den großen Straßen von Soissons und

Senlis abgeschnitten. — Die provisorische Regierung Frankreichs sendet eine neue Deputation mit der Bitte um Einstellung der Feindseligkeiten an die verbündeten Feldherrn ab. — Stellung der verschiedenen Armeen am Abend des 28sten. — Am 29sten nehmen die Korps Bülow und Ziethen Paris gegenüber Stellung. — Die Reste der großen französischen Nordarmee ziehen sich in die Linien der Hauptstadt zurück. — Die englisch-alliirte Armee erreicht verschiedene Punkte zwischen Gournay und Pont St. Maxence. — Positionen, welche die verschiedenen Armeen am Abend des 29sten eingenommen haben. — Zusammensetzung der Garnison von Paris. — Vertheidigungsmittel der Hauptstadt. — Politik der provisorischen Regierung. — Napoleon reist von Paris nach Rochefort ab. — Er wäre den Preußen beinahe in die Hände gefallen. — Die Regierung ernennt eine neue Deputation, um dem Herzoge von Wellington Vorschläge zum Waffenstillstand zu machen. — Richtiges Urtheil und außerordentliche Voraussicht, welche derselbe in seiner Erwiederung auf ihre Vorschläge kund giebt.

Der 26. Juni.

Am 26sten marschirte der Herzog von Wellington mit dem Gros seiner Armee bis Vermand und Gegend. Als General-Major Sir John Byng, welcher jetzt das 1ste Korps kommandirte, beim Passiren dieses Dorfes erfuhr, daß der Herzog sich in demselben befand, begab er sich sogleich zu ihm, um seine Befehle einzuholen. Bei seinem Anblicke rief Wellington aus: „Sie sind der Mann, welchen ich suche, ich brauche Sie, um Peronne zu nehmen. Sie können eine Garde-Brigade und eine niederländische mitnehmen. Ich werde ebenso rasch dort sein, wie Sie.“ Byng gab die nöthigen Befehle, daß die Brigade Maitland und eine niederländische Brigade der Division Chassé, welche seinem Korps attaschirt war, dazu verwendet wurde und setzte die erstere sogleich in Bewegung. Der Herzog traf mit diesen Truppen zugleich bei Peronne ein, ließ die Garnison auffordern und ging dann zur

Rekognoscirung der Festung vor. Da es ihm möglich schien, sie mit Sturm zu nehmen, befahl er Anstalten zu einem gewaltsamen Angriff zu treffen und bestimmte, daß dieser Angriff gegen das Hornwerk gerichtet würde, welches die Vorstadt auf dem linken Ufer der Somme deckt. Oberst-Lieutenant Lord Saltoun führte sogleich die leichten Truppen der Brigade Maitland zum Sturme vor und nahm das Außenwerk mit geringem Verluste. Als dies der Herzog sah, kehrte er in der Ueberzeugung, daß der Platz eine leichte Beute sein würde, nach Vermand zurück. Hierauf wurden einige Geschütze niederländischer Artillerie in das Hornwerk gebracht und eine Kanonade auf die Stadt eröffnet. Das Feuer war indessen auf beiden Seiten nur schwach und hörte bald ganz auf. Denn als Byng seinen General-Stabsoffizier, den Oberst-Lieutenant Stanhope, mit einer weißen Fahne vorschickte, schritten die Civilbehörden ein und forderten die Garnison dringend auf, zu kapituliren. Hierauf ergab sich die jungfräuliche Festung Peronne, unter der Bedingung, daß die Garnison die Waffen strecken und in ihre Heimath entlassen werden solle. Als Byng nach Vermand zurückkehrte, um dem Herzoge die Einnahme der Festung zu melden, begegnete er der niederländischen Brigade, welche gleichzeitig mit den Garden den Befehl erhalten hatte, nach Peronne zu marschiren, erst auf dem halben Wege dahin!

Die Division Colville schloß sich von Cambray kommend, der Armee wieder an. Der Platz war den Truppen des Königs von Frankreich unter dem Herzoge von Berry übergeben worden.

Die Reserve marschirte nach Bellicourt und Belle Eglise.

Als der Herzog in der Nacht nach seinem Hauptquartier Vermand zurückgekehrt war, fand er daselbst eine Note des Fürsten Blücher mit dem erwähnten Briefe der französischen

Kommissaire. Er beantwortete den letzteren sogleich folgendermaßen:

„Aus dem Hauptquartier, den 26. Juni
10 Uhr Abends.“

„Da der Feldmarschall Herzog von Wellington erst in diesem Augenblick in seinem Quartier angekommen ist, hat er auch jetzt erst vom Feldmarschall Fürsten Blücher den Brief Ihrer Excellenzen, welcher an die preußischen Vorposten gesendet worden war, erhalten.“

„Als der Feldmarschall den 21. d. M. von dem Hauptquartier der verbündeten Suveräne die letzten Nachrichten erhielt, befanden sich ihre Majestäten in Heidelberg. Dieselben müssen sich auch jetzt noch in dieser Richtung befinden.“

„Es muß daher Ihren Excellenzen einleuchten, daß der Feldmarschall sie weder abhalten, noch ihnen Vorschub leisten kann, ihre Majestäten zu erreichen. Wenn es aber in seiner Gewalt steht, oder wenn Ihre Excellenzen es für gerathen halten, durch die Gegenden zu reisen, welche von den unter seinem Kommando stehenden Truppen besetzt sind, so bittet der Feldmarschall, ihm wissen zu lassen, in welcher Art er Ihre Reise erleichtern kann.“

„Dem Feldmarschall war nicht bekannt, daß irgend ein die Vorposten kommandirender Offizier mündlich oder in einer andern Art die Einstellung der Feindseligkeit bewilligt habe.“

„Seit dem 15ten d. M., wo Napoleon Buonaparte an der Spitze der französischen Armeen in die Länder des Königs der Niederlande einbrach und die preußische Armee angriff, hat der Feldmarschall seinen Souverän und diejenigen Mächte, deren Armeen er kommandirt, als im Kriegszustande mit der französischen Regierung begriffen betrachtet, und kann die Abdankung Napoleon Buonaparte's von seiner angemaßten Autorität unter all' den Umständen, welche dieser Maßregel vorangegangen sind und sie begleitet haben, nicht als die Erreichung desjenigen Zieles anerkennen, welches in den Erklärungen und Verträgen der Alliirten ausgesprochen ist und sie veranlassen könnte, die Waffen niederzulegen."

„Der Feldmarschall kann daher durchaus keinen Waffenstillstand gewähren, so sehr es ihn auch verlangt, jedes weitere Blutvergießen zu verhindern."

„Da der vorgeschlagene Waffenstillstand der einzige Gegenstand war, über welchen Ihre Excellenzen mit dem Feldmarschall verhandeln wollten, so werden Sie nach dieser Erklärung seiner Gefühle und Absichten einsehen, daß eine Zusammenkunft mit ihm nutzlose Zeitverschwendung wäre. Wenn Ihre Excellenzen ihm aber dennoch die Ehre erzeigen wollen, eine Zusammenkunft mit ihm zu haben, so wird der Feldmarschall gern bereit sein, Sie an dem Ort und zu der Zeit zu treffen, welche Sie bestimmen werden."

„Der Feldmarschall bittet Ihre Excellenzen, die Versicherung seiner Hochachtung annehmen zu wollen."

„Wellington."

Von dem Augenblick an, wo Fürst Blücher den Rückzug der französischen Truppen von Laon nach Soissons erfahren hatte, war er eifrigst bemüht, sich der Oiseübergänge bei Compiegne, Verberie, Pont St. Maxence und Creil zu versichern. In der Nacht des 25sten befahl er daher, daß die Avantgarde des 1sten preußischen Armeekorps am folgenden Tage von Fargnieres durch einen forcirten Marsch Compiegne erreichen solle. Dieselbe kam am Nachmittage des 26sten in Noyon an und rastete daselbst, weil sie bereits 5 Lieues zurückgelegt und noch ebenso viel bis Compiegne zu machen hatte. Die Zwölfpfünder-Batterie und die vier 10pfündigen Haubitzen, welche dieser Avantgarde (der 3ten Brigade unter General-Major von Jagow) attaschirt waren, blieben auf Befehl Ziethens zurück, um die 1ste Brigade bei ihrem Versuche gegen die Festung La Fère zu unterstützen. Nachdem von der Avantgarde eine Schwadron des 1sten schlesischen Husaren-Regiments unter Major von Hertel mit dem Befehle nach Compiegne vorgesendet worden war, ein Detaschement von dort nach der Straße von Soissons zu senden, trat sie gegen Abend ihren Marsch wieder an. Sie befand sich um Mitternacht noch auf demselben, als General von Jagow die Meldung erhielt, daß Major von Hertel um 8 Uhr Abends mit seiner Schwadron in Compiegne eingerückt sei und von dem Maire erfahren habe, daß ein französisches Korps im Marsche von Soissons nach dieser Stadt begriffen wäre und 10,000 Portionen bestellt hatte. Jagow meldete diesen wichtigen Umstand sogleich Ziethen und ließ nach einem neuen, kurzen, aber nothwendigen Halt, seine Truppen ihren mühseligen Marsch fortsetzen.

Am Morgen desselben Tages vollendete die 1ste Brigade des Ziethenschen Armeekorps die Einschließung von La Fère. Die vorher vom General Jagow dorthin gesendeten Truppen folgten ihrer Brigade auf der Straße nach Compiegne. Das heftige Bombardement der Preußen, welches bis Mittag dauerte und mehrere Gebäude in Asche legte, machte auf die Garnison keinen Eindruck, und da man keinen ernstlichen Angriff beabsichtigte, so folgte die 1ste Brigade dem Armeekorps in der Richtung auf Noyon nach, erreichte aber nicht einmal das von La Fère nur 1½ Meilen entfernte Chauny. Das Füsilier-Bataillon des 12ten Regiments und eine Schwadron brandenburgischer Ulanen blieben zur Bewachung der Festung zurück.

Als Ziethen um 8 Uhr Abends mit dem Reste seines Korps — der 2ten und 4ten Brigade, der Reserve-Artillerie und einer Reserve-Kavallerie-Brigade — in Chauny ankam, schienen ihm seine Truppen zu sehr ermüdet, um dem Befehle Blüchers gemäß bis Noyon zu marschiren, er ließ sie daher bei Chauny einen Bivak beziehen.

Das 3te preußische Armeekorps marschirte aus der Gegend von Homblieres bis nach der von Guiscard, theils über Jussy, theils über St. Quentin und Ham. Den letztern Weg nahm die 11te Brigade mit dem größten Theile der Reserve-Kavallerie und Artillerie. Als diese Truppen vor der befestigten Stadt Ham ankamen, fanden sie dieselbe vom Feinde besetzt und ihn bereit, den Durchmarsch zu verwehren. General von Hobe, der Kommandeur der Kolonne, ließ den Kommandanten auffordern, die Thore zu öffnen und seinen Truppen den Durchmarsch zu gestatten. Da der Aufforderung nicht sogleich Genüge geleistet wurde, brachten einige wenige Kanonenschüsse die gewünschte Wirkung hervor. Im Uebrigen aber nahmen die Preußen von diesem sonst unbedeutenden Platze weiter keine Notiz. Ein Detaschement der Réserve-Kavallerie dieses Korps wurde nach Chauny gesendet und schob von da aus eine Patrouille auf der Straße nach Soissons vor, welche 1 Lieue jenseits Coucy auf einen feindlichen Vorposten, in der Stärke eines Kavallerie-Regiments und eines Bataillons stieß.

Das 4te Armeekorps sollte an diesem Tage ebenfalls einen forcirten Marsch von Essigny-le-grand bis Lassigny machen; die Avantgarde sollte Gournay erreichen und von da Detaschements nach Clermont, Creil und Pont St. Maxence senden, um die dortigen Oisebrücken zu rekognosciren und zu besetzen und Alles das vorzubereiten, was zum Uebergange des Korps nöthig wäre. Bülow setzte seine Truppen von der Nothwendigkeit und dem Zweck dieser forcirten Märsche in Kenntniß. Die Avantgarde brach um 4 Uhr Morgens von Jussy auf, und ging über Lassigny bis nach dem an der Straße von Peronne nach Pont St. Maxence gelegenen Gournay vor. Von hier sandte sie Detaschements nach Clermont, Creil, Pont St. Maxence und Verberie, welche diese Punkte jedoch erst am folgenden Tag erreichten. Die Reserve-Kavallerie des 4ten Korps folgte um 5 Uhr Morgens der Avantgarde, erreichte spät am Abend Ressons und bivakirte daselbst. Das Gros des Korps bezog nach einem Marsche von ungefähr 5 Meilen ebendaselbst einen Bivak.

Während die Preußen auf diese Weise am 26sten nach Compiegne eilten, befand sich der französische General Graf d'Erlon mit den Resten seines Armeekorps — ungefähr 4000 Mann — auf dem Marsche von Soissons nach demselben Orte. Es hatte der dringendsten Vorstellungen bedurft, um hierzu die Genehmigung des Marschalls Grouchy zu erlangen.

Die Truppen des 3ten und 4ten französischen Armeekorps marschirten an diesem Tage von Rheims nach Soissons, konnten diese Strecke jedoch nicht in einem Tagemarsche zurücklegen.

Die Stellung der verschiedenen Armeen am Abende des 26sten war folgende:

Von der englisch-alliirten Armee befand sich die Avantgarde (die Husaren-Brigade Vivian) zu Mattignies, in der Nähe der Somme, mit ihren Vorposten an diesem Flusse*).

*) Vivian hatte an demselben Tage den Lieutenant Slayter Smith vom 10ten Husaren-Regiment zur Rekognoszirung bis Nesle gesandt, um wo möglich bis Roye vorzugehen und über die Bewegungen der französischen Armee Nachrichten einzuziehen. Als Lieutenant Smith den zuletzt genannten Ort erreichte, erfuhr er, daß die Franzosen die Stadt erst in der vergangenen Nacht verlassen hätten und eine Abtheilung Gensdarmerie zu dem einen Thore der Stadt hinaus marschirt sei, während er durch das andere eingerückt wäre. Auf dem Rückwege sah er kurz hinter Nesle einen Wagen aus einem Querwege einlenken und rasch davon eilen. Er befahl dem Kutscher, anzuhalten und fand in dem Wagen einen Mann von militärischem Aeußern, welcher sich nach einigen ausweichenden Antworten als General Lauriston, Adjutant Napoleons, zu erkennen gab und anführte, daß er sich zuerst nach seinem Landsitze zu Voeux bei Le

Die 2te Division, die nassauische Infanterie und die britische Kavallerie kampirten bei Beauvais und Lanchy.

Die 1ste und 3te Division, die dem 1sten Korps attaschirte niederländische Infanterie und die niederländische Kavallerie kampirten bei Caulaincourt und Martin de Des Pres.

Die 4te Division kampirte bei Gouay.

Die 1ste britische Garde-Brigade befand sich zu Peronne.

Die Reserve, welche aus der 5ten und 6ten Division, den braunschweigschen Truppen und der Reserve-Artillerie bestand, kampirte bei Nourois, Magny und Belle Eglise.

Cateau begeben, dann aber zum Könige Ludwig XVIII. eilen wolle. Er fügte hinzu, daß er nach Paris gegangen wäre, um dort für Se. Majestät eine Partei zu werben, daß dieser Versuch aber nicht allein gänzlich fehlgeschlagen, sondern er auch nur mit Mühe der Arretirung entgangen wäre. Nach solcher Erklärung bat er den Lieutenant Smith um die Erlaubniß, seine Reise fortsetzen zu dürfen. Dieser hielt sich jedoch nicht für ermächtigt, ihn freizulassen und brachte ihn in derselben Nacht zu Sir Hussey Vivian. Auf dessen Befehl führte er ihn sodann zum Herzoge von Wellington. Als er um 1 Uhr Nachts im Hauptquartier ankam und seinen Auftrag meldete, ereignete sich ein eigenthümlicher Zufall. Vor dem Hause war keine Wache, nicht einmal eine Schildwache, und Smith konnte nur mit Mühe einen schlaftrunkenen Diener bewegen, ihn anzumelden. Der Herzog war mit einem Franzosen in Unterhaltung begriffen. Auf einem Tische sah man die Reste einer Mahlzeit. Als er dem Herzoge Namen und Rang des Gefangenen nannte, sagte dieser: „Führen sie ihn herein.“ Kaum hörte der erwähnte Franzose, welchen Fouché wegen Einstellung der Feindseligkeiten im Geheimen an Wellington gesendet hatte, den Namen Lauriston, als er in große Unruhe gerieth und dringend bat, ihm zu zeigen, wie er ohne erkannt zu werden entkommen könne. Der Herzog antwortete ihm: „Hier ist nur eine Thür und ein Fenster — Sie haben die Wahl.“ Er wählte die Thür und schlüpfte hinter dem Rücken des Herzogs weg, als Lauriston eintrat. Hierauf entspann sich zwischen beiden Generalen eine lebhafte Konversation und es verging eine Stunde, ehe der Lieutenant Smith seinen Bescheid erhielt. Lauriston wurde hierauf zum Könige geschickt und sah sich so zu seinem großen Aerger genöthigt, als Gefangener, statt als Freiwilliger vor Sr. Majestät zu erscheinen.

Der Pontontrain war zu Estrées,

das Hauptquartier des Herzogs von Wellington zu Vermand.

Die 2te und 4te Brigade des 1sten preußischen Armeekorps befanden sich zu Chauny, nicht weit davon auch die 1ste Brigade. Die 3te Brigade bildete die Avantgarde und befand sich auf dem Marsche nach Compiegne.

Das 3te Korps war zu Guiscard, das 4te zu Ressons,

das Hauptquartier des Fürsten Blücher zu Genvry bei Noyon.

Die französischen Truppen Erlons befanden sich nicht weit von Compiegne auf der Straße nach Soissons, die des 3ten und 4ten Korps unter Vandamme zwischen Rheims und Soissons.

Das Hauptquartier Grouchy's war zu Soissons.

Es war am 27sten um ½5 Uhr Morgens, als die Avantgarde des 1sten preußischen Armeekorps (die 3te Brigade) nach einem Marsche von 9 Lieues Compiegne erreichte. General von Jagow ließ seine Truppen in und um die Stadt eine vortheilhafte Aufstellung nehmen und sandte 3 Schwadronen des 1sten schlesischen Husaren-Regiments zur Beobachtung auf der Straße nach Soissons, die vierte auf der von Paris vor. So war er auf einen etwaigen Angriff des Feindes vorbereitet. Noch waren seine Anordnungen kaum vollendet, als ihm um 5 Uhr seine Husaren meldeten, daß der Feind auf der von Soissons kommenden Straße anrücke. Es war wie erwähnt, Graf Erlon mit den Resten seines Armeekorps, und es ist klar, daß wenn die Ziethensche Avantgarde nur um eine halbe Stunde später eintraf, die Franzosen den Preußen bei Besetzung der Brücke von Compiegne zuvorgekommen wären.

Die französischen Tirailleurs eröffneten aus dem Saume des an die Stadt stoßenden ausgedehnten Waldes sogleich ein lebhaftes Feuer auf die preußischen Plänker. Bald darauf sah man eine Infanteriekolonne hinter ihnen vorgehen. Die auf der Straße nach Soissons vorwärts des dortigen Thores postirte halbe reitende Batterie ließ die Kolonne bis auf angemessene Schußweite herankommen und empfing sie dann mit einem so kräftigen und wohlgezielten Feuer, daß wenige Augenblicke später die ganze Masse Schutz suchend nach dem Walde stürzte. Hierauf fuhren 4 französische Geschütze auf und antworteten der preußischen Artillerie. Während dessen zog sich der Feind im Wald immer weiter links. Die Preußen schlossen anfangs aus dieser Bewegung, daß er den dortigen Angriff aufgeben wolle, um die untere, schwächere Seite der Stadt auf den Straßen nach Crespy und Paris zu bestürmen; sahen aber bald, daß er nur seinen Rückzug maskiren wolle. Das 1ste schlesische Husaren-Regiment ging zu seiner Verfolgung auf der Straße nach Soissons vor.

Das unglückliche Resultat dieses Gefechtes, welches anderthalb Stunden dauerte, sich jedoch auf eine Kanonade und gegenseitiges Tirailliren beschränkte, raubte den Franzosen die Aussicht, ihren Rückzug durch eine Besetzung von Compiegne zu sichern und das Vorgehen der Preußen längs der Oise zu hemmen. Die 3te preußische Brigade hatte indessen seit der Schlacht von Waterloo fortwährend die Avantgarde des 1sten Armeekorps gebildet und war durch die Anstrengungen des vergangenen Tages und der Nacht zu erschöpft, um dem Feinde bei seinem Rückzuge ernstlichen Schaden zufügen zu können. So entkam derselbe glücklich. Ziethen befahl, daß von nun an die 2te Brigade die Avantgarde bilden solle. Dieselbe war aber noch nicht herangekommen und dadurch gewannen die Franzosen eine werthvolle Zeit.

Das Gros des Ziethenschen Korps erreichte Compiegne nicht vor Mittag. Blücher war daselbst schon angekommen und befahl, daß die Avantgarde (jetzt die 2te Brigade) und die Reserve-Kavallerie, 100 Schützen vor der Tete, sogleich durch den Wald gegen Villers-Cotterets vorgehen sollten. Das Gros des Korps folgte nach und sollte in dem Falle, wo die Avantgarde bei diesem Orte auf den Feind stieße, sich sogleich auf dessen Rückzugslinie werfen. Ziethen handelte indessen nicht ganz iu dem Sinne dieses Befehles, sondern ließ das Gros des Korps nebst der Reserve-Artillerie und Kavallerie durch den Wald von Compiegne nach Gillicourt vorgehen und detaschirte nur die 2te Brigade, verstärkt durch die brandenburgschen Dragoner und fünf Geschütze reitender Artillerie gegen Villers-Cotterets. Die 1sten westpreußischen Dragoner und die brandenburgschen Ulanen gingen mit einer reitenden Batterie zur Verfolgung vor. Die 3te Brigade sollte ihnen zur Unterstützung folgen, die 4te das Defilee von Gillicourt besetzt halten.

Die feindliche Arrieregarde wurde von den beiden Kavallerie-Regimentern diesseits Crespy eingeholt und in Unordnung nach der Stadt hineingeworfen. Die Franzosen verließen auch diese in der größten Eile, worauf die 3te Brigade nebst einer Kavallerie-Brigade daselbst bivakirte und Dragoner-Abtheilungen dem zurückgehenden Feinde folgen ließ.

Die 4te Brigade, die andere Kavallerie-Brigade und die Reserve-Artillerie bivakirten bei Gillicourt. Die 2te Brigade erreichte mit der ihr beigegebenen Kavallerie um Mitternacht Longpré, nicht weit von Villers-Cotterets. Der lange Marsch, welchen die Truppen des 1sten Armeekorps an diesem Tage von Noyon aus gemacht hatten und die wahrscheinliche Aussicht, am folgenden Tage mit dem Feinde zusammenzukommen, machte ihnen einige Stunden Ruhe unumgänglich nöthig.

Da die Ziethenschen Brigaden auf diese Weise von einander getrennt waren, so war eine starke Reserve dringend nöthig geworden. Glücklicherweise kam das 3te Armeekorps auf seinem heutigen Marsche von Guiscard nach Compiegne noch zur rechten Zeit an, um zur Unterstützung bereit zu sein. Blücher befahl dem Kommandeur des Korps, Thielemann, stark gegen Soissons zu detaschiren, um den Feind zu beobachten und ihn auf seinem Rückzuge zu belästigen. Da durch diese Kavallerie-Detaschements die linke Flanke Ziethens gesichert wurde, schlossen sich die auf der Straße nach Soissons postirten 1sten schlesischen Husaren ihrem eigenen Korps wieder an. Das 3te Korps bivakirte auf dem linken Ufer der Oise, nur die 12te Brigade blieb auf dem rechten bei Venette.

Am selbigen Tage brach das 4te preußische Armeekorps, die rechte Kolonne, von Ressons und Umgegend auf, um die Oise weiter unterhalb bei Verberie, Pont St. Maxence oder Creil zu passiren. Bülow formirte die Avantgarde aus dem 3ten neumärkschen, einem Bataillon des 1sten schlesischen Landwehr-Regiments, dem 8ten Husaren-, dem 1sten pommerschen Landwehr-Kavallerie-Regiment und der halben reitenden Batterie Nr. 12. Der Kommandeur derselben, General von Sydow, sollte bei Tagesanbruch mit einem Detaschement voraus-eilen und sich der Oisebrücke bei Creil versichern. Durchdrungen von der Wichtigkeit seines Auftrages, eilte derselbe an der Spitze einer Schwadron des 8ten Husaren-Regiments und einer Abtheilung von 100 Mann Infanterie, welche man auf Wagen fortschaffte, vorwärts und kam mit diesem kleinen Detaschement gerade in dem Augenblick in Creil an, als die Franzosen den Ort besetzen wollten. Diese wurden sogleich angegriffen und vertrieben. Die Infanterie besetzte bis zur Ankunft der Avantgarde die Brücke, welche sodann dem Bataillon des 1sten schlesischen Landwehr-Regiments anvertraut wurde, während die übrigen Truppen nach kurzer Rast ihren Marsch auf Senlis fortsetzten.

Es ist dies ein neues schlagendes Beispiel für die große Wichtigkeit einer genauen Zeitberechnung bei militairischen Operationen. Die Preußen erreichten an diesem Morgen nur eine halbe Stunde vor Ankunft der Franzosen die Brücke zu Compiegne und wären sie wenige Minuten später zu Creil angekommen, hätten sie die letzteren im Besitze der Brücke gefunden.

Major von Blankenburg wurde mit dem 1sten pommerschen Landwehr-Kavallerie-Regiment von Creil nach Senlis vorgeschickt. Er hatte diesen Ort so eben erreicht und seinen Bivak auf dem Marktplatze aufgeschlagen, als um 9 Uhr Abends Kellermann mit der 1sten französischen Kürassier-Brigade auf der entgegengesetzten Seite ankam und gegen den von den Preußen besetzten Platz losstürmte. Major von Blankenburg hatte kaum Zeit aufsitzen zu lassen, attakirte aber mit den zuerst fertig gewordenen Leuten die französischen Reiter und trieb sie nach dem Stadtthore zurück. Die Feinde sammelten sich jedoch wieder, erneuerten die Attake, gewannen diesmal die Oberhand und zwangen die Preußen, sich auf der Straße von Pont St. Maxence zurückzuziehen. Die Kellermannsche Brigade setzte sodann ihren Marsch auf der eingeschlagenen Rückzugslinie fort. Seine 2te Kürassier-Brigade und das Erlonsche Armeekorps zogen sich während dessen auf derselben Straße nach Senlis zurück. General von Sydow dirigirte sich von Creil aus mit der Avantgarde des 4ten preußischen Korps auf denselben Punkt. Er war der Meinung, daß er dem 1sten pommerschen Landwehr-Kavallerie-Regiment folge. Als er um 10 Uhr Abends mit der Tete der Kolonne, den 8ten Husaren und dem 3ten Bataillon des 3ten neumärkschen Landwehr-Kavallerie-Regiments in Senlis anlangte, fand er den Ort unbesetzt und bemächtigte sich daher desselben. Die Franzosen näherten sich der Stadt auf der Seite von Crespy. Die preußische Infanterie postirte sich sogleich in die nächsten Häuser am Thore, empfing die feindliche Kavallerie mit einem wirksamen und heftigen Musketenfeuer und zwang sie zur Umkehr. Die herangekommene Kolonnen-Tete des Erlonschen Korps wurde ebenso, wie die Kavallerie, genöthigt, eine andere Richtung einzuschlagen. Als Sydow seine ganze Avantgarde beisammen hatte, folgte er den Franzosen eine kurze Strecke und bivakirte um Mitternacht etwas vorwärts Senlis. Die Feinde erreichten jedoch am nächsten Morgen die durch Gonesse nach Paris führende Straße.

Gleichzeitig mit dieser Unternehmung der Avantgarde des 4ten preußischen Armeekorps war ein anderes Detaschement desselben zur Besetzung von Pont St. Maxence und Verberie abgesandt worden. Da die Franzosen an dem ersteren Punkte die Brücke zum Theil zerstört hatten, so wurde das 2te pommersche Landwehr-Kavallerie-Regiment übergeschifft und sogleich Detaschements nach Verberie und Senlis vorgeschoben. Die 14te Brigade überschritt nach der Kavallerie auf dieselbe Weise den Fluß und besetzte sodann die Höhen auf beiden Seiten der großen Pariser Straße. Diese Truppen bivakirten in ihrer Stellung, während das Gros des Korps Pont St. Maxence erreichte und während der Nacht auf dem rechten Ufer des Flusses blieb. Mit der größten Thätigkeit war man beschäftigt, die Brücke für das Passiren der Artillerie herzustellen.

Auf diese Weise hatte sich Blücher der Oiselinie versichert und war durch das Vorschieben seiner Vortruppen bis Villers-Cotterets der Flanke des zurückziehenden Feindes so nahe gekommen, daß er alle Aussicht hatte, ihm den Rückzug nach der Hauptstadt zu verlegen.

Sobald Grouchy bemerkte, daß die Preußen durch die Schnelligkeit ihres Marsches seinen links entsendeten Detaschements bei Besetzung der Oiseübergänge zuvorgekommen waren und dieselben zurückgewiesen hatten, benutzte er sie jetzt, um durch partielle Kämpfe seinen Rückzug zu decken. So entstanden die Gefechte von Compiegne, Crespy und Senlis. Aber der Widerstand der Franzosen war so schwach, die Zahl der Soldaten, welche die Waffen wegwarfen und nach ihrer Heimath flohen, so bedeutend, daß man deutlich sehen konnte, die Reorganisation der Armee und die Wiederbelebung ihres früheren Geistes war weit davon entfernt, wiederhergestellt zu sein. Der Ruf: „Unser Rückzug ist abgeschnitten!" soll sich sogleich durch die Reihen verbreitet haben, als es bekannt wurde, daß die Preußen sich in der linken Flanke befanden. Auf jeden Fall scheint es ausgemacht, daß die Armee Grouchy's nicht in dem Zustande war, den Preußen ernstlichen Widerstand zu leisten. Er mußte sich ganz darauf beschränken, durch forcirte Märsche die Hauptstadt zu gewinuen und so viel als möglich seine Truppen vor jeder Belästigung zu sichern.

Am 27sten marschirte das Gros der englisch-alliirten Armee von Nesle auf Roye und passirte die Somme bei Willicourt.

Die 4te Division marschirte über Peronne nach Roye.

Zwei Bataillone der bei Peronne stehenden niederländischen Brigade blieben daselbst zur Besatzung zurück. Der Rest der Brigade und die Garde-Brigade marschirten durch Nesle nach dem Dorfe Crescy und schlossen sich dem 1sten Korps wieder an.

Die 5te Division, die braunschweigsche Kavallerie und die Reserve-Haubitz-Brigade marschirten nach Ham.

Die 6te Division, die braunschweigsche Infanterie und die Reserve-Artillerie kampirten zwischen den Dörfern Douilly und Villers.

Trotz der Vorsichtsmaßregeln, welche der Herzog zur Aufrechthaltung der Mannszucht seiner Truppen getroffen hatte, um ihnen dadurch auf der ganzen Marschlinie den guten Willen der Einwohner zu sichern und denselben zu beweisen, daß sie mit ihnen auf freundschaftlichem Fuße ständen und nur für den legitimen Souverain kämpften, beging ein Theil seiner Armee dennoch die größten Excesse. Es waren dies die niederländischen Truppen, welche hierin seinen Befehlen vollständig Hohn sprachen. Sie plünderten überall, wohin sie kamen, sogar das Hauptquartier, das Haus selbst, welches der Herzog inne hatte. Sie forcirten Sicherheitswachen und befreiten die Gefangenen mit dem Bajonnete aus den Händen der mit der Polizei der Armee beauftragten Gensdarmen. Zwei Offiziere hatten so eben erst an solchen Excessen nicht allein Theil genommen, sondern auch dazu ermuntert. Wellington, über solches Benehmen im höchsten Grade erbittert, rügte es strenge. Er befahl dem General, welcher diese Truppen kommandirte, einen genauen Rapport über die ganze Stärke derselben am 26sten Juni einzureichen, von Stunde zu Stunde die Kompagnien Appel abhalten zu lassen und darauf zu halten, daß jeder Offizier und jeder Soldat dabei zugegen wäre. Die beiden erwähnten Offiziere sollte er arretiren und nach dem Haag senden, damit der König der Niederlande sie bestrafen möchte. Das Begleitschreiben des Herzogs bekundete in starken Ausdrücken seine Unzufriedenheit und schloß mit folgendem schneidenden Vorwurfe: „Je ne veux pas commander de tels officiers. Je suis assez longtemps soldat pour savoir que les pillards, et ceux qui les encouragent, ne valent rien devant l'ennemi; et je n'en veux pas".

Die Stellung der verschiedenen Armeen am Abend des 27sten war folgende:

Das 1ste preußische Armeekorps stand mit dem Gros bei Gillicourt, die 2te Brigade bei Longpré, ungefähr eine halbe Stunde von Villers-Cotterets, die 3te Brigade bei Crespy.

Das Gros des 3ten preußischen Armeekorps befand sich bei Compiegne, starke Detaschements desselben waren in der Richtung auf Soissons vorgeschoben.

Das Gros des 4ten preußischen Armeekorps befand sich bei Pont St. Maxence, die Avantgarde bei Senlis und Detaschements bei Creil und Verberie.

Das Hauptquartier des Fürsten Blücher befand sich zu Compiegne.

Von der englisch-alliirten Armee standen die 2te Division, die nassauschen Truppen und die britische und handversche Kavallerie in der Gegend von Roye.

Die 3te Division, eine Brigade der 1sten, die dem 1sten Korps attaschirte niederländische Infanterie und die niederländische Kavallerie kampirten bei den Dörfern Crescy, Villencourt und Vereuil.

Die 4te Division befand sich beim Dorfe Puzeux auf der Straße nach Roye,

die Garde-Brigade zu Crescy,

die 5te Division und die braunschweigsche Kavallerie zu Ham,

die 6te Division, die braunschweigsche Infanterie und die Reserve-Artillerie zwischen den Dörfern Douilly und Villers,

das Haupt-Quartier des Herzogs von Wellington zu Nesle.

Die Reste des 1sten und 2ten französischen Armeekorps, deren Detaschements am vorigen Tage bei Compiegne, Crespy, Creil und Senlis geschlagen worden waren, befanden sich im vollen Rückzuge, theils auf der Straße von Senlis, theils auf der von Soissons.

Die Kaisergarde und das 6te Korps waren bei Villers-Cotterets,

das 3te und 4te Korps bei Soissons.

Das Haupt-Quartier Grouchy's war in Villers-Cotterets.

Als General von Pirch II. in der Nacht zum 28sten um 1 Uhr mit der Avantgarde des 1sten Armeekorps zu Longpré bei Villers-Cotterets eintraf, hörte er, daß dieser Ort vom Feinde nur schwach besetzt sei. Er beschloß daher, ihn sogleich durch einen Ueberfall zu nehmen und bestimmte dazu das Füsilier-Bataillon des 6ten Regiments und die brandenburgschen Dragoner. Die Tete dieses Detaschements überfiel, durch einen Wald und die kaum hereinbrechende Dunkelheit begünstigt, eine französische reitende Batterie von 14 Geschützen nebst 20 Munitionswagen, welche unter einer Eskorte von 150 Mann auf einem Nebenwege desselben Waldes vorgingen. Die ganze Umgegend von Villers-Cotterets war in der That von französischen Truppen bedeckt. Dieselben hatten sich so zerstreut, um nach dem langen Marsche schneller Lebensmittel erhalten und um 2 Uhr Morgens wieder aufbrechen zu können. Sie befanden sich daher zur Zeit des Ueberfalls alle auf dem Marsche. Pirch stürmte nun nach Villers-Cotterets hinein und machte daselbst viele Gefangene. Grouchy entkam nur mit Mühe. Er bestieg so eben sein Pferd und eilte zum entgegengesetzten Thore hinaus. Auf dem Windmühlenberge an der Straße nach Nanteuil angekommen, gelang es ihm, seine Truppen zu sammeln und zu formiren. Pirch sandte Kavallerie-Abtheilungen zur Verfolgung des Feindes und zur Deckung seiner Flanken gegen Longpré und Soissons vor und nahm dann eine Vertheidigungsstellung ein. Er entwickelte seine Infanterie auf der Höhe am Schloßgarten, postirte zwei Bataillone in ein Gehölz, welches auf seinem rechten Flügel vorsprang und war noch mit seinen Vorbereitungen beschäftigt, als ein Kavallerie-Detaschement auf der Straße nach Soissons meldete, daß ein feindliches Korps von dort heranrücke. Gleich darauf ging die weitere Meldung ein, daß der Feind auf dieser Seite viel Kavallerie zeige und schon zwei Regimenter gegen seine linke und eine andere Reitermasse nebst 20 bis 25 Stücken Geschütz gegen seine rechte Flanke entsendet habe. Während dieser Zeit hatte der französische Marschall an 9000 Mann auf der erwähnten Höhe nahe der Straße nach Nanteuil gesammelt. Ein Drittheil derselben hatte bisher schon die Arrieregarde gebildet, der Rest bestand aus Truppen, welche während der Nacht in Vouciennes, Coyolles und Pisseleux Halt gemacht hatten. Grouchy schien zur Annahme des Gefechts entschlossen.

Als General von Pirch II. sich in so kritischer Lage zwischen zwei getrennten und übermächtigen feindlichen Massen bemerkte, bereitete er sich zum Rückzuge vor. Dies wurde auf eigenthümliche Weise begünstigt. Die Truppen des Vandammeschen Korps bemerkten kaum die auf der Chaussee nach Paris postirten Preußen, als sie, deren Stärke überschätzend, in größte Unordnung geriethen und unter dem lauten Geschrei: „In die Wälder links! nach La Ferté Milon! — wir sind von Paris abgeschnitten!“ nach dieser Richtung entflohen. Nur ungefähr 2000 Mann und einige Geschütze wurden von Vandamme auf dem Wege nach Pisseleux weitergeführt, ließen Villers-Cotterets rechts liegen und maskirten diese Bewegung durch einen kräftigen Angriff auf den Ort. Das 6te preußische Regiment wurde durch des Feindes Uebermacht geworfen, worauf Pirch nach einer heftigen Kanonade Villers-Cotterets räumte und in der ihm zur Konzentrirung des Korps schon vorher anbefohlenen Richtung auf Crespy abmarschirte. Da Grouchy auf der Straße von Soissons nach Nanteuil marschirte, wollte Pirch anfangs in paralleler Richtung durch Longpré vorgehen, um aber die dortigen Defileen nicht in so großer Nähe vom Feinde zu passiren, zog er es vor, sich auf der Straße nach Compiegne bis dahin zurückzuziehen, wo sie die von Viviers kommende trifft und zur Deckung der linken Flanke und des Rückens schon eine Schwadron brandenburgscher Dragoner postirt worden war. Von hier aus schlug er den Weg nach Buts ein, kam um Mittag in Frenois la Riviere an und ließ seine Truppen einige Stunden ruhen. Sodann marschirte er über Crespy nach Nanteuil und erreichte diesen Ort um 9 Uhr Abends, nachdem er in den letzten 38 Stunden 21 Lieues zurückgelegt hatte und dabei sechs Stunden mit dem Feinde engagirt gewesen war. Es war ihm gelungen, einen großen Theil der zurückziehenden französischen Armee in Unordnung zu bringen und den Rückzug desjenigen Korps, bei welchem sich Grouchy selbst befand, so zu verzögern, daß Ziethen Zeit gewann, ihm bei Nanteuil zuvorzukommen.

Es ist schon vorher gesagt worden, daß die Brigaden des 1sten preußischen Armeekorps sehr weit aus einander gekommen waren. Die 1ste befand sich noch auf dem Marsche von La Fère, kam jedoch noch an demselben Abend an, die 2te war mit den brandenburgschen Dragonern bei Villers-Cotterets, die 3te mit einer Kavallerie-Brigade bei Crespy und die 4te mit der andern Kavallerie-Brigade bei Gillicourt. Ziethen wollte am Morgen des 28sten sein Korps bei Crespy konzentriren und nur ein starkes Kavallerie-Detaschement in

Villers-Cotterets lassen. Im Begriffe, dem General Pirch den Befehl zum Marsch auf Crespy zu übersenden, erhielt er von demselben die Meldung, daß er auf die französischen Truppen bei ihrem Rückzuge durch Villers-Cotterets gestoßen sei und fürchtete, durch die Uebermacht zurückgedrängt zu werden. Da die nächsten preußischen Truppen in Crespy noch fast drei Lieues von letzterem Orte entfernt waren, so gab Ziethen jeden Gedanken an eine unmittelbare Unterstützung Pirchs auf und beschloß, mit der 3ten Brigade der Reserve-Kavallerie und Artillerie nach Levignon auf der großen Pariser Straße zwischen Villers-Cotterets und Nanteuil vorzueilen und wo möglich diesen Punkt vor Ankunft der Franzosen zu erreichen. Er traf dieselben, als sie eben das Dorf passirten, ließ daher sogleich eine Haubitz-Batterie vorziehen und den Ort mit Granaten bewerfen. Die 1sten westpreußischen Dragoner und die 1sten schlesischen Husaren nebst einer reitenden Batterie erhielten den Befehl, den Feind anzugreifen. Die Franzosen zogen sich aber in solcher Eile zurück, daß sie erst auf halbem Wege zwischen Levignon und Nanteuil eingeholt werden konnten. Hier machte ihre Arrieregarde gegen die Preußen Front. Es war das 2te Armeekorps unter Reille mit mehreren Kavallerie-Regimentern, welche den Rückzug zwar fortsetzten, ihre Arrieregarde jedoch unterstützten. Zwei Schwadronen der 2ten westpreußischen Dragoner attakirten die letztern, wurden jedoch von einem französischen Lancier-Regiment in die Flanke genommen und zurückgetrieben. Hierauf ging der Feind, in der Hoffnung, die preußische Kavallerie gänzlich über den Haufen zu werfen, zum Angriff über, wurde aber durch eine erfolgreiche Attake der 1sten schlesischen Husaren in die Flucht geschlagen und verlor zwei Geschütze. Gleichzeitig fuhr die reitende Batterie links der Chaussee auf und schleuderte Verderben in den fliehenden Feind, welcher von der preußischen Kavallerie bis jenseit Nanteuil verfolgt wurde. Während des Marsches auf Levignon kam auch General von Hobe mit einer Kavallerie-Brigade des 3ten Korps heran. Er ging rechts auf der von Crespy nach Nanteuil führenden Straße vor, um einen Theil der zurückziehenden feindlichen Kolonnen abzuschneiden. Die Franzosen flohen aber mit solcher Hast, daß man nur wenige Gefangene machen konnte.

Trotz dieses Druckes auf die französische Rückzugslinie, war es jedoch dem Grafen Reille gelungen, die Reste seines Armeekorps mit denen des Grafen d'Erlon, welche durch Crespy und links von Senlis entkommen waren, zu vereinigen.

Die französischen Garden und das 6te Korps hatten unter Grouchy's persönlichem Befehle diejenige Kolonne gebildet, welche sich am Morgen durch Villers-Cotterets zurückzog und kam erst in Levignon an, als Ziethen bei der Verfolgung der Reille'schen Truppen in der Richtung auf Nanteuil den Ort schon passirt hatte. Ein weiteres Vorgehen auf dieser Straße schien ihnen gefährlich, sie marschirten daher links ab und setzten ihren Rückzug über Assy, Meaux, Claye und Vincennes fort.

General Vandamme war mit dem 3ten und 4ten französischen Armeekorps noch am weitesten zurück. Er hatte die Chaussee bei Villers-Cotterets verlassen, als er die preußische Brigade im Besitze des Ortes sah und marschirte in der Richtung von La Ferté Milon und Meaux, die Marne bei L'Agny überschreitend, auf Paris.

Bülow hatte den Befehl erhalten, am 28sten mit dem 4ten Armeekorps von Pont St. Maxence nach Marly la Ville zu marschiren. Um seine Avantgarde angemessen zu vermehren, theilte er ihr die 14te Brigade und die Reserve-Kavallerie zu und stellte das Ganze unter die Befehle des Prinzen Wilhelm von Preußen. Dieser stieß Nachmittags auf Detaschements des Erlonschen und auf das Reillesche Korps, welches sich von Nanteuil zurückzog. Er griff den Feind sogleich an, zerstreute eine große Zahl seiner Truppen und machte mehr als 2000 Gefangene. Erst spät am Abend kam die Avantgarde in Gonesse an und bivakirte daselbst. Detaschements wurden bis Le Bourget und Stains vorgeschickt und fanden diese Punkte vom Feinde besetzt. Das Gros des Korps kam am Abend bis Marly la Ville und machte dort für die Nacht Halt.

Thielemann sollte mit dem 3ten Armeekorps von Compiegne nach Senlis vorgehen, sobald das 1ste seiner Unterstützung nicht bedurfte. Er ließ daher seine Infanterie und Artillerie nach Crescy und seine Reserve-Kavallerie über Verberie marschiren. Als er aber erfuhr, daß das 1ste Korps mit dem Feinde engagirt war, dirigirte er seine Kavallerie auf Crescy, sobald dieselbe in Verberie ankam. Die 1ste Kavallerie-Brigade wurde mit sechs reitenden Geschützen von Crescy auf der Straße nach Nanteuil vorgeschoben und vereinigte sich daselbst mit der Reserve-Kavallerie des 1sten Korps, freilich nicht früh genug, um thätigen Antheil an dem dort stattgefundenen Gefechte zu nehmen. Die 2te Kavallerie-Brigade wurde in der Richtung auf Villers-Cotterets detaschirt. Das Gros des 3ten Korps bivakirte während der Nacht in Crescy und Umgegend.

Fürst Blücher entsandte an diesem Tage eine starke Kavallerie-Abtheilung (das Regiment Königin Dragoner, unter dem Oberst-Lieutenant von Kamecke) von der linken Flanke des 1sten Korps nach der Marne, um über die Bewegungen des Feindes in der dortigen Gegend Nachrichten einzuholen. Er sollte als Parteigänger agiren, über Meaux oder Chateau-

Thierry vorgehen und die Kommunikation mit der baierschen Armee zu eröffnen suchen.

Man ersieht hieraus, daß es der preußischen Armee am 28sten gelungen war, den Franzosen den Rückzug auf der Straße von Soissons abzuschneiden und den größeren Theil derselben zu nöthigen, auf Querwegen die Linie der Marne über Meaux und L'Agny zu gewinnen. Sie hatte seit Ueberschreitung der Oise große Unordnung und Verwirrung in den Reihen der Feinde hervorgebracht, 16 Stück Geschütze erbeutet und im Ganzen an 4000 Gefangene gemacht. Die Preußen hatten jetzt die beiden von Senlis und Soissons kommenden Chausseen inne und ihre Vorposten (die des 4ten Korps) standen keine Meile mehr von Paris entfernt. Schon hörte man den Donner ihrer Geschütze in der Hauptstadt. Die größte Bestürzung herrschte unter den Bürgern derselben, da die von der Armee ankommenden Flüchtlinge die übertriebensten Gerüchte verbreitet hatten. Die Befestigungs-Anlagen, welche man auf der Nordseite errichtet hatte, schienen ausreichend, um die Fortschritte der Alliirten zu hemmen und Paris vor einem Handstreiche zu sichern, indessen man brauchte Zeit zur Organisirung der Vertheidigung, zur Sammlung aller verwendbaren Mittel und zur Erholung der erschöpften Reste der Nordarmee, auf deren Ankunft man für den morgenden Tag rechnete. Nur durch Annahme einer Achtung gebietenden, wo möglich einer imponirenden Stellung, konnte man hoffen, mit Erfolg für die Erhaltung der Hauptstadt und die Bestätigung der selbstgewählten Regierungsform zu unterhandeln, vielleicht durch eine außergewöhnliche Anstrengung die Pläne der Feinde zu zerstören und unter den Mauern von Paris einen Triumph zu erringen. Durch solche Betrachtungen geleitet, suchte die provisorische Regierung die siegreichen Feldherrn der verbündeten Armeen in Unterhandlungen zu ziehen. Es wurde daher eine neue Kommission ernannt. Sie bestand aus den Herren Andréossy, Valence, Boissy d'Anglas, Flangergues und La Benardière. Dieselben sollten nach dem Hauptquartier der verbündeten Feldmarschälle eilen, nochmals um Einstellung der Feindseligkeiten bitten und einen Waffenstillstand unterhandeln.

Während dies in Paris geschah, erhielt Fürst Blücher am 27sten und der Herzog von Wellington am 28sten von den zuerst ernannten Kommissarien ein neues Schreiben, worin sie nochmals um Einstellung der Feindseligkeiten und um Pässe und Garantien für Napoleon und dessen Familie zur ungehinderten Ueberschiffung nach den vereinigten Staaten von Amerika gebeten wurden. Denn erst jetzt war es der provisorischen Regierung gelungen, den Exkaiser durch die Vorstellungen einiger seiner Freunde zu diesem Schritte zu überreden. Blücher hielt seine frühere mündliche Antwort für vollkommen genügend und nahm von diesem neuen Gesuche durchaus keine Notiz. Der Herzog von Wellington verwies die Kommissaire in Betreff des Waffenstillstandes auf seine Note vom 26sten und fügte hinzu, daß er weder von seinem Gouvernement noch von den Alliirten bevollmächtigt sei, auf die Bitte um Pässe für Napoleon irgend eine Antwort zu geben.

Die englisch-alliirte Armee ging am heutigen Tage von Nesle vor. Sie gelangte mit dem rechten Flügel bis hinter St. Just und mit dem linken bis hinter la Taulle, woselbst die Chaussee von Compiegne sich mit der von Roye nach Paris führenden vereint.

Das 2te Korps, unter Lord Hill, sowie die britische und handversche Kavallerie marschirte über Montdidier nach Petit Crevecoeur.

Das 1ste unter Sir John Byng marschirte nach Couchy.

Die Reserve, unter Sir James Kempt, marschirte nach Roye.

Die gegenseitige Stellung der verschiedenen Armeen war am Abend des 28sten folgende:

Das 4te preußische Armeekorps stand Paris am nächsten zu Marly la Ville und hatte seine Detaschements bis Le Bourget und Stains vorgeschoben.

Das 1ste preußische Armeekorps stand hinter Nanteuil, seine Avantgarde in Le Plessis, Belleville und Dammartin.

Das 3te Armeekorps war in Crescy und Gegend.

Das Hauptquartier des Fürsten Blücher war in Senlis.

Die englisch-alliirte Armee hatte ihren rechten Flügel hinter St. Just und den linken hinter La Taulle.

Die Reserve war in Roye.

Die Avantgarde (die Husaren-Brigade Vivian) war in Antheuil.

Die 2te und 4te Division, die nassauschen Truppen und die handversche Kavallerie lagerten bei Petit Crevecoeur an der Straße nach St. Just.

Die britische Kavallerie kampirte bei La Taulle und Ressons.

Die 1ste und 3te Division und die niederländischen Truppen kampirten bei Couchy.

Die 5te und 6te Division, die braunschweigschen Truppen und die Reserve-Artillerie bei Roye.

Das Hauptquartier des Herzogs von Wellington war zu Orvillé.

Die Reste des 1sten und 2ten französischen Armeekorps hatten sich bei Gonesse, wo die beiden von Nanteuil und Senlis kommenden Chausseen zusammentreffen, vereinigt und langten in den Vorstädten von Paris an. Die Garde und das 6te Korps, unter Grouchy's unmittelbaren Befehlen, befanden sich im vollen Rückzuge von Meaux über Claye und Vincennes.

Das 3te und 4te Korps, unter Vandamme, hatten bei Meaux die Marne überschritten und zogen sich über Lagny und Vincennes zurück.

Blücher hatte in der Nacht des 28sten den Befehl zum weiteren Vorrücken auf Paris gegeben; die Avantgarde des 4ten Armeekorps marschirte daher am Morgen des 29sten von Gonesse nach Le Bourget, fand diesen Ort vom Feinde gänzlich verlassen, denselben aber stark in St. Denis postirt und schob einige Bataillone zur Beobachtung gegen ihn vor. Sobald als der Feind aus Stains vertrieben worden war, besetzte man zur Sicherung der rechten Flanke des Korps diesen Posten durch zwei Füsilier-Bataillone und ein Kavallerie-Regiment, unter dem Oberst-Lieutenant von Schill. Ebenso wurde La Courneuve zwischen St. Denis und Le Bourget besetzt. Das Gros des Korps brach Morgens 7 Uhr von Marly la Ville auf, marschirte bis Le Bourget und bivakirte in der dortigen Gegend.

Die Avantgarde des 1sten preußischen Armeekorps marschirte mit Tagesanbruch von Dammartin bis Blanc-Mesnil und sandte von hier aus sogleich Detaschements bis jenseit des Waldes von Bondy, um des Feindes Vertheidigungs-Anstalten zu rekognosciren. Das Gros dieses Korps nahm sodann mit dem rechten Flügel an Blanc-Mesnil, mit dem linken an Aulnay gelehnt, Stellung. Infanterie-Detaschements wurden nach Livry und längs des Ourcq-Kanals nach Bondy und Pantin, Kavallerie-Patrouillen nach Grande-Drancey und Baubigny vorgeschickt. Nonneville ließ Ziethen durch das 7te Regiment besetzen. Die 6ten Ulanen lieferten die Vorposten am Ourcq-Kanal und stellten die Verbindung mit denen des 4ten Korps her.

Das 3te Armeekorps marschirte von Crescy bis Dammartin und bivakirte in der Nähe des Ortes. Die Reserve-

Kavallerie wurde zur direkten Unterstützung des 1sten Armeekorps bis Tremblay vorgesandt.

Das 1ste und 2te französische Armeekorps waren während der Nacht auf der Straße von Gonesse in den Vorstädten von Paris angelangt und hielten Le Bourget bis zum Morgen des 29sten besetzt. Die Kaisergarde und das 6te Korps, so wie die aus dem Innern herangekommenen Verstärkungen befanden sich am Vormittage des 29sten unter Grouchy's Befehlen auf der Chaussee von Claye und Pantin und sollten auf dieser Seite mehrere feste Punkte besetzen. Das 3te und 4te Korps unter Vandamme trafen am 29sten Mittags auf der Straße von Lagny in Paris ein, defilirten durch die Hauptstadt und besetzten auf der Südseite die Höhen von Montrouge.

Die englisch-alliirte Armee erreichte am 29sten verschiedene Punkte auf der Straße zwischen Gournay und Pont St. Maxence.

Die Avantgarde (die leichte Kavallerie-Brigade Vivian, unterstützt von der Brigade Arentschild) überschritt die Oise bei Pont St. Maxence und kam bis Senlis.

Die britische Kavallerie marschirte von La Taulle bis Pont St. Maxence.

Das 2te Korps, unter Lord Hill, marschirte aus dem Lager bei Couchy über Estree St. Denis auf der Chaussee nach Pont St. Maxence.

Die gegenseitige Stellung der Armeen war daher am Abend des 29sten folgende:

Das 1ste preußische Armeekorps hatte seine Avantgarde und die Reserve-Kavallerie bei Aulnay und Savegny, Detaschements der letzteren bei Serran, Livry, Bondy und Baubigny. Das Füsilier-Bataillon des 7ten Regiments stand bei Nonneville. Die 6ten Ulanen und 1sten schlesischen Husaren waren mit zwei reitenden Batterien längs des Ourcq-Kanals aufgestellt. Das Korps selbst lehnte sich rechts an Blanc-Mesnil und links an Aulnay.

Das 3te Armeekorps stand in und um Dammartin, seine Reserve-Kavallerie zur Unterstützung Ziethens bei Tremblay.

Das 4te Armeekorps hatte seine Avantgarde zwischen Le Bourget und St. Denis stehen. Letzteres wurde von ihr eingeschlossen. Oberst-Lieutenant von Schill war mit dem 1sten schlesischen Kavallerie-Regiment und zwei Bataillonen Infanterie in Stains postirt. Das Korps selbst war in Le Bourget.

Das Hauptquartier des Fürsten Blücher war zu Gonesse,

die Avantgarde der englisch-alliirten Armee bei Senlis,

die britische Kavallerie zu Pont St. Maxence.

Die 2te und 4te Division, die nassauschen Truppen und die leichte Kavallerie Estorffs waren zu Clermont,

die 1ste und 3te Division und die niederländischen Truppen zu St. Martin Longeau,

die 5te und 6te Division, die braunschweigschen Truppen und die Reserve-Artillerie zu Gournay,

der Ponton-Train und die Taubrücken zu Estree St. Denis.

Das Hauptquartier des Herzogs von Wellington befand sich zu Le Plessis Longeau.

Die Korps der französischen Nordarmee waren in die Hauptstadt eingerückt.

Nach Ankunft der in Belgien geschlagenen Armee erreichte die französische Streitmacht in der Hauptstadt folgende Stärke:

Die Truppen unter Grouchy, einschließlich der aus dem Loire-Distrikte und andern Theilen des Innern gekommenen Depots, beliefen sich auf 60- bis 70000 Mann. Es wurde ihnen eine beträchtliche Verstärkung an Feldartillerie zugetheilt. Ein Theil dieser Truppen wurde zu Montmartre, zu St. Denis und hinter dem Ourcq=Kanal aufgestellt, der Rest, unter Vandamme, besetzte die Höhen von Montrouge auf der entgegengesetzten Seite, und die Kavallerie desselben lag im Walde von Boulogne. Die Nationalgarde belief sich auf ungefähr dreißigtausend Mann. Die Stimmung derselben war jedoch zweifelhaft, und man hielt sie im Allgemeinen wenig fähig, den alliirten Armeen irgend welchen Widerstand zu leisten. Es gab aber noch eine andere Art von Miliz=Truppen, welche unter dem Namen der bundesmäßigen Tirailleurs von den Vorstädten gestellt wurden, und meist aus Veteranen bestanden; ihre Zahl belief sich auf siebzehntausend Mann. Läßt man daher die Nationalgarde auch ganz außer Rechnung, so blieb doch für die Vertheidigung von Paris eine verwendbare Macht von achtzig= oder neunzigtausend Mann, die mit einer zahlreichen Artillerie versehen war. Marschall Davoust, Fürst von Eckmühl, wurde zum General en Chef der französischen Armee ernannt, und verlegte sein Hauptquartier nach la Villette.

Um die Vertheidigungsfähigkeit der Hauptstadt zu vermehren, hatte man die Höhen Montmartre, von Montfaucon und Belleville mit Verschanzungen umzogen. Der Ourcq=Kanal, welcher durch den Wald von Bondy, nahe der von Meaux kommenden Chaussee fortläuft, und einen Arm von Pantin nach St. Denis abzweigt, bildet eine vorgeschobene Vertheidigungslinie. Dieser Kanal hatte eine Breite von dreißig Fuß, und war, wenn auch nicht ganz vollendet, doch mit Wasser angefüllt. Ein hoher Damm lief längs des innern Ufers fort und bildete eine ausgezeichnete Brustwehr, in welche zur Aufnahme des schweren Geschützes Scharten geschnitten worden waren. St. Denis, der Stützpunkt dieser Vertheidigungslinie der Seine, war stark befestigt. Das Terrain nördlich dieser Stadt war vermittelst der kleinen Flüsse Rouillon und La Vieille Mer unter Wasser gesetzt worden. Das Dorf Au=

bervilliers bildete, auf Gewehrschußweite von der Linie entfernt, einen vorgeschobenen Posten, und war besetzt worden. Hinter demselben hatte man den Kanal durch eine Art Brückenkopf gedeckt, und sich hierdurch die Kommunikation zwischen beiden Ufern gesichert. Die Barrieren an den verschiedenen Zugängen von Paris wurden durch starke Batterien gesichert. Vincennes war verstärkt und durch Werke gedeckt worden, welche la Pissotte vertheidigten. Eben so hatte man einen starken Brückenkopf auf dem linken Ufer der Marne konstruirt, um die Brücke von Charenton zu decken. Alle Fähren und Kähne auf der Seine und Marne wurden nach dem linken Ufer geschafft. Die Brücke von Neuilly war theilweise zerstört und die hölzerne Seine-Brücke zu Bessons abgebrannt worden. Mehrere Dörfer, Parks und Gärten auf dem rechten Ufer der Seine und Marne waren dadurch zur Vertheidigung eingerichtet worden, daß man die Mauern krenelirt, die Zugänge barrikadirt und die Thore verrammelt hatte. — Auf dem linken Seine-Ufer, der Südseite der Hauptstadt, hatte man dagegen die Vertheidigungsanstalten vernachlässigt und dieselben nur auf die Höhen von Montrouge beschränkt. Zur Vertheidigung der Hauptwerke waren 300 Geschütze von großem Kaliber aufgestellt und zu deren Bedienung 20 Kompagnien Marine-Artillerie nach der Hauptstadt gezogen worden. Die Linie von St. Denis bis Vincennes wurde durch das 1ste, 2te und 6te Armee-Korps vertheidigt, die Kaisergarde bildete die Reserve und war bei Menil montant postirt. Die Kavallerie stand in dem Bois de Boulogne. Das 3te und 4te Armee-Korps, unter Vandamme, vertheidigten die Südseite von Paris, und besetzten Montrouge.

Mitten unter allen diesen Vorbereitungen mußte die provisorische Regierung, deren Majorität unter dem Einflusse Fouchés stand, und welche scheinbar so handelte, als ob sie nur Zeit zur Vollendung der Vertheidigungsmaßregeln und zur Sicherstellung der Hauptstadt gegen einen Sturm gewinnen wollte, sich durch den Ton und die Antwort der verbündeten Feldherren doch bald überzeugen, daß die Anwesenheit Napoleons in Paris das Haupthinderniß gegen jedes genügende Uebereinkommen war. General Becker war beauftragt worden, ihn in Malmaison zu begleiten, über seine Sicherheit zu wachen, ihm denjenigen Respekt zu sichern, welchen er in so hohem Grade verdiente, und Uebelgesinnte abzuhalten, seinen Namen zu Aufruhr und Tumult zu benutzen. Am 28. hatten sich in Paris Symptome einer Erhebung der Buonapartisten kund gegeben. Bei der Vereinigung so vieler Linien-Regimenter und der Kaisergarde in der Hauptstadt war dies auch kaum zu vermeiden, und hätte Napoleon sich noch einmal an ihre Spitze gestellt, so möchte ihre Aufregung, Hingebung und Enthusiasmus sie in feindliche und blutige Berührung mit den andern Theilen der Nation gebracht und hierdurch innerhalb der Mauern zu Scenen der wildesten Anarchie und Verwirrung geführt haben, während von außen der Feind donnernd an den Thoren pochte. Daher bemühte man sich auf jede Weise, den Exkaiser zum Verlassen der Hauptstadt zu bewegen. Man machte ihn darauf aufmerksam, daß die Preußen vor St. Denis angekommen wären und möglicher Weise den Versuch machen könnten, ihn in Malmaison zu überfallen. Er blickte sogleich auf die Karte, sah die Ausführbarkeit eines solchen Handstreichs ein und traf Maßregeln zu seiner Vertheidigung. Auch bot er der Regierung seine Dienste als General an und versprach, sogleich gegen den Feind zu marschiren und dessen kühnes und gewagtes Unternehmen gegen die Hauptstadt zu vereiteln. Dieser Vorschlag wurde ohne Weiteres zurück gewiesen. Fouché erklärte, daß durch eine Annahme desselben jede Aussicht auf eine Uebereinkunft mit den alliirten Mächten verschwände, neue Unruhen und Verwirrungen im ganzen Lande entstehen müßten, und trotz der vielleicht zu erringenden temporären Erfolge doch die concentrirte Macht des ganzen bewaffneten Europa's auf die Hauptstadt gezogen würde. Die Regierung ernannte daher eine Kommission, um Napoleon ihre Wünsche mitzutheilen und sogleich Anstalten zu seiner Abreise zu treffen. Der Marine-Minister und Graf Boulay erschienen in seiner Residenz und erklärten, daß der Herzog von Wellington und Fürst Blücher ihm Schutzwachen und Pässe verweigert hätten, und ihm daher kein Ausweg übrig bliebe, als unmittelbar abzureisen. — Napoleon gab endlich, wie er sich ausdrückte, seinem Geschicke nach, bestieg nach Vollendung aller zur Reise nöthigen Vorbereitungen am 29., Nachmittags 5 Uhr, begleitet von den Generalen Bertrand, Gourgaud und andern ergebenen Freunden, seinen Wagen und schlug die Richtung nach Rochefort ein, von wo zwei Fregatten ihn und sein Gefolge nach Amerika überschiffen sollten.

In Malmaison wäre Napoleon den Preußen beinahe in die Hände gefallen. Als Blücher erfuhr, daß er dort in der Zurückgezogenheit lebe, sandte er den Major von Colomb mit den 8ten Husaren und zwei Infanterie-Bataillonen ab, um sich weiter unterhalb der Seine-Brücke von Chatou zu bemächtigen, welche direkt nach dem Hause Napoleons führte. Zu seinem Glücke hatte der Fürst von Eckmühl bei Annäherung der Preußen dem General Becker befohlen, die Brücke abbrechen zu lassen. Major von Colomb fand daher zu seiner bittern Täuschung keinen Uebergang auf diesem Punkte, der in der That nicht weiter als tausend Schritte von dem Palaste entfernt war, in welchem Napoleon zur Zeit der Ankunft der Preußen noch wohnte.

Am 29. machten die neuen Bevollmächtigten der französischen Regierung dem Herzog von Wellington zu Etrées ihre Aufwartung, um wegen Einstellung der Feindseligkeiten zu unterhandeln. Im Laufe der entstehenden Diskussion erklärte der Herzog, daß er seiner früheren Erklärung Nichts hinzu zu fügen habe, daß er die Abdankung nur als eine Falle betrachten könne, und sich daher nicht berechtigt fühle, seine Operationen wegen eines solchen Vorwandes zu suspendiren, da derselbe keinesweges geeignet sei, das Ziel zu erfüllen, welches die Alliirten sich gesteckt hätten. Er setzte ihnen auseinander, daß außer Napoleon auch seine Anhänger die erklärten Feinde der Alliirten wären, und versicherte, daß bevor er auf irgend eine Einstellung einginge, „er Schritte zur Wiederherstellung einer Regierung sehen müsse, welche den Alliirten allein Sicherheit des Friedens gewähren könne.“ Hierauf verlangte man einige Aufklärung über das, was die Alliirten zufrieden stellen würde. Er erwiederte, daß er weder von seinem Gouvernement, noch von den Verbündeten autorisirt worden sei, auf diesen Gegenstand einzugehen, und daß er ihnen nur seine persönliche Ansicht mittheilen könne, dieselbe jedoch mit allem dem Einfluß, welchen er vielleicht besäße, bei den Alliirten geltend machen würde, es sei denn, daß er von seinem eigenen Gouvernement andere Instruktionen erhielte.

Diese Ansicht zeigt ganz besonders das gesunde Urtheil, die gerade Politik und den sichern Blick, welche die Laufbahn dieses großen Mannes so wunderbar charakterisiren. Die späteren Begebenheiten bewiesen ihre Richtigkeit. Sie stimmte genau mit dem Plane überein, welchen die vereinte Diplomatie Europa's ersonnen und zur Ausführung gebracht hatte. Des Herzogs eigene Worte drücken sie am besten aus:

„Ich sagte ihnen hierauf, ich glaubte, die beste Sicherheit für Europa wäre die Restauration des Königs. Die

Etablirung einer andern Regierung in Frankreich als der des Königs müsse unvermeidlich zu neuen und endlosen Kriegen führen, da Buonaparte und die Armee die Regierung des Königs umgestürzt hätten, sei es jetzt, wo Buonaparte Gefangener oder wenigstens beseitigt und die Armee geschlagen wäre, eine natürliche und einfache Maßregel, den König zurück zu rufen und durch die Energie ihrer Konstitution diejenigen Reformen hervor zu bringen, welche sie in der Regierung oder in der Verfassung zu machen wünschten, als jetzt ihrem Souveraine Bedingungen zu stellen. — Es sei endlich vor Allem wichtig, den König ohne Zeitverlust zurück zu rufen, damit es nicht den Anschein habe, als ob diese Maßregel ihnen von den Alliirten aufgezwungen wäre."

„Die Abgesandten meinten einzeln und im Ganzen, daß es ihr ernster Wunsch wäre, den König in der von mir erwähnten Art wieder eingesetzt zu sehen, und daß dies auch der Wunsch der provisorischen Regierung sei — — war jedoch der Meinung, daß die beiden Kammern nicht zu bewegen sein würden, den König ohne Bedingungen zurück zu rufen; er führte als diejenige, auf welche die Kammern wahrscheinlich bestehen würden und bei denen es auch wünschenswerth wäre, daß der König nachgäbe, die Verantwortlichkeit der Verwaltung und eine Veränderung der Verfassung, in so fern nämlich, als die Initiative der Gesetzgebung den Versammlungen der Repräsentanten und nicht dem Könige übertragen werden sollte."

„Ich sagte ihnen, daß ich im Betreff des ersteren Punktes alle Ursache habe, zu glauben, der König sei entschlossen, ein Ministerium zu bilden, welches einzeln uud im Ganzen für alle Handlungen der Regierung verantwortlich wäre, und daß ich nicht zweifele, Se. Majestät würden sich den

Wünschen des französischen Volkes entgegen stellen, wenn dasselbe verlange, daß die Initiative der Gesetzgebung den Kammern übertragen werde, daß ich jedoch keine Vollmacht habe, über diesen Gegenstand zu sprechen, und ihnen anempfehle, nicht auf kleine streitige Punkte Gewicht zu legen, sondern wenn sie wirklich die Regierung ihres Königs restauriren wollten, es ganz und ohne Bedingung zu thun."

„Im Laufe dieser Unterredung führten sie an, daß die Kammern Napoleon II. als Kaiser proklamirt hätten, um die Offiziere und Soldaten zufrieden zu stellen, indem dieselben nach der Schlacht in solcher Menge nach Paris gekommen wären, daß man einen Bürgerkrieg in der Hauptstadt hätte fürchten müssen, wenn diese Maßregel nicht ergriffen worden wäre."

„Während wir noch über die dem Könige zu stellenden Bedingungen und über die Mängel und Nachtheile sprachen, welche der bisherige Modus der Gesetzgebung und der Mangel an Verantwortlichkeit und selbstständiger Macht der Minister hätten, erhielt ich von Sir Charles Stuart die vom Herrn von Talleyrand contrasignirte Erklärung des Königs vom 28. Ich theilte dieselbe den französischen Kommissären sogleich mit und zeigte ihnen ganz besonders das Versprechen des Königs, diejenigen Veränderungen in seiner Verwaltung zu treffen, welche sie vorgeschlagen hatten."

„Einige Einwendungen wurden mir in Bezug auf diejenigen Paragraphen in der Erklärung gemacht, welche sich auf die Ausschließung gewisser Personen von der Gegenwart des Königs, auf den angekündigten Vorsatz, einige von denen zu bestrafen, welche Theil an dem Komplott zur Zurückführung Buonaparte's genommen haben und auf die Absicht bezogen; die alten Kammern der Legislatur wieder zusammen zu rufen. Ich schrieb daher, ihrem Wunsche gemäß, an M. de Talleyrand einen Brief, von dem Sir Charles Stuart wahrscheinlich eine Kopie nach England gesendet hat, und welchen ich den Bevollmächtigten vor der Absendung mittheilte."

„Ich sagte ihnen dann, daß ich nichts Weiteres über die Einstellung der Feindseligkeiten, welche sie dringend forderten, um Zeit zur Zurückrufung des Königs zu gewinnen, mittheilen könnte, bevor ich nicht den Marschall Blücher gesprochen hätte. Ich versprach ihnen, mich noch denselben Abend in dessen Hauptquartier zu begeben."

„Bevor ich mich entfernte, fragten die Bevollmächtigten noch, ob die Wahl einer Regentschaft, welche im Namen Napoleons II. die Geschäfte der Regierung versähe, den Absichten der Alliirten angemessen wäre, und ob ein solches Arrangement mich veranlassen würde, meine Operationen einzustellen. Ich antwortete, daß dies sicherlich nicht geschehen würde, daß ich der Meinung wäre, die Alliirten würden nie mit Napoleon, oder irgend einem seiner Familie, unterhandeln; daß die Ernennung Napoleons II., Napoleon I. und seine Anerkennung dem Wunsche, die Armee zu versöhnen, zugeschrieben werden würde, und daß ich meinen Operationen in Folge eines solchen Arrangements sicherlich nicht Einhalt thun könne."

„Sie fragten sodann, was man thun würde, wenn irgend ein anderer Prinz aus einem königlichen Hause auf den Thron Frankreichs gerufen würde? Ich erwiderte hierauf, daß ich unmöglich solche unhaltbaren Fragen beantworten könne, daß ich ihnen nur als Privatmann meine Meinung über das gesagt hätte, was für sie das Beste wäre, und daß es jetzt bei ihnen stände, diesen Rath zu befolgen oder nicht."

„Einer der Bevollmächtigten nahm, bevor ich wegging, noch Gelegenheit, mir zu sagen, er wünsche, daß ich auf diese letzte Frage eine mehr positive Antwort gegeben hätte; ich beschloß daher, es noch zu thun, ehe die Bevollmächtigten diese Unterhaltung nach Paris berichtet hätten.“

„Ich ließ sie zu Etrées, eilte nach dem Hauptquartier Le Plessis, gab Befehle zum Marsche der Truppen für den folgenden Morgen, und holte sie in der Nacht zu Louvres wieder ein. Ich sagte ihnen dann, daß ich mir ihre letzte Frage überlegt hätte, und keinen Grund fände, warum ich ihnen nicht als Privatmann darüber meine Ansicht aussprechen solle. Daß, meiner Meinung nach, Europa keinen dauernden Frieden hoffen könne, wenn irgend ein anderer als der König auf den französischen Thron berufen würde, daß jeder andere als Usurpator regieren und versuchen müsse, die Aufmerksamkeit des Landes von den schwachen Seiten seiner Berechtigung auf Krieg und fremde Eroberungen hin zu führen, daß die europäischen Mächte sich gegen solche Uebel sichern müßten; ich könne ihnen daher versichern, daß ich, wenn mein Gouvernement nicht anders darüber bestimmte, mit meinem ganzen Einfluß die verbündeten Souveraine zu bewegen suchen würde, auf Garantien für die Erhaltung des Friedens zu bestehen, wenn ein solches Arrangement, als sie erörtert hätten, getroffen würde“

„Die Bevollmächtigten erwiderten, daß sie mich vollständig verstanden hätten. — „Et vous avez raison“ fügten einige von ihnen hinzu.“

Zwanzigstes Kapitel.

Blücher befiehlt Bülow, in der Nacht des 29. einen Versuch auf Aubervilliers zu machen. — Wellington findet sich bei ihm ein; beide Feldherren beschließen, ihre Operationen, so lange Napoleon in Paris wäre, nicht zu suspendiren. — Die Preußen nehmen das Dorf Aubervilliers und treiben die Franzosen auf den Kanal von St. Denis zurück. — Die verbündeten Feldherren beschließen, mit einer Armee die befestigten Linien von St. Denis und Montmartre zu maskiren, mit der andern rechts ab zu marschiren und auf das linke Seine-Ufer überzugehen. — Verabredeter Operationsplan. — Die Korps Ziethen und Thielemann marschiren am 30. rechts ab, während Bülow in seiner Stellung zurück bleibt. — Stellung der verschiedenen Armeen am Abend des 30. — Politik Fouché's. — Davousts (Prinzen von Eckmühl) Briefe an Wellington und Blücher, worin er um Einstellung der Feindseligkeiten bittet. — Die Antwort Wellingtons. — Die Antwort Blüchers. — Davoust und andere Generale der Armee richten eine Adresse an die Deputirten-Kammer. — Die Kammern erlassen eine Proklamation. — Am Morgen des 1. Juli marschirt das Bülowsche Korps nach Argenteuil rechts ab. — Die englisch-alliirte Armee kommt bis le Bourget und nimmt die von den Preußen verlassene Stellung ein. — Die Franzosen greifen Aubervilliers an und bemächtigen sich des halben Dorfes. — Die britischen leichten Truppen der Division Colville nehmen den größeren Theil von Aubervilliers wieder. — Die preußische leichte Kavallerie-Brigade, unter Oberst-Lieutenant von Sohr, trifft in Versailles ein. — Sohr wird von französischer Kavallerie, unter Excelmans, attakirt. — Gefechte bei Rocquencourt, Versailles und Lechesnay. — Bemerkungen über die Detaschirung der Brigade Sohr. — Stellung der verschiedenen Armeen am Abend des 1. Juli. — Am 2. Juli marschirt die preußische Armee nach den Höhen von Meudon und Chatillon auf der Südseite von Paris. — Gefechte bei Sevres, Moulineaux und Issy. — Die englisch-alliirte Armee bleibt in ihrer

Stellung vorwärts von St. Denis stehen. — Wellington läßt bei Argenteuil eine Brücke schlagen und hält die Verbindung mit der preußischen Armee offen. — Kritische Lage der französischen Armee. — Die provisorische Regierung sendet Bevollmächtigte zum Herzog von Wellington. — Dessen Antwort. — Stellung der verschiedenen Armeen während der Nacht des 2. Juli. — Gefecht bei Issy am Morgen des 3. Juli. — Einstellung der Feindseligkeiten. — Konvention von Paris. — Schluß.

Der 29. Juni.

Fürst Blücher hatte sich durch eine am 29. unternommene Rekognoscirung überzeugt, daß der Feind bedeutende Anstalten getroffen hatte, um das weitere Vorgehen der Armeen auf der Nordseite der Stadt ernstlich zu hindern. Um zu erfahren, ob die Vertheilung und der Geist der feindlichen Truppen mit diesen ausgedehnten Werken in Einklang stände, befahl er, daß Bülow in der Nacht des 29. mit einem Theil seines Armee-Korps einen Angriff auf Aubervilliers machen solle. Ziethen sollte diesen Angriff dadurch unterstützen, daß er in den Dörfern Bondy und Pantin möglichst viel Allarm verursachte.

Vor Beginn des Angriffs traf Wellington bei Blücher ein und theilte ihm die von den französischen Abgesandten gemachten Anträge mit. Da der Fürst schon in eine wichtige Operation verwickelt war, konnte er die Einstellung der Feindseligkeiten nicht zugeben, und beide Feldherren kamen daher überein, so lange als Napoleon in Paris wäre, nur dann ihre Operationen zu suspendiren, wenn derselbe ihnen ausgeliefert würde. In diesem Sinne schrieb der Herzog sogleich einen Brief an die Bevollmächtigten.

Bülow übertrug den Angriff auf Aubervilliers dem General von Sydow mit der 13ten Brigade (9 Bataillons), einem Bataillon der 14ten und zwei Kavallerie-Regimentern.

Der Rest des 4ten Armee-Korps stand unter den Waffen, bereit, jeden etwa errungenen Vortheil zu verfolgen. Vier Bataillone gingen in Kolonne, unter dem Obersten von Lettow, vor, die übrigen fünf folgten zur Unterstützung nach. Da die Vorbereitungen während der Nacht getroffen wurden, so verging darüber einige Zeit, und das Zwielicht war eingetreten, als die Attake begann. Oberst von Lettow drang von drei Seiten in das ausgedehnte Dorf, forcirte die Barrieren und warf Alles mit dem Bajonnete vor sich nieder. Der Ort war von tausend Mann der besten feindlichen Truppen besetzt gewesen; zweihundert derselben wurden zu Gefangenen gemacht, der Rest bis zum Kanal von St. Denis verfolgt.

General von Sydow rekognoscirte in Begleitung des Majors von Lützow vom Generalstabe sogleich den Kanal, und entdeckte bald, daß das gegenüber liegende Ufer desselben stark mit Infanterie besetzt war und die verschiedenen Uebergangspunkte durch Batterien vertheidigt wurden. Dessen ungeachtet versuchte er vorzudringen; seine Truppen wurden jedoch mit einem kräftigen Artillerie- und Musketen-Feuer empfangen, und es zeigte sich bald, daß die befestigte Stellung des Feindes nur durch ein großes Opfer von Zeit und Menschen zu nehmen wäre. Sydow begnügte sich daher mit der Besetzung des eroberten Dorfes.

Links von Aubervilliers machten das 3te Bataillon des 1sten pommerschen Landwehr-Regiments und die 10ten Husaren, welche die Kommunikation mit dem 1sten Korps unterhielten, einen gleichzeitigen Angriff auf den Kanal. Es entspann sich ein heftiges Tirailleur-Gefecht, welches erst dann endete, als diese Truppen in ihre frühere Stellung zurück genommen wurden.

Die Rekognoscirung machte es klar, daß die Linie des Kanals von St. Denis nicht ohne einen ernstlichen Sturm und eine vorher gegangene heftige Kanonade genommen werden könne. Es entstand daher unter den verbündeten Feldherren, welche sich glücklicher Weise gerade persönlich über die zu ergreifenden Maßregeln besprechen konnten, die Frage, ob es nicht rathsamer wäre, die stark befestigten Linien von St. Denis und Montmartre dadurch zu umgehen, daß die eine Armee dieselben maskirte, während die andere rechts abmarschirte und weiter stromabwärts nach dem linken Seine-Ufer überginge. Durch diese Bewegung wurden die verbündeten Heere zwar meist auseinander gezogen und getrennt, dadurch ferner dem Feinde die günstige Chance geboten, sich nicht blos auf der Defensive zu halten, sondern auch, wenn ihm hierzu der Wille und die Kraft nicht fehlte, den Umständen gemäß zur Offensive überzugehen. Indessen alle diese Nachtheile wurden von den Vortheilen, welche der Plan darbot, bei weitem überwogen. Man durchschnitt dadurch die Kommunikation mit der Normandie, von wo aus Paris seine hauptsächlichste Zufuhr bezog, während durch das Näherkommen der baierschen Armee die Hilfsquellen der Hauptstadt auf der entgegen gesetzten Seite immer mehr beschränkt wurden. Beide Feldherren konnten dann ihre Heere gleichzeitig auf verschiedenen Punkten zeigen, und mußten durch das fortgesetzte Entfalten der Kraft, welche ihren Marsch charakterisirte, der besiegten Armee und den Bürgern weit mehr imponiren, als wenn sie ihre kombinirten Operationen auf einen Angriff der festen Linien von St. Denis beschränkt hätten.

Dieses letztere erforderte aller Wahrscheinlichkeit nach Zeit, und Zeitgewinn war ja das große Objekt, welches die französische Regierung bei ihren wiederholten Anträgen auf Einstellung der Feindseligkeiten im Auge hatte; sie wollte dadurch entweder die Koncentrirung und Organisirung ihrer Streitmittel erleichtern, oder hoffte, von den Alliirten günstigere Bedingungen zu erhalten. Auch wußte man ziemlich sicher, daß wenn gleich auf dem rechten Seine-Ufer Befestigungsanlagen aufgeworfen wären, die Vertheidigung des linken Ufers vergleichsweise vernachlässigt worden war. In der Annahme dieses Planes wurde man noch durch die Meldung des Majors von Colomb bestärkt. Derselbe fand nämlich die direkt nach Malmaison führende Brücke von Chatou zerstört, war daher sogleich nach der von St. Germain geeilt und hatte sich dieser gerade in dem Augenblick bemächtigt, als die Franzosen im Begriffe standen, auch sie zu zerstören. Eben so war noch weiter unterhalb die Brücke von Maisons genommen und besetzt worden.

Der preußische Feldherr benutzte ohne Zeitverlust den ihm durch die Wegnahme der Seine-Brücke gebotenen Vortheil. Oberst-Lieutenant von Sohr erhielt den Befehl, mit seiner Kavallerie-Brigade (den brandenburgischen und pommerschen Husaren) in der Nacht aus der Gegend von Louvres aufzubrechen und seinen Marsch so einzurichten, daß er am folgenden Morgen die Seine bei St. Germain überschreiten könne. Von da aus sollte er weiter vorgehen und am 1. Juli auf der Straße von Paris nach Orleans erscheinen, dort die Kommunikation unterbrechen und die Verwirrung, welche durch die Flüchtlinge aus der Hauptstadt entstanden war, vermehren. Im Allgemeinen sollte er selbstständig und geheim agiren, und wo möglich die Heranschaffung von Lebensbedürfnissen aus den westlichen und südlichen Provinzen verhindern.

Es war bestimmt worden, daß die preußische Armee zur Ueberschreitung der Seine rechts abmarschiren und zur Maskirung dieser Operation die Vorposten des 1sten und 4ten Armee-Korps bis zu der am Abende des 30. erwarteten Ankunft der englisch-alliirten Armee in ihrer gegenwärtigen Stellung stehen lassen solle. Das 3te Armee-Korps sollte am 30., um

5 Uhr Morgens, seinen Marsch auf Gonesse antreten, von da aus auf St. Germain vorgehen, verdeckt in dem Thale von Montmorency entlang marschiren und erst nach vollständig eingebrochener Dunkelheit die offenere Gegend um Argenteuil erreichen. Von letzterem Orte hatte es dann den Marsch nach St. Germain fortzusetzen. Das 1ste Korps sollte aus seinem Bivak um 10 Uhr Abends aufbrechen, südlich von Gonesse über Montmorency, Franconville, Cormeille und Maisons marschiren, bei letzterem Orte die Seine passiren und sogleich die Kommunikation mit dem 3ten Korps eröffnen. Das 4te Armee-Korps sollte am 1sten Juli mit Tagesanbruch rechts von St. Denis vorgehen, diesen Platz während seines Marsches auf Argenteuil bombardiren und dann in dieser Richtung die Verbindung mit dem 1sten und 3ten Korps bewerkstelligen. Die Vorposten des 1sten und 4ten Korps sollten bis zu ihrer Ablösung durch britische Truppen zurück bleiben und dann in ähnlicher Art dem Reste der Armee folgen.

Diese Bewegungen wurden in der vorgeschriebenen Weise pünktlich ausgeführt. Beim Abmarsche des 3ten Korps hielt Graf Bülow es für nothwendig, die Vorposten des 4ten zu verstärken, um dem Feinde entgegen treten zu können, wenn derselbe aus St. Denis debuschiren würde. Er stellte daher den Obersten von Hiller mit sechs Bataillonen, einem Kavallerie-Regimente, einer halben 6pfündigen Batterie und zwei reitenden Geschützen zur Beobachtung dieses Punktes auf.

Um 3 Uhr Nachmittags meldeten die preußischen Vorposten, daß französische Kolonnen von St. Denis vorgingen und die Vedetten zurück getrieben seien. Oberst von Hiller schickte sogleich die Tirailleurs von zwei Bataillonen, zwei Schwadronen Kavallerie und die beiden reitenden Geschütze vor. Gleichzeitig traten die bei Stains stehenden Truppen unter die Waffen, und waren zur Unterstützung bereit. Es entspann sich ein lebhaftes Tirailleur-Gefecht, obgleich nur die Bäume längs der Straße und das ihre Annäherung verbergende hohe Getreide den Schützen zu deckenden Gegenständen dienen konnten. Der Feind sandte auch Detaschements gegen Epinay und Pierrefitte, wurde aber auf diesen Punkten, eben so wie vorwärts von Stains zum Rückzuge gezwungen, ohne daß es ihm gelungen wäre, die preußischen Vorposten zurück zu drängen.

Das Gros des 4ten Armee-Korps blieb während des 30. in seiner Stellung bei le Bourget, seine Avantgarde, unter dem General von Sydow, wurde rechts gegen Argenteuil vorgeschoben, um mit dem 3ten Armee-Korps in Verbindung zu treten. Da das erstere am folgenden Morgen abmarschiren sollte, hielt man es für nöthig, die Vorposten strenge auf der Defensive zu halten. Aubervilliers war dem Angriffe am meisten ausgesetzt. Man postirte daher zwei Kompagnien an den Ausgängen der französischen Seite und stellte hinter ihnen zwei andere Kompagnien zur Reserve auf. Bei einem übermächtigen feindlichen Angriffe sollten sich diese Truppen nach der weiter rückwärts gelegenen Hauptposition zurückziehen; diese lag längs der Dörfer Chantourterelle, Courneuve und Merville, welche durch einen mit Gebüsch besetzten Bach unter einander verbunden waren und aus einzelnen Landhäusern und Schlössern bestanden, deren Gartenmauern man für Tirailleurs krenelirt hatte. Man hielt sechs Bataillons in aufgelöster Schlachtordnung für genügend, um die ganze Linie bis zu der von le Bourget kommenden Chaussee zu besetzen. An einzelnen Stellen entspannen sich Tirailleur-Gefechte, welche von den Preußen jedoch nur unterhalten wurden, um die Aufmerksamkeit des Feindes zu theilen und ihm die große Rechtsbewegung zu verbergen. Die Bivak-Feuer wurden während der Nacht auf den von den verschiedenen Korps verlassenen

Stellen unterhalten. Man wollte dadurch den Feind glauben machen, daß die preußische Armee noch immer den Linien von St. Denis gegenüber stände.

An diesem Tage erreichte die Avantgarde der englisch-alliirten Armee (die Husaren-Brigade Vivian) Vauderlan. Die britische Kavallerie marschirte nach Louvres. Die dem 2ten Korps attaschirte Kavallerie Estorffs überschritt die Oise bei Creil und ging über Chantilly nach Luzarches vor. Die Infanterie des Korps marschirte von Clermont nach Chantilly.

Das 1ste Korps marschirte aus seinem Lager bei St. Martin Longeau ab, überschritt die Oise bei Pont St. Maxence und ging so weit vor, daß die Tete La Capelle erreichte und die Queue sich an Senlis lehnte.

Die Reserve marschirte aus ihrem Lager bei Gournay über Pont St. Maxence, die Tete der Kolonne erreichte Fleurines auf der Straße nach Senlis, die Queue lehnte sich an Pont St. Maxence.

Die gegenseitige Lage der verschiedenen Armeen war am Abend des 30sten folgende:

Das 1ste preußische Armeekorps trat um ½11 Uhr Abends seinen Marsch von Blancesnil und Aulnay nach St. Germain an und passirte in der Nacht Gonesse, Montmorency und Le Mesnil und kam bis Carrière au Mont in der Nähe von St. Germain. — Die Vorposten des Korps blieben in ihrer bisherigen Stellung stehen.

Das 3te Armeekorps marschirte während der Nacht von Dammartin über Gonesse und Argenteuil nach St. Germain, die Reserve machte bei Argenteuil Halt.

Das 4te Armeekorps blieb in seiner Stellung bei Le Bourget stehen, um den Marsch des Restes der Armee zu decken. Seine Vorposten blieben bei Stains, St. Denis und Aubervilliers.

Oberst-Lieutenant von Sohr überschritt mit den brandenburgischen und pommerschen Husaren bei St. Germain die Seine, und ging in der Richtung auf Versailles vor.

Major von Colomb besetzte mit den 8ten Husaren die Brücke von St. Germain.

Das Hauptquartier des Fürsten Blücher blieb zu Gonesse.

Die Avantgarde der englisch-alliirten Armee war zu Vauderlan.

Die britische Kavallerie kampirte auf der Ebene um Louvres.

Die hannöversche Kavallerie war bei Luzarches.

Die 2te und 4te Division, und die nassauschen Truppen waren auf der Chaussee zwischen La Capelle und Senlis.

Die 5te und 6te Division, die braunschweigschen Truppen und die Reserve-Artillerie befanden sich auf der Chaussee zwischen Fleurines und Pont St. Maxence.

Der Pontontrain und die Taubrücken waren zu Senlis.

Das Hauptquartier des Herzogs von Wellington war zu Louvres.

Die französische Armee blieb in den Linien von Paris.

Seit der Abreise betrachteten Armee und Bürger das Parlament als die einzige regierende Gewalt und schienen im vollen Vertrauen auf dessen Redlichkeit sich seinen Diktaten fügen zu wollen. Fouché stand in geheimer Verbindung mit den Alliirten und bemühte sich, den großen Einfluß, welchen er auf einen bedeutenden Theil der Deputirten erlangt hatte, in Uebereinstimmung mit den Absichten jener zu verwenden. Durch diesen Einfluß war es ihm gelungen, das hauptsächlichste Hinderniß aller Unterhandlungen — die Gegenwart Napoleons zu beseitigen. Sein nächster Schritt war der, die Kammern auf die Rückkehr des legitimen Monarchen vorzubereiten. Er durfte nur dann hoffen, diese Maßregel zur Ausführung zu bringen, wenn er sie als das einzige Mittel darstellte, die Hauptstadt vor der Zerstörung zu schützen, die ihr durch die von den Nord= und Ostgrenzen herankommenden großen und übermächtigen Heeren der Verbündeten drohete. Auch mußte er sie mit der Annahme solcher Modifikationen der Charte kombiniren, daß die Wünsche der Konstitutionellen und der Gemäßigten aller Parteien dadurch befriedigt wurden. Er wußte, daß die Armee zum hartnäckigsten Widerstande gegen die Allürten entschlossen war. Die vielen unruhigen Bonapartisten in den Reihen derselben mußten daher vorher besänftigt werden, damit sie nicht seinen Plan, den Frieden der Hauptstadt zu erhalten, schnell durchkreuzen und zuletzt noch die Erlangung jener vergrößerten konstitutionellen Freiheit, für welche die Deputirten kämpften, verhindern konnten. Er richtete sich deshalb mit seiner gewöhnlichen Gewandtheit an ihren Führer, den Marschall Davoust, Fürsten von Eckmühl, und es gelang ihm wirklich, durch eine geschickte Auseinandersetzung der politischen Lage der Dinge, ihn seinen Absichten geneigt zu machen. Derselbe schrieb ihm am Abend des 29sten, daß er seine Vorurtheile überwunden habe und zu der Ueberzeugung gelangt wäre, das Heil Frankreichs sei nur in Abschließung eines Waffenstillstandes und Proklamirung Ludwigs XVIII. zu finden. Am 30sten richtete der Fürst, als das Haupt der französischen Armee, folgenden Brief an Wellington und Blücher:

Hauptquartier La Villette den 30. Juni 1815.

„Milord!“

„Sie setzen Ihre feindlichen Bewegungen fort, obgleich den Erklärungen der alliirten Souveräne gemäß, die Beweggründe zum Kriege gegen uns nicht mehr bestehen, seitdem der Kaiser Napoleon dem Thron entsagt hat.“

„In dem Augenblick, wo von Neuem Blut fließen soll, erhalte ich vom Marschall, Herzog von Albufera eine telegra=

phische Depesche, von der ich Ihnen eine Kopie übersende. Milord, ich versichere die Wahrheit dieses Waffenstillstandes auf meine Ehre. Alle Gründe, welche Sie zur Fortsetzung der Feindseligkeiten bewegen, sind hierdurch aufgehoben, weil Sie von Ihrem Gouvernement keine andere Instruktionen haben können, als die, welche die österreichischen Generale von dem ihrigen erhalten haben."

„Ich richte an Ew. Excellenz daher die förmliche Bitte, alle Feindseligkeiten einzustellen und gemäß der Entscheidung des Kongresses zur Abschließung eines Waffenstillstandes zu schreiten. Ich kann nicht glauben, Milord, daß meine Bitte ohne Erfolg bleiben werde. Sie würden in den Augen Ihrer Landsleute eine große Verantwortung auf sich laden."

„Keine andere Motive, als der Wunsch zur Beendigung des Blutvergießens und das Interesse für mein Vaterland haben diesen Brief diktirt."

„Wenn ich mich mit dem Gedanken an Ihre Talente auf dem Schlachtfelde zeige, drängt sich mir die Ueberzeugung auf, daß ich auf demselben für die heiligste aller Sachen — für die Vertheidigung und die Unabhängigkeit meines Vaterlandes kämpfe, und welches auch das Resultat sein wird, ich hoffe Ihre Achtung zu verdienen."

„Genehmigen u. s. w.

Der Marschall Prinz von Eckmühl,

Kriegsminister."

Diesen Brief beantwortete der Herzog von Wellington folgendermaßen:

„Hauptquartier, den 1. Juli 1815,
10 Uhr Morgens."

„Herr Marschall!"

„So eben habe ich Ew. Excellenz Schreiben vom 30. Juni erhalten. In demselben theilen mir Ew. Excellenz die Nachricht von einem zwischen dem General Frimont und dem Marschall, Herzog von Albufera abgeschlossenen Waffenstillstande mit."

„Ich habe schon den an die verbündeten Mächte gesendeten französischen Kommissären schriftlich, und den an mich gesendeten Kommissären mündlich die Gründe auseinandergesetzt, welche mich verhindert haben, meine Operationen zu suspendiren. Ich habe alle Ursache zu glauben, daß diese Gründe von den Verbündeten meines und derjenigen Souveräne, deren Armeen ich die Ehre habe zu kommandiren, vollkommen gebilligt werden."

„Ich wünsche sehnlichst jedes weitere Blutvergießen der unter meinen Befehlen stehenden tapferen Truppen zu vermeiden; aber es darf nur unter Bedingungen geschehen, welche die Wiederherstellung und die Festigkeit des allgemeinen Friedens sicher stellen."

„Ich habe die Ehre zu sein u. s. w.
Wellington."

Fürst Blücher hatte bei seiner großen Verachtung*) der Diplomatie, deren übel ausgeheckten Plänen er die Schuld des

*) Ueber diesen Gegenstand drückte er sich stets offen und ohne Rückhalt aus. Ein bemerkenswerthes Beispiel dieser Art ereignete sich nach der Konvention von Paris bei einem von dem Herzoge von Wellington gegebenen großen Diner, wo er von seinem Sitze zwischen diesem und Viscount Castlereagh aufstand und folgenden Toast ausbrachte: „Mögen die Diplomaten mit ihren Federn nicht das wieder verderben, was die Armeen unter so großen Opfern mit ihren Schwertern gewonnen haben!" Als nicht lange nachher die Friedensbedingungen verhandelt wurden, ließ Blücher, in der Befürchtung, dieselben möchten zu günstig für Frankreich ausfallen, das größte Mißtrauen, ja fast einen Haß gegen die Diplomaten blicken. Als er einmal dem preußischen Minister, Fürsten Hardenberg, begegnete, redete er ihn kühn mit folgenden Worten an: „Ich wünschte nur, ich hätte Euch, Ihr Herren von der Feder, einmal in einem recht heftigen Tirailleurfeuer, damit Ihr erfahren möchtet, was es heißt, wenn der Soldat mit seinem Blute die Irrthümer

erneuerten Krieges beimaß, sich bisher enthalten, irgend eine ihm gemachte Mittheilung der französischen Behörden persönlich anzunehmen oder schriftlich zu beantworten. Er beschäftigte sich ausschließlich mit der militärischen Lösung des großen Problems, auf welchem der Frieden Europa's beruhete. Jetzt aber konnte er wahrscheinlich die ihm gebotene günstige Gelegenheit, dem Marschall, unter dessen Kommando zu Hamburg die größten Excesse an seinen Landsleuten begangen worden waren, eine scharfe Erwiderung zu geben, nicht ungenutzt vorübergehen lassen. Er schrieb daher in seinem rauhen vaterländischen Deutsch (dadurch gleichsam seine Verachtung der gebräuchlichen diplomatischen Form der Mittheilung und seine Abneigung selbst gegen die Sprache des Landes, welches er so innig haßte, ausdrückend) folgende Antwort:

„An den französischen General Davoust.“

„Mein Herr Marschall!“

„Es ist irrig, daß zwischen den verbündeten Mächten und Frankreich alle Ursachen zum Kriege aufgehört haben, weil Napoleon dem Thron entsagt hat; dieser hat nur bedingungs-

---

wieder gut machen muß, welche Ihr so gedankenlos auf dem Papiere begebt.“ Die folgende Thatsache zeigt, daß keine persönliche Rücksichten ihn abhielten, seinen bittern Humor an den großen Diplomaten der Zeit auszulassen. Es ist wohl bekannt, daß er unmittelbar nach der Konvention von Paris äußerst begierig war, die Brücke von Jena zu zerstören, und daß nur die dringendsten Vorstellungen des Herzogs von Wellington ihn davon abhalten konnte. Bei dieser Gelegenheit reichte ihm der Graf von der Golz, sein früherer Adjutant und damals preußischer Gesandter in Paris, im Namen des Fürsten Talleyrand eine Bittschrift wegen Erhaltung der Brücke ein. Blücher schrieb eigenhändig wieder: „Ich habe beschlossen, die Brücke zu sprengen, und ich kann Ew. Excellenz nicht verhehlen, wie viel Vergnügen es mir gewähren würde, wenn M. Talleyrand sich vorher auf dieselbe stellen wollte. Ich bitte Sie, diesen meinen Wunsch ihm bekannt zu machen.“

weise entsagt, nämlich zu Gunsten seines Sohnes, und der Beschluß der verbündeten Mächte schließt nicht allein Napoleon, sondern alle Mitglieder seiner Familie vom Thron aus."

„Wenn der General Frimont sich berechtigt geglaubt hat, einen Waffenstillstand mit dem ihm gegenüberstehenden feindlichen General zu schließen, so ist dies kein Motiv für uns, ein Gleiches zu thun. Wir verfolgen unsern Sieg, und Gott hat uns Mittel und Willen dazu verliehen."

„Sehen Sie zu, Herr Marschall, was Sie thun und stürzen Sie nicht abermals eine Stadt ins Verderben; denn Sie wissen, was der erbitterte Soldat sich erlauben würde, wenn Ihre Hauptstadt genommen würde."

„Wollen Sie die Verwünschungen von Paris eben so wie die von Hamburg auf sich laden? Wir wollen in Paris einrücken, um die rechtlichen Leute in Schutz zu nehmen gegen die Plünderung, die ihnen von Seiten des Pöbels droht. Nur in Paris kann ein zuverlässiger Waffenstillstand statthaben. Sie wollen, Herr Marschall, dieses unser Verhältniß zu Ihrer Nation nicht verkennen."

„Ich mache Ihnen, Herr Marschall, übrigens bemerklich, daß wenn Sie mit uns unterhandeln wollen, es sonderbar ist, daß Sie unsere mit Briefen und Aufträgen gesendeten Offiziere gegen das Völkerrecht zurückhalten."

„In den gewöhnlichen Formen konventioneller Höflichkeit habe ich die Ehre mich zu nennen

Herr Marschall

Ihren dienstwilligen

Blücher."

Während Fouché und Davoust bemüht waren, die alliirten Generale in Unterhandlungen zu verwickeln, fühlten sie die Nothwendigkeit, ihre Pläne mit der größten Vorsicht und in solcher Weise auszuführen, daß die Armee durchaus keine ungünstige Meinung über ihre Beweggründe zu fassen im Stande wäre. Am Abend des 30. Juni hielten daher die Generale im Hauptquartier zu Villette eine Zusammenkunft, in welcher der Vorschlag gemacht wurde, der Deputirten-Kammer eine Adresse zu überreichen, um derselben den entschlossenen Geist des Widerstandes, welcher die Truppen beseelte und ihre feindliche Gesinnung gegen die Bourbons auszudrücken. Der Vorschlag wurde von der Majorität angenommen, und Davoust zögerte trotz dem, daß er im Geheimen mit Fouché für die Restauration Ludwig XVIII. arbeitete nicht, seinen Namen unter dieselbe zu setzen. Die Adresse lautete folgendermaßen:

„Lager zu Villette, den 30sten Juni.“

„Repräsentanten des Volkes!“

„Wir stehen unsern Feinden gegenüber. Wir schwören vor Euch und vor der Welt, die Sache unserer Unabhängigkeit und nationalen Ehre bis zum letzten Athemzuge zu vertheidigen. Man will uns die Bourbons wieder aufdringen, aber die unermeßliche Majorität der Franzosen erklärt sich gegen die Prinzen dieses Hauses. Bedenkt, Repräsentanten, daß wenn Ihr deren Rückkehr zugeben könntet, Ihr dadurch die Vernichtung einer Armee unterzeichnen würdet, welche 20 Jahre hindurch das Palladium der französischen Ehre gewesen ist. Im Kriege, besonders in einem lange dauernden, wechselt Glück mit Unglück. Im Glück haben wir uns groß und edelmüthig bewiesen. Wenn man uns in unserm Unglück erniedrigen will, so werden wir zu sterben wissen.“

„Die Bourbons gewähren der Nation keine Garantie. Wir empfingen sie mit Gefühlen des edelmüthigsten Vertrauens, wir vergaßen alles Böse, was sie uns in der Wuth, uns der heiligsten Rechte zu berauben, zugefügt hatten. Und wie erwiederten sie dieses Vertrauen? Sie behandelten uns als Rebellen und als Besiegte. Repräsentanten! diese Betrachtungen sind schrecklich, weil sie wahr sind. Die Geschichte wird einst berichten, was die Bourbons gethan haben, um wieder auf den Thron Frankreichs zu gelangen, sie wird aber auch das Benehmen der Armee, jener durchaus nationalen Armee, berichten, und die Nachwelt wird entscheiden, wer die Achtung der Welt am meisten verdient."

„Der Marschall Prinz von Eckmühl,
Kriegsminister.
Graf Pajol, Kommandeur des 1sten
Kavallerie-Korps.
Graf d'Erlon, Kommandeur des rechten Flügels.
Graf Vandamme, General en Chef.
(Und fünfzehn andere Generale.)"

Die Kammern sahen sich hierdurch zu einer Proklamation genöthigt, in welcher sie die politische Lage Frankreichs und ihre eigenen Absichten unter all den kritischen Umständen beleuchteten, welche sich ihren Blicken darboten. Dieses Dokument war von den Konstitutionalisten, der mächtigsten Partei des Staates, mit großer Vorsicht und vielem Takte abgefaßt worden und trug starke Merkmale der von Fouché befolgten Politik. Es erkannte zwar die Thronerhebung Napoleons II., enthielt jedoch keine Feindseligkeiten gegen die Bourbons. Es drückte den Wunsch aus, sich eine monarchische und repräsentative Regierungsform zu sichern und erklärte, daß das Staatsoberhaupt, gleichviel, wer es auch sei, einen feierlichen Packt eingehen und die konstitutionelle Charte achten müsse. Mit einem Worte, der Ton desselben war hinreichend unabhängig, um, wenn auch nicht der Billigung, so doch wenigstens der Zustimmung der Liberalen und Buonapartisten sicher zu sein, während sie auf der andern Seite genau die Bedingungen vorschrieb, unter denen ein Bourbon den Thron wieder besteigen könne und die Freunde der konstitutionellen Ordnung und bürgerlichen Rechte sich um ihn versammeln würden. Mit wenigen Ausnahmen ließ sich dieselbe mit der am 28sten Juni von Ludwig XVIII. veröffentlichten Proklamation in Einklang bringen. Sie lautete folgendermaßen:

„Franzosen!“

„Die feindlichen Mächte proklamirten im Angesicht von Enropa, daß sie nur gegen Napoleon bewaffnet wären und daß sie unsere Unabhängigkeit und das jeder Nation gehörige Recht, sich eine Regierungsform zu geben, welche ihren Gewohnheiten und Interessen angemessen wäre, achten würden.“

„Napoleon ist nicht mehr das Oberhaupt des Staates. Er hat dem Throne entsagt und seine Entsagung ist von Euren Repräsentanten angenommen worden. Er ist fern von uns. Sein Sohn ist durch die Konstitution zur Kaiserwürde berufen. Die verbündeten Mächte sind hiervon unterrichtet worden und der Krieg müßte beendigt sein, wenn die Versprechungen der Könige sich auf Wahrheit basirten.“

„Während Bevollmächtigte zu den alliirten Mächten gesendet worden sind, um im Namen Frankreichs wegen des Friedens zu unterhandeln, verweigerten die Generale zweier dieser Mächte jeden Waffenstillstand, Ihre Truppen beschleunigten, einen Augenblick des Schwankens und der Unruhe benutzend, ihre Märsche. Sie stehen jetzt vor den Thoren der Hauptstadt, und Nichts sagt uns, warum der Krieg fortgesetzt wird. Unsere Bevollmächtigten werden uns bald erklären, ob wir dem Frieden entsagen müssen. Bis dahin ist Widerstand nicht allein gesetzmäßig, sondern auch nothwendig, und wenn die Menschheit für das nutzlos vergossene Blut Rechenschaft fordert, dann wird sie nicht jene braven Männer anklagen, welche nur kämpften, um ihren Heerd vor den Geißeln des Krieges, vor Mord und Plünderung zu schützen und um mit ihrem Leben die Sache der Freiheit und jener Unabhängigkeit zu vertheidigen, deren unvorschreibbares Recht selbst in den Manifesten ihrer Feinde anerkannt wird."

„Unter solchen Verhältnissen dürfen Eure Repräsentanten nicht vergessen, daß sie gewählt worden sind, um die Interessen der ganzen Nation, nicht aber die einer einzelnen Partei, wahrzunehmen. Jeder Akt der Schwäche wird sie entehren und nur dazu dienen, die zukünftige Ruhe Frankreichs zu gefährden. Während die Regierung alle in ihrer Macht stehenden Mittel anwendet, um einen dauernden Frieden zu erlangen, oder wenn dies nicht gelingen sollte, die Bataillone der Fremden zurückzutreiben, kann sie der Nation keine größeren Vortheile verschaffen, als daß sie die Grundlagen einer monarchischen und repräsentativen Regierungsform sammelt und feststellt, um durch dieselben allen Bürgern den freien Genuß jener heiligen Rechte zu sichern, welche mit so zahlreichen und großen Opfern erkauft worden sind, und daß sie um die nationalen Fahnen jene große Masse der Franzosen für immer versammelt, welche kein anderes Interesse und keinen andern Wunsch haben, als eine ehrenvolle Ruhe und eine vernunftgemäße Unabhängigkeit."

„Die Kammern glauben daher, daß ihre Pflicht und ihre Ehre es fordern, Niemand als gesetzmäßiges Oberhaupt des Staates anzuerkennen, der bei seiner Thronbesteigung verweigert, die Rechte der Nation zu achten und sie durch einen feierlichen Schwur zu bekräftigen. Die konstitutionelle Charte ist aufgestellt, und wenn man uns durch die Gewalt der Waffen vorübergehend einen Herrn aufdrängen; wenn das

Geschick einer großen Nation wiederum der Laune und der Willkühr einer kleinen Zahl priviligirter Personen übergeben werden sollte: dann wird die Versammlung der Volksvertreter, der Gewalt weichend, Angesichts der ganzen Welt gegen die Unterdrückung des französischen Volkes protestiren."

„Eure Repräsentanten werden an die Energie der jetzigen und der kommenden Generationen appelliren, auf daß sie ihre Ansprüche an die nationale Unabhängigkeit und die Rechte der bürgerlichen und religiösen Freiheit erneuern. Für diese Rechte appelliren sie jetzt an die Vernunft und die Gerechtigkeit aller civilisirten Nationen?"

Trotzdem, daß die von den Kammern abgesendeten französischen Bevollmächtigten unausgesetzt bemüht gewesen waren, die verbündeten Generale zu einem Waffenstillstande zu verleiten, wurden die militairischen Operationen doch keinen Augenblick unterbrochen.

Am Morgen des 1sten Juli marschirte das Bülowsche Armeekorps (das 4te) in der Richtung auf Argenteuil rechts ab. Während des Marsches griff der Feind, welcher den Zweck der Blücherschen Operationen endlich erkannte, oder sich über dieselben Aufklärung verschaffen wollte, das Dorf Aubervilliers vom Canal von St. Denis aus an und drang bis zu der in der Mitte des Ortes gelegenen Kirche. Hier stießen die Franzosen aber auf das preußische Soutien und wurden, da noch zwei Bataillone gleich nachher aus der Hauptposition ankamen, am weiteren Vorgehen verhindert. Während sich so das Tirailleur-Gefecht hinzog und die Franzosen aus Haubitzen zu feuern begannen, setzte das Bülowsche Korps seinen Marsch fort und ließ die 14te Brigade zur Unterstützung der Vorposten bis zur Ankunft der englisch-alliirten Armee zurück.

Am Nachmittage erreichte die Armee des Herzogs von Wellington Le Bourget, bezog die vom Fürsten Blücher verlassene Stellung und lös'te dessen Vorposten sogleich ab. Nach Aubervilliers wurden drei leichte Kompagnien der Division Colville geworfen. Die preußischen Truppen, welche daselbst zur Maskirung der allgemeinen Rechtsbewegung ihrer Armee aufgestellt worden waren, hatten aus dem von ihnen besetzten Theile des Dorfes ein fernes und unwirksames Feuer unterhalten und keinen direkten Angriff unternommen, weil dies zu einer kräftigen Offensive der Franzosen gerade in dem Augenblick hätte Veranlassung geben können, wo sie nicht länger von der Hauptarmee unterstützt werden konnten und die englisch-alliirte Armee noch nicht angekommen war.

Die nach Aubervilliers geworfenen leichten britischen Kompagnien hatten keine solche Rücksichten zu nehmen, ihr Kommandeur, Oberst-Lieutenant Sir Neil Campbell, beschloß daher, vorzudringen und sich wo möglich des ganzen Dorfes zu bemächtigen. Nachdem er in den Besitz von zwei oder drei der höchsten Häuser gekommen war, brach er aus diesen in einige niedrigere ein, erzwang sich, ohne viel zu feuern, einen Weg durch die Scheidewände anderer (die Franzosen hatten keinen entschlossenen Widerstand geleistet, da sie wahrscheinlich jetzt den Rechtsmarsch der preußischen und die Ankunft der englisch-alliirten Armee erkannt hatten) und kam so in den Besitz der einen Seite einer ganzen Straße und des größeren Theiles des Dorfes. Der französische dort befehligende Offizier schlug hierauf einen Waffenstillstand vor; dieser wurde angenommen, da der von ihm besetzte Posten zwischen den Briten und einer am Kanal etablirten Batterie stand. Die übrigen preußischen Vorposten wurden, ohne weitere Belästigung von Seiten des Feindes, abgelös't, und die englisch-alliirte Armee bezog, rechts an die Höhe von Richebourg, links an den Wald von Bondy gelehnt, eine Stellung.

Man wird sich erinnern, daß Oberst-Lieutenant von Sohr den Befehl erhalten hatte, am Morgen des 30sten Juni die Brücke von St. Germain mit preußischer leichter Kavallerie zu passiren und sich am 1sten Juli auf der Straße nach Orleans zu zeigen. Die Brigade brach mit Tagesanbruch des 30sten auf, marschirte durch Montmorency und Argenteuil nach St. Germain und stieß daselbst auf das aus dem 8ten Husaren-Regiment und zwei Infanterie-Bataillonen bestehende Detaschement des Majors von Colomb. Sodann marschirte sie noch eine starke Stunde weiter, erreichte Marly an der Versailler Straße mit einbrechender Nacht und bivakirte daselbst. Am Morgen des 1sten Juli trat Oberst-Lieutenant von Sohr seinen Marsch wieder an und schlug die Richtung auf Versailles ein; er erreichte dasselbe jedoch nicht vor Mittag, da das Passiren des dortigen durchschnittenen Terrains sehr viel Aufenthalt verursacht hatte und er auch immer erst die Meldungen seiner zur Aufklärung des Feindes ausgesandten Detaschements abwarten mußte. Diese kühne und gewagte Bewegung der Sohrschen Brigade, welche als Freikorps agiren sollte, entging der Beobachtung des Feindes nicht. General Excelmans befehligte die französische Kavallerie auf der Südseite von Paris. Sobald er die Nachricht erhielt, daß zwei preußische Husaren-Regimenter über Marly auf Versailles vorgingen, beschloß er, sie anzugreifen. Er ging daher mit den 5ten, 15ten und 20sten Dragonern und den 6ten Husaren, im Ganzen an 300 Mann, auf der von Mont Rouge nach Plessis-Piquet führenden Straße gegen die preußische Brigade vor. Gleichzeitig wurde die leichte Kavallerie-Division Piré mit dem drei Bataillone starken 33sten Infanterie-Regiment gegen Flanke und Rücken der preußischen Brigade detaschirt. Die 5ten und 6ten Lanciers marschirten auf der Straße nach Sèvres auf Viroflay, die 6ten Chasseurs besetzten die Querwege, welche Sèvres mit dem nördlichen Theile von Versailles verbinden, die 1sten Chasseurs marschirten über Sèvres auf Rocquencourt, welches ungefähr anderthalb Stunden von Versailles an der Straße nach St. Germain liegt. Das 33ste Infanterie-Regiment folgte in derselben Richtung nach. Die beiden letzteren Regimenter waren dazu bestimmt, der preußischen Reiterei den Rückzug abzuschneiden, während dieselbe von Excelmans zurückgetrieben werden sollte. Sodann wurde in und um Rocquencourt mit besonders geschickter Benutzung des Terrains ein Versteck gelegt und dasselbe durch vorgeschobene kleine Beobachtungs-Detaschements gedeckt. —

Am späten Nachmittage erhielt Oberst-Lieutenant v. Sohr die Nachricht, daß sich feindliche Kavallerie nähere und seine Avantgarde angegriffen würde. Er ging sogleich mit den beiden Husaren-Regimentern vor und trieb den Feind auf Ville-Coublay zurück. In dem Defilee dieses Dorfes entspann sich ein heftiges Gefecht. Die preußischen Husaren geriethen dadurch in einige Unordnung und wurden, als sie sich zurückzogen, von den 5ten und 6ten französischen Lanciers der leichten Division Piré, welche daselbst in Hinterhalt gelegt worden waren, überfallen. Sie zogen sich darauf nach Versailles zurück. Die Franzosen folgten ihnen nach und bemühten sich vergeblich, einen Eingang in die Stadt zu erzwingen. Die Preußen leisteten am Thore tapfern Widerstand. Die kurze hierdurch gewonnene Zeit reichte hin, um die Brigade auf dem offenen Raume des nach St. Germain führenden Ausganges zu sammeln. Sie hätte sich jetzt durch den Park nach diesem Orte zurückziehen können, da indessen die Nachricht von dem Vorgehen des Thielemannschen Korps eingegangen war, so zog sich Oberst-Lieutenant von Sohr, in der Hoffnung, jeden Augenblick von demselben unterstützt zu werden, auf dem direkteren Wege durch Rocquencourt zurück. Als um 7 Uhr die Husaren ihre zerstreuten Abtheilungen gesammelt hatten und im Begriff standen, den weiteren Rückzug auf St. Germain anzutreten, erhielt Sohr die sichere Nachricht, daß er durch Infanterie und Kavallerie umgangen und seine Rückzugslinie ihm abgeschnitten worden sei. Sein Entschluß stand sogleich fest. Er kannte seine Leute, ihre Hingebung und ihren Muth und beschloß, sich mit dem Degen einen Weg durch den Feind zu bahnen.

Als die preußischen Husaren Versailles verließen, erhielten sie von den Nationalgarden von der Barriere aus Feuer. Sie waren noch nicht weit vorgegangen, als die Nachricht einlief, daß preußische und englische Kavallerie sich von der Seite von St. Germain her nähere. Sie wurden jedoch bald enttäuscht. Es war das 1ste französische Chasseur-Regiment. Im nächsten Augenblick formirten sie sich zur Attake und gingen im Galopp vor. Die Chasseurs kamen in derselben Gangart an, wurden aber vollständig über den Haufen geworfen und ihr Kommandeur durch einen Pistolenschuß niedergestreckt. Bei der Verfolgung erhielten die Husaren unerwartet Infanteriefeuer von zwei hinter den Hecken von Lechesnay postirten Kompagnien des 3ten Bataillons 33sten französischen Infanterie-Regiments, worauf Sohr mit dem größeren Theile seiner Husaren in einen Feldweg rechts einbog, um das vom Feinde besetzte Dorf zu umgehen. Dieser Weg führte ihn jedoch nach einer Brücke mit anliegenden Häusern, welche von zwei andern Kompagnien des erwähnten Bataillons besetzt waren. Bei diesem Hindernisse von Neuem durch ein heftiges Feuer empfangen und in dem Bewußtsein, daß die große Masse der Excelmansschen Kavallerie ihnen folge, schaarte sich der geschwächte und ungeordnete Rest der beiden preußischen Regimenter, vielleicht noch 150 Husaren, um seinen Führer und jagte entschlossen, sich durch das Dorf Bechesnay einen Weg zu bahnen, über eine Wiese weg. Hier stellten sich ihnen die Chasseurs von Neuem entgegen, wurden aber wiederum geworfen. Die Preußen folgten nun einer Straße, welche sie durch das Dorf, aber unglücklicherweise in einen großen Hof führte, der keinen andern Ausgang hatte. Hierdurch wurde nicht allein ihr Weitermarsch gehemmt, sondern der ganze Trupp auch von der dort postirten Infanterie mit einem dichten Kugelregen überschüttet, während die verfolgende Kavallerie ihnen jede Chance des Entkommens nahm. Ihre Lage war im höchsten Grade verzweifelt geworden, aber ihre Tapferkeit ermattete nicht; sie schien durch das heroische Beispiel des Oberst-Lieutenant von Sohr bis zum höchsten Grade gespannt zu werden. Derselbe schlug jede Aufforderung zur Ergebung ab und fiel durch einen Pistolenschuß schwer verwundet. Der Sieg begünstigte den Stärksten, aber es war ein Sieg, welchen eine unermeßliche Uebermacht über die Todten und Sterbenden einer tapferen Schaar von Kriegern errang, welche bis zum letzten Blutstropfen kämpften und Alles thaten, was die unbeugsamste Tapferkeit nur ausführen konnte.

Die in diesem Feldzuge erlittenen Verluste hatten die Brigade vor dem Gefechte schon auf 600 bis 700 Mann reducirt, sie erlitt bei dieser Gelegenheit einen weiteren Verlust von 10 Offizieren und 400 bis 500 Mann.

Die weite Detaschirung dieser beiden Regimenter während des großen Rechtsmarsches der preußischen Armee und der dem Oberst-Lieutenant von Sohr ertheilte Befehl, am Morgen des 30sten Juni die Seine zu überschreiten, erschienen eine fragliche Maßregel. Dieser Offizier sollte sich freilich selbstständig und ohne Beziehung auf die in derselben Richtung nachfolgenden Truppen betrachten, aber dann muß man bedenken, daß er sich auf einem Theile der Peripherie eines Kreises bewegte, wohin der Feind von dem Centrum aus eine überlegene Macht auf Wegen detaschiren konnte, die viel kürzer waren, als die Entfernung zwischen der preußischen Brigade und der Hauptarmee, so daß bei einem wachsamen Postensystem die Franzosen ihm mit großer Leichtigkeit den Rückzug abschneiden konnten. Er hatte den Auftrag, die Kommunikation mit Paris auf der Straße nach Orleans zu unterbrechen und Allarm und Verwirrung auf dieser Seite der Hauptstadt zu verbreiten. Vor Allem beabsichtigte man aber wohl eine Wirkung auf den Geist der Bürger hervorzubringen und glaubte, weil auf der Südseite keine Verschanzungen errichtet worden waren, würden die französischen Truppen ihre Aufmerksamkeit hauptsächlich gegen die auf der Nordseite erscheinenden Armeen richten. Eine solche Wirkung hätte man vielleicht auf eine schwache Garnison hervorbringen können, die große Hauptstadt aber, welche außer den Nationalgarden an 50000 Mann Linien-Truppen enthielt, durfte nicht so leicht behandelt werden. Wenn die beiden Regimenter Allarm und Verwirrung auf der Südseite von Paris erzeugen sollten, so mußten sie natürlich die Aufmerksamkeit der französischen Generale auf sich ziehen. Es konnte nicht ausbleiben, daß dies nicht blos zur Abschneidung einer vergleichsweise so schwachen Abtheilung, sondern auch dazu führte, daß die Franzosen, in der Befürchtung, die Feinde möchten in größerer Stärke nachfolgen, eine bedeutende Truppenmasse auf dem bedrohten Punkte aufstellten. Aber schon vor der Einsicht, welche die Vertheidiger hierdurch in einen Theil des Planes der Gegner erhielten, waren die Bewegungen der letzteren genauer bewacht worden, als man glaubte. Es läßt sich dies leicht aus der Thatsache erkennen, daß Excelmans mit einem Kavallerie-Korps nach Versailles detaschirt und die Position von Montrouge in bedeutender Stärke besetzt worden war. In Betracht aller dieser Umstände würde es angemessen gewesen sein, die Brigade Sohr nur als eine Avantgarde zu verwenden, welche von den nachfolgenden Hauptkolonnen unterstützt werden konnte.

Die Avantgarde des Thielemannschen Korps, die 9te Infanterie-Brigade, unter General von Borcke, befand sich gerade auf dem Marsche von St. Germain, welches sie mit der Absicht, bei Marly Stellung zu nehmen, um 7 Uhr Abends verlassen hatte, als sie die Nachricht von der vollständigen Vernichtung der beiden Kavallerie-Regimenter des Oberst-Lieutenant von Sohr erhielt. Borcke eilte vor, und bald darauf gerieth sein Vortrupp mit den von Versailles vordringenden feindlichen Tirailleurs in ein Gefecht. Dieselben wurden sogleich angegriffen und auf Rocquencourt zurückgeworfen. Bei einbrechender Dunkelheit ließ Borcke seine Truppen mit Vorsicht Stellung nehmen. Das Füsilier-Bataillon des 8ten Regiments schob er vor, stellte das 1ste Bataillon des 30sten zur Unterstützung auf und behielt den Rest in Bataillons-Kolonnen zu beiden Seiten der Straße in Reserve. Der Angriff des zuerst genannten Bataillons war so kräftig ausgeführt worden, daß der Feind sich in aller Eile nach der nächsten Vorstadt von Paris zurückzog, während Borcke bei Rocquencourt bivakirte.

Außer der Excelmanschen Kavallerie waren auch die Reste des 3ten und 4ten französischen Armee-Korps nach der Südseite von Paris gesendet worden. Vandamme, welcher auf dieser Seite befehligte, ließ sie mit dem rechten Flügel an der Seine, mit dem linken bei Montrouge und mit dem Centrum hinter Issy Stellung nehmen. Einen Theil seiner Truppen postirte er in den Dörfern Vanves und Issy, da deren Häuser und Mauern der Vertheidigung große Vortheile zu bieten schienen. Seine Avantgarde besetzte Chatillon, Clamord, Meudon, Sèvres und St. Cloud. Am Abend wurde er durch die Kaisergarde verstärkt und stellte sie als Reserve auf. —

Die Stellungen der verschiedenen Armeen waren am Abend des 1sten Juli folgende:

Das 2te Korps der englisch-alliirten Armee, unter Lord Hill, oder die 2te und 4te Division, die nassauschen Truppen und die hannöversche Kavallerie-Brigade Estorff standen in der früher vom 4ten preußischen Korps besetzten Stellung, mit dem rechten Flügel auf der großen Straße um Pierrefitte, mit dem linken auf der von Senlis und mit den Vorposten bei Aubervilliers und vor St. Denis.

Das 1ste Korps, unter Sir John Byng, oder die 1ste und 3te Division und die niederländischen Truppen standen in der früher vom 1sten preußischen Korps besetzten Stellung, mit dem rechten Flügel auf der großen Straße hinter Le Bourget, den linken an den Wald von Bondy gelehnt und die Vorposten längs des Durcq-Kanals.

Die Reserve, unter Sir James Kempt, lagerte zwischen Louvres und Vauderlan.

Die Kavallerie kampirte und kantonirte um und in den Dörfern Groussainville, Vauderlan und Roissy.

Der Ponton-Train und die Taubrücken waren bei Sarcelles auf der Straße von Chantilly nach Paris.

Das Hauptquartier des Herzogs von Wellington befand sich zu Gonesse.

Das 1ste preußische Armee-Korps kampirte zwischen den Dörfern Le Mesnil und Carrière au Mont auf dem linken Seineufer, nicht weit von St. Germain.

Das 3te Korps befand sich ebenfalls auf dem linken Ufer, im Seinethale bei St. Germain. Die Avantgarde (die 9te Brigade) war bei Rocquencourt.

Das 4te Korps befand sich auf dem Marsche nach St. Germain.

Das Hauptquartier des Fürsten Blücher war in St. Germain. —

Das 3te und 4te französische Armee-Korps und die Kaisergarde standen auf der Südseite von Paris, mit dem rechten Flügel an die Seine gelehnt, mit dem linken bei Montrouge, mit den Vorposten bei Chatillon, Clamord, Meudon, Sèvres und St. Cloud.

Der Rest der französischen Armee blieb in der Hauptstadt.

Das Hauptquartier des Fürsten von Eckmühl war zu Villette.

Am 2ten Juli setzte Blücher mit Tagesanbruch die ganze preußische Armee gegen die Südseite von Paris in Marsch, um die vortheilhafte Stellung der Höhen von Meudon und Chatillon und das anliegende Terrain zu besetzen. Die Thielemannsche Avantgarde (die 9te Brigade) schritt sogleich zur Besetzung von Versailles. Das Korps selbst blieb zwei Stunden lang bei Rocquencourt stehen, um die Ankunft des Ziethenschen Korps abzuwarten. Als das letztere vorging, sandte es links ein Detaschement ab, welches, unter dem Kapitain von Krensky, aus dem 1sten Bataillon des 1sten westpreußischen Regiments, zwei reitenden Geschützen und einer Schwadron bestand und über Malmaison nach St. Cloud vorgehen sollte, um die Verbindung mit dem nach der Brücke von Neuilly detaschirten Major von Colomb wieder herzustellen und die Gegend links der direkten Straße nach Paris aufzuklären. Als die Ziethensche Avantgarde Villedavray erreichte und von dort ein französisches Piquet vertrieb, erfuhr man, daß der Feind die früher zerstörte Brücke von St. Cloud wieder herstelle und das Bois de Boulogne in beträchtlicher Stärke besetze. Die 3te Brigade erhielt daher den Befehl, links gegen St. Cloud vorzugehen und sich jeder Unternehmung des Feindes gegen die linke Flanke zu widersetzen.

Es war 3 Uhr Nachmittags, als die 1ste Ziethensche Brigade, unter Steinmetz, Sèvres erreichte. Hier waren die Franzosen stark postirt. Sie hatten den Ort selbst und die Höhen von Bellevue besetzt und ihre leichten Truppen in den angrenzenden Gärten und Weinbergen gut vertheilt. Der 1sten preußischen Brigade folgten die 2te und 4te zur Unterstützung nach. Nach der tapfersten Vertheidigung wurden die Franzosen gezwungen, ihre starke Stellung zu verlassen und sich auf Moulineau zurückzuziehen. Hier leisteten sie nochmals Widerstand, wurden aber von Steinmetz, welcher ihnen unmittelbar gefolgt war, von Neuem geschlagen. Während so die 1ste Brigade Terrain gewann, ging die 2te mit der Reserve-Artillerie gegen die Höhen von Meudon vor. Die Reserve-Kavallerie folgte der 1sten Brigade zur Unterstützung nach. Die 4te Brigade besetzte Sèvres. Als General von Jagow, welcher mit der 3ten Brigade links detaschirt worden war, sich versichert hatte, daß der Feind nicht leicht Etwas vom Boulogner Walde aus unternehmen könne und daß das Detaschement des Kapitain von Krensky wachsam war, setzte er seinen Marsch fort, um sich mit seinem Armeekorps wieder zu vereinigen. Als er am Abend Sèvres erreichte, ertheilte ihm Ziethen den Befehl, mit seiner Brigade rechts auf den Höhen von Meudon Stellung zu nehmen.

Nachdem die Franzosen Abends ihre geschlagenen Truppen bei Issy formirt und gesammelt hatten, machten sie den Versuch, Moulineau wieder zu gewinnen. Der Angriff schlug aber fehl und sie wurden bis Issy zurückgetrieben. Hier erhielten sie eine Verstärkung; 15 Bataillone mit einer zahlreichen Artillerie und Kavallerie wurden in und um Issy aufgestellt und die Weingärten vor dem Dorfe mit leichter Infanterie besetzt. In der Nacht um ½11 Uhr hörten die wachsamen preußischen Vorposten, daß diese Truppen abmarschirten und bemerkten, daß ihr Abzug mit großer Unordnung geschähe. Man benutzte diesen günstigen Augenblick sogleich. Ein Theil der 1sten und 2ten preußischen Brigade griff die Franzosen an, worauf dieselben in solcher Unordnung nach der Vorstadt Vaugirard flohen, daß man in diesem Augenblicke hätte in Paris eindringen können, wenn mehr Truppen zur Hand gewesen wären.

Während der Nacht stellte Ziethen sein Armeekorps folgendermaßen auf: seinen rechten Flügel auf die Höhe von Clamord, sein Centrum auf die von Meudon und seinen linken in Moulineau. Sèvres war noch besetzt, die Avantgarde stand in Issy, die Reserve-Kavallerie zur Unterstützung hinter dem Dorfe. Während das Ziethensche Korps auf diese Weise erfolgreich seinen Marsch gegen die Südseite der Hauptstadt ausführte, ging das Thielemannsche als rechter Flügel gegen Plessis-Piquet vor und schob seine Avantgarde bis zu den Höhen von Chatillon, welche sie am späten Abend erreichte. Das Bülowsche Korps bildete die Reserve und besetzte während der Nacht Versailles und Umgegend.

Die Truppen der englisch-alliirten Armee blieben den ganzen Tag hindurch in ihrer Stellung, den befestigten Linien der Nordseite von Paris gegenüber stehen. Der Herzog hatte bei Argenteuil eine Brücke schlagen lassen und Detaschements über die Seine gesandt, welche auf dem linken Ufer die Dörfer Anières, Courbevoie und Suresnes besetzten und die Verbindung mit den Preußen eröffneten.

So war es den verbündeten Feldherren gelungen, die französischen Streitkräfte in ihren Linien einzuschließen. Wellington war vollkommen bereit, die Nordseite von Paris zu attakiren, wenn die Umstände einen solchen Schritt erheischen sollten oder sich eine günstige Gelegenheit darbieten möchte, während Blücher der fast offnen und vertheidigungslosen Südseite gegenüber eine starke Stellung genommen hatte und gleich bereit war, die Hauptstadt mit seinem ganzen Heere zu stürmen. Der Zweck dieses schön ersonnenen und erfolgreich ausgeführten Operationsplanes war, die Aufmerksamkeit des Feindes nach zwei entgegen gesetzten Punkten der Stadt hin zu ziehen. Wenn er es wagte, sich mit dem größten Theile seiner Macht auf die eine Armee zu stürzen, dann würde er sich augenblicklich von der andern angegriffen sehen, ohne die Mittel zu besitzen, gleichzeitig den Kampf auf beiden Seiten zu führen. Wenn dagegen beide Armeen einen allgemeinen und furchtbaren Sturm gleichzeitig auf die entgegengesetzten Enden der Hauptstadt unternähmen, dann würde die nothwendig entstehende Theilung seiner Streitkräfte seine Lage noch verzweifelter machen.

Im vollen Bewußtsein dieser Lage und der Annäherung der baierschen, russischen und österreichschen Armeen erkannte die provisorische Regierung die Nutzlosigkeit jedes weiteren Widerstandes; sie beauftragte daher die Kommissäre, sich zu dem Herzoge von Wellington zu begeben, ihm zu melden, daß Napoleon am 29. wirklich Paris verlassen habe und sich nach den Vereinigten-Staaten einschiffen würde. Vor Allem aber sollten sie die Abschließung des Waffenstillstandes beschleunigen. Der Herzog erwiderte ihnen, daß jetzt, wo das große Hinderniß des Waffenstillstandes weggeräumt worden sei, nur noch die Frage wegen der Bedingungen desselben zu berathen bliebe, und daß er der Meinung wäre, dieselben müßten folgende sein: Die englisch-alliirte und die preußische Armee machen in ihren gegenwärtigen Positionen Halt, die französische Armee zieht sich von Paris hinter die Loire zurück und die Hauptstadt wird der Bewachung der Nationalgarde anvertraut, bis der König andere Bestimmungen darüber giebt. — Wenn sie diese Bedingungen annehmen wollten, würde er sich bemühen, den Fürsten Blücher zu bewegen, seine Truppen Halt machen zu lassen und einen Offizier zur Feststellung der näheren Details abzusenden. Gleichzeitig fügte er aber noch hinzu, daß er durchaus nicht die Einstellung der Feindseligkeiten zugeben würde, so lange noch ein französischer Soldat in Paris bliebe.

Die Stellungen der verschiedenen Armeen waren während der Nacht des 2. Juli folgende:

Die Truppen der englisch-alliirten Armee blieben in ihrer Stellung den Linien von St. Denis gegenüber stehen. Detaschements befanden sich auf dem linken Seine-Ufer zu Anières, Courbevoie und Suresnes.

Das 1ste preußische Armee-Korps stand mit dem rechten Flügel auf der Höhe von Clamord, mit dem Centrum auf der von Meudon, mit dem linken zu Moulineau, mit der Avantgarde bei Issy, die Reserve-Kavallerie des Korps hinter letzterem Orte.

Vom 3ten Korps war die 9te Brigade bei Chatillon, die 10te und 11te vor Velisy, die 12te zu Chatenay und Sceaux. Die Reserve-Kavallerie des Korps bivakirte um Plessis-Piquet.

Vom 4ten Korps bivakirte die 16te Brigade bei Montreuil vor Versailles, die 13te bei Viroflay, die 15te in Versailles, die 14te bei Lechesnay bel Air, nicht weit von Rocquencourt. Die Reserve-Kavallerie stand theils vorwärts Versailles, theils links von Montreuil.

Die Truppen, welche den rechten Flügel der französischen Armee bildeten, hatten die Linien auf dem rechten Ufer der Seine inne und bewachten von da aus die Briten. — Der Wald von Boulogne wurde stark besetzt und einzelne Posten auf beiden Ufern des Flusses aufgestellt.

Der linke Flügel dehnte sich von der Seine bis zur Straße nach Orleans aus und hielt Vaugirard stark besetzt. Das Gros desselben stand zwischen den Barrièren de l'Ecole militaire und de l'Enfer.

Am 3ten Juli, 3 Uhr Morgens, brach Vandamme in zwei Kolonnen aus Vaugirard zum Angriffe auf Issy vor. Zwischen Vaugirard und der Seine hatte er eine bedeutende Kavallerie=Masse stehen und flankirte dieselbe durch eine auf dem rechten Ufer des Flusses bei Auteuil vortheilhaft postirte Batterie. Das Gefecht begann mit einer heftigen Kanonade; die Franzosen brachten zwanzig Geschütze gegen die Front des Dorfes in Thätigkeit und stürmten es dann kräftig mit der Infanterie. Die Preußen hatten während der Nacht Barrikaden und andere Verstärkungsmittel errichtet, wurden dadurch aber nicht gegen das heftige Kartätschenfeuer der französischen Batterien, deren Geschütze die Straßen enfilirten, geschützt. Das 12te und 24ste preußische Infanterie= und das 2te westphälische Landwehr=Regiment fochten, von einer halben Zwölfpfünder=Batterie unterstützt, mit großer Tapferkeit. Der Verlust war auf beiden Seiten groß. Endlich zogen sich die Franzosen zurück, um bedeutend verstärkt wieder vorzugehen.

Die 2te preußische Brigade erhielt sogleich den Befehl, die 1ste zu unterstützen. Das ganze 1ste Korps trat unter die Waffen. Ziethen ließ den Fürsten Blücher um eine Verstärkung von zwei Brigaden des Bülowschen Korps bitten, und forderte gleichzeitig Thielemann auf (in Uebereinstimmung mit den ihm vom Hauptquartier übersandten Instruktionen) von Chatillon vorzugehen und die linke Flanke des Feindes zu bedrohen.

Während dessen erneuerten die Franzosen ihren Angriff auf Issy; derselbe hatte aber keinen günstigeren Erfolg als der vorige. Eine heftige Kanonade und neue Angriffe folgten nach, ohne daß ein entscheidender Vortheil über die Vertheidiger errungen werden konnte; die Franzosen schienen nicht geneigt, einen allgemeinen Angriff zu wagen. Durch einen solchen hätten sie die preußische Avantgarde wohl zurück drängen, derselbe aber auch im unglücklichen Falle damit enden können, daß die Vorstädte mit Sturm genommen worden wären. Nach vierstündigen fortgesetzten aber fruchtlosen Angriffen auf die preußische Avantgarde zogen sie sich daher nach Paris zurück; die preußischen Tirailleurs folgten ihnen bis nahe an die Barrieren nach.

In dem in der verflossenen Nacht zu Paris gehaltenen Kriegsrathe war es entschieden ausgesprochen worden, daß die Hauptstadt nicht gegen die alliirten Heere zu halten sei. Dennoch verlangte Davoust, daß ein neuer Versuch gegen die Preußen unternommen werden solle. Jetzt aber, wo auch dieser fehlgeschlagen war, wo die beiden alliirten Heere in voller Kommunikation mit einander standen, und auch ein britisches Korps in der Richtung auf Neuilly nach dem linken Seine-Ufer marschirte, beschloß man zu kapituliren. — Das Feuer hörte um 7 Uhr Morgens auf Seiten der Franzosen plötzlich auf, General Revest wurde zu dem Ziethenschen Korps, welches von allen verbündeten Truppen der Hauptstadt am nächsten stand, hinüber gesandt, um eine Kapitulation anzubieten und den sofortigen Abschluß eines Waffenstillstandes zu fordern. Blücher verlangte jedoch vom Marschall Davoust, dem Ober-Befehlshaber der französischen Armee, einen mit größeren Vollmachten versehenen Unterhändler, bevor er die Einstellung der Feindseligkeiten bewilligen könne, und zeigte den Palast von St. Cloud als den Ort an, wo die Unterhandlungen geführt werden sollten, und wohin er sein Hauptquartier verlegen würde.

Während des Kampfes in Issy war das unter dem Kapitän von Krensky vom 1sten preußischen Korps links entsendete Detaschement zwischen St. Cloud und Neuilly mit dem Feinde in ein heftiges Gefecht gerathen. Dasselbe endete damit, daß die Franzosen nach der Brücke des letzteren Ortes zurück gedrängt wurden. Gegen dieselbe ging auch eine britische Truppen-Abtheilung vor. So wurde dem Ziethenschen Korps, welches die Kampagne mit den Gefechten an der Sambre eröffnet hatte, auch die Ehre zu Theil, sie mit denen bei Issy und Neuilly an der Seine zu beenden.

Bald darauf kamen die mit den Vollmachten des Ober-Feldherrn versehenen Offiziere in St. Cloud zusammen; daselbst war der Herzog von Wellington schon persönlich beim Fürsten Blücher eingetroffen. Das Resultat ihrer Berathungen war folgendes:

Militairische Konvention.

Heute, am 3. Juli 1815, sind die von den Ober-Feldherren der verschiedenen Armeen ernannten Kommissäre, nämlich: der Baron Bignon, Minister der auswärtigen Angelegenheiten, der Graf Guilleminot, Chef des Generalstabes der französischen Armee, der Graf Bondy, Präfekt des Departements der Seine, welche mit der Vollmacht Sr. Excellenz des Marschalls Prinzen von Eckmühl, Kommandeur en Chef der französischen Armee, versehen worden sind, einerseits, und der General-Major Baron Müffling, Bevollmächtigter Sr. Durchlaucht des Fürsten Blücher, Kommandeur en Chef der preußischen Armee, und der Oberst Hervey, Bevollmächtigter Sr. Excellenz des Herzogs von Wellington, Kommandeur en Chef der englischen Armee andrerseits, über folgende Artikel übereingekommen.

Art. I. Zwischen den von Sr. Durchlaucht dem Fürsten Blücher und Sr. Excellenz dem Herzog von Wellington befehligten alliirten Armeen und der französischen Armee unter den Mauern von Paris soll Waffenstillstand sein.

Art. II. Die französische Armee wird morgen anfangen, sich in Marsch zu setzen, um sich hinter die Loire zu begeben. Die gänzliche Räumung von Paris wird in drei Tagen vollführt, und die Bewegung hinter die Loire in acht Tagen vollendet sein.

Art. III. Die französische Armee wird ihr ganzes Material, ihre Feld-Artillerie, Kriegskasse, Pferde und alles Eigenthum der Regimenter ohne Ausnahme mit sich nehmen; dasselbe wird mit dem Personal der Depots und der verschiedenen zur Armee gehörigen Branchen geschehen.

Art. IV. Die Kranken und Verwundeten, so wie die Sanitäts-Offiziere, welche zu ihrer Heilung nöthig sind, werden unter den besondern Schutz der Kommandeurs en Chef der englischen und preußischen Armeen gestellt.

Art. V. Die im vorigen Artikel erwähnten Soldaten und Beamten können sich gleich nach ihrer Genesung den Korps wieder anschließen, zu denen sie gehören.

Art. VI. Die Frauen und Kinder aller Individuen, die zur französischen Armee gehören, können in Paris bleiben; sie können ohne Schwierigkeit Paris verlassen, um sich der Armee anzuschließen, und ihr Eigenthum und das ihrer Männer mitnehmen.

Art. VII. Die Offiziere der Linie, welche bei den Fédérés oder den Tirailleurs der Nationalgarde verwendet worden sind, können sich entweder der Armee anschließen, oder in ihre Heimath oder Wohnorte zurückkehren.

Art. VIII. Morgen, am 4. Juli, Mittags, soll St. Denis, St. Ouen, Clichy und Neuilly übergeben werden, übermorgen, am 5. Juli, um dieselbe Zeit, der Montmartre, und den dritten Tag, am 6. Juli, alle Barrieren.

Art. IX. Der innere Dienst der Stadt Paris wird, wie bisher, von der Nationalgarde und der Munizipal-Gensd'armerie versehen werden.

Art. X. Die Kommandeurs en Chef der englischen und preußischen Armeen verpflichten sich, die gegenwärtigen Behörden, so lange dieselben bestehen werden, zu respektiren und auch von ihren Untergebenen respektiren zu lassen.

Art. XI. Das öffentliche Eigenthum wird, mit Ausnahme dessen, was mit dem Kriege in Beziehung steht, gleich viel, ob es der Regierung gehört, oder von der Munizipalität abhängig ist, respektirt werden, und die alliirten Mächte werden sich durchaus nicht in ihre Verwaltung und Leitung einmischen.

Art. XII. Eben so werden die Privatpersonen und ihr Eigenthum respektirt werden. Alle Einwohner und überhaupt alle Individuen, welche sich in der Hauptstadt befinden, sollen sich nach wie vor ihrer Rechte und Freiheiten erfreuen, ohne beunruhigt oder wegen der Funktionen, welche sie verwalten, oder ihres Benehmens, oder ihrer öffentlichen Meinungen wegen, zur Rechenschaft gezogen werden zu können.

Art. XIII. Die fremden Truppen werden der Verproviantirung der Hauptstadt durchaus keine Hindernisse in den Weg legen, sondern im Gegentheil die Ankunft und freie Cirkulation der hierzu bestimmten Gegenstände befördern.

Art. XIV. Diese Konvention soll beobachtet werden und dazu dienen, die gegenseitigen Verhältnisse bis zum Friedensschlusse zu regeln. Im Falle des Bruches muß es in der gebräuchlichen Form wenigstens zehn Tage vorher angekündigt werden.

Art. XV. Wenn bei der Ausführung irgend eines Artikels der gegenwärtigen Konvention Schwierigkeiten entstehen sollten, muß die Auslegung zu Gunsten der französischen Armee und der Stadt Paris geschehen.

Art. XVI. Die vorstehende Konvention soll für alle verbündeten Armeen gleiche Geltung haben, vorausgesetzt, daß dieselbe von den Mächten, denen diese Armeen zugehören, ratificirt werde.

Art. XVII. Die Ratifikationen sollen morgen den 4. Juli, um 6 Uhr Morgens, bei der Brücke von Neuilly ausgewechselt werden.

Art. XVIII. Es sollen von den verschiedenen Theilen Kommissäre ernannt werden, welche über die Vollstreckung der gegenwärtigen Konvention zu wachen haben.

Gegeben und unterzeichnet zu St. Cloud, in Triplo, von den oben genannten Kommissären, an dem oben genannten Tage und Jahre.

Baron Bignon.
Graf Guilleminot.
Graf Bondy.
Baron von Müffling.
F. B. Hervey, Oberst.

Obiger Waffenstillstand genehmigt und ratifizirt.
Paris, den 3. Juli 1815.

Der Marschall Fürst von Eckmühl.

Späterhin auch vom Fürsten Blücher und Herzog von Wellington genehmigt, und die Ratifikation am 4. Juli ausgewechselt.

Die Bestimmungen der Konvention wurden pünktlich ausgeführt. Am 4. verließ die französische Armee, unter der Führung des Marschalls Davoust, Paris und trat den Marsch nach der Loire an. Die englisch-alliirten Truppen besetzten St. Denis, St. Ouen, Clichy und Neuilly, nahmen am 5. vom Montmartre und am 6. von den Barrieren des rechten Seine-Ufers Besitz. Die Preußen besetzten die des linken

Ufers. Am 7. rückten beide alliirte Armeen in Paris ein. — Die Pairs-Kammer schloß, nachdem sie von der provisorischen Regierung eine Notifikation über den Lauf der Begebenheiten erhalten hatte, ihre Sitzungen; die Deputirten-Kammer protestirte, jedoch vergeblich. Der Präsident derselben (Lanjuinais) gab den Vorsitz auf, und am folgenden Morgen wurden die Thüren geschlossen und die Zugänge von fremden Truppen bewacht.

Am 8. hielt der französische König Ludwig XVIII. unter dem Beifallsgeschrei des Volks seinen öffentlichen Einzug in die Hauptstadt und betrat wieder den Palast seiner Vorfahren.

Ebenfalls am 8. war es, als Napoleon Buonaparte sich an Bord der französischen Fregatte La Saale einschiffte und begleitet von La Méduse, welche sein Gefolge aufgenommen hatte, nach der Rhede der Insel Aix schiffte, um nach Amerika unter Segel zu gehen. Am 10. wurde der Wind günstig, da aber erschien eine britische Flotte. Napoleon erkannte die Unmöglichkeit, der Wachsamkeit der englischen Kreuzer zu entkommen, und entschloß sich, nachdem er schon vorher mit Kapitän Maitland in Verbindung getreten war, sich unter seinen Schutz an Bord des Bellerophon zu begeben; er betrat dieses Schiff am 15. — Am folgenden Tage ging Kapitän Maitland nach England unter Segel und kam am 24. mit seiner berühmten Ladung zu Torbai an. Der Ex-Kaiser erhielt nicht die Erlaubniß, das Land zu betreten, sondern wurde, da das britische Gouvernement beschlossen hatte, ihn nach der Insel St. Helena zu senden, auf das vom Contre-Admiral Sir George Cockburne befehligte Kriegsschiff Northumberland übergeschifft. Auf diesem Schiffe segelte er nach jenem fernen Felsen, dem letzten irdischen Wohnorte jenes Mannes, dessen außerordentliche Laufbahn die bewegteste und thatenreichste Periode in der Geschichte Europa's bezeichnet.

Die Konvention von Paris bildete die Basis für die Wiederaufnahme der Unterhandlungen über den allgemeinen Frieden, welcher wenige Monate vorher so unerwartet gestört worden war. Die berühmten Staatsmänner dieser merkwürdigen Periode — Castlereagh, Nesselrode, Metternich, Hardenberg und Talleyrand — unterstützt von ausgezeichneten Repräsentanten der kleineren europäischen Staaten, sahen jetzt die Wichtigkeit der Herstellung eines fester begründeten Bundes ein, welcher die feindlichen Interessen aufstrebender Regierungen versöhnte, die Rechte des legitimen Souverains von Frankreich sicher stellte, und die in diesem Lande wieder hergestellte Ordnung der Dinge befestigte. Die bloße Verpflichtung der französischen Regierung zu einem Bündnisse des Friedens und dankbarer Freundschaft wurde als keine hinreichende Garantie für die langersehnte Ruhe Europa's angesehen. Frankreich, welches seinen eigenen Wünschen und Interessen gemäß, dem ganzen Kontinent Gesetze vorgeschrieben hatte, mußte nun seinerseits die schwersten Bedingungen eingehen. Die Nationen hatten nach Frieden geseufzet, um ihre erschöpften Mittel wieder herzustellen, sie verlangten daher Garantien für die Erfüllung ihrer durch Noth und Mangel bedingten Forderungen und das Aufhören der innern Streitigkeiten dieses Landes. Frankreich mußte daher seine Grenz-Festungen von einer bedeutenden Armee besetzt sehen; dieselbe bestand aus den Kontingenten der verbündeten Mächte, und wurde auf seine Kosten auf der vollen Kriegsstärke erhalten, während ihm gleichzeitig schwere Kontributionen auferlegt wurden, um die Souveraine zu entschädigen, welche wieder zu den Waffen hatten greifen müssen.

Aber trotz dieser Unfälle und Entschädigungen ist gerade Frankreich vielleicht dasjenige Land, welches der auf den Trümmern des Kaiserthums errichtete Friede am meisten gesegnet hat. Die nationale Regierungsform, die ihm durch eine erweiterte konstitutionelle Charte gesichert worden ist, hat nach und nach bei dem Volke die heilsamsten Reformen und die freiesten Institutionen hervorgebracht. Der Aufschwung der Industrie bei dem Aufhören erschöpfender Kriege, verfolgender Konscriptionen und drückender Auflagen, brachte in dem Lande bald eine kommercielle Blüthe hervor, welche ihm lange fremd geblieben war, während eine ungewöhnlich lange Periode der Ruhe seine moralischen und physischen Hilfsquellen so vollständig erneuert und gekräftigt hat, daß es wieder seinen Rang unter den größten Mächten einnehmen konnte.

Jetzt, wo die Nation sich von den Wirkungen der konvulsivischen Wehen, welche den Sturz des Kaiserthums begleiteten, vollständig erholt, und die ernste und würdige Haltung der Ruhe angenommen hat, betrachtet sie die Vergangenheit von einem vernünftigeren und philosophischeren Standpunkte aus und vergleicht das Böse mit dem Guten. Wenn die öffentliche Meinung Frankreichs eine Zeit lang bei der tyrannischen Macht verweilt, welche Napoleon über das Volk ausübte, dann wird dies Traurige der Betrachtung durch seine dem Nationalstolz schmeichelnde, wenn auch persönlich ehrgeizige Absicht bemäntelt, Frankreich zur herrschenden Macht in Europa zu machen. Wenn sie bemerkt, daß die Rechte der Bürger zur Förderung seiner Pläne unterdrückt worden sind, dann verschwindet der Eindruck solcher Gewaltthaten vor der Betrachtung des Code Napoléon. Wenn sie über die Ableitung der Arbeit von ihrer natürlichen Sphäre zu rein militairischen Zwecken unwillig wird, läßt sie sich wieder durch die Großartigkeit des Entwurfes mächtiger Unternehmungen und deren Nützlichkeit besänftigen, da sie Myriaden von Künstlern und Arbeitern Beschäftigung gewähren. Wenn sie geneigt ist, die autorisirte Beraubung fremder Staaten zu mißbilligen, so schmeichelt ihr schnell der große Gedanke, Paris zum Mittelpunkte der Civilisation und der Künste zu machen. Wenn sie sich endlich durch die Betrachtung der Unfälle von Moskau, Vittoria, Leipzig und Waterloo erschüttert und gedemüthigt fühlt, lebt sie bei der Erzählung der Triumphe von Marengo, Austerlitz, Jena und Wagram freudig wieder auf.

Wenn ein Land mehr als irgend ein anderes eines dauernden Friedens bedurfte, um sich von den Wirkungen der unermeßlichen Opfer zu erholen, welche es an Menschenleben und an Schätzen gebracht hatte — Opfer, welche ohne Zweifel zum Heile Europa's dienten — so war es Großbritanien. Durch die Intelligenz seiner Staatsmänner, die Freiheit seiner Verfassung, den Unternehmungsgeist seiner Kaufleute und die Tapferkeit seiner Seeleute und Landtruppen, behauptet es fortgesetzt seine hohe Stellung auf der Stufenleiter der Nationen und dehnt seine Herrschaft und seine Macht bis zu den fernsten Enden der Erde aus. Aber wem verdankt es vor allem dieses stolze Hervorragen, diese nie erreichte Größe? Auf diese Frage wird jeder Brite, welches auch die Richtung seiner politischen Meinungen oder Partei-Vorurtheile sei, ohne Zaudern antworten: dem seltenen Talente, dem unermüdlichen Eifer und der erprobten Geschicklichkeit seines Feldherrn und dem unbeugsamen Muthe, der außerordentlichen Ausdauer und der vollendeten Disciplin seiner Söhne, welche seinen letzten und ewig denkwürdigen Kampf auf dem Kontinente von Europa — die Schlacht von Waterloo schlugen. Auf dem gewonnenen festen Grundsteine wurde jenes schön zusammen gefügte Gebäude, der durch feierlichen Pakt der Souveraine und Staaten geschlossene allgemeine Friede von 1815 errichtet. Wenn auch im Laufe der Zeit in einigen Theilen des Gebäudes Symptome des Verfalles sich zeigen mögen, so steht es dennoch aufrecht da — ein Denkmal des Sturzes eines nach der Weltherrschaft strebenden, unersättlichen Ehrgeizes, und bleibt bis auf den heutigen Tag die sicherste Garantie für die Erhaltung jenes Gleichgewichts der Macht, welches Europa allein eine dauernde Ruhe und dauerndes Glück sichern kann.

Supplement.

Die Schlacht von Waterloo, gefolgt von dem Vorgehen der englisch-alliirten und der preußischen Armee gegen Paris, war so entscheidend in ihren Wirkungen und so umfassend in ihren Resultaten, daß der große Zweck des Krieges — die Zerstörung der Macht Napoleons und die Restauration des legitimen Souverains — erreicht worden war, als die Armee des Oberrheins und von Italien ihre Invasion des französischen Territoriums begannen. Hätten die Erfolge Wellingtons und Blüchers einen weniger entscheidenden Charakter gehabt, oder vielmehr, wären Unfälle statt dieser Erfolge eingetreten, dann würden die Operationen der vom Rheine und über die Alpen vorgehenden Armeen von unermeßlicher Wichtigkeit gewesen sein; aber so verminderte der glänzende Lauf der Begebenheiten im nördlichen Frankreich materiell das Interesse der militairischen Vorfälle in andern Theilen des Königreichs. Deshalb schien es unnöthig in eine detaillirtere Beschreibung der Bewegungen und Dispositionen der Alliirten an der Ostgrenze einzugehen und es wird zur Vervollständigung des vorliegenden Werkes hinreichen, einen kurzen Umriß der täglichen Fortschritte und der näheren Verhältnisse der in das Innere des Landes vordringenden Armeen hinzuzufügen.

Operationen des deutschen Armee-Korps.

Dieses aus den Contingenten der kleinen Fürsten Norddeutschlands zusammengesetzte Korps versammelte sich Mitte April in der Gegend von Coblenz. Es belief sich auf 26200 Mann, in 30 Bataillonen, 12 Schwadronen und 2½ Batterien, und wurde unter die Befehle des General Kleist v. Nollendorf gestellt. Später überschritt es bei Coblenz und Neuwied den Rhein, stellte sich hinter der Mosel und Saar auf und trat rechts mit dem 3ten preußischen Armee-Korps, links mit der baierschen Armee bei Zweibrücken in Verbindung. Seine Vorposten dehnten sich längs der französischen Gränze von Arlon bis Mertzig aus. Das Hauptquartier war zu Trier. In dieser Aufstellung blieb es bis zum 16. Juni stehen und marschirte dann unter dem General von Engelhard (Graf Kleist war krank) von Trier nach Arlon, woselbst es am 19. ankam. Hier blieb es bis zum 21., als es vom Fürsten Blücher den Befehl erhielt über Bastogne und Neufchateau in Frankreich einzurücken, und die Festungen Sédan und Bouillon wegzunehmen. Am 22. trat das Korps in 2 Kolonnen seinen Marsch an, die eine über Neufchateau auf Sédan, die andere über Recogne auf Bouillon. Sédan kapitulirte nach einem wenige Tage dauernden Bombardement am 26. Juni. Es wurde der Versuch gemacht, Bouillon durch einen coup de main zu nehmen, indessen die Garnison war stark genug, diesen Plan zu vereiteln. Da man den Platz zu einer regelmäßigen Belagerung nicht für wichtig genug hielt, wurde er vom 25. Juni bis zum 21. August nur eingeschlossen, dann aber von Truppen des Prinzen Friedrich der Niederlande auf allen Seiten blokirt.

Am 28. Juni befahl General-Lieutenant von Hacke, der nunmehrige Kommandeur des Korps, der Avantgarde auf Charleville, welches unter den Kanonen der Festung Mezières liegt, zu marschiren und den Platz mit Sturm zu nehmen. Die Einnahme geschah durch einige hessische Bataillone und trug wesentlich dazu bei, die Belagerung von Mezières zu erleichtern. Zur Beobachtung der Festungen Montmédy, Laon und Rheims wurden mobile Kolonnen abgesandt. Der zuletztgenannte Ort wurde am 8. Juli durch Kapitulation genommen, die an 4000 Mann starke Garnison zog sich hinter die Loire zurück.

Da der Kommandant von Mezières, General Lemoine trotz eines am 27. Juni begonnenen heftigen Bombardements, jeden Antrag zur Kapitulation abwies, unternahm General-Lieutenant von Hacke eine regelmäßige Belagerung des Platzes und eröffnete am 2. August die Tranchee. Am 13. übergab die französische Garnison die Stadt und zog sich in die Citadelle zurück, diese kapitulirte am 1. September.

Hierauf richtete das Korps seine Anstrengungen gegen Montmédy und hatte bis zum 13. September 12 Batterien um diesen Platz errichtet. Nach einem hartnäckigen Widerstande schloß die Garnison am 20. September eine Konvention ab, wonach sie sich mit Waffen und Bagage hinter die Loire zurückziehen sollte.

Nach der Einnahme von Montmédy bezog das deutsche Armee-Korps im Departement der Ardennen Kantonnements und kehrte im Monat November nach dem Innern Deutschlands zurück.

Operationen der Armee des Oberrheines unter dem Kommando des Feldmarschalls Fürsten Schwartzenberg.

Diese Armee bestand aus 4 Armee-Korps und den Reserven, und wurde durch Truppen von Oestreich, Baiern, Würtemberg, Sachsen, Hessen-Darmstadt und der kleinen Fürsten gebildet.

Ihre Stärke war folgende:

			Bat.	Schwad.	Batt.
1stes Armee-Korps	24400	Mann in	26	16	8
2tes „ „	34350	„ „	36	26	11
3tes „ „	43814	„ „	44	32	9
4tes „ „	57040	„ „	46	66	15
Oestreichisches Reserve-Korps .	44800	„ „	38	86	10
Blokade-Korps	33314	„ „	38	8	6
Sächsisches Armee-Korps . .	16774	„ „	18	10	6
Im Ganzen	254492	Mann in	246	244	65

Dem allgemeinen Operationsplane des Fürsten Schwartzenberg gemäß sollte die Armee den Rhein in 2 Kolonnen überschreiten. Die rechte Kolonne, aus dem 3ten Armee-Korps unter dem Feldmarschall Kronprinzen von Würtemberg, und dem 4ten Korps oder der baierschen Armee unter dem Feldmarschall Fürsten Wrede bestehend, sollte den Rhein zwischen Germersheim und Manheim passiren. Die linke Kolonne, aus dem 1sten Armee-Korps unter dem Feldzeugmeister Grafen Colloredo, dem 2ten Korps unter dem General Prinzen von Hohenzollern-Hechingen, und dem östreichischen Reserve-Korps bestehend, sollte unter dem Oberbefehl des Erzherzogs Ferdinand zwischen Basel und Rheinfelden den Rhein überschreiten. Die Kolonne des rechten Flügels sollte von der russischen Armee unter dem Feldmarschall Grafen Barclay de Tolly unterstützt werden, da man erwartete, daß dieselbe sich am 1. Juli bei Kaiserslautern concentriren würde. Der Zweck der Operationen war daher vorerst die Koncentrirung der Armee des Oberrheins und des russischen Heeres bei Nancy.

Sobald Fürst Schwartzenberg den Ausbruch der Feindseligkeiten in Belgien erfuhr, gab er seiner Armee Befehl zum Vorgehen. Das 4te oder baiersche Korps sollte sogleich die Saar überschreiten, die Vogesen umgehen, das um Straßburg versammelte französische Korps des General Rapp von seiner Operationsbasis und dem Innern Frankreichs abschneiden.

Ein russisches Korps unter dem General Graf Lambert, welches die Avantgarde der Armee des Grafen Barclay de Tolly bildete, vereinte sich mit dem Armee-Korps des Fürsten Wrede. Es sollte hauptsächlich zur Aufrechthaltung der Verbindung mit dem norddeutschen Armee-Korps des General-Lieutenant v. Hacke benutzt werden.

4tes Armee-Korps: Fürst Wrede.

Am 19. Juni überschritt die baiersche Armee den Rhein bei Manheim und Oppenheim und ging gegen die Saar vor. Am 20. wurden einige unbedeutende Vorpostengefechte bei Landau und Dahn geliefert. Am 23. hatte sich die Armee der Saar genähert und schritt in 2 Kolonnen zur Besetzung der Flußübergänge bei Saarbrück und Saargemünd. Die rechte Kolonne unter dem General-Lieutenant Graf Beckers griff Saarbrück an, wo sich ihm der französische General Meriage entgegenstellte. Die Baiern erstürmten die Vorstadt und die Brücke, und drangen mit den retirirenden Franzosen gleichzeitig in die Stadt ein. Die letztern verloren hierbei 4 Offiziere und 70 Mann an Gefangenen und 100 Mann an Getödteten und Verwundeten; den Baiern waren 3 Offiziere und 50 bis 60 Mann getödtet und verwundet worden. Graf Beckers besetzte die Stadt, stellte seine Division auf den Höhen gegen Forbach auf und sandte Patrouillen auf der Metzer-Straße bis St. Arold und längs der Saar bis Saarlouis.

Die linke Kolonne, welche aus der 1sten Infanterie-Division unter General-Lieutenant Baron v. Ragliovich, und der 1sten Kavallerie-Division unter dem Prinzen Karl v. Baiern bestand, ging gegen Saargemünd vor, woselbst die Franzosen auf dem rechten Flußufer einen Brückenkopf errichtet hatten. Nach einigem Widerstande kamen die Baiern in den Besitz desselben, worauf General Ragliovich durch die Stadt marschirte und auf den gegenüberliegenden Höhen eine Stellung nahm, welche die Straßen nach Bouquenom und Lüneville beherrschte.

Die 4te Infanterie-Division unter dem General-Lieutenant Baron Zollern marschirte gegen die Festung Bitsch, deren Uebergabe der französische Kommandant General Kreutzer aber verweigerte.

Das dem rechten Flügel der baierschen Armee attaschirte russische Korps des Grafen Lambert ging bis Ottweiler und Ramstein vor.

Am 24. besetzte Fürst Wrede Bouquenom und sandte die Kavallerie-Division des Prinzen Karl zur Beobachtung von Pfalzburg. Die 2te, 3te und 4te Division und die Reserve koncentrirten sich bei Saargemünd. Die russischen Truppen des Grafen Lambert besetzten Saarbrück, nachdem die Kavallerie unter dem General-Lieutenant Czernitscheff bis St. Arold vorgeschoben worden war.

Am 26. war das Hauptquartier des Fürsten Wrede zu Morhange, am 27. drangen seine Vorposten bis Nancy und am 28. nahm er daselbst sein Hauptquartier. Von St. Dieuze detachirte der Fürst links, um den Marsch des Generals Rapp zu entdecken. Derselbe befand sich jedoch noch am Rhein, und sein Rückzug war ihm durch die Besetzung von Nancy vollständig abgeschnitten. Fürst Wrede blieb bei Nancy stehen, um die Ankunft der östreichischen und russischen Armeen abzuwarten. Rechts von ihm überschritt am 29. General Czernitscheff die Mosel unter den Augen der Festung Metz, und nahm am 3. Juli die Stadt Chalons sur Marne mit Sturm. Die Garnison des Orts hatte versprochen, keinen Widerstand zu leisten, feuerte aber dennoch auf die russische Avantgarde, worauf die Kavallerie sogleich absaß, die Wälle erstieg, die Thore aufbrach, einen Theil der Garnison niederhieb, den französischen General Rigault mit dem Reste gefangen nahm und die Stadt plünderte.

Nachdem Fürst Wrede 4 Tage in der Gegend von Nancy und Lüneville gestanden hatte, erhielt er vom Fürsten Schwartzenberg den Befehl, mit dem baierschen Korps sogleich auf Paris loszugehen und die Avantgarde der Armee des Oberrheins zu bilden. Dieser Befehl war eine Folge des von Wellington und Blücher ausgesprochenen Wunsches, daß die Armee des Oberrheins ihre Operationen vor Paris mehr unmittelbar unterstützen möchte. Am 5. Juli erreichte das Gros der baierschen Armee Chalons und blieb daselbst während des 6. An diesem Tage eröffneten die Vorposten des Korps über Epernay die Verbindung mit der preußischen Armee. Am 7. erhielt Fürst Wrede die Nachricht von der Konvention von Paris und gleichzeitig den Befehl, gegen die Loire vorzugehen. Am 8. traf General-Lieutenant Czernitscheff mit dem Feinde zwischen St. Prix und Montmirail zusammen und trieb ihn über den Morin nach der Seine zurück. Vor Ankunft des Korps bei Chateau-Thierry hatte die französische Garnison den Ort geräumt und mehrere Geschütze und Munitionswagen stehen lassen. Am 10. Juli nahm die baiersche Armee eine Aufstellung zwischen Seine und Marne und das Hauptquartier des Fürsten Wrede kam nach la Ferté sous Jouarre.

3tes Armee-Korps: Kronprinz von Würtemberg.

Am 22. Juni nahm ein Theil des 3ten Armee-Korps unter dem Kronprinzen von Würtemberg von den auf dem linken Rheinufer gelegenen Verschanzungen von Germersheim Besitz. Feldmarschall-Lieutenant Graf Wallmoden wurde mit 10 Bataillonen und 4 Schwadronen zur Beobachtung der Festung Landau und der Queichlinie aufgestellt. Das Gros des Korps stand zwischen Brüssel und Philippsburg. Am 23. überschritt das Korps den Rhein bei Germersheim und passirte die Queichlinie ohne Widerstand.

Der Kronprinz sollte über Weißenburg und Hagenau vorgehen, um im Verein mit dem 4ten Armee-Korps dem General Rapp vollständig den Rückzug abzuschneiden.

Am 24. ging das Korps nach Bergzabern und Nieder-Ottersbach vor, traf an beiden Orten den Feind und trieb ihn zurück. Graf Wallmoden ließ ein kleines Detaschement zur Beobachtung von Landau zurück und ging mit dem Reste seiner Macht bis Rheinzabern vor. Am 25. befahl der Kronprinz das Vorrücken gegen die Linien von Weißenburg in 2 Kolonnen. Die erste Kolonne versammelte sich zu Bergzabern und die zweite marschirte über Nieder-Ottersbach. Graf Wallmoden sollte auf Lauterbach vorgehen. Der Kronprinz führte sein Korps auf der Hagenauer-Straße noch weiter vorwärts. Seine Avantgarde eilte nach Ingelsheim und das Gros erreichte die Linien von Weissenburg, welche die Franzosen in der Nacht verließen, sich nach dem Hagenauer Forste zurückzogen und das große Dorf Surburg besetzten. Am 26. griff der Kronprinz mit seiner rechten Kolonne den Feind bei dem zuletzt genannten Orte erfolgreich an, während die linke Kolonne unter dem Grafen Wallmoden einen gleich glücklichen Angriff auf den französischen General Rothenburg unternahm, welcher mit 6000 M. Infanterie und einem Kavallerie-Regiment bei Sely stand. Am folgenden Tage zog sich General Rapp nach dem Defilee von Brümath zurück, verließ es in der Nacht aber wieder und nahm in der Nähe von Straßburg hinter der Suffel eine günstige Stellung. Seine Macht bestand aus 24 Bataillonen Infanterie, 4 Regimentern Kavallerie und einer zahlreichen Artillerie und belief sich auf fast 24000 Mann.

Dem Kronprinzen von Würtemberg, dessen Streitmacht mehr als 40000 Mann stark war, gelang es nach einer heftigen Action den General Rapp in die Festung Straßburg zurückzudrängen. Der Verlust des 3ten Korps belief sich bei dieser Gelegenheit auf 75 Offiziere und 2050 Mann an Todten und Verwundeten. Der der Franzosen stieg auf 3000 Mann.

Oestreichisches Reserve-Korps: Erzherzog Ferdinand.

Das 3te Korps blieb bis zum 4ten Juli vor Straßburg stehen, worauf es von dem aus der Gegend von Colmar ankommenden 2ten östreichschen Korps abgelöst wurde. Von demselben Punkte aus wandte sich die Avantgarde des östreichschen Reserve-Korps unter dem Feldmarschall-Lieutenant v. Stutterheim nach Remiremont und das Gros desselben auf St. Marie aux mines. Das östreichsche Reserve-Korps selbst kam bis Raon l'Etape und marschirte von hier aus später (am 10.) nach Neufchateau. Das 3te Korps unter dem Kronprinzen v. Würtemberg marschirte nach der Gegend von Molsheim.

Am 7. Juli erreichte der Kronprinz Lüneville, statt aber der ursprünglichen Bestimmung gemäß nach Nancy zu marschiren, schlug das Korps am 9. die Straße nach Neufchateau ein. Der Marsch geschah in zwei Kolonnen, die eine auf Bayon und die andere auf Rembervillers. Die erstere setzte hierauf ihren Marsch über Vaucouleurs, Joinville, Brienne le Chateau, Troyes und Auxonne, die andere über Neufchateau, Chaumant, Bar sur Aube, Vandoeuvres, Bar sur Seine und Chatillon fort. Bei Auxonne und Chatillon machten sie am 18. halt und am 21. bezog das Korps zwischen Montbard und Tonnerre Kantonnements.

1stes und 2tes Korps: Graf Colloredo und Prinz von Hohenzollern. Reserve-Korps: Erzherzog Ferdinand.

Das 1ste und 2te östreichsche Armee-Korps, der linke Flügel der Armee des Oberrheins, überschritten in der Nacht des 25. Juni den Fluß bei Rheinfelden und Basel. Am 26. dirigirte sich das 1ste auf Béfort und Montbelliard, und an demselben Tage schlossen die Oestreicher die Festung Hüningen ein.

Die Avantgarde des 1sten Korps lieferte einem etwa 3000 Mann starken Detaschement vom Korps des General Lecourbe ein Gefecht und trieb es bis Donnemarie zurück. Am 28. traf das 1ste Korps bei Chabannes zwischen Donnemarie und Béfort auf den Feind, welcher in der Stärke von 8000 Mann Infanterie und 500 Mann Kavallerie auf Béfort zurückgedrängt wurde. General-Major v. Scheither vom 1sten Korps wurde gegen das befestigte und von einer Citadelle vertheidigte Montbelliard abgesendet. Nach einer heftigen Beschießung nahmen die Oestreicher den Ort durch Sturm, hatten dabei jedoch einen Verlust von 25 Offizieren und 1000 Mann an Todten und Verwundeten.

Mit Ausnahme weniger unbedeutender Ausfälle verhielt sich Rapp in der Festung Straßburg sehr ruhig. Die Nachricht der Einnahme von Paris durch die britischen und preußischen Truppen führte zu einem Waffenstillstande, welcher am 24. Juli abgeschlossen wurde und sich über die Festungen Straßburg, Neu-Breisach, Landau, Lützelstein, Hüningen, Schlettstadt, Lichtenberg, Pfalzburg und Béfort ausdehnte.

Die russische Armee.

Das Gros der russischen Armee unter dem Feldmarschall Grafen Barclay de Tolly, überschritt, 167950 Mann stark, am 25. Juni bei Manheim den Rhein und folgte der Armee des Oberrheins. Der größere Theil derselben erreichte Paris und Umgegend in der Mitte des Juli.

Operationen der Armee von Italien.

Die aus östreichschen und sardinischen Truppen bestehende Armee von Italien belief sich auf 60000 Mann und stand unter den Befehlen des General Baron Frimont. Sie sollte gegen die in der Gegend von Chambery und Grenoble postirte Alpen-Armee des Marschall Suchet agiren. Die Stärke dieser letztern ist nicht genau bekannt geworden; man schätzte sie auf 13000 bis 20000 Mann; aber das Observations-Korps des Var unter dem Marschall Brune, welches in der Gegend von Antibes und Toulon stand, belief sich auf 10000 Mann und hatte keinen Feind gegenüber.

Die Armee des Baron Frimont war in zwei Korps getheilt; das eine unter dem Feldmarschall-Lieutenant Radivojevich sollte durch das Wallis gegen Lyon vorgehen, das andere unter dem Feldmarschall-Lieutenant Grafen Bubna stand in Piemont und sollte durch Savoyen in das südliche Frankreich vordringen.

Suchet hatte von Napoleon den Befehl erhalten, am 14. Juni die Operationen zu beginnen, sich durch schnelle Märsche der Gebirgspässe von Wallis und Savoyen zu bemächtigen und dieselben den Oestreichern zu versperren. Am 15. gingen seine Truppen auf allen Punkten vor, um die Grenze von Montmelian bis Genf zu gewinnen. Letzteres wurde eingeschlossen. Hierauf beschloß er, die wichtigen Pässe von Meillerie und St. Maurice zu besetzen und so das

Vordringen der östreichschen Kolonnen aus dem Wallis zu hindern. Bei Meillerie stießen die Franzosen indessen am 21. Juni auf die Avantgarde der rechten östreichschen Kolonne. Diese ganze Kolonne, bei welcher sich Baron Frimont selbst befand, erreichte durch forcirte Märsche am 27. Juni die Arve.

Die linke Kolonne unter dem Grafen Bubna überschritt am 24. und 25. Juni den Mont Cenis. Am 28. leisteten die Franzosen in Conflans hartnäckig Widerstand, es gelang jedoch endlich den Oestreichern, sich des Ortes zu bemächtigen. Um sich des Ueberganges über die Arve zu versichern, sandte die Avantgarde der rechten Kolonne am 27. eine Abtheilung links gegen Bonneville. Die Franzosen hatten den Ort aber schon befestigt und leisteten tapfern Widerstand. Während dessen hatten sich die Oestreicher jedoch des Ueberganges von Carouge bemächtigt; die Franzosen mußten daher Bonneville räumen und das Thal der Arve verlassen. Die Kolonne passirte hierauf Genf und vertrieb den Feind von den Höhen von Grand Sakonex und St. Genix. Am 29. ging dieser Theil der Armee gegen den Jura vor und traf am 1. Juli Anstalten zum Angriffe der Redouten und Verschanzungen, welche die Franzosen zur Vertheidigung der Pässe angelegt hatten. Der kräftigste Angriff geschah gegen den Paß Les Rousses, die Oestreicher wurden indeß zurückgeschlagen. Hierauf wurden frische Truppen vorgebracht; die Franzosen verließen ihre Verschanzungen und gingen ihnen entgegen, wurden aber von Kavallerie und Artillerie in der Flanke angegriffen und mußten diesen, ebenso wie die übrigen Jura-Pässe, den Oestreichern überlassen. Die östreichsche Avantgarde verfolgte den Feind und erreichte Abends St. Claude auf derjenigen Straße, welche von Gex und St. Laurent in der anfänglichen Angriffsrichtung jenseits Les Rousses fortgeht.

Während dieser Zeit erhielt das östreichsche Reserve-Korps unter dem Feldmarschall-Lieutenant Meerville Befehl, vorzugehen und die Franzosen auf der Rhone zurückzuwerfen. Diese zerstörten auf ihrem Rückzuge die Brücke von Seyselle und sperrten durch die Besetzung des Fort de l'Ecluse die Straße von Genf nach Lyon. Vor dem Fort hatte man eine Redoute erbaut, welche den Zugang vollständig sperrte. Dieselbe wurde vom Regiment Esterhazy tapfer gestürmt und genommen. Hierauf umging das Reserve-Korps das Fort auf dem linken Rhoneufer, um den Uebergang bei Perte du Rhone zu forciren. Hier hatten die Franzosen einen Brückenkopf erbaut, mußten aber denselben in Folge einer Bewegung des 1sten Korps unter dem Feldmarschall-Lieutenant Radivojevich verlassen. Auf ihrem Rückzuge zerstörten sie die damalige schöne steinerne Brücke und zwangen so die Oestreicher, Nothbrücken über den schmalen Spalt zwischen den Felsen zu schlagen, welche den Fluß auf diesem merkwürdigen Punkt beengen. Die Avantgarde des Reserve-Korps unter dem General Grafen Hardegg überschritt den Rhone zuerst und fand den Feind bei Charix hinter Chatillon auf der Straße nach Nantua postirt. Graf Hardegg griff ihn sogleich an und zwang ihn, nach einem hartnäckigen Widerstande zum Rückzuge. Die Truppen des 1sten östreichschen Armee-Korps, welche während dessen dem Fort l'Ecluse gegenüber geblieben waren, hatten ein Bombardement begonnen, welches bei einer Dauer von sechs und, zwanzig Stunden dem Fort beträchtlichen Schaden zufügte. — Ein Pulver-Magazin flog auf; hierdurch gerieth die Garnison in solche Bestürzung, daß sie heraus stürmte und sich den Oestreichern auf Gnade und Ungnade übergab. Auf diese Weise wurde die große Straße von Genf nach Lyon der Armee von Italien binnen drei Tagen geöffnet.

Am 3. Juli griff der General Bogdan mit der Avantgarde des 1sten östreichschen Korps und verstärkt durch den General-Lieutenant Radivojevich den Feind mit vielem Ungestüm bei Ojanax jenseits St. Claude an. Der französische General Maransin hatte daselbst mit 2000 Mann eine günstige Stellung genommen. Die Oestreicher umgingen ihn in der linken Flanke und zwangen ihn zum Rückzuge. Das Korps erreichte am 9. Juli Bourg en Bresse.

Am 10. Juli wurde ein Detaschement unter dem General-Major von Pflüger nach Maçon an der Saone gesendet und bemächtigte sich des dort errichteten Brückenkopfes und der Stadt.

Am 7. Juli erreichte das 2te Korps unter Graf Bubna Echelles. Ein größtentheils aus sardinischen Truppen bestehendes Korps unter dem General-Lieutenant Graf Latour wurde zur Beobachtung von Grenoble abgeschickt. Die Avantgarde desselben kam am 4. Juli vor dem Platze an. Am 6. wurden die Vorstädte angegriffen und die Kommunikation dieses Ortes mit Lyon unterbrochen. Die aus 8 Bataillonen Nationalgarden bestehende Garnison erbot sich am 9. unter der Bedingung zu kapituliren, daß man sie in ihre Heimath znrückkehren ließe. Der Platz wäre einer kräftigen Vertheidigung fähig gewesen, denn die Oestreicher fanden in demselben 54 Geschütze, 8 Mortiere und eine große Menge von Vorräthen aller Art.

Das Korps des Grafen Bubna und das Reserve-Korps vereinten sich am 9. vor Lyon. Am 11. bat die Garnison um Waffenstillstand, derselbe wurde ihr unter der Bedingung gewährt, daß Lyon und das verschanzte Lager geräumt würde und daß Marschall Suchet sich mit seinem Korps hinter die Loire ziehen und seine Vorposten in einer fest bestimmten Demarkationslinie halten sollte.

Nachdem die Armee von Italien sich der Rhonelinie bis zur Isere-Mündung und des Theils der Saonelinie zwischen Maçon und Lyon versichert hatte, richtete sie sich gegen den obern Theil des letzteren Flusses und ließ das 2te Korps unter Graf Bubna zu Lyon dem Marschall Suchet gegenüber.

Das 1ste Korps marschirte nach Chalons sur Saone, um sich des dortigen Brückenkopfes zu bemächtigen. Da jedoch noch die 4te Division der Armee des französischen Generals Lecourbe zu Salins und zwischen Dole und Pontarlier stand, auch Besançon noch nicht eingeschlossen war, so sandte Baron Frimont einen Theil des Reserve-Korps unter dem General Hecht nach Salins, während General Fölseis vom 1sten Korps gegen Dole vorrückte. Sobald das 1ste Korps vor dem Brückenkopf von Chalons ankam und seine Anstalten zum Angriffe vollendet hatte, ergab sich der Platz. Durch das gleichzeitige Vorgehen des Generals Hecht auf Salins und des General Fölseis von Dole auf Besançon wurde dem französischen General Laplane der Rückzug abgeschnitten. Dies führte zu einer Uebereinkunft, der zu Folge die Nationalgarden aufgelöst und in ihre Heimath entlassen werden sollten. Sämmtliche Offiziere wurden zu Kriegsgefangenen gemacht und eins der beiden Forts von Salins den Oestreichern übergeben.

Am 28. rückte das 1ste Armee-Korps von Chalons sur Saone bis Autun vor. Die östreichschen Truppen der Armee des Oberrheins besetzten durch Uebereinkunft Besançon und zu Dijon fand die Vereinigung dieses letzteren Heeres mit dem von Ober-Italien statt.

Der nach Nizza detaschirte sardinische General d'Osaska, schloß am 9. Juli mit dem Marschall Brune, Kommandeur der Armee des Var, einen Waffenstillstand, welcher auf dieser Seite die Feindseligkeiten endigte.

Dieser kurze Umriß wird genügen, um die Natur, die Ausdehnung und die Verbindung der Operationen derjenigen alliirten Armeen zu zeigen, welche auf der östlichen und der südöstlichen Grenze in Frankreich eindrangen. Derselbe wird gleichzeitig einen klaren Beweis liefern, daß durch die entscheidende Schlacht bei Waterloo und die schnelle Einnahme von Paris jener allgemeine und hartnäckige Krieg vermieden worden ist, welcher wahrscheinlich stattgefunden hätte, wenn ein anderes Resultat in Belgien die Franzosen zu einem kräftigern und wirksamern Auftreten in andern Theilen des Landes ermuthigt hätte.

Die Belagerung der im Rücken der britischen und preußischen Armee auf der Hauptoperationslinie liegen gebliebenen Festungen war dem Prinzen August von Preußen mit dem 2ten preußischen Armee-Korps und dem britischen Belagerungs-Park übertragen. Die Dauer der verschiedenen Belagerungen war folgende:

Maubeuge. — Die Belagerung begann am 8. Juli. Es kapitulirte am 12. Juli. Landrecies. — Die Belagerung begann am 19. Juli. Es kapitulirte am 21. Juli. Marienburg. — Die Belagerung begann am 27. Juli. Es kapitulirte am 28. Juli. Philippeville. — Die Belagerung begann am 7. August. Es kapitulirte am 8. August. Rocroy. — Die Belagerung begann am 15. August. Es kapitulirte am 16. August.

Prinz August hatte alle Anstalten getroffen, die Belagerung von Charlemont und der damit zusammenhängenden Forts, den beiden Givets und des Mont d'Haurs am 8. September zu beginnen, als der Kommandant General Graf Bourcke, um durch die Besetzung der detaschirten Forts seine Macht nicht zu sehr zu theilen, in Unterhandlungen trat, jene Werke am 10. übergab und seine Truppen in Charlemont zurückzog. Das Bombardement desselben sollte am 23. September eröffnet werden, aber am 20. erhielt Prinz August aus Paris die Nachricht, daß die Feindseligkeiten durch ganz Frankreich aufhören sollten.

B e i l a g e n.

I.

Liste der Offiziere der deutschen Legion, welche bei der Vertheidigung von La Haye Sainte zugegen waren.

2tes leichtes Bataillon: Majors G. Baring, A. Bösewiel, getödtet. Kapitains E. Holtzermann, gefangen, W. Schamann, getödtet. Lieutenants F. Keßler, verwundet, C. Meyer, O. Lindam, verwundet, B. Riefkugel, verwundet, A. Tobin, gefangen, T. Carey, verwundet, E. Biedermann, D. Gräme, verwundet, S. Earl. Fähnriche F. von Robertson, getödtet, G. Frank, verwundet, W. Smith, L. Baring. Lieutenant und Adjutant W. Timmann, verwundet. Chirurg G. Heise.

1stes leichtes Bataillon: Kapitains von Gilsa, verwundet, von Marschalck, getödtet. Lieutenant Kuntze. Fähnrich Baumgarten.

Tirailleurs des 5ten Linien-Bataillon. Kapitain von Wurmb, getödtet. Lieutenants Witte, verwundet, Schläger. Fähnrich Walther, verwundet.

II.

Wirkliche Stärke der preußischen Truppen auf dem Schlachtfelde von Waterloo.

		Inf.	Kav.	Art.	Gesch.
Um halb 5 Uhr:					
Ein Theil des 4ten Korps	15te Brigade	5881	—	1143	64
	16te Brigade	6162	—		
	Reserve-Kavallerie	—	2720		
Um 6 Uhr:					
Der Rest des 4ten Korps	13te Brigade	6385	—	—	—
	14te Brigade	6953	—	—	—
Um 7 Uhr:					
Ein Theil des 1. Korps, Theil der 1. Brig.		2582	1670	274	16
Ein Theil des 2ten Korps	5te Brigade	6851	4468	386	24
	6te Brigade	6469			
	Im Ganzen	41283	8858	1803	104

Oder 51944 Mann und 104 Gesch.

III.

Verluste der britischen Truppen an Todten, Verwundeten und Vermißten in der Schlacht bei Waterloo.

Brigaden.	Regimenter.	Todte.					Verwundete.					Vermißte.					Im Ganzen an Gemeinen: Todte, Verwundete und Vermißte.
		Offiziere.	Quartiermeister und Sergeanten.	Spielleute.	Gemeine.	Pferde.	Offiziere.	Quartiermeister und Sergeanten.	Spielleute.	Gemeine.	Pferde.	Offiziere.	Quartiermeister und Sergeanten.	Spielleute.	Gemeine.	Pferde.	
	Königl. Artill.	5	2	—	51	337	24	13	—	198	123	—	—	—	10	35	259
	Königl. Ing.	—	—	—	—	—	1	—	—	—	—	—	—	—	—	—	—
	Königl. Stabs-Korps . .	—	—	—	—	—	2	—	—	—	—	—	—	—	—	—	—
	Kavallerie:																
1ste	1stes Leib-Garde . .	2	4	—	12	39	3	4	—	36	21	—	—	—	4	25	525
	2tes Leib-Garde . .	1	2	—	14	100	1	5	1	34	20	—	3	—	94	53	
	Königl. reit. Garde (bl.)	1	2	—	14	54	4	5	—	51	15	1	—	—	20	34	
	1stes Garde-Dragoner .	3	3	—	37	55	4	4	2	94	13	4	9	—	115	243	
2te	1stes Drag.	4	6	—	79	161	9	6	1	81	35	1	—	—	9	—	533
	2tes Drag (Scots Greys)	6	3	1	92	179	8	9	—	80	47	—	—	—	—	2	
	6tes Drag. (Inniskillings)	1	5	1	66	105	5	10	2	99	49	1	—	—	27	53	
3te	1stes leichtes Drag. d. L.	—	—	—	—	—	—	—	—	—	—	—	—	—	—	—	64
	2tes do. do.	—	—	—	—	—	—	—	—	—	—	—	—	—	—	—	
	23stes leichtes Dragoner .	1	3	—	10	20	5	—	—	23	26	1	—	—	31	33	
4te	11tes leichtes Dragoner .	1	1	—	10	17	4	4	—	20	38	—	1	2	20	18	167
	12tes do. .	2	6	—	39	28	3	4	1	56	22	—	—	—	—	60	
	16tes do. .	2	2	—	6	35	4	2	—	16	20	—	—	—	—	—	
5te	2tes Husaren d. L. . .	—	—	—	—	—	—	—	—	—	—	—	—	—	—	—	207
	7tes Husaren	—	1	—	55	84	6	9	1	83	116	—	—	—	—	—	
	15tes do. .	2	2	—	19	31	3	3	—	45	52	—	—	—	5	22	
6te	1stes Husaren d. L. . .	—	—	—	—	—	—	—	—	—	—	—	—	—	—	—	174
	10tes Husaren	2	—	—	20	40	6	1	1	38	35	—	—	1	25	41	
	18tes Husaren	—	—	—	12	19	2	9	—	62	41	—	—	—	17	37	
7te	3tes Husaren d. L. . .	—	—	—	—	—	—	—	—	—	—	—	—	—	—	—	86
	13tes leichtes Dragoner .	1	—	—	11	15	9	10	2	57	46	—	—	—	18	52	
	Latus	34	42	2	547	1319	103	98	11	1073	719	8	13	3	395	708	

Brigaden.	Regimenter.	Todte.					Verwundete.					Vermißte.					Im Ganzen an Gemeinen: Todte, Verwundete und Vermißte.
		Offiziere.	Quartiermeister und Sergeanten.	Spielleute.	Gemeine.	Pferde.	Offiziere.	Quartiermeister und Sergeanten.	Spielleute.	Gemeine.	Pferde.	Offiziere.	Quartiermeister und Sergeanten.	Spielleute.	Gemeine.	Pferde.	
	Transport	34	42	2	547	1319	103	98	11	1073	719	8	13	3	395	708	
	Infanterie.																
1ste	1stes Garde 2tes Bat.	1	—	—	50	—	5	7	—	89	—	—	—	—	—	—	456
	1stes Garde 3tes Bat.	3	2	—	79	—	6	7	—	238	—	—	—	—	—	—	
2te	2tes Garde 2tes Bat.	1	1	—	53	—	7	13	—	229	—	—	—	1	3	—	500
	3tes Garde 2tes Bat.	3	2	—	37	—	9	10	—	178	—	—	—	—	—	—	
3te	52stes, 1stes B.	1	—	—	16	—	8	8	—	166	—	—	—	—	—	—	624
	71stes, „ „	1	1	—	23	—	14	7	3	150	—	—	—	—	3	—	
	95stes, 2tes B.	—	2	1	31	—	14	6	2	171	—	—	—	—	20	—	
	95stes, 3tes B	—	—	—	3	—	4	1	1	31	—	—	—	—	7	—	
4te	14tes, 3tes B.	—	—	—	7	—	1	5	—	16	—	—	—	—	—	—	131
	23stes, 1stes B.	4	2	—	9	—	6	7	—	71	—	—	—	—	—	—	
	51stes, 1stes B.	—	—	1	8	—	2	—	—	20	—	—	—	—	—	—	
5te	30stes, 2tes B.	6	3	1	41	—	14	6	—	145	—	—	—	2	12	—	679
	33stes, 2tes B.	2	1	1	31	—	10	8	—	84	—	—	—	3	45	—	
	69stes, 2tes B.	4	—	—	14	—	3	—	—	50	—	—	—	2	13	—	
	73stes, 2tes B.	5	3	1	43	—	12	13	2	160	—	—	—	—	41	—	
8te	28stes, 1stes B	1	1	—	17	—	15	6	1	136	—	—	—	—	—	—	588
	32stes, 1stes B.	—	—	—	28	—	9	11	—	126	—	—	—	—	—	—	
	79stes, 1stes B.	2	2	—	27	—	11	7	4	121	—	—	—	—	1	—	
	95stes, 1stes B.	1	4	—	16	—	11	7	1	116	—	—	—	—	—	—	
9te	1stes, 3tes B.	2	1	—	12	—	14	4	—	111	—	—	—	—	—	—	325
	42stes, 1stes B.	—	—	—	5	—	6	6	—	33	—	—	—	—	—	—	
	44stes, 2tes B.	—	—	—	4	—	3	3	—	54	—	—	—	—	—	—	
	92stes, 1stes B.	—	1	—	13	—	6	3	—	93	—	—	—	—	—	—	
10te	4tes, 1stes B.	—	2	—	10	—	9	6	—	107	—	—	—	—	—	—	746
	27stes, 1stes B.	2	7	—	96	—	13	10	2	348	—	—	—	—	—	—	
	40stes, 1stes B.	2	5	—	25	—	10	16	1	142	—	—	—	—	18	—	
	Generalstab	10	—	—	—	—	40	—	—	—	—	2	—	—	—	—	
	Im Ganzen	85	82	7	1245	1319	365	275	28	4261	719	10	13	11	558	708	6064

IV.

Verluste der deutschen Legion an Todten, Verwundeten und Vermißten in der Schlacht bei Waterloo.

Brigaden.	Regimenter.	Todte.					Verwundete.					Vermißte.					Im Ganzen an Gemeinen: Todte, Verwundete und Vermißte.
		Offiziere.	Unteroffiz.	Spielleute.	Gemeine.	Pferde.	Offiziere.	Unteroffiz.	Spielleute.	Gemeine.	Pferde.	Offiziere.	Unteroffiz.	Spielleute.	Gemeine.	Pferde.	
	Artillerie	1	3	—	16	51	6	1	—	50	—	—	—	—	4	—	70
	Kavallerie.																
3te	1stes leichtes Dragoner	3	3	1	26	42	11	7	1	91	93	—	—	—	10	14	127
3te	2tes " "	2	—	1	17	29	4	5	—	47	14	—	—	—	2	25	66
3te	23stes britisches "	—	—	—	—	—	—	—	—	—	—	—	—	—	—	—	—
6te	1stes Husaren . . .	—	—	—	1	9	1	—	—	5	13	—	—	—	—	—	6
6te	10tes britisches Husaren	—	—	—	—	—	—	—	—	—	—	—	—	—	—	—	—
6te	18tes " "	—	—	—	—	—	—	—	—	—	—	—	—	—	—	—	—
7te	3tes Husaren	4	2	1	37	63	8	7	—	71	24	—	—	—	—	15	108
7te	13tes britisches leichtes Dragoner	—	—	—	—	—	—	—	—	—	—	—	—	—	—	—	—
	Infanterie.																
1ste	1stes Linien-Bataillon	1	2	1	19	—	6	6	—	63	—	—	—	1	16	—	98
1ste	2tes " "	1	1	1	16	—	2	4	—	75	—	—	1	—	6	—	97
1ste	3tes " "	1	1	—	16	—	5	2	1	90	—	—	—	—	31	—	137
1ste	4tes " "	1	1	—	12	—	7	3	—	74	—	—	—	1	13	—	99
2te	1stes leichtes Bataillon	4	1	—	36	—	9	6	3	73	—	—	—	—	13	—	122
2te	2tes " "	3	6	—	34	—	9	8	1	111	—	1	2	—	27	—	172
2te	5tes Linien-Bataillon	2	1	—	35	—	3	6	1	40	—	—	—	—	74	—	149
2te	8tes " "	3	2	1	41	—	4	4	—	76	—	—	1	2	13	—	130
	Generalstab	1	—	—	—	—	2	—	—	—	—	—	—	—	—	—	—
	Im Ganzen	27	23	6	306	194	77	59	7	866	144	1	4	4	209	54	1381

V.

Verluste der handverschen Truppen an Todten, Verwundeten und Vermißten während des 16., 17. und 18. Juni 1815.

Brigaden.	Regimenter.	Todte.					Verwundete.					Vermißte.					Im Ganzen an Gemeinen: Todte, Verwundete und Vermißte.
		Offiziere.	Unteroffiz.	Spielleute.	Gemeine.	Pferde.	Offiziere.	Unteroffiz.	Spielleute.	Gemeine.	Pferde.	Offiziere.	Unteroffiz.	Spielleute.	Gemeine.	Pferde.	
	1ste Batt. Fuß-Artillerie	—	1	—	7	—	—	1	—	26	—	—	—	—	—	—	33
	2te Batt. „ „	—	—	—	—	—	—	—	—	—	—	—	—	—	—	—	—
	Kavallerie.																
	Prinz Regent Husaren	—	—	—	—	—	—	—	—	—	—	—	—	—	—	—	—
1ste	Bremen und Verden Hus.	—	—	—	—	—	—	—	—	—	—	—	—	—	—	—	—
	Kumberland Husaren .	1	2	—	15	—	—	3	—	30	—	—	—	—	2	—	47
	Infanterie.																
	Jäger-Korps	—	—	—	12	—	3	—	1	37	—	—	—	—	19	—	68
	Feld-Bat. Bremen . .	1	1	—	10	—	8	8	1	104	—	—	—	1	34	—	148
1ste	Feld-Bat. Verden . .	—	3	—	60	—	7	6	1	87	—	—	—	2	51	—	198
	Feld-Bat. Herzog v. York	2	—	1	21	—	4	2	—	66	—	—	—	1	44	—	131
	Feld-Bat. Lüneburg . .	3	1	1	27	—	5	4	1	132	—	1	—	1	46	—	205
	Feld-Bat. Grubenhagen	1	1	—	14	—	6	4	1	67	—	—	—	1	47	—	128
	Landw.-Bat. Bremervörde	2	—	—	16	—	4	1	1	15	—	2	2	—	5	—	36
3te	do. Osnabrück	3	1	—	16	—	6	—	1	61	—	—	—	—	6	—	83
	do. Quackenbrük	1	—	—	1	—	—	1	—	9	—	—	—	—	2	—	12
	do. Salzgitter.	—	1	—	19	—	2	3	—	57	—	—	—	—	1	—	77
	do. Verden . .	2	—	—	10	—	4	1	—	96	—	3	1	—	42	—	148
4te	do. Lüneburg .	—	—	—	10	—	5	1	—	36	—	—	—	—	—	—	46
	do. Osterode .	2	—	—	12	—	5	2	—	91	—	—	—	—	14	—	117
	do. Münden .	—	1	—	11	—	6	4	1	92	—	—	—	1	16	—	119
	do. Hameln .	—	—	—	9	—	4	3	—	57	—	—	—	—	7	—	73
5te	do. Gifhorn .	2	—	—	13	—	3	4	—	65	—	—	—	—	—	—	78
	do. Hildesheim	—	—	—	3	—	1	1	2	17	—	—	—	—	—	—	20
	do. Peine . .	—	—	—	3	—	2	1	1	38	—	—	—	1	5	—	51
	Generalstab	—	—	—	—	—	2	—	—	—	—	—	—	—	—	—	—
	Im Ganzen	20	12	2	289	—	77	50	11	1183	—	6	3	8	341	—	1818

VI.

Verluste der braunschweigschen Truppen an Todten, Verwundeten und Vermißten in der Schlacht bei Waterloo.

Regimenter.	Todte.		Verwundete.		Pferde.	Vermißte.	Im Ganzen an Gemeinen: Todte, Verwundete und Vermißte.
	Offiziere.	Unteroffiziere u. Gemeine.	Offiziere.	Unteroffiziere u. Gemeine.	Todte und Verwundete.	Gemeine.	
Husaren-Regiment	1	27	5	45	40		72
Schwadron Ulanen	—	—	2	13	15		13
Reitende Batterie	1	2	—	6	16		8
Fuß-Batterie	—	—	—	18	6		18
Avantgarden-Batterie	—	7	1	20	—		27
Garde-Bataillon	—	14	1	36	—		50
1stes leichtes Bataillon	—	4	3	41	—	50	45
2tes = = ...	2	37	2	73	—		110
3tes = = ...	1	35	5	75	—		110
1stes Linien = ...	—	9	—	46	—		55
2tes = = ...	1	2	1	6	—		8
3tes = = ...	—	10	2	51	—		61
Generalstab	1	—	4	—	—		50
Im Ganzen	7	147	26	430	77	50	627

VII.

Verluste der Truppen des nassauischen Kontingents (1sten Regiments) in der Schlacht bei Waterloo.

Todte	5 Offiziere,	249	Unteroffiziere und Gemeine.
Verwundete . .	19 =	370	= = =
Im Ganzen	24 Offiziere,	619	Unteroffiziere und Gemeine.

VIII.

Namentliche Liste derjenigen Offiziere der deutschen Legion, welche in den Kämpfen des 16., 17. und 18. Juni 1815 getödtet, verwundet und vermißt worden sind.*)

Getödtete. — Stab: Kapitain C. von Bobers, Brigade-Major (der 7ten Kavallerie-Brigade attaschirt.)

Artillerie: 1ster Lieutenant C. von Schultzen (der 1sten handverschen Batterie attaschirt.)

1stes Dragoner-Regiment: Kapitain F. Peters. Lieutenants F. C. von Levetzow, O. Kuhlmann.

2tes Dragoner-Regiment: Kapitain F. von Bülow. Kornet H. Drangmeister.

3tes Husaren-Regiment: Oberst-Lieutenant F. L. Meyer. Kapitains A. von Kerssenbruch, G. Janssen. Lieutenant H. Brüggemann. Kornet W. Deichmann.

1stes leichtes Bataillon: Kapitains P. Holtzermann, H. von Marschalk, A. A. von Göben. Lieutenant A. Albert.

2tes leichtes Bataillon: Major A. Bösewiel. Kapitains F. M. W. Schaumann, H. Wiegmann (als Brigade-Major bei der 1sten Infanterie-Brigade der D. L. kommandirt). Fähnrich v. Robertson.

1stes Linien-Bataillon: Kapitains, L. von Holle, A. v. Saffe. Fähnrich H. von Lücken.

2tes Linien-Bataillon: Oberst-Lieutenant J. C. von Schröder. Kapitain G. Tilee.

3tes Linien-Bataillon: Kapitain F. Didd. Lieutenants F. von Jeinsen, F. Leschen.

4tes Linien-Bataillon: Oberst G. C. A. du Plat (Kommandeur der 1sten Infanterie-Brigade der deutschen Legion). Majors G. C. Chüden, G. Lewis Leue. Kapitain G. Heise. Fähnrich E. T. von Cronhelm.

5tes Linien-Bataillon: Oberst C. von Ompteda (Kommandeur der 2ten Infanterie-Brigade). Kapitain E. C. C. von Wurmb. Lieutenant J. L. Schuck.

8tes Linien-Bataillon: Kapitains A. W. von Voigt, J. von Westernhagen. Lieutenant W. von Marenholz.

---

*) Aus einer vom Major Benne des hanöverschen Generalstabes zusammengestellten Verlusttabelle.

Verwundete. — Stab: Brigade-Majors, Kapitain G. v. Einem (der 2ten Infanterie-Brigade der deutschen Legion attaschirt. Kapitain M. von Cloudt (der 3ten Kavallerie-Brigade attaschirt).

Artillerie: Major A. Sympher. 2te Kapitains, W. Braun, F. Erythropel. 1ste Lieutenants W. von Goeben, H. Hartmann. 2ter Lieutenant L. Heise.

1stes Dragoner-Regiment: General-Major Sir William von Dörnberg. Oberst-Lieutenant J. v. Bülow. Major A. v. Reitzenstein. Kapitains P. v. Sichart, G. v. Hattorf, B. v. Bothmer. Lieutenants W. Mackenzie, W. Fricke, O. v. Hammerstein, H. Bosse. Kornets S. H. Nanne, E. Trittau.

2tes Dragoner-Regiment: Oberst-Lieutenants C. de Jacquières, C. v. Maydell. Kapitains C. T. v. Harling, L. Lüderitz. Lieutenant H. H. Rittor, Kornet F. Lorenz.

1stes Husaren-Regiment: Lieutenant G. Baring.

3tes Husaren-Regiment: Kapitains Q. von Göben, W. von Snehen. Lieutenants H. Treue, C. Oehlkers. Kornets F. Hoyer, C. von Dassel, H. von Hodenberg.

1stes leichtes Bataillon: Major Hans von dem Bussche. Kapitains F. von Gilson, C. Wynecken. Lieutenants A. Wahrendorff, C. Heise, H. Wollrabe, E. F. Köster, H. Leonhardt, N. de Miniussir, E. Gibson. Fähnriche G. Best, A. A. von Gentzkow, C. Behne, A. Heise.

2tes leichtes Bataillon: Kapitain E. A. Holtzermann. Lieutenants G. Meyer, F. G. T. Kessler, O. Lindam, B. Riefkugel, M. T. H. Tobin, G. D. Gräme, W. Timmann, T. Carey., Fähnriche E. Frank, A. Knop.

1stes Linien-Bataillon: Major W. von Robertson. Kapitain G. von Schlütter. Lieutenants F. Schnath, A. Müller, D. von Einem, H. Wilding jun. Fähnrich C. A. von der Hellen.

2tes Linien-Bataillon: Kapitain F. Purgold. Lieutenants C. von der Decken, C. Fischer, F. la Roche, A. F. Ziel.

3tes Linien-Bataillon: Major A. Boden. Lieutenants A. Kukkuck, H. E. Kuckuck.

4tes Linien-Bataillon. Kapitain W. Heydenreich. Lieutenants C. von Both, A. von Hartwig.

5tes Linien-Bataillon: Kapitain F. Sander. Lieutenants C. Berger, G. Klingsöhr.

7tes Linien-Bataillon: Lieutenant G. Klingsöhr.

8tes Linien-Bataillon: Kapitain C. E. W. Rougemont. Lieutenants F. Brinkmann, C. Sattler. Fähnrich W. v. Moreau.

Vermißte. — 2tes leichtes Bataillon: Kapitain E. A. Holtzermann. Lieutenant M. T. H. Tobin.

IX.

Namentliche Liste derjenigen hanöverschen Offiziere, welche in den Kämpfen des 16., 17. u. 18. Juni 1815 getödtet, verwundet und vermißt worden sind.*)

Getödtet. — Kumberland Husaren: Kapitain F. S. von Winterstedt.

Feld-Bataillon Bremen: Oberst-Lieutenant W. L. v. Langrehr.

Feld-Bataillon Herzog von York: Kapitain R. von Pawel, Fähnrich A. C. Müller.

Feld-Bataillon Lüneburg: Kapitains F. Bobart, C. T. Korfes, Fähnrich C. B. von Plato.

Feld-Bataillon Grubenhagen: Oberst-Lieutenant F. L. A. von Wurmb.

Landwehr-Bataillon Bremervörde: Lieutenant C. C. Löper. Fähnrich T. von Holt.

Landwehr-Bataillon Osnabrück: Kapitain C. H. Quentin. Lieutenant G. F. Uffel. Fähnrich H. Bergtroff.

Landwehr-Bataillon Quackenbrück: Major C. W. von dem Bussche-Hünefeldt.

Landwehr-Bataillon Verden: Lieutenants C. E. Wegener, C. E. von Hinüber.

Landwehr-Bataillon Osterode: Lieutenant T. Fenisch. Fähnrich C. A. Schanz.

Landwehr-Bataillon Gifhorn: Major G. von Hammerstein. Lieutenant H. C. Schmidt.

Verwundete. — Stab: Oberst von Berger. Lieutenant und Adjutant Hanbury.

Jäger-Korps: Kapitain v. Reden. Lieutenants Grote, Schultze. Feld-Bataillon Bremen: Major Müller. Kapitains Bazoldo, von Lepel. Lieutenants von Quistorp I., von Quistorp II., Welmer. Fähnriche Brüel, Meyer.

Feld-Bataillon Verden; Major v. Schkopp. Kapitain Jacobi. Lieutenants Gehrhard, Brandis I., Brandis II., Selig, Suffenplan.

*) Nach einer vom Major Benne zusammengestellten Verlusttabelle.

Feld-Bataillon Herzog von York: Major von Bülow. Lieutenants Moll, von Mahrenholz. Fähnrich Rabius.

Feld-Bataillon Lüneburg: Oberst-Lieutenant von Klencke. Lieutenants Völger, von Plato. Fähnriche Sachse, von Weihe.

Feld-Bataillon Grubenhagen: Kapitain Bauer. Lieutenants Westphal, Marwedel. Fähnriche von Bülow, Ernst, Stieppel.

Landwehr-Bataillon Bremervörde: Lieutenants Warnecke, Meyer. Fähnriche Hotthusen, Wilken.

Landwehr-Bataillon Osnabrück: Major Graf Münster. Kapitain Gotthard. Lieutenants Winkler, Richers, Fähnriche Richenke, Meyer.

Landwehr-Bataillon Salzgitter: Kapitain von Hammerstein. Lieutenant von Spangenberg.

Landwehr-Bataillon Verden: Kapitain von Witzendorf. Lieutenants H. Wynecken, Hurtzig. Fähnrich Siegener.

Landwehr-Bataillon Lüneburg: Kapitains v. Reiche, v. Kemps. Lieutenant von Dassel. Fähnriche Dormauer, Meyer.

Landwehr-Bataillon Osterode: Major von Reden. Kapitains von Ingersleben, Papet. Lieutenants Greve, Laubrecht.

Landwehr-Bataillon Münden: Kapitain von Hanstein. Lieutenants Wrisberg, Brenning, Schwecke II. Fähnrich, Murray, Oppermann.

Landwehr-Bataillon Hameln: Major von Strube. Kapitain Blankhard. Lieutenants Krahle, Kistner.

Landwehr-Bataillon Gifhorn: Kapitain Wiedenfeld. Lieutenant und Adjutant Schwake. Fähnrich Brüggemann.

Landwehr-Bataillon Hildesheim: Major v. Rheden.

Landwehr-Bataillon Peine: Kapitain von Bertrap. Fähnrich Köhler.

Vermißte. – Feld-Bataillon Lüneburg: Major v. Dachenhausen.

Landwehr-Bataillon Bremervörde: Lieutenant Ehlers. Fähnrich Ress.

Landwehr-Bataillon Verden: Lieutenant von der Horst. Fähnriche Plati, Kotzebue.

X.

Liste der in den Kämpfen des 16. und 18. Juni 1815*) getödteten braunschweigschen Offiziere.

Am 16. Juni: Der regierende Herzog Friedrich Wilhelm. Major von Kramm, Kommandeur des Husaren-Regiments. Kapitain von Pawel, von den Husaren. Fähnrich Hercher, vom 1sten Linien-Bataillon. Major von Strombeck, Kommandeur des 2ten Linien-Bataillons. Kapitain v. Bülow, vom 2ten Linien-Bataillon.

Am 18. Juni: Oberst-Lieutenant von Heinemann, vom Stabe. Lieutenant Lambrecht, von den Husaren, Lieutenant Diedrich, von der reitenden Artillerie. Fähnriche Bruns und Sensemann, vom 2ten leichten Bataillon. Kapitain von Praun, vom 3ten leichten Bataillon. Fähnrich von Vechelde, vom 2ten Linien-Bataillon.

---

*) Nach einer Verlusttabelle des braunschweigschen General-Lieutenants August von Herzberg. Dieselbe enthält jedoch nicht die verwundeten Offiziere.

XI.

Verluste der niederländischen Truppen an Todten, Verwundeten und Vermißten während des 16., 17. und 18. Juni 1815.

Divisionen.	Brigaden.	Regimenter	Todte.			Verwund.			Vermißte.			Im Ganzen an Unteroffiz. u. Gemeinen: Todte, Verwundete und Vermißte.
			Offiziere.	Unteroffiziere u. Gemeine.	Pferde.	Offiziere.	Unteroffiziere u. Gemeine.	Pferde.	Offiziere.	Unteroffiziere u. Gemeine.	Pferde.	
2te	1ste	27stes Jäger	1	14	—	6	172	—	2	156	—	342
		7tes Linien	2	18	—	4	134	—	1	82	—	234
		5tes Miliz	3	70	—	7	132	—	7	102	—	304
		7tes do.	—	20	—	7	57	—	—	201	—	278
		8tes do.	—	17	—	4	103	—	—	70	—	190
	2te	2tes nassauisches Regt. 1stes Bataillon	1	26	—	5	92	—	—	59	—	177
		2tes nassauisches Regt. 2tes "	1	20	—	9	86	—	—	38	—	144
		2tes nassauisches Regt. 3tes "	—	18	—	8	105	—	—	3	—	126
		Oranien-Nassau. 1stes Bataillon	1	4	—	3	33	—	—	20	—	57
		Oranien-Nassau. 2tes "	—	6	—	4	42	—	—	52	—	100
		Artillerie-Train	1	14	114	6	83	—	—	14	—	111
3te	1ste	35stes Jäger	—	8	—	3	60	—	—	—	—	68
		2tes Linien	—	6	—	4	24	—	—	57	—	87
		4tes Miliz	—	6	—	—	26	—	—	38	—	70
		6tes do.	1	4	—	—	15	—	—	22	—	41
		17tes do.	—	1	—	3	24	—	—	30	—	55
		19tes do.	—	1	—	3	25	—	—	50	—	76
	2te	36stes Jäger	—	3	-	—	10	—	—	41	—	54
		3tes Linien	—	1	—	1	23	—	—	56	—	80
		12tes do.	—	2	—	—	13	—	1	8	—	23
		13tes do.	—	6	—	—	20	—	—	34	—	60
		3tes Miliz	—	5	—	—	26	—	—	2	—	33
		10tes do.	—	7	—	1	14	—	—	3	—	24
		Reitende Artillerie	—	2	13	—	16	6	—	—	—	18
		Fuß- do.	—	—	—	—	3	—	—	10	—	13
		Train- do.	—	3	17	—	2	—	—	12	11	17
Kavallerie.	Schw.	1stes Karabinier	—	12	101	9	66	—	2	13	49	91
		2tes do.	1	57	86	4	64	—	—	30	76	151
		3tes do.	—	6	39	2	29	—	—	26	43	61
	Leichte	4tes leichtes Dragoner	4	50	71	8	135	—	1	51	233	236
		5tes do.	—	10	24	2	74	—	—	71	99	155
		6tes Husaren	2	10	122	6	64	—	1	131	180	205
		8tes do.	1	10	79	6	145	—	-	122	189	277
		Reitende Artillerie	—	8	31	—	9	—	—	4	4	21
		Train- do.	—	1	27	—	10	—	—	4	12	15
		Generalstab	1	—	4	3	—	—	—	—	—	..
		Im Ganzen	20	446	728	118	1936	6	15	1612	896	3994

XII.

Verluste der preußischen Truppen an Todten, Verwundeten und Vermißten in der Schlacht bei Waterloo.

Regimenter.	Todt.					Verwundet.					Vermißt.					Im Ganzen an Gemeinen: Todte, Verwundete und Vermißte.
	Offiziere.	Unteroffiz.	Spielleute.	Gemeine.	Pferde.	Offiziere.	Unteroffiz.	Spielleute.	Gemeine.	Pferde.	Offiziere.	Unteroffiz.	Spielleute.	Gemeine.	Pferde.	
1stes Korps.																
1ste Brigade . . .	—	1	2	28	5	7	10	1	139	2	—	2	—	109	2	276
Reserve-Kavallerie .	—	—	—	2	9	1	—	—	10	17	—	—	—	—	—	12
Reserve-Artillerie .	—	—	—	1	4	—	1	—	3	2	—	—	—	—	—	4
2tes Korps.																
5te Brigade.																
1stes pommersches .	1	2	—	2	—	1	4	1	40	—	—	—	1	17	—	59
25stes do. .	—	—	—	—	—	—	—	—	8	—	—	—	—	—	—	8
5tes Westphäl. Landw.	—	—	—	2	—	—	—	—	8	—	—	—	—	—	—	10
Freiw. Jäger-Komp.	—	—	—	—	—	—	—	—	—	—	—	—	—	7	—	7
7te Brigade.																
2tes Elb-Landwehr .	—	—	—	1	—	—	—	—	4	—	—	—	—	—	—	5
8te Brigade.																
21stes	—	—	—	—	—	—	1	—	14	—	—	—	—	4	—	18
23stes	—	—	—	7	—	—	5	—	31	—	—	—	1	8	—	46
3tes Elb-Landwehr .	—	1	—	20	—	2	1	—	65	—	4	1	—	45	—	130
Reserve-Kavallerie.																
Brandenburgsch. Hus.	—	—	—	—	3	—	—	1	—	3	—	1	—	7	7	7
Pommersches Husaren	—	—	—	1	6	—	1	—	2	1	—	—	—	1	2	4
Reserve Artillerie.																
6pfd. Fuß-Batt. № 10.	—	—	—	—	—	—	1	—	2	1	—	—	—	—	—	2
Reitende Batt. № 6.	—	—	—	—	4	—	1	—	2	2	—	—	—	—	—	2
13te Brigade.																
1stes schlesisches . .	—	3	—	41	—	10	16	—	195	—	1	2	—	6	—	242
2tes neumärksch. Ldw.	1	2	—	7	—	2	6	—	97	—	—	8	1	100	—	204
3tes do. do.	1	3	—	23	1	7	7	3	116	—	—	3	—	131	—	270
14te Brigade.																
2tes schlesisches . .	2	4	—	35	—	13	18	4	285	—	2	1	2	86	8	406
1stes pommersch. Ldw.	2	10	—	103	3	11	17	4	226	—	—	—	—	—	—	329
2tes do do.	—	10	1	276	—	15	17	3	143	—	—	2	—	104	—	523
15te Brigade.																
18tes	2	6	—	124	2	19	43	5	528	—	—	—	—	88	—	740
3tes schlesisches Ldw.	3	5	—	135	3	13	43	—	369	—	—	3	—	54	—	558
4tes do. do.	—	5	—	33	—	5	10	2	200	—	—	1	—	100	—	333
16te Brigade.																
15tes	2	6	1	59	4	18	40	2	509	5	—	—	—	25	—	593
1stes schlesisches Ldw.	5	9	1	141	2	10	17	9	381	—	4	1	—	50	—	572
2tes do. do.	1	4	—	32	1	7	11	4	170	3	27	3	—	278	—	480
Latus	20	71	5	1073	47	141	270	39	3547	36	38	28	5	1220	19	

Regimenter.	Todt.					Verwundet.					Vermißt.					Im Ganzen an Gemeinen: Todte, Verwundete und Vermißte.
	Offiziere.	Unteroffiz.	Spielleute.	Gemeine.	Pferde.	Offiziere.	Unteroffiz.	Spielleute.	Gemeine.	Pferde.	Offiziere.	Unteroffiz.	Spielleute.	Gemeine.	Pferde.	
Transport	20	71	5	1073	47	141	270	39	3547	36	38	28	5	1220	19	
Kavallerie.																
2tes schlesisches Hus.	—	1	—	6	18	1	6	1	66	72	—	4	—	40	49	112
Westpreuß. Ulanen	—	—	—	1	2	1	4	—	15	16	—	—	—	—	—	16
10tes Husaren . .	—	—	—	1	7	—	1	—	4	10	—	2	—	13	15	18
8tes do. . .	—	1	—	7	19	8	6	1	43	25	—	—	—	2	—	52
1stes neumärksch. Ldw.	—	—	—	1	5	—	—	—	—	13	—	—	—	—	—	1
2tes do. do.	—	1	—	6	39	5	7	—	93	102	—	1	—	9	—	108
1stes pommersch. do.	—	—	—	—	4	—	—	—	3	9	—	—	—	—	—	3
1stes schlesisches do.	—	—	—	1	26	—	—	—	1	1	—	—	—	3	—	5
2tes do. do.	—	—	—	1	26	1	—	—	14	6	—	1	1	2	3	17
3tes do. do.	—	1	1	10	35	2	6	—	34	22	—	—	—	6	14	50
Artillerie.																
12pfdg. Batt. № 3., 5. und 13.	—	—	—	5	17	—	6	—	22	14	—	—	—	3	—	30
6pfdg. Batt. № 2., 11., 13., 14. und 21. .	—	—	—	5	20	—	3	—	14	12	—	—	—	7	—	26
Reitende Batt. № 1., 11. und 12. . .	—	—	—	5	21	2	6	—	13	18	—	—	—	—	—	18
Generalstab . . .	2	—	—	—	—	1	—	—	—	—	—	—	—	—	—	—
Im Ganzen	22	75	6	1122	286	162	315	41	3869	356	38	36	6	1305	100	6296

XIII.

Namentliche Liste der in der Schlacht bei Waterloo getödteten, verwundeten und vermißten Offiziere der preußischen Armee.

Getödtete. — II. Korps. 2tes Infanterie-Regiment: Pr.-Lieut. von Mirbach.

IV. Korps. 13te Brigade. 2tes neumärksches Landwehr-Regt.: Pr.-Lieut. Stoberts. 3tes neumärkisches Landwehr-Regt.: Sec.-Lieut. von Normann.

14te Brigade. 11tes Infanterie-Regiment: Major von Aulok. Sec.-Lt. von Dewette. 1stes pommersches Landwehr-Regt.: Sec.-Lieuts. Lindner, Kuhfaß.

15te Brigade. 18tes Infanterie-Regiment: Sec.-Lieuts. von Schlemmer, Wehlermann. 3tes schlesisches Landw.-Regt.: Pr.-Lts. Treutter, Teiminger, Becker.

16te Brigade. 15tes Infanterie-Regiment: Kapitain v. Seidlitz. Sec.-Lieut. von Qaunstedt. 1stes schlesisches Landwehr-Regt.: Major von Seydlitz. Kapitains Wittich, Geisler. Sec.-Lieuts. von Hildebrandt, v. Briesen, Gregor. 2tes schlesisches Landwehr-Regt.: Sec.-Lieut. von Zimmermann.

Reserve-Kavallerie: Oberst und Brigadier Graf von Schwerin. Oberst-Lieutenant und Brigadier von Watzdorf.

Verwundete. — I. Korps. Brandenburgsche Dragoner: Kapitain von Puttkammer. Schlesische Schützen: Lieutenant v. Hotten. 12tes Infanterie-Regiment: Kapitain von Wenkstern. 24stes Infanterie-Regiment: Major von Löwenklau. Kapitain von Blankenstein. Lieutenants Maller, von der Golz, Lampresch.

II. Korps. 2tes Infanterie-Regiment: Sec.-Lt. von Stempel. 3tes Elb-Landwehr-Regiment: Kapitain von Bülzingslöwen. Sec.-Lieut. von Scholmer.

IV. Korps. 13te Brigade: Oberst und Brigadier von Lettow. 10tes Infanterie-Regiment: Major von Marsigli. Pr.-Lieuts. von Dorengowski, von Torzilowski, v. Nordhausen. Sec.-Lts. Bahrdt, Kretschmer, Marquardt, von Witzleben, Bardtke. 2tes neumärksches Landwehr-Regiment: Kapitain v. Solta. Sec.-Lieut. Liebich. 3tes neumärksches Landwehr-Regiment: Major von Osten. Kapitain von Zamori. Sec.-Lieuts. von Münchow, von Szandahelly, v. Moritz, Alter, Achterberg.

14te Brigade. 11tes Infanterie-Regiment: Kapitains v. Niesemäuschel, von Künsberg, von Morgenstern. Pr.-Lieut. v. Aulock. Sec.-Lts. von Bieberstein, von Ciriacy, von Rhaden, von Podewils, von Bentivegni, von Egloffstein, Köpke, Bender, von Walter. 1stes pommersches Landwehr-Regiment: Oberst-Lieut. von Brandenstein. Majors von Nettelhorst, von Toll. Kapitains von Andrees, von Spalding, von Löper, von Wolter. Sec.-Lts. Zirkel, Nehring, von Höpfner, Döbeke. 2tes pommersches Landwehr-Regiment: Majors von Katt, von Stojenthin. Kapitains von Steinwehr, Pauly, von Wedell. Sec.-Lts. Stricker, Preussendorff, Barth, Ewald, Dolist, Hagemann, von Schmidt, Ludwig, Heinze.

15te Brigade. 18tes Infanterie-Regiment: Kapitains v. Pogwisch, von Glusschinsky. Pr.-Lieuts. v. Wedelstädt, Bursche, Elsner, Kirstein, von Wallenroth, von Taubenheim. Sec.-Lieuts. von Arnim, Bath, Lutermann, von Alberti, Köppen, Bindemann, von

Wildermouth, von Bröne, von Blanck, Schönfeldt, Kerzing. 3tes schlesisches Landwehr-Regiment: Major von Zeschwitz. Kapitains von Osten, von Löpell. Pr.-Lieut. Krause. Sec.-Lts. von Pari, von Lützow, Büttscher, Pietsch, Schreiber, Wende, Platius. 4tes schlesisches Landwehr-Regiment: Kapitain von Schirche. Pr.-Lieut. von Stemler. Sec.-Lts. Wagner, Liebich, von Schedelbach.

16te Brigade. 15tes Infanterie-Regiment: Major von der Boek. Kapitains von Jutrzenka, von Björnstierna, v. Kaweczinsky. Pr.-Lt. Redeker. Sec.-Lieuts. Preuß, Nadler, v. Mousers, Hering, von Frohreich, Hassenstein, von Luck, von Hülsen, Sinell, von Lindenhöfer, Wittke, von Fittscherini, Helm. 1stes schlesisches Landw.-Regiment: Kapitains von Maistre, von Salisch, von Schrötter. Pr.-Lieuts. von Herzberg, von Vogt, von Laubak. Sec.-Lieuts. von Louve, von Bemba, Stürmer. 2tes schlesisches Landw.-Regt.: Major von Schwemmler. Sec.-Lieuts. Richter, v. Brandt, Krickmuth, von Arnim, von Beyer, von Sack.

Reserve-Kavallerie. Stab: Major von Drigalsky. 2tes schlesisches Husaren-Regiment: Rittmeister Wander. Westpreußische Ulanen: Lieutenant von Knobelsdorf. 8tes Husaren-Regt.: Rittmeister von Erichson. Sec.-Lieuts. von Vauhöfen, von Möllendorf, Plieth, von Dieringsfeldt, von Winterfeldt, von Genny. 2tes neumärksches Landw.-Kav.-Reg.: Oberst-Lieut. von Hiller. Kapitains v. Goerz, Preussendorf. Lieutenants Braun, Oestreich. 2tes schlesisches Landwehr-Kavallerie-Regiment: Lieutenant von Schweinitz. 3tes schlesisches Landwehr Kavallerie-Regiment: Rittmeister v. Altenstein. Reitende Artillerie: Kapitains Zinken, von Pfeil.

Vermißte. — IV. Korps. 1stes schlesisches Landwehr-Regiment: Sec.-Lieut. von Siegberg. 11tes Infanterie-Regiment: Kapitain von Niesemäuschel. Sec.-Lieut. von Bieberstein. 2tes schlesisches Landwehr-Regiment: Sec.Lieut. v. Kedszegy. 2tes schlesisches Husaren-Regiment: N. N.

XIV.

Proklamation Ludwig des XVIII. an das französische Volk.

Endlich öffnen sich mir wiederum die Thore meines Königreichs. Ich eile meine verführten Unterthanen zu ihrer Pflicht zurückzubringen, das Unheil zu mildern, welches ich gern abgewendet hätte und mich zum zweiten Male zwischen die alliirten und die französischen Armeen zu stellen, hoffend, daß die Rücksichten, welche man mir zollt, zu ihrem Heile dienen mögen.

Dies ist der einzige Weg, auf welchem ich an dem Kriege Theil zu nehmen verlangte. Ich habe nicht geduldet, daß ein Prinz meines Hauses in den Reihen der Fremden erschien, und habe den Muth derjenigen meiner Diener gezügelt, welche bereit gewesen wären, sich um mich zu schaaren.

Bei der Rückkehr in mein Vaterland finde ich ein besonderes Vergnügen darin, meinem Volke Vertrauen einzuflößen. Als ich zum ersten Mal unter Euch erschien, fand ich die Gemüther durch den Kampf der Leidenschaften erhitzt und bewegt. Meine Pläne stießen auf Schwierigkeiten und Hindernisse aller Art. Meine Regierung stand auf dem Punkte Fehler zu begehen; vielleicht beging sie Fehler. Es giebt Zeiten, in welchen die reinsten Absichten nicht ausreichen um richtig zu führen, oft führen sie uns selbst falsch. Die Erfahrung allein kann Lehren geben, diese Lehren sollen nicht verloren sein. Das Heil Frankreichs ist mein einziger Wunsch.

Meine Unterthanen haben durch herbe Erfahrungen gelernt, daß das Prinzip der Legitimität der Monarchen eine der Grundfesten der socialen Ordnung ist — die einzige auf welcher bei einer großen Nation eine weise und vernunftgemäße Freiheit errichtet werden kann. Dieser Grundsatz ist so eben erst von ganz Europa proklamirt worden. Ich hatte ihm schon früher in meiner Charte gehuldigt und will jetzt dieser Charte alle diejenigen Garantien hinzufügen, welche die Wohlthaten derselben sicher stellen können.

Die Einheit des Ministeriums ist die festeste, welche ich gewähren kann. Ich habe beschlossen, sie ins Leben zu rufen und durch den freien und festen Schritt meines Rathes alle Interessen sicher zu stellen und alle Unruhen zu beseitigen.

Man hat von der Wiederherstellung der Zehnten und der Feudalrechte gesprochen. Diese Fabel ist eine Erfindung des gemeinsamen Feindes, sie bedarf keiner Wiederlegung. Man wird nicht erwarten, daß der König sich mit Widerlegung von Verläumdungen und Lügen aufhalte. Der Erfolg des Verraths hat zu deutlich ihre Quelle gezeigt. Wenn die Käufer von National-Eigenthum in Unruhe gewesen sind, so wird die Charte hinreichen, sie wieder zu beruhigen. Machte ich denn nicht selbst der Kammer den Vorschlag, Verkäufe solchen Eigenthums zu veranlassen? Dieser Beweis meiner Aufrichtigkeit ist unwiderlegbar.

In den letzten Zeiten haben meine Unterthanen aller Klassen mir unzweideutige Beweise ihrer Liebe und Treue gegeben. Ich wünsche, daß sie erfahren mögen, wie tief ich dies empfunden habe und wie gern ich unter allen Franzosen diejenigen wählen werde, welche sich meiner Person und meiner Familie nähern sollen. Ich will aus meiner Nähe nur diejenigen verbannen, deren Berühmtheit Frankreich mit Kummer und Europa mit Abscheu erfüllt.

In der von ihnen angestifteten Verschwörung sehe ich viele meiner Unterthanen, welche nur verführt worden, einige welche schuldig sind. Ich verspreche — ich der ich nie vergebens versprach (ganz Europa kann es bezeugen) — den verführten Franzosen Alles das zu verzeihen, was von dem Tage an, als ich unter so vielen Thränen Lille verließ bis zu dem, als ich unter so großem Jubel in Cambray wieder einzog, bekannt geworden ist.

Aber das Blut meiner Unterthanen ist durch einen Verrath ohne Gleichen in den Annalen der Geschichte geflossen. Dieser Verrath hat die Fremden in das Herz Frankreichs geführt. Jeder Tag enthüllt mir ein neues Unglück. Ich bin es daher der Würde meiner Krone, den Interessen meines Volkes und der Ruhe Europas schuldig, von jenem Pardon die Anstifter und Urheber dieser abscheulichen Verschwörung auszuschließen. Sie sollen der Strenge der Gesetze übergeben werden, ich beabsichtige daher die beiden Kammern sofort zu versammeln.

Franzosen! Dies sind die Gefühle, mit welcher der zu Euch zurückkehrt, den die Zeit nicht zu ändern, Unglück, Mühen und Ungerechtigkeiten nicht zu beugen vermochten. Der König, dessen Vorfahren Euch acht Jahrhunderte hindurch beherrschten, kehrt zurück, um den Rest seines Lebens Eurer Vertheidigung und Eurem Troste zu widmen.

Gegeben zu Cambray, den 28. Juni des Jahres 1815.
des ein und zwanzigsten unserer Regierung.

Louis.

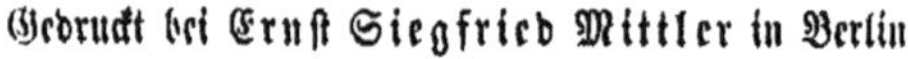

Gedruckt bei Ernst Siegfried Mittler in Berlin.

Schlacht von

Maaßstab

100. 2. 3. 4. 500. 6. 7. 8. 9. 1000. 2000.

Berlin 1846. E.

Metallographie v. C. Brügner.

III.

Waterloo.

1 : 25000.

½ Meile.

3000. 4000. 5000. Schritt.

S. Mittler.

Druck, Kön: Lith: Institut.

¼ 12. Uhr Vorm

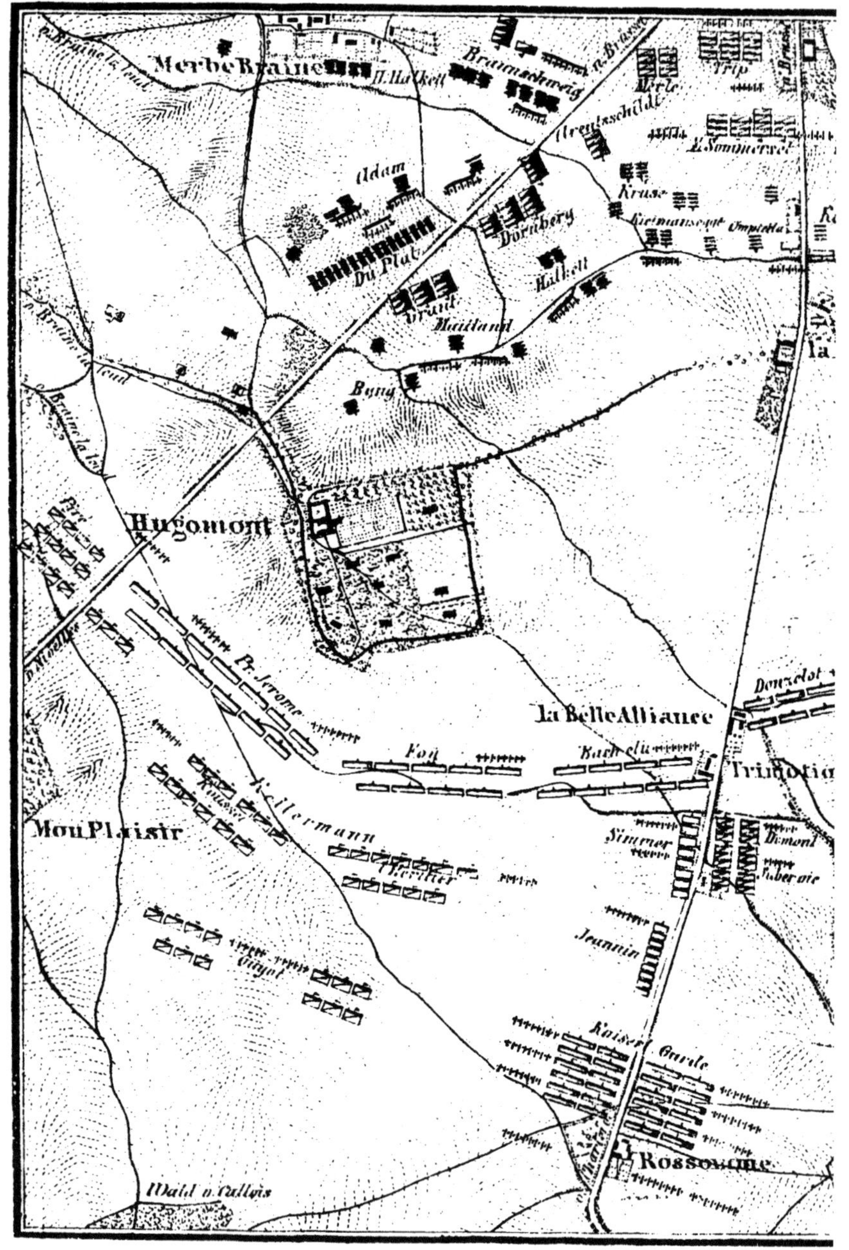

Merbe Braine
H. Halkett
Braunschweig
n. Brüssel
Merle
Trip
Arentschildt
E. Sommerset
Adam
Kruse
Kielmansegge
Ompteda
Dörnberg
Du Plat
Halkett
Maitland
Byng
Hugomont
Pr. Jerome
Foy
Bachelu
La Belle Alliance
Donzelot
Kellermann
Mon Plaisir
Simmer
Jeannin
Guyot
Kaiser Garde
Rossomme
Wald v. Callois

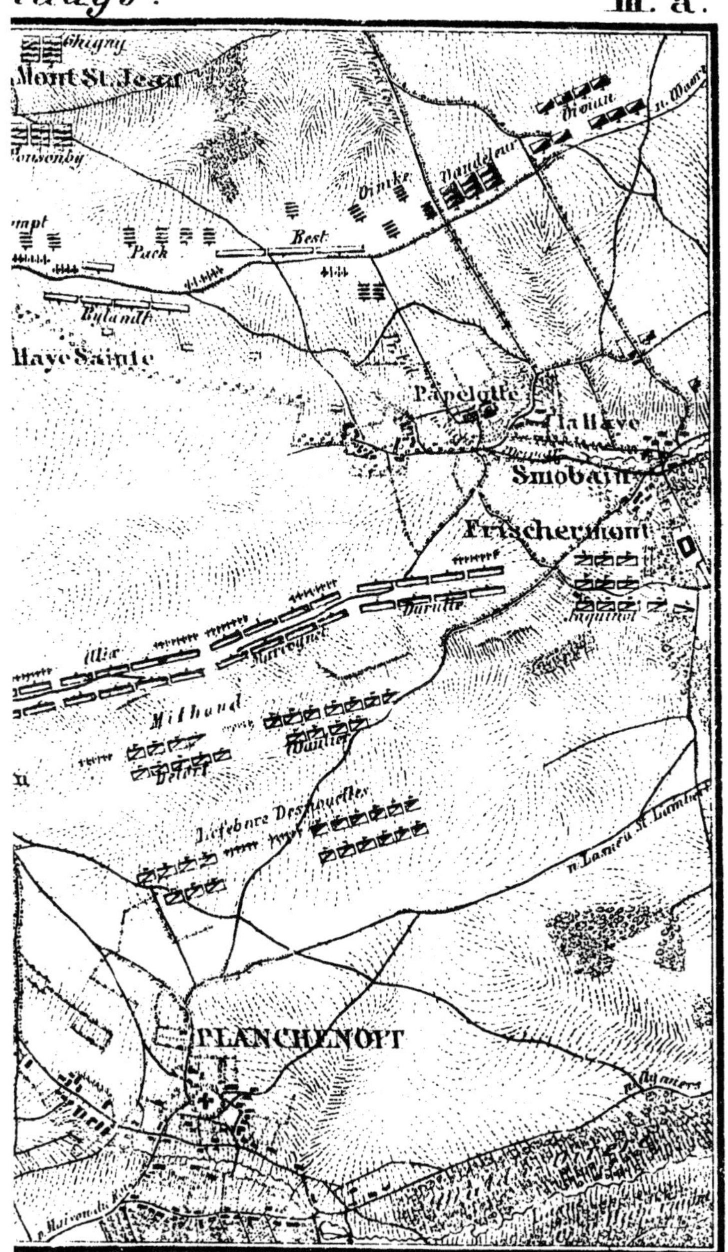
Mont St. Jean
Ohain
Poensonby
Vandeleur
Best
Pack
Bylandt
Haye Sainte
Papelotte
La Haye
Smohain
Frischermont
Durutte
Marcognet
Milhaud
Lefebvre Desnouettes
PLANCHENOIT

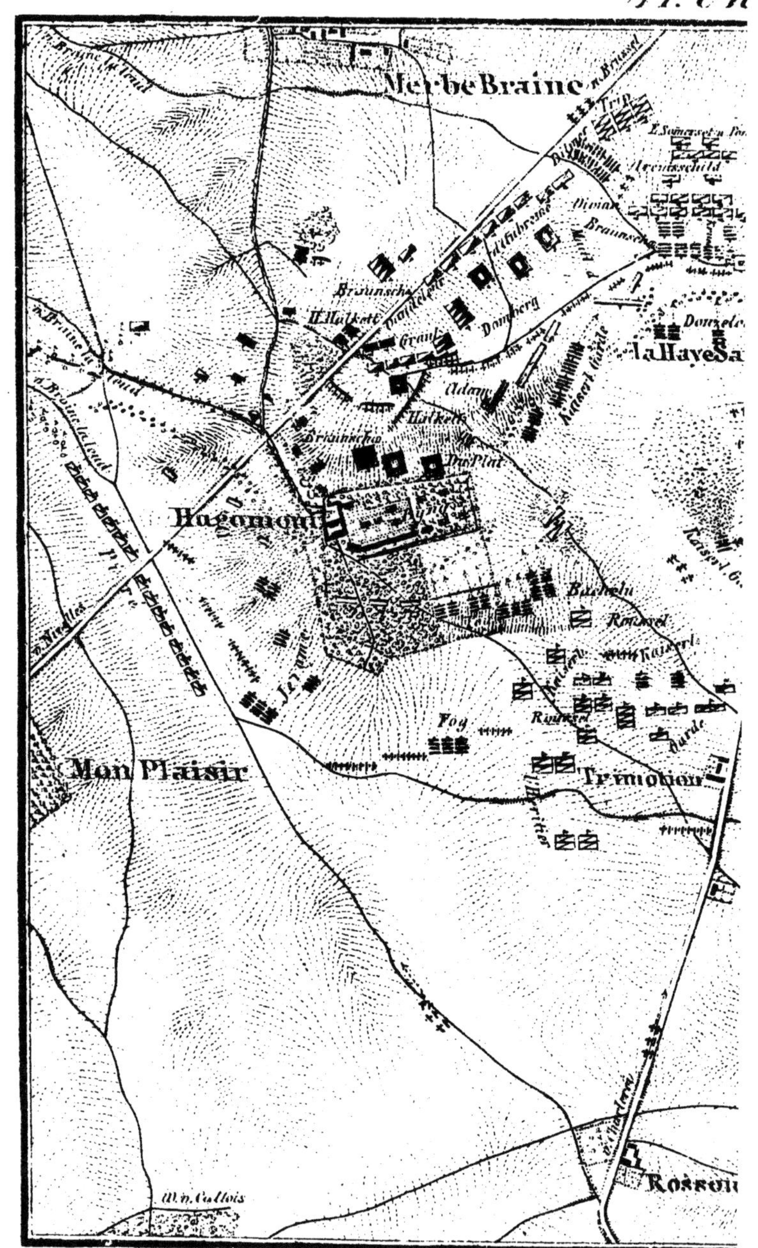

3/4 7. Uh
Merbe Braine
n. Brussel
Hagomont
la Haye Sa
Mon Plaisir
Halkett
Adam
Du Plat
Bachelu
Foy
Jerome
n. Nivelles
W. v. Callois

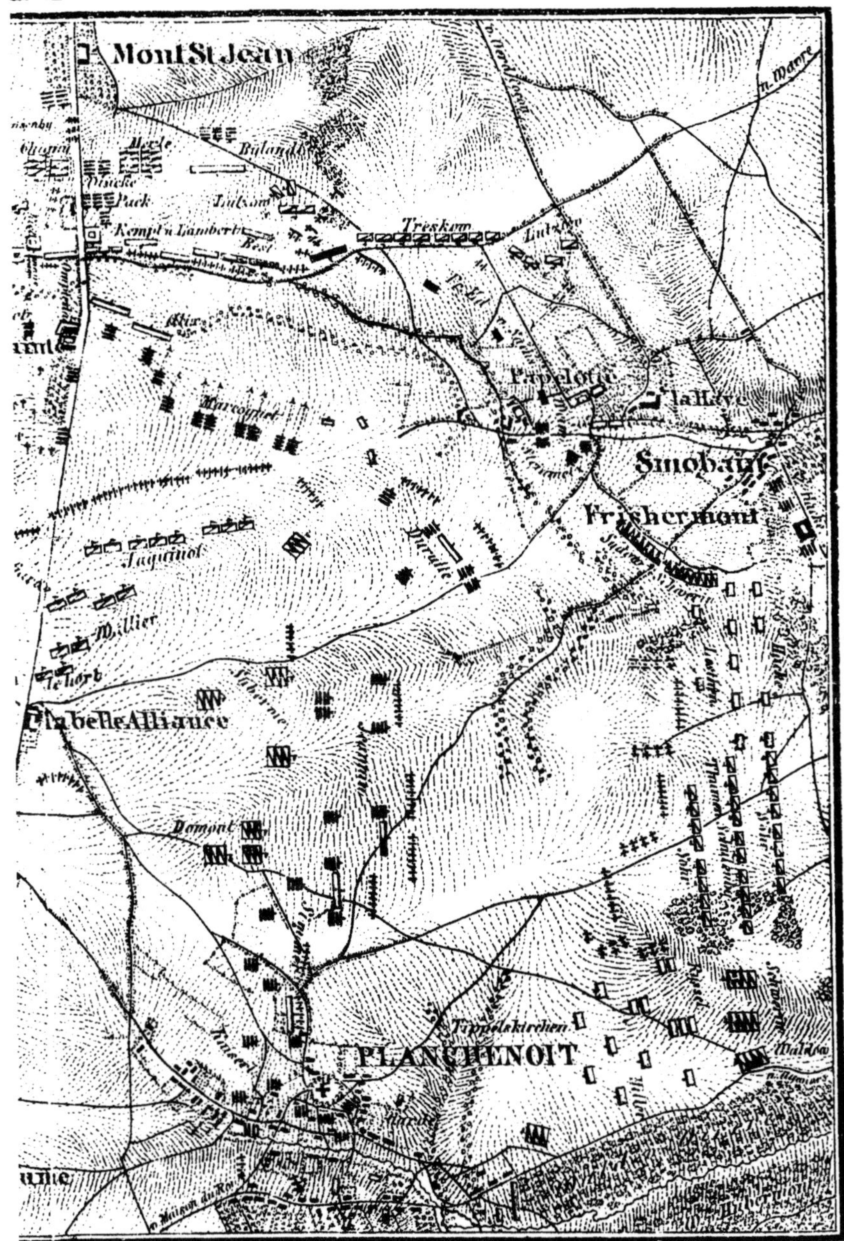
Mont St Jean
Bylandt
Lutzow
Kempt u Lambert
Best
Treskow
Papelotte
la Haye
Smohain
Frischermont
Marcognet
Jaquinot
Durutte
Millier
la Belle Alliance
Domont
Tippelskirchen
PLANCHENOIT
n. Wavre

5. Minuten

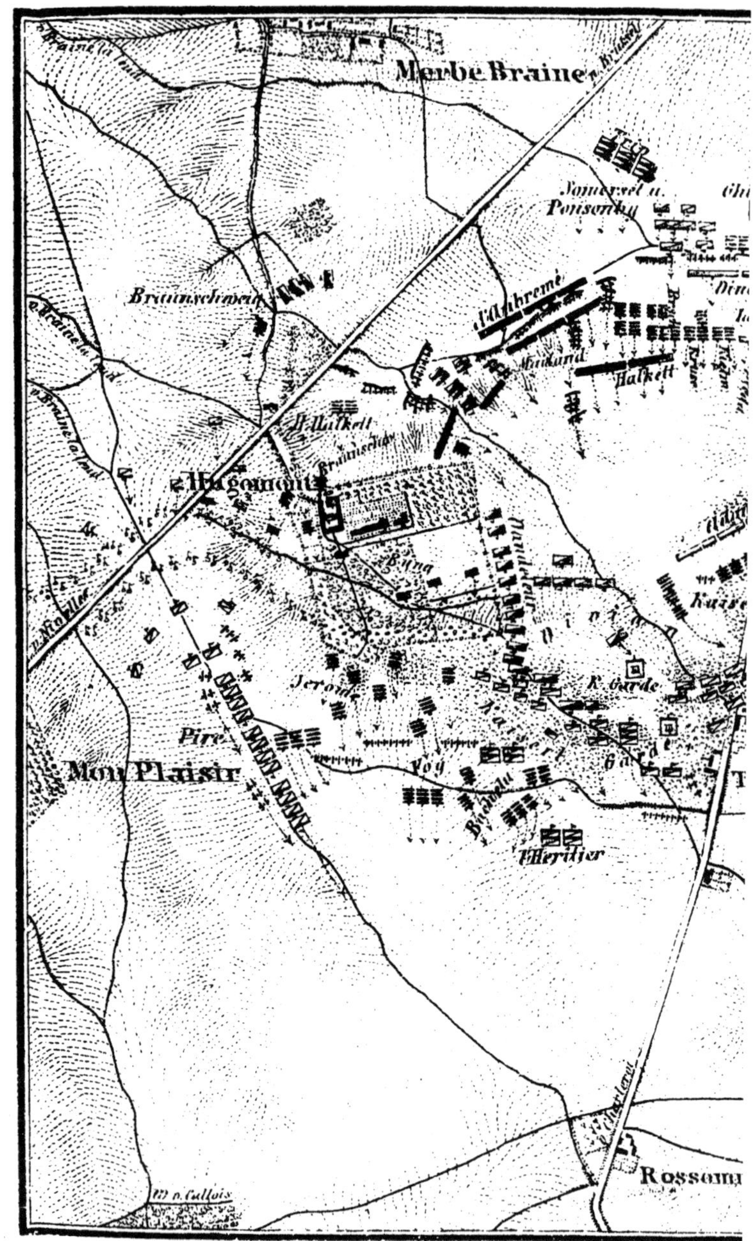
Merbe Braine
Somerset u. Ponsonby
Braunschweig
Halkett
Hugomont
Jerome
Piré
Mon Plaisir
K. Garde
Kaiserl. Garde
Foy
Bachelu
l'Heritier
Rossom

nach 8. Uhr Abends. III. c.

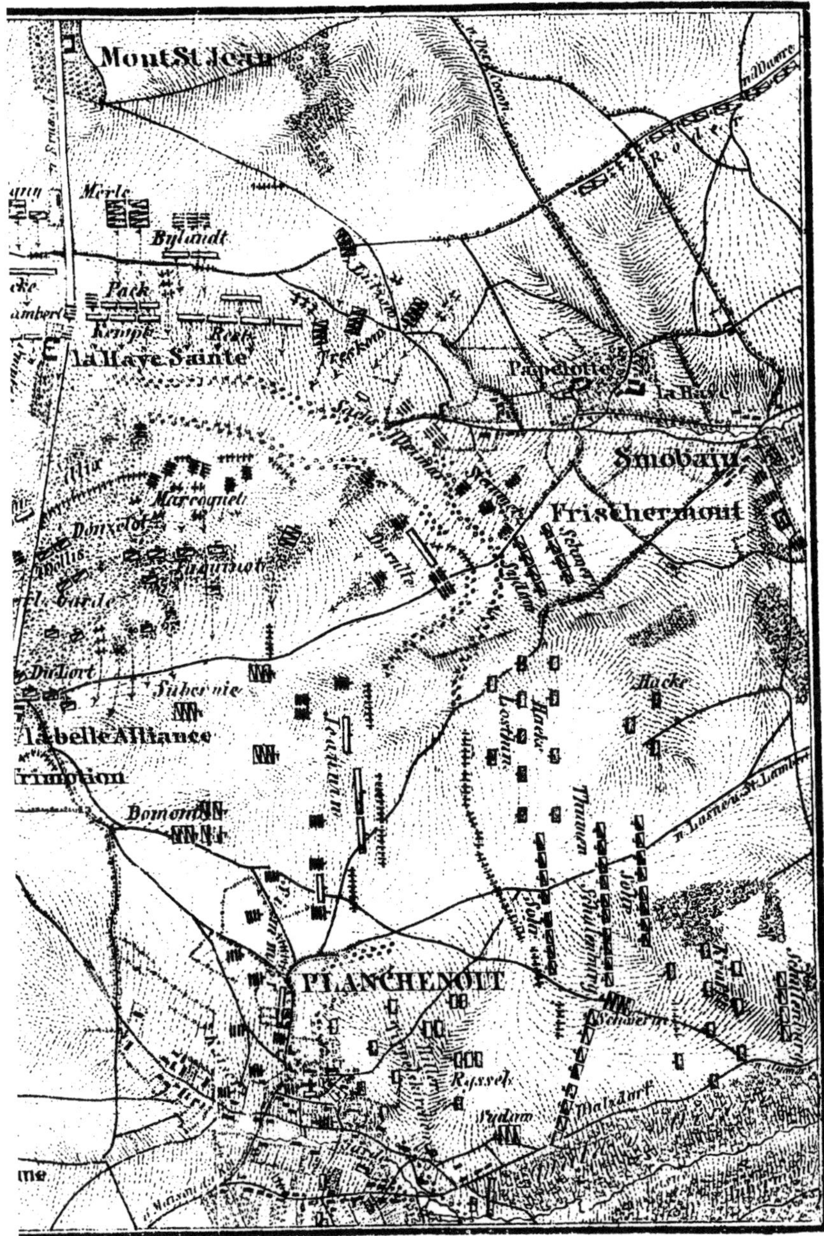

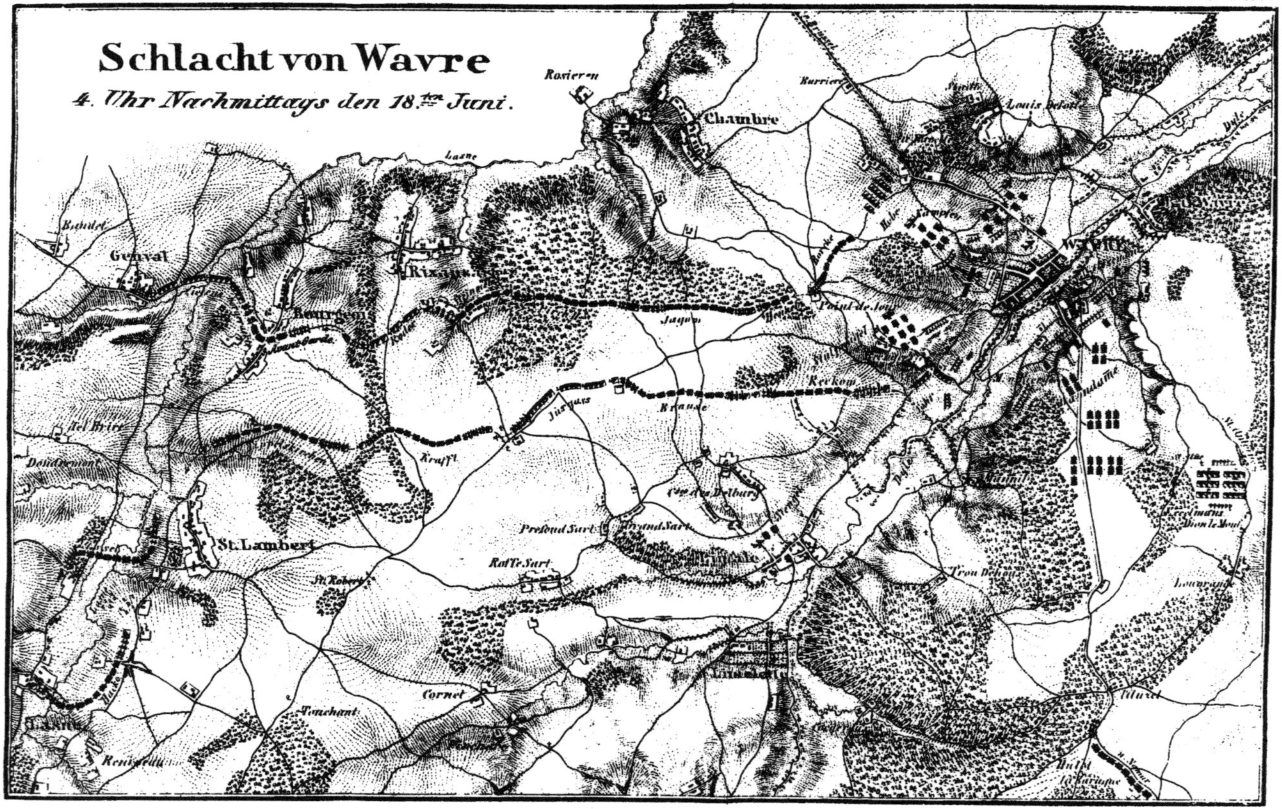
Schlacht von Wavre
4. Uhr Nachmittags den 18.ten Juni.
Rosieren
Chambre
Barriere
Louis Delotte
Lasne
Genval
Rixansart
Bourgeois
Jagow
Point de Jour
Reckow
Brause
Jurgass
Krafft
Tel Brire
Dandremont
St. Lambert
St. Robert
Rat Te Sart
Profond Sart
Grand Sart
Cornet
Tonchant
Renissart
Louvrange
Wavre
Dyle

4. Uhr Morgens den 19.ten Juni. IV b.

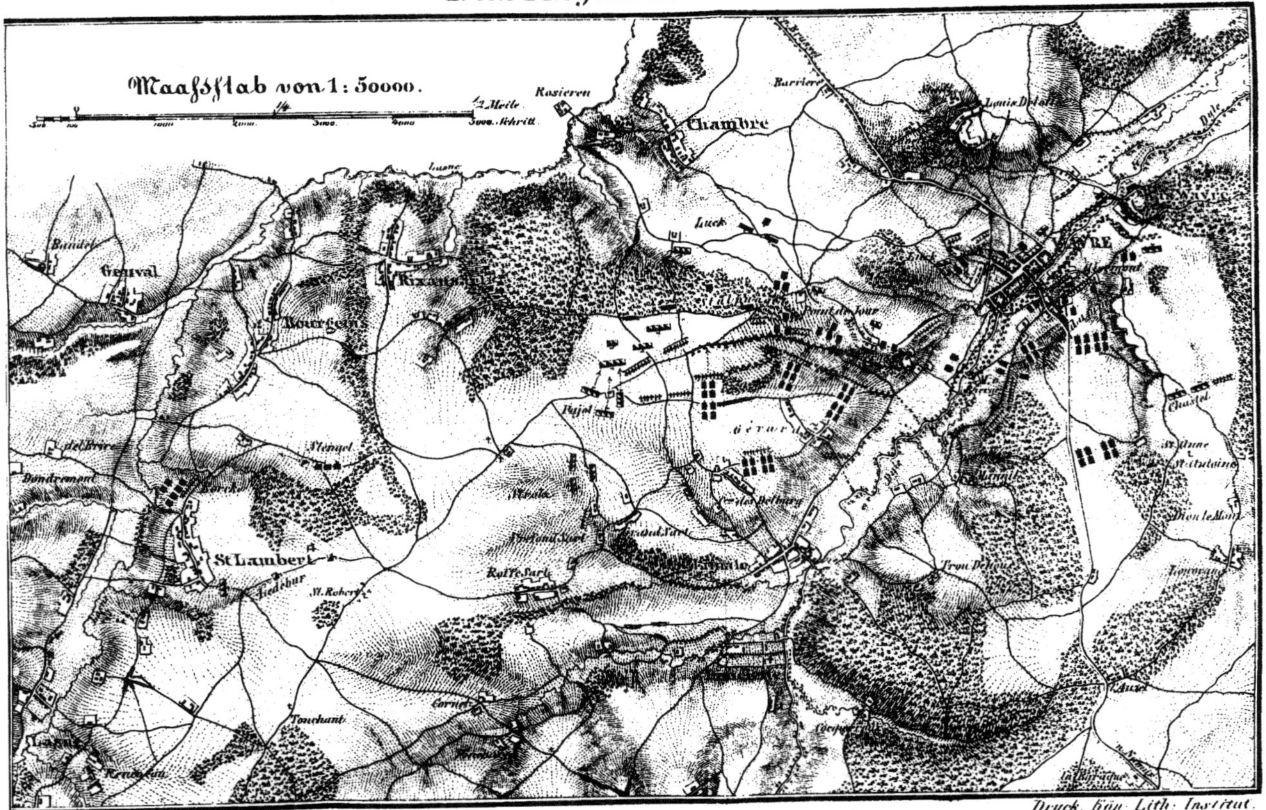

Metallographie v. C. Brügner. 1846.

Druck, Kön. Lith. Institut.